深圳律师实务丛书

律师办理
常见涉税犯罪案件
实务与探索

组　编　深圳市律师协会税务法律专业委员会
主　编　吕志合

LAW PRACTICE IN TAX CRIMES

法律出版社
LAW PRESS · CHINA
北京

图书在版编目（CIP）数据

律师办理常见涉税犯罪案件实务与探索 / 深圳市律师协会税务法律专业委员会组编 ; 吕志合主编. -- 北京 : 法律出版社, 2025. --（深圳律师实务丛书）. -- ISBN 978 - 7 - 5244 - 0322 - 7

Ⅰ. D924.33; D926.5

中国国家版本馆 CIP 数据核字第 2025NP4718 号

律师办理常见涉税犯罪案件实务与探索
LÜSHI BANLI CHANGJIAN SHESHUI FANZUI ANJIAN SHIWU YU TANSUO

深圳市律师协会税务法律专业委员会 组编
吕志合 主编

策划编辑 朱轶佳
责任编辑 朱轶佳
装帧设计 鲍龙卉

出版发行 法律出版社
编辑统筹 司法实务出版分社
责任校对 裴　黎
责任印制 胡晓雅
经　　销 新华书店

开本 710 毫米 × 1000 毫米　1/16
印张 24.75　　**字数** 392 千
版本 2025 年 8 月第 1 版
印次 2025 年 8 月第 1 次印刷
印刷 三河市龙大印装有限公司

地址：北京市丰台区莲花池西里 7 号（100073）
网址：www.lawpress.com.cn
投稿邮箱：info@lawpress.com.cn
举报盗版邮箱：jbwq@lawpress.com.cn

销售电话：010 - 83938349
客服电话：010 - 83938350
咨询电话：010 - 63939796

书号：ISBN 978 - 7 - 5244 - 0322 - 7
定价：96.00 元

凡购买本社图书，如有印装错误，我社负责退换。电话：010 - 83938349

深圳律师实务丛书
编 委 会

本书编委会

主　　编：吕志合

编写组成员（按姓氏笔画排序）：

丁一粟　石　楚　白银阶　吕志合　孙　伟　任正勇　杨　声
陈　坚　陈华霭　李慧芳　吴　铭　何　浪　张爱国　沈　莹
吴燕妮　姜　铭　郑明伟　武　欢　林奕彤　郑平进　诸乘佑
徐仲锋　陶礼宁　强甜甜　贺洪雷　蒋路生　程业勇　雷　英
臧璟晖

回归专业　潜心钻研
促进高质量发展

斗转星移，继往开来。深圳市律师协会自2012年启动“深圳律师实务丛书”（以下简称丛书）出版工作以来，至今已出版实务专著48部，内容涵盖诸多专业领域，全面展现了深圳律师业务的研究成果和实务经验，已成为深圳市律师协会推进行业专业化建设的品牌项目。

鼓励和引导律师著书立说是深圳市律师协会推动律师专业化的一项长期性的重点工作。丛书旨在充分发挥深圳市律师协会的业务指导作用，通过鼓励深圳律师和深圳市律师协会各专业委员会撰写实务专著，可以有效提升律师业务水平，增强律师业务能力，保证律师服务质量，以专业引领和成果共享助推深圳律师行业高质量发展。

本套丛书凝集着深圳律师的心血与经验，展现了深圳律师的专业水平。本套丛书在律师业务的众多领域，汇集了深圳律师的业务成果，总结了深圳律师的执业经验，体现了深圳律师的专业能力，彰显了深圳律师的职业精神。这一本本专著必将成为深圳律师专业化发展史上一颗颗璀璨的明珠，永远镶嵌在深圳律师专业化发展的史册上。

2023年是全面贯彻落实党的二十大精神的开局之年，深圳律师要深学细悟笃行党的二十大精神，让党的二十大精神在深圳律师行业落地生花，要以习近平法治思想为指引，大兴专业研究之风，切实回归专业，潜心研究，深挖专业和实务问题，以高品质的法律服务保障行业的高质量发展。开展业务和实务研究不能脱离实际，必须密切关注经济社会发展和法治建设，聚焦其中的热点、难点、堵点问题，深入开展有针对性的研究，进而提出应用对策与实践指引，也期待深圳律师能输出更多的法律实务研究成果，并能形成专著与同行共享，这本身也是律师业务领域的一种先行示范。

希望本套丛书成为广大实习人员、执业律师期待、必备的好工具，也希望未来能够出版更多、更好的供律师们学习提高、掌握律师实务知识与技能的好专著！

张　斌

深圳市律师协会会长

2023年1月9日

目　录

第一部分　涉税犯罪概述

第二部分　税款类犯罪案件实务与探索

第一部分 涉税犯罪概述

涉税犯罪作为我国《刑法》规定的众多犯罪类型中的一类，其危害性主要体现为扰乱国家税收秩序，破坏社会经济运行秩序，危害国家税收安全。为此，涉税犯罪是我国历来严厉打击的重点。2023 年，国家税务总局、公安部、最高人民法院、最高人民检察院、中国人民银行、海关总署、国家市场监督管理总局、国家外汇管理局八部门形成“全国八部门联合打击涉税违法犯罪工作机制”。2024 年 2 月 27 日，全国八部门联合打击涉税违法犯罪工作推进会议在北京召开，总结联合打击涉税违法犯罪工作成效，研究部署下阶段重点任务。可以说，我国已经形成“从行政执法到刑事司法全链条、一体化打击涉税违法犯罪的工作新格局”。但同时，涉税犯罪是一个复杂的社会问题，需要政府、企业和社会各界共同努力，通过法律、教育、技术等多种手段进行有效预防和打击。

第一章 涉税犯罪基本概况

涉税犯罪属于经济犯罪范畴，是我国刑法的重要组成部分。涉税犯罪的概念和种类、涉税犯罪与税收一般违法行为的界限、涉税犯罪的犯罪构成等基本概念和基础理论，是我们认识和理解涉税犯罪的起点。涉税犯罪的刑事立法和刑事政策，不仅是理论问题，也与律师的涉税法律实务直接相关。涉税犯罪的立法原则，是税收刑法背后的逻辑、价值和法律思想的直接体现，是高度概括的"税收刑法"。涉税犯罪的刑事政策则是税收刑法的灵魂，是指引税收刑法从无到有以及从"纸面"走向实践的行动指南。律师通过掌握涉税犯罪的刑事立法原则和刑事政策，能更加深刻地理解税收刑法，从而更好和更准确地适用税收刑法。税收司法环境是税收刑法实施的"土壤"，律师掌握税收司法现状和发展趋势，有助于为税收刑法的实施进行"施肥浇水"，从而更好地服务于我国的税收法治建设。

本章立足于律师涉税法律实务，重点介绍律师从事涉税刑事法律实务需要掌握的一些基本概念和基础理论，主要包括：涉税犯罪的概念和种类、税收一般违法和涉税犯罪的区分、涉税犯罪的刑事立法和刑事政策、涉税犯罪的犯罪构成以及我国涉税犯罪的司法现状和发展趋势等内容。希望本章知识能够为律师从事涉税刑事法律业务打好"地基"。

第一节 涉税犯罪的概念和种类

一、涉税犯罪的概念

涉税犯罪,简单来说,就是与税收有关的犯罪,是给社会造成一定危害,根据刑法规定构成刑事犯罪并应当承担刑事责任的税收违法行为。由于刑事法律的确定性,通常所称的涉税犯罪或税收犯罪都指向我国刑法规制的与税收有关的犯罪,两者虽称谓不同,但就实务而言并无区别,故本书对于涉税犯罪的表述与税收犯罪的表述不作区分。就涉税犯罪的范围而言,理论界对涉税犯罪或税收犯罪的范围存在不同认识,主要有以下四种观点。[1]

第一种观点认为,税收犯罪可以分为四种类型:一是《刑法》分则中的危害税收征管犯罪;二是税收征管渎职犯罪;三是税收贪污贿赂犯罪;四是其他涉税犯罪,即走私普通货物、物品偷逃关税的犯罪和盗窃、骗取发票的犯罪。[2] 与之类似,也有论者把税收犯罪按照范围从小到大的顺序进行界定,认为税收犯罪从理论上讲,有最狭义、狭义、广义和最广义四种:最狭义的税收犯罪的外延仅包括传统的纳税主体实施的危害税收征管制度的行为;狭义的税收犯罪的外延包括《刑法》分则第3章第6节中规定的所有危害税收征管制度的行为;广义的税收犯罪的外延包括《刑法》分则第3章第6节中规定的纳税主体危害税收征管制度的行为、一般主体的发票犯罪行为和《刑法》分则第9章中的征税主体和其他国家机关工作人员危害税收征管制度的行为;最广义的税收犯罪的外延除了上述犯罪之外,还包括税收贪污贿赂犯罪,挪用及私分税款等犯罪,盗窃、诈骗发票的犯罪以及走私罪中的涉税犯罪。[3]

第二种观点认为,税收犯罪的范围不仅包括《刑法》分则第3章第6节“危害税收征管罪”,还包括走私普通货物、物品罪以及《刑法》分则第9章中

---

〔1〕 参见何恒攀:《论税收犯罪的界定》,载《山东警察学院学报》2015年第3期。

〔2〕 参见吴亚荣主编:《中国税收犯罪通论》,中国税务出版社1999年版,第26页。

〔3〕 参见何秉松主编:《税收与税收犯罪》,中信出版社2004年版,第347~348页。

的税务人员或其他国家工作人员的职务犯罪。[1]

第三种观点认为,对税收犯罪按照不同的标准划分,其范围是不同的。按照广义和狭义的标准划分,可以分为广义的税收犯罪和狭义的税收犯罪。广义的税收犯罪包括危害税收征收管理活动的犯罪、税收管理渎职犯罪和其他税收职务犯罪。狭义的税收犯罪仅指《刑法》分则第3章第6节规定的税收犯罪。按照犯罪行为侵害的直接客体的标准划分,又可分为两大类:一类是危害税收征管的犯罪,另一类是税收渎职犯罪。[2] 有的学者就此简单明了地指出,税收犯罪的罪名大部分集中在《刑法》分则第3章第6节"危害税收征管罪"中,此外在渎职罪中还存在三个税务工作人员犯罪的罪名。[3]

第四种观点认为,税收犯罪在外延上应与《刑法》分则第3章第6节"危害税收征管罪"一致,将与税收有关的一切犯罪,即直接或间接侵害税收的犯罪称为"涉税犯罪"比较恰当。因为"涉"有牵涉、关联之意。"涉税犯罪"从字面上理解就指与税收有关的犯罪,包括与税收有直接或间接关系的犯罪。所以,"涉税犯罪"一词不应在狭义上使用。[4]

从上述对税收犯罪范围的不同论述来看,对税收犯罪范围的争议主要表现在以下三个方面:一是走私罪中与税收有关的犯罪即走私普通货物、物品罪是否属于税收犯罪的范围;二是《刑法》分则第9章中规定的徇私舞弊不征、少征税款罪,徇私舞弊发售发票、抵扣税款、出口退税罪,违法提供出口退税凭证罪等税收渎职犯罪是否属于税收犯罪的范围;三是其他与税收相关的犯罪行为,如税收贪污贿赂犯罪、盗窃罪中的盗窃发票行为是否属于税收犯罪的范围。[5]

本书认为,涉税犯罪作为一种与国家税收有关的犯罪,尽管不同的犯罪所侵害的具体法益有所不同,但各犯罪之间应当具有侵害国家税收法律制度所保护法益——国家税收管理秩序的共性。国家税收管理秩序既包括税务机关与相对人之间因税款征收、发票管理等而形成的税收征管秩序,也包括海关与相对人之间因进口环节的增值税、消费税、关税等税款的征收管理

---

〔1〕 参见丛中笑:《涉税犯罪论——来自税法学的观照》,吉林大学2006年博士学位论文,第21页。
〔2〕 参见陈运光:《税收犯罪研判》,吉林人民出版社2004年版,第10页。
〔3〕 参见李永君、占建芹:《税收违法与税收犯罪通论》,河北人民出版社2000年版,第20页。
〔4〕 参见周洪波:《税收犯罪研究》,中国人民大学2001年博士学位论文,第13页。
〔5〕 参见何恒攀:《论税收犯罪的界定》,载《山东警察学院学报》2015年第3期。

而形成的税收征管秩序。从相对人角度而言,与前者相关的犯罪主要是《刑法》分则第 3 章第 6 节“危害税收征管罪”,与后者相关的犯罪主要是《刑法》分则第 3 章第 2 节“走私罪”中的走私普通货物、物品罪;从税收机关角度而言,与前者相关的犯罪主要是《刑法》分则第 9 章中的徇私舞弊不征、少征税款罪,徇私舞弊发售发票、抵扣税款、出口退税罪,与后者相关的犯罪主要是违法提供出口退税凭证罪。

至于与税收相关的贪污贿赂、挪用及私分税款等犯罪,盗窃罪中的盗窃发票等犯罪,虽然此类犯罪与国家税收存在一定关联,但其并不直接侵害国家税收管理秩序,或者说这些犯罪仅与国家税收存在间接关系,因此不属于涉税犯罪。

例如,与税收相关的贪污贿赂犯罪中的受贿罪,表现为国家工作人员利用职务上的便利,索取他人财物或者非法收受他人财物,为他人谋取利益,该等索贿、受贿行为侵害的并非国家税收管理秩序,而是国家工作人员职务行为的廉洁性。尽管索贿、受贿的行为人有可能利用职务便利为他人谋取税收利益,从而间接侵害国家税收管理秩序,但该等间接侵害行为与危害税收征管类犯罪以及徇私舞弊不征、少征税款罪,徇私舞弊发售发票、抵扣税款、出口退税罪,违法提供出口退税凭证罪等渎职类犯罪的直接侵害行为相比存在显著差异,不能仅因其与税收“有点关系”而将其纳入涉税犯罪,更不能对涉税犯罪进行过于泛化的理解。

又如,盗窃发票犯罪侵害的法益是发票持有人对于发票这种特殊财物的财产权,故盗窃发票行为按照盗窃罪进行定罪处罚。如果行为人盗窃发票后,将盗窃的发票用于抵扣税款或者骗取出口退税,则行为人盗窃发票的行为构成盗窃罪,同时,其将盗窃的发票用于抵扣税款或者骗取出口退税等的骗税行为构成虚开增值税专用发票罪[1]、骗取出口退税罪等相关涉税犯罪。如果行为人仅实施盗窃发票行为,则该盗窃行为所侵害的法益并非国

[1] 虚开增值税专用发票、用于骗取出口退税、抵扣税款发票罪是选择罪名,包括虚开增值税专用发票罪和虚开用于骗取出口退税、抵扣税款发票罪,两者除发票类型不一样外,均是利用发票的税款抵扣功能实施的犯罪,本书为简化表述,统一表述为虚开增值税专用发票罪。

家税收管理秩序，而是发票持有人的财产权。[1] 故盗窃发票犯罪不属于涉税犯罪，只有当行为人用盗窃的发票实施抵扣税款或者骗取出口退税等骗税行为时，行为人所实施的骗税行为才属于涉税犯罪行为。因此，虽然盗窃罪中的盗窃发票犯罪与发票管理等税收征管制度有关，但盗窃发票行为本身不属于涉税犯罪，不应将盗窃罪中的盗窃发票犯罪行为纳入涉税犯罪范围。

基于以上理由，本书认为，涉税犯罪的范围包括：(1)《刑法》分则第 3 章第 6 节"危害税收征管罪"；(2)《刑法》分则第 3 章第 2 节"走私罪"中的走私普通货物、物品罪；(3)《刑法》分则第 9 章"渎职罪"中的徇私舞弊不征、少征税款罪，徇私舞弊发售发票、抵扣税款、出口退税罪，违法提供出口退税凭证罪。

二、涉税犯罪的种类

（一）危害税收征管的涉税犯罪、妨害发票管理的涉税犯罪、税收征管渎职犯罪

根据涉税犯罪所侵犯的直接客体不同，可以将涉税犯罪分为三类：危害税收征管的犯罪、妨害发票管理的犯罪和税收征管渎职犯罪。

危害税收征管的犯罪是以逃避缴纳税款和骗取税款为主要特征的涉税犯罪，此类犯罪以国家税款为犯罪对象，以逃避纳税义务或者骗取税款为主要目的，直接侵害国家税收征管秩序。具体罪名包括：逃税罪、抗税罪、逃避追缴欠税罪、骗取出口退税罪以及走私普通货物、物品罪。

妨害发票管理的犯罪是以故意违反国家发票管理规定为主要特征的涉税犯罪，此类犯罪直接侵害国家发票管理秩序，并间接侵害国家税收安全。我国刑法从发票流通环节入手，对各类发票的制造、销售、购买和使用等环节进行了严格规定。具体罪名包括《刑法》分则第 3 章第 6 节"危害税收征管罪"中的 10 个发票类犯罪。

税收征管渎职犯罪是以税务机关、海关等国家机关工作人员徇私舞弊

---

〔1〕 虽然增值税专用发票本身不是一般意义上的财物，但盗窃增值税专用发票的行为可能会对发票持有人造成税款损失等财产损失，增值税专用发票对发票持有人而言具有经济价值，属于持有人的财物。

造成国家税款流失为主要特征的涉税犯罪。不同于前两类犯罪，此类犯罪的犯罪主体为税务机关、海关等国家机关工作人员，非国家机关工作人员不能成立此类犯罪。此类犯罪可能直接侵害国家税收安全，也可能通过侵害发票、退税凭证管理秩序而间接侵害国家税收安全。具体罪名包括：徇私舞弊不征、少征税款罪，徇私舞弊发售发票、抵扣税款、出口退税罪，违法提供出口退税凭证罪。

（二）直接侵害税收债权的涉税犯罪与间接侵害税收债权的涉税犯罪

这一分类主要是根据涉税犯罪侵犯的法益不同所作的划分。有学者认为，可以借鉴日本税法中按公法上的债的理论的做法，先把税收犯罪的客体分为直接侵害税收债权和危害税收债权正常实现两类，再将刑法中规定的税收犯罪分为三类：直接侵害税收债权的犯罪、间接侵害税收债权的犯罪和税收职务犯罪。[1]

本书认为，随着税收债权理论在我国逐步被接纳，将税收债权理论引入刑法学具有较强的理论和实践意义。但正如有学者所言，“在直接和间接之外冒出第三种形式（税收职务犯罪）则令人匪夷所思”“其实在税收征管职务犯罪中，徇私舞弊不征、少征税款罪是属于直接侵害税收债权的犯罪，而违法提供出口退税凭证罪是间接侵害税收债权的犯罪。对徇私舞弊发售发票、抵扣税款、出口退税罪需分情况，其中的徇私舞弊抵扣税款、出口退税罪属于直接侵害税收债权的犯罪，而徇私舞弊发售发票罪是间接侵害税收债权的犯罪”。[2] 本书赞同该学者的观点，并认为应将刑法中规定的涉税犯罪分为两类：直接侵害税收债权的犯罪和间接侵害税收债权的犯罪。其中：直接侵害税收债权的犯罪包括逃税罪，抗税罪，逃避追缴欠税罪，骗取出口退税罪，走私普通货物、物品罪，徇私舞弊不征、少征税款罪以及徇私舞弊抵扣税款、出口退税罪；间接侵害税收债权的犯罪包括《刑法》分则第 3 章第 6 节“危害税收征管罪”中的 10 个发票类犯罪、徇私舞弊发售发票罪以及违法提供出口退税凭证罪。

---

〔1〕 参见丛中笑：《涉税犯罪论——来自税法学的观照》，吉林大学 2006 年博士学位论文，第 24 页。

〔2〕 肖太福、曾明生：《税收犯罪的司法实践与理论探索——税收刑法学的多维视角研究》，中国检察出版社 2013 年版，第 7 页。

（三）征税主体实施的涉税犯罪、纳税主体实施的涉税犯罪与其他相关主体实施的涉税犯罪

这是根据行为主体在税收法律关系中的地位和作用所作的分类。税收法律关系主体包括征税主体、纳税主体。狭义的纳税主体仅指纳税人，广义的纳税主体包括纳税人、扣缴义务人、纳税担保人以及税务代理人。征税主体和纳税主体以外的主体，为其他相关主体。

征税主体实施的涉税犯罪主要是征税人员实施的职务犯罪，包括徇私舞弊不征、少征税款罪，徇私舞弊发售发票、抵扣税款、出口退税罪，违法提供出口退税凭证罪。

纳税主体实施的涉税犯罪主要是针对税收债权的犯罪，如逃税罪、抗税罪、逃避追缴欠税罪、骗取出口退税罪等，但是也可能同时涉及妨害税收发票管理的犯罪。〔1〕 在纳税主体实施的涉税犯罪中，有些犯罪只能由纳税人或者扣缴义务人实施，比如逃税罪的行为主体必须有纳税人或者扣缴义务人，逃避追缴欠税罪的主体只能是纳税人。

其他相关主体实施的涉税犯罪，是指征税主体和纳税主体以外的其他相关主体实施的涉税犯罪，比如财务人员介绍他人虚开增值税专用发票，社会不法分子在没有真实业务情况下为牟取非法利益而暴力虚开增值税专用发票以及虚构出口业务骗取出口退税等。

第二节　涉税犯罪涉及的税法基础知识

一、我国主要税种

我国目前有18个税种，分别为企业所得税、个人所得税、增值税、消费税、关税、房产税、城镇土地使用税、车船税、契税、印花税、车辆购置税、土地增值税、资源税、城市维护建设税、耕地占用税、环境保护税、烟叶税、船舶吨税。这18个税种可以大致分为四类，分别为流转税、所得税、财产和行为税、

---

〔1〕 参见肖太福、曾明生：《税收犯罪的司法实践与理论探索——税收刑法学的多维视角研究》，中国检察出版社2013年版，第8页。

特定目的税。具体如图1-1所示。下文分别说明。

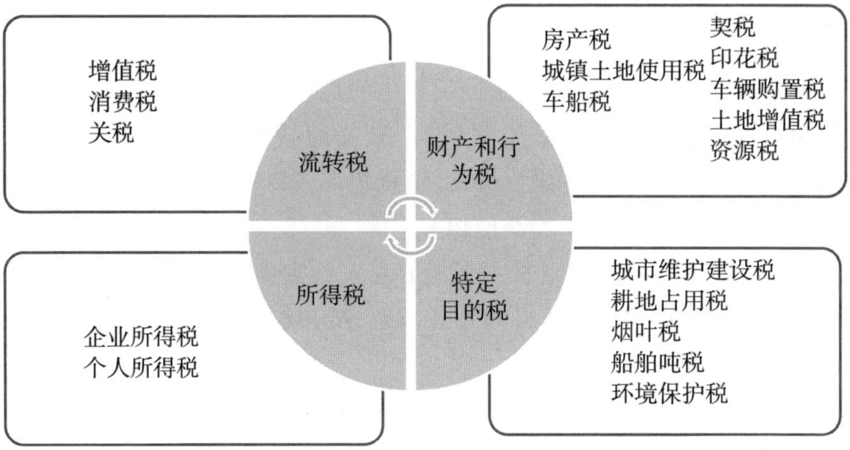

图1-1 我国主要税种分类

（一）流转税

流转税是指以纳税人商品生产、流通环节的流转额或者数量为征税对象的一类税收。我国流转税包括：增值税、消费税和关税。

流转税以商品生产、交易和提供商业服务为征税前提，征税范围较为广泛，既包括第一产业和第二产业的产品销售收入，也包括第三产业的服务性收入，既对国内商品征税，也对进出口的商品征税，征税源比较充足。

流转税以商品的销售额和服务的营业额为计税依据，因此，与所得税相比，其一般不受生产、经营成本和费用变化的影响。

（二）所得税

所得税是指以所得额为课税对象的一类税收。其中，以企业取得的所得额为课税对象的税收称为企业所得税，以个人取得的所得额为课税对象的税收称为个人所得税。在中国，所得税包括企业所得税和个人所得税。

所得税一般以纯所得为征税对象，通常以经过计算得出的应纳税所得额为计税依据。所得税应纳税额的计算涉及纳税人的成本、费用等各个方面，有利于加强税务监督，促使纳税人建立、健全财务会计制度和改善经营管理。另外，对个人所得税而言，所得税在调节个人收入差距方面具有较明显的作用;对企业所得税而言,所得税可以发挥贯彻国家特定政策、调节经济的杠杆作用。

(三)财产和行为税

财产和行为税是指以纳税人拥有的财产数量或者财产价值为征税对象,或是为了实现某种特定的目的,以纳税人的某些特定行为为征税对象的税种。例如,我国现行的印花税、契税、车船税、房产税都属于这一类。

财产和行为税在增加财政收入、调节社会财富分配、引导和规范社会行为以及促进资源合理配置等方面发挥着重要作用。

(四)特定目的税

特定目的税是指国家为达到某种特定目的而设立的税种。这些税种为了实现特定的经济、社会或其他政策目标,对特定对象和行为进行调节和征收。特定目的税的设立通常与国家的宏观经济调控需求密切相关,旨在通过税收手段达到特定的政策目标。

我国特定目的税包括的税种主要有:城市维护建设税、耕地占用税、船舶吨税、烟叶税、环境保护税。

特定目的税与行为税有相似之处,都是为了达到特定的目的而设立的税种。然而,特定目的税更侧重于通过税收手段实现特定的经济、社会或其他政策目标,而行为税则更注重对特定行为的调节和限制。

二、重点税种简介

(一)企业所得税

企业所得税是以中国境内的企业和其他取得收入的组织所取得的所得为课税对象而征收的一种税。

1. 纳税人

在中国境内取得收入的组织为企业所得税的纳税人,包括各类企业、事业单位、社会团体、民办非企业单位和从事经营活动的其他组织。个人独资企业、合伙企业不属于企业所得税纳税义务人。

企业所得税采取收入来源地管辖权和居民管辖权相结合的双管辖权,

把企业分为居民企业和非居民企业,分别确定不同的纳税义务。

(1)居民企业,是指依法在中国境内成立,或者依照外国(地区)法律成立但实际管理机构在中国境内的企业。

(2)非居民企业,是指依照外国(地区)法律成立且实际管理机构不在中国境内,但在中国境内设立机构、场所的,或者在中国境内未设立机构、场所,但有来源于中国境内所得的企业。

2. 征税对象

(1)居民企业应当就其来源于中国境内、境外的所得缴纳企业所得税。

(2)非居民企业在中国境内设立机构、场所的,应当就其所设机构、场所取得的来源于中国境内的所得,以及发生在中国境外但与其所设机构、场所有实际联系的所得,缴纳企业所得税。

非居民企业在中国境内未设立机构、场所的,或者虽设立机构、场所但取得的所得与其所设机构、场所没有实际联系的,应当就其来源于中国境内的所得缴纳企业所得税。

3. 收入确认

企业以货币形式和非货币形式从各种来源取得的收入,为收入总额。包括:(1)销售货物收入;(2)提供劳务收入;(3)转让财产收入;(4)股息、红利等权益性投资收益;(5)利息收入;(6)租金收入;(7)特许权使用费收入;(8)接受捐赠收入;(9)其他收入。

4. 成本费用扣除

企业实际发生的与取得收入有关的、合理的支出,包括成本、费用、税金、损失和其他支出,准予在计算应纳税所得额时扣除。

5. 税率

在不考虑税收优惠的情况下,居民企业的企业所得税税率一般为25%,国家需要重点扶持的高新技术企业适用15%的优惠税率。

6. 应纳税额的计算

企业所得税的计算方法分为直接计算法和间接计算法,计算公式分别如下。

(1)直接计算法

应纳税所得额 = 收入总额 − 不征税收入 − 免税收入 − 各项扣除金额 − 允许弥补的以前年度亏损

应纳所得税额 = 应纳税所得额 × 适用税率

(2)间接计算法

应纳税所得额 = 会计利润总额 ± 纳税调整项目金额

应纳所得税额 = 应纳税所得额 × 适用税率

间接计算法计算过程相对简单,能够反映会计与税务之间的差异,便于未来调整,因而在实操中适用相对广泛。然而,这种方法对会计账目的要求较高,需要在记账之初就考虑会计与税务的差异。相比之下,直接计算法不需要进行纳税调整,但因该方法无法反映税会差异,只适用于会计制度健全的企业。

7. 纳税期限

企业所得税分月或者分季预缴,年度终了后进行汇算清缴。具体来说:纳税人应于月份或者季度终了后 15 日内预缴;应当在年度终了后的 5 个月内,向税务机关报送年度企业所得税纳税申报表,并进行汇算清缴,结清应缴应退税款。

(二)个人所得税

个人所得税是以个人取得的所得为课税对象而征收的一种税。

1. 纳税人和扣缴义务人

(1)纳税人

个人所得税的纳税人是在中国境内取得应税所得的个人,分为居民个人和非居民个人:

①居民个人。在中国境内有住所,或者无住所而一个纳税年度内在中国境内居住累计满 183 天的个人,为居民个人。居民个人承担无限纳税义务,即就其从中国境内和境外取得的所得,依法缴纳个人所得税。

②非居民个人。在中国境内无住所又不居住,或者无住所而一个纳税年度内在中国境内居住累计不满 183 天的个人,为非居民个人。非居民个人承担有限纳税义务,即仅就其从中国境内取得的所得,依法缴纳个人所得税。

(2)扣缴义务人

个人所得税以所得人为纳税人,以支付所得的单位或者个人为扣缴义务人。个人股权转让所得个人所得税,以股权转让方为纳税人,以受让方为扣缴义务人。

2. 征税对象

下列各项个人所得，应当缴纳个人所得税：(1)工资、薪金所得；(2)劳务报酬所得；(3)稿酬所得；(4)特许权使用费所得；(5)经营所得；(6)利息、股息、红利所得；(7)财产租赁所得；(8)财产转让所得；(9)偶然所得。

其中，居民个人取得的上述第1项至第4项所得为综合所得，按纳税年度合并计算个人所得税；非居民个人取得上述第1项至第4项所得，按月或者按次分项计算个人所得税。纳税人取得上述第5项至第9项所得，依照《个人所得税法》的规定分别计算个人所得税。

3. 税率

个人所得税的税率包括以下两种情况。

(1)综合所得：适用3%～45%的超额累进税率，具体如表1-1所示。

表1-1 个人所得税税率表一(综合所得适用)

级数	全年应纳税所得额	税率/%	速算扣除数
1	不超过36,000元的	3	0
2	超过36,000元至144,000元的部分	10	2520
3	超过144,000元至300,000元的部分	20	16,920
4	超过300,000元至420,000元的部分	25	31,920
5	超过420,000元至660,000元的部分	30	52,920
6	超过660,000元至960,000元的部分	35	85,920
7	超过960,000元的部分	45	181,920

(2)经营所得：适用5%～35%的超额累进税率，具体如表1-2所示。

表1-2 个人所得税税率表二(经营所得适用)

级数	全年应纳税所得额	税率/%	速算扣除数
1	不超过30,000元的	5	0
2	超过30,000元至90,000元的部分	10	1500
3	超过90,000元至300,000元的部分	20	10,500
4	超过300,000元至500,000元的部分	30	40,500
5	超过500,000元的部分	35	65,500

利息、股息、红利所得，财产租赁所得，财产转让所得和偶然所得适用比例税率，税率为 20%。

4. 综合所得应纳税额的计算

(1)居民个人综合所得应纳税额的计算

居民个人的综合所得，以每一纳税年度的收入额减除费用 6 万元以及专项扣除、专项附加扣除和依法确定的其他扣除后的余额，为应纳税所得额。计算公式为：

应纳税额 = 应纳税所得额 × 适用税率 − 速算扣除数

具体计算步骤如下：

累计预扣预缴应纳税所得额 = 累计收入 − 累计免税收入
− 累计减除费用 − 累计专项扣除
− 累计专项附加扣除
− 累计依法确定的其他扣除

本期应预扣预缴税额 =(累计预扣预缴应纳税所得额 × 预扣率
− 速算扣除数)− 累计减免税额
− 累计已预扣预缴税额

应纳税额 =(年收入总额 − 60,000 元 − 专项扣除 − 专项附加扣除
− 其他扣除)× 适用税率 − 速算扣除数

应补(退)税额 = 应纳税额 − 已预扣预缴税额

(2)非居民个人综合所得应纳税额的计算

非居民个人的工资、薪金所得，以每月收入额减除费用 5000 元后的余额为应纳税所得额；劳务报酬所得、稿酬所得、特许权使用费所得，以每次收入额为应纳税所得额。计算公式为：

非居民个人工资、薪金所得应纳税额 = 每月应纳税所得额 × 税率 − 速算扣除数

非居民个人劳务报酬所得、稿酬所得、特许权使用费所得应纳税额 = 每次应纳税所得额 × 税率 − 速算扣除数

5. 经营所得应纳税额的计算

经营所得，以每一纳税年度的收入总额减除成本、费用以及损失后的余额，为应纳税所得额。计算公式为：

应纳税所得额 = 全年收入总额 − 成本、费用及损失

－损失限额内的亏损结转

应纳税额＝应纳税所得额×适用税率－速算扣除数

6. 分项所得应纳税额的计算

(1)财产租赁所得

财产租赁所得,每次收入不超过4000元的,减除费用800元,4000元以上的,减除20%的费用,其余额为应纳税所得额。计算公式为:

每次收入超过4000元:应纳税额＝租赁收入×(1－20%)×20%

每次收入不超过4000元:应纳税额＝(租赁收入－800元)×20%

(2)财产转让所得

财产转让所得,以转让财产的收入额减除财产原值和合理费用后的余额,为应纳税所得额。计算公式为:

应纳税额＝(财产转让收入－财产原值和合理费用)×20%

(3)利息、股息、红利所得和偶然所得

利息、股息、红利所得和偶然所得,以每次收入额为应纳税所得额。计算公式为:

应纳税额＝每次收入额×20%

7. 纳税期限

(1)综合所得的纳税期限

居民个人取得综合所得,按年计算个人所得税;有扣缴义务人的,由扣缴义务人按月或者按次预扣预缴税款;需要办理汇算清缴的,应当在取得所得的次年3月1日至6月30日内办理汇算清缴。

非居民个人取得工资、薪金所得,劳务报酬所得,稿酬所得和特许权使用费所得,有扣缴义务人的,由扣缴义务人按月或者按次代扣代缴税款,不办理汇算清缴。

(2)经营所得的纳税期限

纳税人取得经营所得,按年计算个人所得税,由纳税人在月度或者季度终了后15日内向税务机关报送纳税申报表,并预缴税款;在取得所得的次年3月31日前办理汇算清缴。

(3)分项所得的纳税期限

纳税人取得利息、股息、红利所得,财产租赁所得,财产转让所得和偶然所得,按月或者按次计算个人所得税,有扣缴义务人的,由扣缴义务人按月或者按次代扣代缴税款。

(4)没有扣缴义务人或者扣缴义务人未履行扣缴义务的处理

纳税人取得应税所得没有扣缴义务人的,应当在取得所得的次月 15 日内向税务机关报送纳税申报表,并缴纳税款。

纳税人取得应税所得,扣缴义务人未扣缴税款的,纳税人应当在取得所得的次年 6 月 30 日前,缴纳税款;税务机关通知限期缴纳的,纳税人应当按照期限缴纳税款。

(三)增值税

增值税是以商品(含劳务)在流转过程中产生的增值额为课税对象所征收的一种税。从计税原理上说,增值税是对商品生产、流通、劳务服务中多个环节的新增价值或商品的附加值征收的一种流转税。

1. 纳税人

在中国境内销售货物、服务、无形资产、不动产以及进口货物的单位和个人,为增值税的纳税人,应当依法缴纳增值税。

增值税纳税人分为一般纳税人和小规模纳税人。增值税小规模纳税人标准为年应征增值税销售额 500 万元及以下。年应税销售额超过该标准但不经常发生应税行为的单位和个体工商户可选择按照小规模纳税人纳税。年应税销售额超过该标准的个人不属于一般纳税人。

小规模纳税人以外的纳税人为一般纳税人。

2. 征税对象

增值税征税对象为销售货物、服务、无形资产、不动产以及进口货物。

销售货物、服务、无形资产、不动产,是指有偿转让货物、不动产的所有权,有偿提供服务,有偿转让无形资产的所有权或者使用权。

有偿,是指从购买方取得货币、货物或者其他经济利益。

3. 税率和征收率

(1)税率

增值税税率分为四档,分别为:13%、9%、6%和零税率。除另有规定外,税率如下:①纳税人销售货物、加工修理修配服务、有形动产租赁服务,进口货物,税率为 13%;②纳税人销售交通运输、邮政、基础电信、建筑、不动产租赁服务,销售不动产,转让土地使用权,销售或者进口规定的货物,税率为 9%；③纳税人销售上述第 1 项、第 2 项以外的服务、无形资产，税率为 6%；④纳税人出口货物，税率为零，但是，国务院另有规定的除外；⑤境内单位和个人跨境销售国务院规定范围内的服务、无形资产，税率为零。

（2）征收率

增值税征收率为 3%，财政部和国家税务总局另有规定的除外。

4. 应纳税额的计算

增值税的计税方法，分为一般计税方法和简易计税方法。

一般纳税人发生应税行为适用一般计税方法计税。

一般纳税人发生财政部和国家税务总局规定的特定应税行为，可以选择适用简易计税方法计税，但一经选择，36 个月内不得变更。

小规模纳税人发生应税行为适用简易计税方法计税。

（1）一般计税方法

一般计税方法的应纳税额，是指当期销项税额抵扣当期进项税额后的余额。计算公式为：

应纳税额 = 当期销项税额 − 当期进项税额

当期销项税额小于当期进项税额不足抵扣时，其不足部分可以结转下期继续抵扣。

①销项税额，是指纳税人发生应税行为按照销售额和增值税税率计算并收取的增值税额。计算公式为：

销项税额 = 销售额 × 税率

一般计税方法的销售额不包括销项税额，纳税人采用销售额和销项税额合并定价方法的，按照下列公式计算销售额：

销售额 = 含税销售额 ÷（1 + 税率）

②进项税额，是指纳税人购进货物、服务、无形资产、不动产支付或者负担的增值税额。

（2）简易计税方法

简易计税方法的应纳税额，是指按照销售额和增值税征收率计算的增值税额，不得抵扣进项税额。计算公式为：

应纳税额 = 销售额 × 征收率

简易计税方法的销售额不包括其应纳税额，纳税人采用销售额和应纳税额合并定价方法的，按照下列公式计算销售额：

销售额 = 含税销售额 ÷ (1 + 征收率)

5. 进项税额抵扣

增值税采取购进扣税法,即纳税人在购进货物、服务、无形资产、不动产时,其支付或者负担的增值税额(进项税额)可以凭扣税凭证从销售税额中予以抵扣。

(1)可以抵扣的进项税额

增值税进项税额一般凭扣税凭证进行抵扣,没有取得扣税凭证的,原则上不得将进项税额从销售税额中予以抵扣。

税法规定的扣税凭证有:增值税专用发票、海关进口增值税专用缴款书、农产品收购或者销售发票、收费公路通行费增值税电子普通发票、税控机动车销售统一发票、完税凭证以及税法规定的其他扣税凭证。

具体而言,下列进项税额准予从销项税额中抵扣:

①从销售方取得的增值税专用发票(含税控机动车销售统一发票)上注明的增值税额。

②从海关取得的海关进口增值税专用缴款书上注明的增值税额。

③购进农产品,除取得增值税专用发票或者海关进口增值税专用缴款书外,按照农产品收购发票或者销售发票上注明的农产品买价和相应的扣除率计算的进项税额。

④纳税人支付道路、桥、闸通行费,所取得的收费公路通行费增值税电子普通发票上注明的增值税额。

⑤从境外单位或者个人购进服务、无形资产或者不动产,自税务机关或者扣缴义务人取得的解缴税款的完税凭证上注明的增值税额。

⑥税法规定的其他抵扣凭证所注明或者根据规定计算的增值税额。

(2)取得的扣税凭证不合规,不得抵扣进项税额

纳税人购进货物、服务、无形资产、不动产,取得的增值税扣税凭证不符合法律、行政法规或者国务院税务主管部门有关规定的,其进项税额不得从销项税额中抵扣。

(3)有规定的项目,不得抵扣进项税额

具体而言,纳税人的下列进项税额不得从其销项税额中抵扣:

①适用简易计税方法计税项目对应的进项税额;

②免征增值税项目对应的进项税额;

③非正常损失项目对应的进项税额;

④购进并用于集体福利或者个人消费的货物、服务、无形资产、不动产对应的进项税额;

⑤购进并直接用于消费的餐饮服务、居民日常服务和娱乐服务对应的进项税额;

⑥国务院规定的其他进项税额。

(4)有规定的情形,不得抵扣进项税额

有下列情形之一的,应当按照销售额和增值税税率计算应纳税额,不得抵扣进项税额,也不得使用增值税专用发票:

①一般纳税人会计核算不健全,或者不能够提供准确税务资料的。

②应当办理一般纳税人资格登记而未办理的。

(5)进项税额转出

进项税额转出,是指企业购进的货物发生非正常损失或改变用途时,其此前已经从销售税额中抵扣的进项税额不再准许抵扣,需要通过“应交税费——应交增值税(进项税额转出)”科目作转出处理。也就是说,此前购进货物产生的进项税额已经从销售税额中抵扣的,货物购进以后,因货物发生非正常损失或者改变用途而不再符合抵扣条件的,需要将相应的进项税额从当期进项税额中予以扣减。进项税额转出情况具体包括以下三种:

①已抵扣进项税额的购进货物(不含固定资产)、服务,发生上述第(3)部分所规定情形(简易计税方法计税项目、免征增值税项目除外)的,应当将该进项税额从当期进项税额中扣减;无法确定该进项税额的,按照当期实际成本计算应扣减的进项税额。

②已抵扣进项税额的固定资产、无形资产或者不动产,发生上述第(3)部分所规定情形的,按照下列公式计算不得抵扣的进项税额:

不得抵扣的进项税额 = 固定资产、无形资产或者不动产净值 × 适用税率

固定资产、无形资产或者不动产净值,是指纳税人根据财务会计制度计提折旧或摊销后的余额。

③纳税人适用一般计税方法计税的,因销售折让、中止或者退回而退还给购买方的增值税额,应当从当期的销项税额中扣减;因销售折让、中止或者退回而收回的增值税额,应当从当期的进项税额中扣减。

6. 计税期间

增值税的计税期间分别为10日、15日、1个月或者1个季度。纳税人的具体计税期间,由主管税务机关根据纳税人应纳税额的大小分别核定;不经常发生应税交易的纳税人,可以按次纳税。

纳税人以1个月或者1个季度为1个计税期间的,自期满之日起15日内申报纳税;以10日或者15日为1个计税期间的,自次月1日起15日内申报纳税。

扣缴义务人解缴税款的计税期间和申报纳税期限,依照上述规定执行。

纳税人进口货物,应当按照海关规定的期限申报并缴纳税款。

(四)消费税

消费税是以特定消费品的流转额为课税对象而征收的一种税,属于流转税范畴。与增值税普遍征收、道道征收的多环节征收不同,消费税征收环节单一,多数在生产或进口环节征收。

1. 纳税人

在中国境内生产、委托加工和进口规定的消费品的单位和个人,为消费税的纳税人,应当依法缴纳消费税。

2. 征税对象

消费税是在对货物普遍征收增值税的基础上,选择少数消费品再征收税费的一个税种,主要是为了调节产品结构,引导消费方向,保证国家财政收入。现行消费税的征收范围包括:烟(含电子烟),酒及酒精,化妆品,贵重首饰及珠宝玉石,鞭炮、焰火,成品油,汽车轮胎,摩托车,小汽车,高尔夫球及球具,高档手表,游艇,木制一次性筷子,实木地板,电池,涂料等16个税目。

3. 消费税的税目税率

依据2008年修订的《中华人民共和国消费税暂行条例》的规定,各类消费品消费税的税目、税率如表1-3所示。

表1-3　消费税税目、税率

税目	税率
一、烟	
1. 卷烟	
(1)甲类卷烟	45%加0.003元/支
(2)乙类卷烟	30%加0.003元/支
2. 雪茄烟	25%
3. 烟丝	30%
4. 电子烟	生产(进口)环节36%,批发环节11%
二、酒及酒精	
1. 白酒	20%加0.5元/500克(或者500毫升)
2. 黄酒	240元/吨
3. 啤酒	
(1)甲类啤酒	250元/吨
(2)乙类啤酒	220元/吨
4. 其他酒	10%
5. 酒精	5%
三、化妆品	30%
四、贵重首饰及珠宝玉石	
1. 金银首饰、铂金首饰和钻石及钻石饰品	5%
2. 其他贵重首饰和珠宝玉石	10%
五、鞭炮、焰火	15%
六、成品油	
1. 汽油	
(1)含铅汽油	0.28元/升
(2)无铅汽油	0.20元/升
2. 柴油	0.10元/升
3. 航空煤油	0.10元/升
4. 石脑油	0.20元/升
5. 溶剂油	0.20元/升
6. 润滑油	0.20元/升
7. 燃料油	0.10元/升
七、汽车轮胎	3%
八、摩托车	
1. 气缸容量(排气量,下同)在250毫升(含250毫升)以下的	3%
2. 气缸容量在250毫升以上的	10%

续表

税目	税率
九、小汽车 　1. 乘用车 　　(1)气缸容量(排气量,下同)在1.0升(含1.0升)以下的 　　(2)气缸容量在1.0升以上至1.5升(含1.5升)的 　　(3)气缸容量在1.5升以上至2.0升(含2.0升)的 　　(4)气缸容量在2.0升以上至2.5升(含2.5升)的 　　(5)气缸容量在2.5升以上至3.0升(含3.0升)的 　　(6)气缸容量在3.0升以上至4.0升(含4.0升)的 　　(7)气缸容量在4.0升以上的 　2. 中轻型商用客车	 1% 3% 5% 9% 12% 25% 40% 5%
十、高尔夫球及球具	10%
十一、高档手表	20%
十二、游艇	10%
十三、木制一次性筷子	5%
十四、实木地板	5%
十五、电池	4%
十六、涂料	4%

4. 计税方法

消费税实行从价定率、从量定额,或者从价定率和从量定额复合计税(以下简称复合计税)的办法计算应纳税额。计算公式为:

(1)从价定率

实行从价定率办法计算的应纳税额 = 销售额 × 比例税率

(2)从量定额

实行从量定额办法计算的应纳税额 = 销售数量 × 定额税率

(3)复合计税

实行复合计税办法计算的应纳税额 = 销售额 × 比例税率 + 销售数量 × 定额税率

5. 纳税期限

消费税的纳税期限分别为1日、3日、5日、10日、15日、1个月或者1个季度。纳税人的具体纳税期限由主管税务机关根据纳税人应纳税额的大小分别核定;不能按照固定期限纳税的,可以按次纳税。

纳税人以1个月或者1个季度为1个纳税期的,自期满之日起15日内申报纳税;以1日、3日、5日、10日或者15日为1个纳税期的,自期满之日起5日内预缴税款,于次月1日起15日内申报纳税并结清上月应纳税款。

(五)土地增值税

土地增值税是对在我国境内转让国有土地使用权、地上的建筑物及其附着物(转让房地产)的单位和个人,以其转让房地产所取得的增值额为课税对象而征收的一种税。

1. 纳税人

转让国有土地使用权、地上的建筑物及其附着物并取得收入的单位和个人,为土地增值税的纳税义务人,应当依法缴纳土地增值税。

2. 征税对象

凡有偿转让国有土地使用权、地上的建筑物及其附着物并取得收入的,都需要依法缴纳土地增值税。

转让国有土地使用权、地上的建筑物及其附着物并取得收入,是指以出售或者其他方式有偿转让房地产的行为,不包括以继承、赠与方式无偿转让房地产的行为。[1] 此处的"赠与"是指如下情况[2]:

(1)房产所有人、土地使用权所有人将房屋产权、土地使用权赠与直系亲属或承担直接赡养义务人的。

(2)房产所有人、土地使用权所有人通过中国境内非营利的社会团体、国家机关将房屋产权、土地使用权赠与教育、民政和其他社会福利、公益事业的。

3. 税率

土地增值税实行四级超率累进税率,具体税率见表1-4。

---

〔1〕 相关规定参见《土地增值税暂行条例实施细则》第2条。

〔2〕 相关规定参见财政部、国家税务总局《关于土地增值税一些具体问题规定的通知》(财税字〔1995〕48号,部分失效)第4条。

表 1-4　土地增值税税率

级数	增值额占扣除项目金额比例	税率/%	速算扣除率/%
1	增值额未超过扣除项目金额50%的部分	30	
2	增值额超过扣除项目金额50%、未超过扣除项目金额100%的部分	40	5
3	增值额超过扣除项目金额100%、未超过扣除项目金额200%的部分	50	15
4	增值额超过扣除项目金额200%的部分	60	35

4. 计税方法

土地增值税按照纳税人转让房地产所取得的增值额和税法规定的税率计算征收。

(1)增值额

纳税人转让房地产所取得的收入减除规定扣除项目金额后的余额,为增值额。计算公式为:

增值额 = 转让房地产的总收入 - 扣除项目金额

(2)扣除项目

计算增值额的扣除项目包括:①取得土地使用权所支付的金额;②开发土地的成本、费用;③新建房及配套设施的成本、费用,或者旧房及建筑物的评估价格;④与转让房地产有关的税金;⑤财政部规定的其他扣除项目。

(3)应纳税额的计算

土地增值税的计算公式为:

增值率 = 增值额 ÷ 扣除项目金额 × 100%

应纳税额 = 增值额 × 适用税率 - 扣除项目金额 × 速算扣除率

5. 纳税期限

纳税人应当自转让房地产合同签订之日起7日内向房地产所在地主管税务机关办理纳税申报,并在税务机关核定的期限内缴纳土地增值税。

第三节 税收一般违法与涉税犯罪

一、税收一般违法

(一)税收一般违法概述

税收一般违法行为,简称税收违法行为,是相对于涉税犯罪而言的,是指行为人违反税收法律规定但尚未构成犯罪的违法行为,通常是指税收行政违法行为。[1]

根据《税收违法行为检举管理办法》第3条的规定,税收违法行为是指涉嫌偷税(逃避缴纳税款),逃避追缴欠税,骗税,虚开、伪造、变造发票,以及其他与逃避缴纳税款相关的税收违法行为。该条款所规定的"税收违法行为"是出于规范检举秩序之特定目的而对"税收违法行为"进行的特定定义,该定义范围较窄,属于狭义的税收违法行为。广义的税收违法行为泛指违反税收法律规定的一切税收行政违法行为。

税收违法行为包括税收实体法违法行为和税收程序法违法行为。税收实体法违法行为,是指行为人违反《企业所得税法》《个人所得税法》《契税法》《印花税法》《增值税暂行条例》《土地增值税暂行条例》等税收实体法律规定的违法行为;税收程序法违法行为,是指行为人违反《税收征收管理法》《发票管理办法》等税收程序法律规定的违法行为。

税收违法行为的行为人,可能是纳税人、扣缴义务人、纳税担保人、税务代理人等纳税主体,也可能是税务执法人员及相关责任人员等征税主体,还可能是征税主体和纳税主体以外的其他相关主体。[2]

---

〔1〕 如无特别说明,本书中的税收一般违法行为是指税收行政违法行为,不包括涉税民商事违法行为(如违反合同涉税条款的违约行为就属于涉税民商事违法行为)。

〔2〕 因税务行政机关自身的违法行为并不涉及税收犯罪问题,但其工作人员及相关责任人员的违法行为可能涉及税收犯罪问题,故本书关于税收违法行为及其法律后果的内容中均不含税务行政机关自身违法行为及其法律后果。

（二）税收违法行为的法律后果

税收违法行为的法律后果主要包括追征税款及加收滞纳金、税收行政处罚和税收行政处分。

1. 行政相对人税收违法行为的法律后果

（1）追征税款及加收滞纳金

追征税款及加收滞纳金适用于纳税人及扣缴义务人，但如果扣缴义务人应扣未扣、应收未收税款，则仅对纳税人追征税款，对扣缴义务人予以罚款。[1]

（2）税收行政处罚

税收行政处罚适用于各类税收行政相对人，既包括纳税人、扣缴义务人、纳税担保人、税务代理人等广义上的纳税主体，也包括纳税主体以外的其他相关主体。税收行政处罚的形式主要包括：罚款、没收违法所得、没收非法财物、停止出口退税权、收缴发票或者停止发售发票、吊销发票准印证、责令改正、责令限期改正。[2] 其中，责令改正、责令限期改正、罚款是最常用的处罚形式。

2. 税务执法人员及相关责任人员税收违法行为的法律后果

税务执法人员及相关责任人员税收违法行为的法律后果主要是行政处分。按违法程度的不同，行政处分的形式主要有：警告、记过、记大过、降级、降职、留用察看、开除等。

二、税收一般违法与涉税犯罪的区分

（一）税收一般违法与涉税犯罪的界限

当税收违法行为的社会危害性达到一定程度，侵害了刑法所保护的法益，按照刑法规定应当追究其刑事责任时，税收违法行为就构成涉税犯罪。

---

〔1〕《税收征收管理法》第69条规定："扣缴义务人应扣未扣、应收而不收税款的，由税务机关向纳税人追缴税款，对扣缴义务人处应扣未扣、应收未收税款百分之五十以上三倍以下的罚款。"

〔2〕责令改正和责令限期改正体现在税收领域通常表现为责令缴纳、责令限期缴纳。责令改正和责令限期改正是否为行政处罚，存在争议。有学者认为，责令改正和责令限期改正并不是行政处罚，将责令改正和责令限期改正视为行政处罚的一种，既没有实体法上的依据，也没有理论上的说服力。参见曹福来、钱蓓蓓：《税务行政处罚》，中国税务出版社2020年版，第41页。

因此,税收违法行为与涉税犯罪之间的核心区别在于社会危害性的严重程度不同。对于社会危害性比较严重的税收违法行为,由于该等违法行为已经超越社会所能容忍的限度,严重扰乱国家税收征管秩序,危及国家税收安全,税收法律已不足以对其形成有效威慑和打击,需要更具威慑力的刑法对其予以震慑和打击,以保护税收法律所欲保护的法益。当刑法对税收法律所欲保护的法益给予刑法保护的时候,行为人的税收违法行为若侵害了刑法所保护的法益,则该等税收违法行为具有刑事违法性,如果没有犯罪阻却事由,则该等税收违法行为构成涉税犯罪(见图 1 –2)。

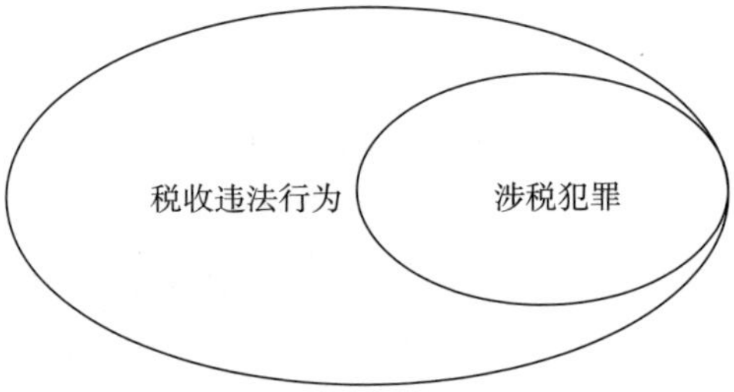

图 1 –2　税收违法行为与涉税犯罪的界限示意

为了衡量税收违法行为的社会危害性严重程度,以判断税收违法行为是否构成涉税犯罪,刑法规定了严格的犯罪构成要件。凡行为人实施的税收违法行为符合刑法规定的犯罪构成要件的,则表明该等税收违法行为构成涉税犯罪;凡行为人实施的税收违法行为不符合刑法规定的犯罪构成要件的,则表明该等税收违法行为不构成涉税犯罪。明确的定罪量刑标准是区分税收违法行为与涉税犯罪的关键,为此,最高人民检察院、公安部于 2022 年 4 月 6 日发布《关于公安机关管辖的刑事案件立案追诉标准的规定(二)》(以下简称《刑事案件立案追诉标准(二)》)以及最高人民法院、最高人民检察院于 2024 年 3 月 15 日发布《关于办理危害税收征管刑事案件适用法律若干问题的解释》(法释〔2024〕4 号,以下简称《危害税收征管刑事案件解释》)。该等文件对涉税犯罪的立案追诉标准进行了明确、清晰的界定,使税收违法行为与涉税犯罪的边界更加清晰,更具有可操作性,涉税犯罪的认定也更加合理。

（二）税收行政违法与涉税犯罪法律后果的比较

由于税收违法行为与涉税犯罪行为的社会危害性不同，国家分别适用不同的法律对其予以规制和评价。对于税收行政违法行为，国家适用税收法律对其予以规制和评价；对于涉税犯罪，国家适用刑法对其予以规制和评价。税收法律和刑法在评价标准方面存在重大差异，由此导致的法律后果存在较大区别。以偷、逃、抗、骗税以及虚开发票为例，两者之间的法律后果如表1－5所示。

表1－5　税收行政违法与涉税犯罪的法律后果比较

行为	税收行政违法行为	涉税犯罪行为
偷（逃）税	《税收征收管理法》第63条规定："纳税人伪造、变造、隐匿、擅自销毁帐簿、记帐凭证，或者在帐簿上多列支出或者不列、少列收入，或者经税务机关通知申报而拒不申报或者进行虚假的纳税申报，不缴或者少缴应纳税款的，是偷税。对纳税人偷税的，由税务机关追缴其不缴或者少缴的税款、滞纳金，并处不缴或者少缴的税款百分之五十以上五倍以下的罚款；构成犯罪的，依法追究刑事责任。扣缴义务人采取前款所列手段，不缴或者少缴已扣、已收税款，由税务机关追缴其不缴或者少缴的税款、滞纳金，并处不缴或者少缴的税款百分之五十以上五倍以下的罚款；构成犯罪的，依法追究刑事责任。" 第64条规定："纳税人、扣缴义务人编造虚假计税依据的，由税务机关责令限期改正，并处五万元以下的罚款。纳税人不进行纳税申报，不缴或者少缴应纳税款的，由税务机关追缴其不缴或者少缴的税款、滞纳金，并处不缴或者少缴的税款百分之五十以上五倍以下的罚款。"	《刑法》第201条规定："纳税人采取欺骗、隐瞒手段进行虚假纳税申报或者不申报，逃避缴纳税款数额较大并且占应纳税额百分之十以上的，处三年以下有期徒刑或者拘役，并处罚金；数额巨大并且占应纳税额百分之三十以上的，处三年以上七年以下有期徒刑，并处罚金。扣缴义务人采取前款所列手段，不缴或者少缴已扣、已收税款，数额较大的，依照前款的规定处罚。对多次实施前两款行为，未经处理的，按照累计数额计算。有第一款行为，经税务机关依法下达追缴通知后，补缴应纳税款，缴纳滞纳金，已受行政处罚的，不予追究刑事责任；但是，五年内因逃避缴纳税款受过刑事处罚或者被税务机关给予二次以上行政处罚的除外。"

续表

行为	税收行政违法行为	涉税犯罪行为
逃避追缴欠税	《税收征收管理法》第65条规定:“纳税人欠缴应纳税款,采取转移或者隐匿财产的手段,妨碍税务机关追缴欠缴的税款的,由税务机关追缴欠缴的税款、滞纳金,并处欠缴税款百分之五十以上五倍以下的罚款;构成犯罪的,依法追究刑事责任。” 第68条规定:“纳税人、扣缴义务人在规定期限内不缴或者少缴应纳或者应解缴的税款,经税务机关责令限期缴纳,逾期仍未缴纳的,税务机关除依照本法第四十条的规定采取强制执行措施追缴其不缴或者少缴的税款外,可以处不缴或者少缴的税款百分之五十以上五倍以下的罚款。”	《刑法》第203条规定:“纳税人欠缴应纳税款,采取转移或者隐匿财产的手段,致使税务机关无法追缴欠缴的税款,数额在一万元以上不满十万元的,处三年以下有期徒刑或者拘役,并处或者单处欠缴税款一倍以上五倍以下罚金;数额在十万元以上的,处三年以上七年以下有期徒刑,并处欠缴税款一倍以上五倍以下罚金。”
抗税	《税收征收管理法》第67条规定:“以暴力、威胁方法拒不缴纳税款的,是抗税,除由税务机关追缴其拒缴的税款、滞纳金外,依法追究刑事责任。情节轻微,未构成犯罪的,由税务机关追缴其拒缴的税款、滞纳金,并处拒缴税款一倍以上五倍以下的罚款。”	《刑法》第202条规定:“以暴力、威胁方法拒不缴纳税款的,处三年以下有期徒刑或者拘役,并处拒缴税款一倍以上五倍以下罚金;情节严重的,处三年以上七年以下有期徒刑,并处拒缴税款一倍以上五倍以下罚金。”
骗取出口退税	《税收征收管理法》第66条规定:“以假报出口或者其他欺骗手段,骗取国家出口退税款的,由税务机关追缴其骗取的退税款,并处骗取税款一倍以上五倍以下的罚款;构成犯罪的,依法追究刑事责任。对骗取国家出口退税款的,税务机关可以在规定期间内停止为其办理出口退税。”	《刑法》第204条规定:“以假报出口或者其他欺骗手段,骗取国家出口退税款,数额较大的,处五年以下有期徒刑或者拘役,并处骗取税款一倍以上五倍以下罚金;数额巨大或者有其他严重情节的,处五年以上十年以下有期徒刑,并处骗取税款一倍以上五倍以下罚金;数额特别巨大或者有其他特别严重情节的,处十年以上有期徒刑或者无期徒刑,并处骗取税款一倍以上五倍以下罚金或者没收财产。纳税人缴纳税款后,采取前款规定

续表

行为	税收行政违法行为	涉税犯罪行为
骗取出口退税		的欺骗方法，骗取所缴纳的税款的，依照本法第二百零一条的规定定罪处罚；骗取税款超过所缴纳的税款部分，依照前款的规定处罚。”
虚开发票	《发票管理办法》第 35 条规定：“违反本办法的规定虚开发票的，由税务机关没收违法所得；虚开金额在 1 万元以下的，可以并处 5 万元以下的罚款；虚开金额超过 1 万元的，并处 5 万元以上 50 万元以下的罚款；构成犯罪的，依法追究刑事责任。非法代开发票的，依照前款规定处罚。”	《刑法》第 205 条第 1 款、第 2 款规定：“虚开增值税专用发票或者虚开用于骗取出口退税、抵扣税款的其他发票的，处三年以下有期徒刑或者拘役，并处二万元以上二十万元以下罚金；虚开的税款数额较大或者有其他严重情节的，处三年以上十年以下有期徒刑，并处五万元以上五十万元以下罚金；虚开的税款数额巨大或者有其他特别严重情节的，处十年以上有期徒刑或者无期徒刑，并处五万元以上五十万元以下罚金或者没收财产。单位犯本条规定之罪的，对单位判处罚金，并对其直接负责的主管人员和其他直接责任人员，处三年以下有期徒刑或者拘役；虚开的税款数额较大或者有其他严重情节的，处三年以上十年以下有期徒刑；虚开的税款数额巨大或者有其他特别严重情节的，处十年以上有期徒刑或者无期徒刑。” 第 205 条之一规定：“虚开本法第二百零五条规定以外的其他发票，情节严重的，处二年以下有期徒刑、拘役或者管制，并处罚金；情节特别严重的，处二年以上七年以下有期徒刑，并处罚金。单位犯前款罪的，对单位判处罚金，并对其直接负责的主管人员和其他直接责任人员，依照前款的规定处罚。”

第四节 涉税犯罪的犯罪构成

涉税犯罪是一个由《刑法》分则规定的各个具体的涉税犯罪相互之间联系作用而组成的有机整体。因此涉税犯罪的犯罪构成是对《刑法》分则中规定的各个具体涉税犯罪的犯罪构成要件进行共性总结、概念归纳的结果,反映出每个独立存在的涉税犯罪的犯罪构成要件的共同本质和特征。虽然各个具体涉税犯罪的犯罪构成对社会危害性的质与量或许有所差异,但涉税犯罪的犯罪构成作为一个共性的整合,最本质的特征就是对税收征管制度的社会危害性。

与一般的犯罪构成要件相同,实施涉税犯罪的犯罪构成同样具备犯罪客体、犯罪客观方面、犯罪主体、犯罪主观方面四个基本要件。

一、涉税犯罪的犯罪客体

涉税犯罪的犯罪客体,是指行为人进行涉税犯罪活动所侵害的社会主义市场经济秩序,即我国刑法所保护的税收征管制度,其本质上是一系列国家税收法律所确立的规程、规则和准则的总称。这一制度的核心目的是确保税收的顺利征收与缴纳,进而实现税收在财政、经济及监督层面的多重功能。然而,涉税犯罪却是对这一征管活动公然违反、阻挠和逃避的行为,不仅削减了国家的财政收入,危害国家税收安全,更扰乱了社会经济运行的正常秩序。

涉税犯罪所触及的征管制度涵盖多个方面,包括税务登记、发票与账簿管理、纳税申报、税收征管、税务检查以及出口退税等。这些制度共同构成了税收征管体系的基石。不同的涉税犯罪在侵犯的客体上存在一定差异,有的仅针对某一单项制度,有的则涉及多个制度,甚至直接侵害税务机关的正常征管活动,正是这些差异体现了涉税犯罪复杂多变的特点。

二、涉税犯罪的客观方面

涉税犯罪的客观方面涵盖了危害行为、危害方式及其导致的危害后果。其中危害行为指的是在犯罪意识和意志的驱使下,涉税犯罪行为人实施的、违反税收法规且被刑法所不容的侵害税收征管制度的行为。涉税犯罪的危害方式具有多样性,而犯罪方法是这些行为的具体体现,它使抽象的犯罪行为具体化,有助于更直观地理解和把握这些行为。涉税犯罪的犯罪方法归纳起来主要有以下几种类型。

(1)欺骗、隐瞒的手段。如逃税罪,骗取出口退税罪,虚开增值税专用发票、用于骗取出口退税、抵扣税款发票罪(以下简称虚开增值税专用发票罪),虚开发票罪。

(2)伪造、非法制造的手段。如伪造增值税专用发票罪,非法制造用于骗取出口退税、抵扣税款发票罪,非法制造发票罪。

(3)非法出售、购买方法。如出售伪造的增值税专用发票罪,非法出售增值税专用发票罪,非法购买增值税专用发票、购买伪造的增值税专用发票罪,出售非法制造的用于骗取出口退税、抵扣税款发票罪,出售非法制造的发票罪,非法出售用于骗取出口退税、抵扣税款发票罪。

(4)转移、隐匿财产方法。如逃避追缴欠税罪。

(5)暴力和威胁方法。如抗税罪。

(6)利用职务的方法。如徇私舞弊不征、少征税款罪,徇私舞弊发售发票、抵扣税款、出口退税罪,违法提供出口退税凭证罪。

涉税犯罪的危害结果是涉税犯罪行为对税收征管制度已经造成的损害,而不是指可能造成但尚未实际造成的损害。涉税犯罪属于破坏社会主义市场经济秩序犯罪,其危害结果大都表现为物质性的危害结果,可以确定一定的量化标准,在一定程度上表明了涉税犯罪的社会危害性程度。

三、涉税犯罪的犯罪主体

涉税犯罪的犯罪主体是指实施涉税犯罪行为,依法对自己的罪行承担刑事责任的人。其中犯罪主体必须是人,包括自然人主体和单位主体,这二者又分为一般主体和特殊主体。

涉税犯罪的自然人主体是指达到刑事责任年龄即已满 16 周岁,具有刑事责任能力即对自己的行为具有辨别控制的能力,实施涉税犯罪的自然人。而自然人特殊主体除上述要求之外还必须具备某种涉税犯罪的犯罪构成要求的特定身份。此特定身份是指《刑法》分则各罪具体规定的影响行为人刑事责任的行为人的特定的资格、地位和状态等因素。例如,自然人特殊主体包含纳税人、扣缴义务人、税收征管人员和其他国家工作人员。

涉税犯罪的单位主体是一个人格化或准人格化的社会有机整体，包括公司、企业、事业单位、机关团体。虽然它由一定社会关系的自然人组成，但单位具有整体意志和行为能力，因此不能将单位涉税犯罪归结为个人犯罪。而单位特殊主体是指具有一定资格，实施涉税犯罪行为，依法应受刑罚处罚的单位，如纳税单位或扣缴义务单位能作为逃避追缴欠税罪的犯罪主体。《刑法》规定对单位判处罚金，对其直接负责的主管人员和其他直接责任人员，依照各该条的规定处罚。

四、涉税犯罪的主观方面

涉税犯罪的主观方面是指涉税犯罪主体在实施涉税犯罪行为时，对其所实施的危害税收征管制度的行为及其危害结果所持的心理态度。这主要包括故意和过失两种心理态度。有些犯罪还要求行为人具有特定的主观目的。例如，在虚开增值税专用发票罪中，对于虚增业绩、融资、贷款等不以骗抵税款为目的，没有因抵扣造成国家税款被骗损失的虚开行为，不以虚开增值税专用发票罪论处，该罪即要求实施虚开行为的行为人在主观上需要具有骗抵税款的主观目的。

在涉税犯罪中，大部分犯罪是以故意为主观要件的，即犯罪主体明知自己的行为会发生危害税收征管制度的结果，并且希望或者放任这种结果的发生。这种故意可以是直接的，也可以是间接的。直接故意表现为行为人明知自己的行为必然或者可能发生危害税收征管制度的结果，并且希望这种结果发生；间接故意则表现为行为人明知自己的行为可能发生危害税收征管制度的结果，并且放任这种结果发生。虽然以过失为主观要件的涉税犯罪相对较少，但在某些特定情况下，如税收征管人员疏忽大意或过于自信而未履行其职责，导致国家税收损失，也可能构成过失性的涉税犯罪。

涉税犯罪的主观方面不仅是区分罪与非罪、此罪与彼罪的重要标志，也是量刑时的重要考虑因素。犯罪主体的主观恶性程度、犯罪动机、目的等都会对其量刑产生影响。因此，在认定涉税犯罪时，必须深入剖析犯罪主体的主观心理态度，确保定罪准确、量刑适当。

第五节　涉税犯罪的刑事立法和刑事政策

一、涉税犯罪的刑事立法

(一)我国涉税犯罪的立法现状

我国涉税犯罪在立法模式方面经历了“涉税犯罪立法的空白时期”(1949~1979年)、“刑法、单行刑法、附属刑法并存时期”(1979~1997年)和“刑法和附属刑法并存时期”(1997年至今)。我国现行的税收刑事法律规范由刑法和附属刑法构成。

1. 刑法

1979年我国第一部《刑法》出台,其中第116条规定了走私罪,第121条规定了偷税罪和抗税罪。此后,随着经济形势的变化以及1994年“分税制”改革,全国人大常委会先后颁布了两个单行刑法,分别是:1992年9月4日第七届全国人大常委会第二十七次会议审议通过的《关于惩治偷税、抗税犯罪的补充规定》(已失效,以下简称《偷税、抗税的补充规定》),该规定增设“逃避追缴欠税罪”和“骗取出口退税罪”;1995年10月30日第八届全国人大常委会第十六次会议审议通过的《关于惩治虚开、伪造和非法出售增值税专用发票犯罪的决定》(部分失效,以下简称《惩治增值税专用发票犯罪的决定》),该决定增设8个涉税犯罪。1997年我国全面修订《刑法》。这次《刑法》的修订,在涉税犯罪方面的主要表现是把分散在上述两个单行刑法中的涉税犯罪进行整合,统一规定在《刑法》分则第3章第6节“危害税收征管罪”中,并在《刑法》分则第9章新增了徇私舞弊不征、少征税款罪,徇私舞弊发售发票、抵扣税款、出口退税罪和违法提供出口退税凭证罪三个税收渎职犯罪,从而形成了相对完善的涉税犯罪罪名体系。此后,我国于1999年至2023年先后颁布了12个刑法修正案,其中涉及涉税犯罪的共有两个,即《刑法修正案(七)》和《刑法修正案(八)》,前者修改了逃税犯罪的有关规定,后者修改了虚开增值税专用发票罪的有关规定,并新增了虚开发票罪和持有伪造的发票罪。至此,我国刑法中有关涉税犯罪的罪名体系已经相对成熟、系统和完善。

根据现行《刑法》,我国涉税犯罪共有18个罪名,分别为:《刑法》分则第

3 章第 6 节“危害税收征管罪”中的 14 个罪名;《刑法》分则第 3 章第 2 节“走私罪”中的走私普通货物、物品罪;《刑法》分则第 9 章“渎职罪”中的徇私舞弊不征、少征税款罪,徇私舞弊发售发票、抵扣税款、出口退税罪,违法提供出口退税凭证罪等 3 个罪名(见图 1 - 3)。

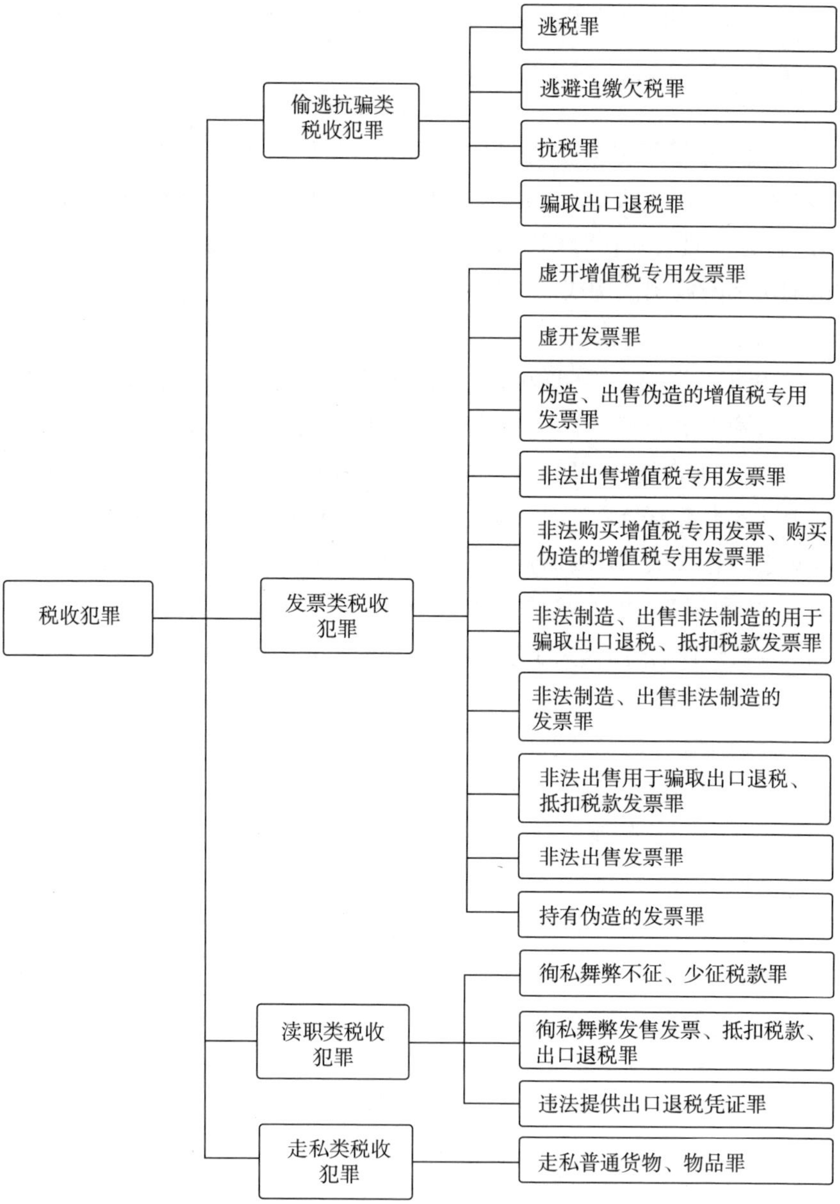

图 1 - 3　我国现行《刑法》中涉税犯罪的罪名体系

2. 附属刑法

附属刑法关于涉税犯罪的规定，一般不直接规定犯罪和刑罚的完整内容，而是依附于刑法的相关规定。

我国于 1980 年颁发的《个人所得税法》、1991 年颁发的《外商投资企业和外国企业所得税法》和 1992 年颁布的《税收征收管理法》中均有涉税犯罪的规定。其中，《个人所得税法》在《税收征收管理法》通过之后于 1993 年进行的修改中取消了相关条款，2007 年《企业所得税法》颁布后，《外商投资企业和外国企业所得税法》失效，而《企业所得税法》未涉及涉税犯罪。因此，目前我国的附属刑法仅存在于《税收征收管理法》中，其经典表述为“构成犯罪的，依法追究刑事责任”。例如，《税收征收管理法》第 63 条规定：“……对纳税人偷税的，由税务机关追缴其不缴或者少缴的税款、滞纳金，并处不缴或者少缴的税款百分之五十以上五倍以下的罚款；构成犯罪的，依法追究刑事责任。扣缴义务人采取前款所列手段……构成犯罪的，依法追究刑事责任。”

（二）我国涉税犯罪的刑事立法原则

我国涉税犯罪的刑事立法始终遵循一系列原则，包括法律性原则、罪刑法定原则、合法性原则、惩治与预防相结合原则、比例原则、人性化原则和法治原则等。

法律性原则作为刑事立法的基石，通过法律明确规定涉税犯罪行为及其处罚，保障法律的确定性和可预见性，防止司法机关滥用权力。

罪刑法定原则要求对涉税犯罪行为和处罚必须明确定义，不得凭空设定罪名或处罚，保障被告人的合法权益。

合法性原则要求刑事立法符合宪法和法律的规定，确保其合法性和合理性。惩治与预防相结合原则要求刑罚不仅要追究犯罪者的责任，还要起到震慑和预防的作用，以减少涉税犯罪行为的发生。

比例原则要求刑罚与犯罪的性质、情节和社会危害程度相适应，避免过重或过轻的刑罚。

人性化原则要求在处理涉税犯罪案件时，充分考虑犯罪者的人权和人道主义原则，尽量避免过度惩罚。

法治原则强调依法治国，保障司法公正和法律平等。

涉税犯罪的刑事立法是维护税收征管秩序、保障国家税收安全的重要手段。经济社会的发展、涉税犯罪形式的演变，要求我国涉税犯罪的刑事立法在法律原则的指导下不断完善和发展，加强税收征管的法律制度建设，并加强国际合作与交流，共同打击涉税犯罪行为，以适应新形势下的挑战，更好地维护国家税收安全和社会经济秩序的稳定。

二、涉税犯罪的刑事政策

（一）刑事政策概述

刑事政策与刑法戚戚相关。在历史上，每一次重大刑法制度的变革，都是与新的刑事政策思想的兴起分不开的。在我国，刑事政策极为重要，在制定刑法时必须以刑事政策为依据，实施刑法时也必须以刑事政策为指南。可以说，刑事政策是刑法的灵魂，刑法是刑事政策的定型化。

关于何为刑事政策，中外学者见仁见智。在我国的刑事政策理论研究中，一般认为刑事政策存在广义和狭义之分，二者的主要区别在于国家以预防及打击犯罪为目的所采取的刑事措施和方针是否仅限于对犯罪者及有犯罪危险者所采取的刑罚及有关措施。狭义上的刑事政策是指“国家或者执政党依据本国犯罪态势制定的，通过指导刑事立法和刑事司法，对犯罪者及有犯罪危险者运用刑罚和有关措施，以期有效实现预防犯罪目的的方针、策略和行动准则”[1]。而广义上的刑事政策不只限于直接的、以预防犯罪为目的的刑罚制度，还包括间接的、与防止犯罪有关的各种社会政策，是“以组织反犯罪斗争或抗制犯罪的综合艺术或战略、集中体现反犯罪诸策略、系统集成反犯罪诸机制、全面整合反犯罪诸主体为本质内容”“社会整体据以组织对犯罪现象的反应的方法的总和”[2]，因而，正如李斯特所言，“最好的社会政策，也就是最好的刑事政策”。

按照狭义说观点，刑事政策的范围不包括有关犯罪的社会政策在内，而仅限于直接的、以防止犯罪为主要目的的刑事上的政策。[3] 与涉税犯罪有关的社会政策并非本书的研究范围，为了突出刑事政策在税收刑事立法和

〔1〕 赵秉志主编：《刑法基础理论探索》，法律出版社 2002 年版，第 333 页。

〔2〕 卢建平主编：《刑事政策学》（第 3 版），中国人民大学出版社 2021 年版，第 16、17 页。

〔3〕 参见张甘妹：《刑事政策》（影印本），台北，三民书局 1979 年版，第 2～3 页。转引自柳忠卫：《刑事政策与刑法关系论》，法律出版社 2015 年版，第 25 页。

刑事司法中的地位和作用,本书采取狭义说。

按照狭义说的主张,刑事政策依据其性质、内容的不同可以分为基本刑事政策与具体刑事政策两种:所谓基本刑事政策,是指具有整体性与全局性的重要导向作用的,针对一切犯罪活动的具有普遍意义的方针、策略和行动准则;所谓具体刑事政策,是指针对特定时期、特定领域、特定情况下的特定犯罪的方针、策略和行动准则,其范围仅限于某一类犯罪人或刑事活动的某一方面。[1] 基本刑事政策由于具有整体性和全局性,普遍适用于包括涉税犯罪在内的各类犯罪。而仅适用于涉税犯罪的刑事政策,则属于涉税犯罪领域的具体刑事政策。例如,为虚增业绩、融资、贷款等不以骗税为目的,没有因抵扣造成国家税款被骗损失的,不以虚开增值税专用发票罪论处,该政策即属于涉税犯罪领域的具体刑事政策。

依据刑事政策制定主体的不同,刑事政策可以分为刑事立法政策、刑事司法政策与刑事执行政策。

依据刑事政策的轻重程度不同,刑事政策可以分为宽缓刑事政策、严厉刑事政策和宽严相济刑事政策。

(二)我国涉税犯罪的刑事立法政策

宽严相济刑事政策是我国现阶段的一项基本刑事政策,该政策自2004年提出以来,[2]已经贯穿我国刑事立法、刑事司法和刑罚执行的全过程。我国涉税犯罪的刑事立法在该政策的导向下,近年来出现了轻缓化趋势。

1.涉税犯罪的定罪政策

涉税犯罪的定罪政策体现在涉税犯罪圈的界定上。犯罪圈实际上指的

---

〔1〕 参见何恒攀:《税收犯罪立法研究》,中国法制出版社2015年版,第26页。

〔2〕 2004年12月22日,时任中央政法委书记的罗干同志在中央政法工作会议上指出:“正确运用宽严相济的刑事政策。”2006年最高人民法院、最高人民检察院工作报告中提出我国现阶段实行宽严相济刑事政策。2006年10月11日在党的十六届六中全会上通过的中共中央《关于构建社会主义和谐社会若干重大问题的决定》亦提出了实施宽严相济的刑事司法政策。2007年1月15日,最高人民检察院发布《关于在检察工作中贯彻宽严相济刑事司法政策的若干意见》中指出,“宽严相济是我们党和国家的重要刑事司法政策,是检察机关正确执行国家法律的重要指针”。2010年2月8日,最高人民法院印发《关于贯彻宽严相济刑事政策的若干意见》中也指出,“宽严相济刑事政策是我国的基本刑事政策,贯穿于刑事立法、刑事司法和刑罚执行的全过程,是惩办与宽大相结合政策在新时期的继承、发展和完善,是司法机关惩罚犯罪、预防犯罪,保护人民,保障人权,正确实施国家法律的指南”。

是刑罚的处罚范围,也可以称为刑罚的边界。刑事立法政策与犯罪圈的界定密切相关,刑事政策决定犯罪圈的大小,反过来,犯罪圈的界定反映了一国刑事政策的趋向。[1] 就涉税犯罪的犯罪圈而言,我国涉税犯罪圈的界定总体上经历了逐步扩张再到适度收缩的过程。

中华人民共和国成立后,在相当长一段时期内,我国刑事法律中并没有专门的涉税犯罪规定,只在某些行政法律法规里有偷税抗税行为情节严重的,送法院处理的规定,当时可以作为犯罪行为处理的只有偷税、抗税和漏税行为。1979 年《刑法》对涉税犯罪圈的规定,基本沿袭了原有的做法,只是将漏税行为排除出涉税犯罪圈。1992 年 9 月 4 日全国人大常委会通过的《偷税、抗税的补充规定》(已失效),以单行刑法的形式将逃避缴纳欠税行为、骗取国家出口退税行为划入犯罪圈。1994 年 3 月 28 日最高人民法院、最高人民检察院、公安部、国家税务总局发布的《关于开展打击伪造、倒卖、盗窃发票专项斗争的通知》(已失效),以部门规章的方式将非法印制(复制)、倒卖发票(含假发票)或者非法制造、倒卖发票防伪专用品的行为划入犯罪圈。1995 年 10 月 30 日全国人大常委会通过的《惩治增值税专用发票犯罪的决定》(部分失效),以单行刑法的方式设立了发票犯罪群,将发票犯罪划入犯罪圈。1997 年《刑法》对上述单行刑法和司法解释进行吸收、整合,以专节方式规定了涉税犯罪的犯罪圈,并新增税收渎职犯罪。2011 年 2 月 25 日全国人大常委会通过的《刑法修正案(八)》将虚开其他发票和非法持有伪造发票等发票犯罪行为划入犯罪圈,至此,我国已经形成相对成熟、系统和完善的涉税犯罪圈。[2]

为贯彻宽严相济刑事政策,我国分别于 2009 年和 2024 年通过立法和司法解释的方式对涉税犯罪圈进行了适当收缩,主要体现在:2009 年 2 月 28 日全国人大常委会通过的《刑法修正案(七)》针对逃税罪设置了"出罪"制度[3];2024 年 3 月 15 日最高人民法院、最高人民检察院发布的《危害税收征管刑事案件解释》,针对虚增业绩、融资、贷款等不以骗抵税款为目的的虚

[1] 参见柳忠卫:《刑事政策与刑法关系论》,法律出版社 2015 年版,第 113 页。
[2] 关于我国涉税犯罪立法的历史沿革,请参考本书第二章第一节的内容。
[3] 《刑法修正案(七)》第 3 条第 4 款规定:"有第一款行为,经税务机关依法下达追缴通知后,补缴应纳税款,缴纳滞纳金,已受行政处罚的,不予追究刑事责任;但是,五年内因逃避缴纳税款受过刑事处罚或者被税务机关给予二次以上行政处罚的除外。"

开增值税专用发票行为设置了“出罪”制度。[1] 该两项“出罪”制度，使涉税犯罪的犯罪圈在一定程度上缩小，降低了涉税犯罪的打击面，从而有利于防止因打击面过大而对我国社会经济秩序造成负面影响。

2. 涉税犯罪的刑罚政策

与涉税犯罪圈的逐步扩张与适度收缩类似，我国涉税犯罪的刑罚政策也经历了趋重化与适度轻缓化的过程。

(1)刑罚的趋重化过程

①刑罚种类

在主刑方面，1979年《刑法》中涉税犯罪的主刑种类仅限于有期徒刑或者拘役，1982年全国人大常委会通过的《关于严惩严重破坏经济的罪犯的决定》首先将走私罪的法定最高刑提高到死刑，1995年全国人大常委会通过的《惩治增值税专用发票犯罪的决定》(部分失效)又将虚开增值税专用发票罪和伪造或者出售伪造的增值税专用发票罪的法定最高刑规定为无期徒刑或者死刑。

在附加刑方面，1979年《刑法》除了走私罪外，对其他涉税犯罪未规定附加刑。1992年全国人大常委会通过的《偷税、抗税的补充规定》(已失效)增加了对涉税犯罪处以犯罪数额5倍以下罚金的规定，《惩治增值税专用发票犯罪的决定》(部分失效)又增加了对特别严重的发票犯罪行为并处没收财产的规定。

②量刑幅度

1979年《刑法》中除走私罪中的某些情形可以判处3年以上10年以下有期徒刑外，其他涉税犯罪适用的有期徒刑仅为3年以下，《关于严惩严重破坏经济的罪犯的决定》将走私罪以外的涉税犯罪的法定刑提升至7年，1997年《刑法》在保持该幅度设置的基础上，进一步提高了骗取出口退税罪的法定刑。

(2)刑罚的适度轻缓化

在趋重化刑罚政策的导向下，我国涉税犯罪的法定刑已经十分严厉。

---

〔1〕《危害税收征管刑事案件解释》第10条第2款规定：“为虚增业绩、融资、贷款等不以骗抵税款为目的，没有因抵扣造成税款被骗损失的，不以本罪论处，构成其他犯罪的，依法以其他犯罪追究刑事责任。”

不过，随着宽严相济刑事政策的出台和贯彻执行，我国刑罚开始出现轻缓化趋势。例如，《刑法修正案（八）》废除了13种非暴力犯罪的死刑，其中包括走私普通货物、物品罪，虚开增值税专用发票罪和伪造、出售伪造的增值税专用发票罪这三个涉税犯罪的死刑条款；《危害税收征管刑事案件解释》则大幅提高了部分涉税犯罪的定罪量刑标准，使入罪门槛提高。

（三）我国涉税犯罪的刑事司法政策

我国司法机关结合我国现阶段社会经济实际发展状况，在具体工作中贯彻落实宽严相济刑事政策，一方面，对严重涉税违法犯罪行为实施严厉打击政策；另一方面，对部分主观恶性不大、犯罪情节轻微的涉税犯罪行为实行"慎刑"政策。具体体现如下。

1. 严厉打击政策

严厉打击政策体现为对社会危害程度严重和主观恶性深重的犯罪行为实行严厉打击和严肃处理。对于社会危害性较大的涉税犯罪，我国税务机关和司法机关历来都实行严厉打击政策。

2024年1月18日，国务院新闻办公室就税收服务高质量发展举行发布会，国家税务总局新闻发言人、办公厅主任黄运在回答2023年税务部门查处曝光偷逃税典型案件情况及2024年打击涉税违法行为安排的提问时明确提出，"一直以来，税务部门始终将依法严厉打击涉税违法犯罪行为，作为优化税收营商环境的一项有力举措""2024年，税务部门将继续联合相关部门对各类涉税违法行为，特别是职业化、团伙式犯罪以及教唆和内外勾结犯罪分子，依法精准打击、靶向综合整治、常态长效曝光，努力营造更加规范有序、更显法治公平的税收营商环境"。[1]

2024年2月27日，全国八部门联合打击涉税违法犯罪工作推进会议在北京召开，会议强调，"……全面贯彻党中央、国务院决策部署，紧紧依靠各级党委、政府支持，牢牢把握好形势任务、职责定位、策略战法、工作要求，持续深化完善联合打击工作机制，依法严厉打击涉税违法犯罪行为，充分发挥保障国家税收安全、保障经济运行秩序、保障社会公平正义的职能作用，持续

---

〔1〕 参见《国务院新闻办就税收服务高质量发展举行发布会》，载中国政府网2024年1月18日，https://www.gov.cn/zhengce/202401/content_6926882.htm。

提升八部门联合打击涉税违法犯罪工作质效，更好营造法治环境，更好服务高质量发展，为推进国家治理体系和治理能力现代化作出新的更大贡献”。[1]

2024 年 3 月 29 日，国家税务总局发布《国家税务总局 2023 年法治政府建设情况报告》，该报告指出：“严厉打击涉税违法犯罪行为。认真落实党中央、国务院要求，严肃查处违规招商引资中的涉税问题，维护全国统一大市场建设。加强常态化打击涉税违法犯罪工作机制建设，最高人民法院、市场监督管理总局正式加入，成员单位由六部门拓展到八部门，进一步健全从行政执法到刑事司法全链条、一体化打击涉税违法犯罪的工作格局。”[2]

2024 年 6 月 25 日，国家审计署发布《国务院关于 2023 年度中央预算执行和其他财政收支的审计工作报告》，该报告指出：“财政收入方面要加大税费征管力度，完善部门数据共享，堵塞制度漏洞，做到应收尽收、颗粒归仓，巩固好财政收入恢复性增长态势。”[3]

可以预见，在严厉打击政策的导向下，税务机关与公安机关、检察院、法院等司法机关在打击涉税违法犯罪方面的合作将越加紧密，对涉税违法犯罪行为进行严厉打击，将是我国税务机关及司法机关的一项常态化工作，该项政策将会贯穿于我国税务机关及司法机关税收执法和司法工作的各个环节，并将深刻影响我国的税收法治环境和税收营商环境。

2.“六稳”“六保”政策

2020 年 7 月 22 日，最高人民检察院发布《关于充分发挥检察职能服务保障“六稳”“六保”的意见》，该意见提出要“依法慎重处理企业涉税案件。注意把握一般涉税违法行为与以骗取国家税款为目的的涉税犯罪的界限，对于有实际生产经营活动的企业为虚增业绩、融资、贷款等非骗税目的且没有造成税款损失的虚开增值税专用发票行为，不以虚开增值税专用发票罪定性处理，依法作出不起诉决定的，移送税务机关给予行政处罚”。

2024 年 3 月 15 日，最高人民法院、最高人民检察院发布《危害税收征管

---

[1] 参见《全国八部门联合打击涉税违法犯罪工作推进会议在京召开》，载国家税务总局官网 2024 年 3 月 1 日，https://www.chinatax.gov.cn/chinatax/n810219/n810780/c5221513/content.html。

[2] 《国家税务总局 2023 年法治政府建设情况报告》，载国家税务总局官网 2024 年 3 月 29 日，https://www.chinatax.gov.cn/chinatax/n810214/c102374/c102386/c5222178/content.html。

[3] 《国务院关于 2023 年度中央预算执行和其他财政收支的审计工作报告》，载审计署官网 2024 年 6 月 25 日，https://www.audit.gov.cn/n5/n26/c10423410/content.html。

刑事案件解释》，在第 10 条第 2 款将上述政策正式上升为司法解释，从而使该政策对司法机关具有普遍约束力。这一政策对虚开增值税专用发票罪的罪状进行了必要限缩，根据罪责刑相适应原则，合理划定虚开增值税专用发票行为的犯罪圈，从而使虚开增值税专用发票罪的打击面大大减少，体现了司法机关对虚开增值税专用发票犯罪案件“慎诉”处理的原则，这对虚开类涉税刑事案件的办理具有重要的指导意义。

第六节　我国涉税犯罪的司法现状和发展趋势

一、我国涉税犯罪的司法现状

（一）涉税犯罪司法数据及趋势分析

分析把握涉税犯罪发生动态是完善税收相关政策与立法、提高司法水准的前提。通过对涉税犯罪案件进行梳理，相关数据如图 1－4 所示。

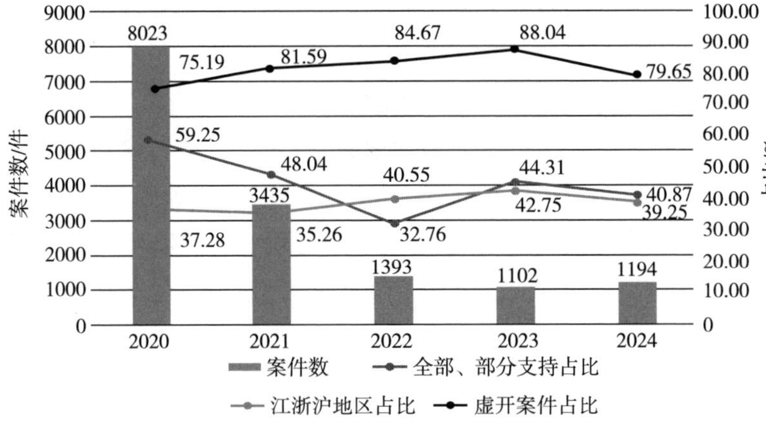

图 1－4　2020～2024 年涉税犯罪案件情况

数据来源：威科先行法律信息库（www. wkinfo. com. cn/login/index），过滤条件为“裁判文书”一项，选择“可视化”呈现方式，过滤条件为“危害税收征管罪”“裁判日期”两项，数据截止日期为 2024 年 12 月 31 日。

2020～2024 年的司法公开数据显示，自 2021 年之后，涉税犯罪案件总体呈减少趋势，但随着疫情结束以及税收征管越来越严，2024 年涉税犯罪案件数量较 2023 年略有回升。2020 年至 2022 年法院对公诉支持率的降低体现了审判机关对税务机关行政行为的依赖性呈下降趋势，近两年随着税收征管体系深化改革、税收征收管理法律法规的完善，司法机关办理涉税犯罪的法律适用性及确定性提高或是近两年涉税犯罪案件公诉支持率降低的原因。涉税犯罪案由多集中在虚开增值税专用发票罪、虚开发票罪以及骗取国家出口退税罪，虚开系列犯罪和骗取国家出口退税罪是国家重点打击惩治的对象。从地域上看，江浙沪地区在涉税犯罪案件数量上占比极高，尤其是江沪两地，虽涉税犯罪无地域性差异，但经济环境、税收政策环境可能影响市场主体的判断与选择。2023 年 5 月长三角"沪苏嘉"三地税务稽查部门签订《长三角税务稽查一体化合作框架协议》，长三角地区涉税犯罪活动将受到进一步遏制，跨区税务稽查合作将成为全国打击涉税犯罪活动的新势态。

（二）涉税犯罪的主要特点

我国司法机关在长期办案的过程中，从大量涉税刑事案件办案经验中总结出涉税刑事犯罪案件的特征。总体而言，我国涉税刑事犯罪案件呈现以下特点。[1]

第一，罪名相对集中，虚开犯罪突出。近 5 年检察机关受理审查起诉的危害税收征管案件占整个刑事犯罪案件、经济犯罪案件总数的 0.6%、12% 左右。其中，虚开增值税专用发票罪和虚开发票罪两个罪名合计占 91.9%，虚开增值税专用发票罪占比约 80%。

第二，犯罪呈现新特点，各种罪名交织。近年来虚开骗税犯罪规模化、复杂化、链条化的特征更为明显，犯罪手法不断演变，网络平台成为虚开新渠道；不法分子通过增加环节、细化分工，拉长犯罪链条，涉及企业更多、地域更广；"税收筹划"、黑中介占主导趋势，涉及虚开、骗税、虚假结汇、伪造公文、洗钱、走私、逃避商检等，多种罪名交织，打击难度进一步加大。

第三，犯罪地域相对集中，与经济活跃度密切相关。涉税犯罪发案较多的地区主要集中在东南沿海省份及中西部经济大省，与当地的经济发展水

〔1〕 参见《涉税犯罪司法解释暨典型案例新闻发布会答记者问》，载最高人民检察院官网，https://www.spp.gov.cn/spp/zdgz/202403/t20240318_649776.shtml。

平和招商引资政策等有密切关系。一些犯罪分子利用不同部门或不同地区政策存在的差异等漏洞,通过虚开发票骗取政府财政返还、扶持资金补贴等违法犯罪时有发生。

第四,新业态、行业性逃税问题突出。贵金属、农产品、废旧物资、电子产品、石化、煤炭等行业仍是虚开骗税犯罪的高发领域。跨境电商、直播带货等新兴经济业态迅猛发展,其业务形态、盈利模式、劳务关系等复杂多样,税收监管措施面临新挑战。文娱领域个别人员利用"阴阳合同""股权增资"等形式,借关联企业名义取酬获利,或利用"税收洼地"转变收入性质,设立"空壳公司"实施虚开发票行为,逃避个税监管。

(三)涉税犯罪司法困境及成因分析

1. 司法专业性不足

涉税犯罪案件审理司法的专业性不足主要体现在审判人员的专业化建设不足。目前,除上海铁路运输法院、厦门思明区人民法院等少数法院设立税务审判庭之外,绝大多数法院未将涉税案件从行政审判庭或刑事审判庭中分离出来。我国不断深化税制改革,涉税案件案情愈加复杂,案件的事实认定与法律适用对审判人员的专业性要求愈加严格,要求审判人员具备税法学、会计学等相关专业知识和经验。而我国税务审判庭专门化建设仍处于发展初期,涉税案件缺乏专业的税务审判人员,导致在对涉税犯罪案件进行司法审查时普遍侧重程序审查,在实体审查方面多依赖税务等行政机关的专业性处理意见。即便法院秉承公正审判的原则,阻却地方行政对涉税犯罪案件审理的积极干预,也无法避免地方行政的消极干预。

2. 税收行政执法与刑事司法衔接不足

情节严重的税收违法行为将涉嫌涉税犯罪,但目前《税收征收管理法》对税收行政违法与税收刑事犯罪之间的程序衔接、证据衔接、事实认定等相关规定不足。尽管《行政处罚法》、《行政执法机关移送涉嫌犯罪案件的规定》(以下简称《移送涉嫌犯罪案件规定》)等相关法律和行政法规对行刑衔接的一般规则已经有所规定,但是有关税收刑事司法程序是否优先,案件移送司法机关后税收执法程序是否中止、税务机关是否还可以作出行政处罚以及税收行政处罚和刑事处罚是否可以并处并执行等基本问题依然处于立法不明的状态。[1] 有案不移、有案难移、以罚代刑、一事二罚等现象仍未有效解决，根本原因是司法机关既依赖税务机关的行政处理结果又未打通与行政执法机关之间的协作机制。在实践中，税务部门与负责侦查的公安机关以及负责审查起诉的检察机关虽然没有常规的联络机制，但通过临时联合办案保持一定程度的沟通。而税务部门与承担刑事案件审判职能的法院则缺少一种沟通交流的工作联络机制。[2] 司法机关可以考虑在保证司法公正的前提下建立一套与税务机关以及公安机关之间的协作机制，以司法为核心，全链条、一体化打击涉税违法犯罪行为。

3. 跨区审理协同性较差

虽然智慧税务系统可以对税收大数据进行系统分析并预警，但目前全国税收治理并未完全达到数字化水平，涉税信息交换与公开机制并未高效运作。同时，由于涉税犯罪多涉及链条型跨区域犯罪，且各地税收执法口径不一，审理法院难以高效协同相关法院惩治涉税犯罪行为。关于设立跨行政区划税务法院，刘剑文教授认为可以通过“三步走”的战略来逐步实现：将税务司法管辖权划分至各跨行政区划法院的基础上，第一步设立税务案件合议庭；第二步设立税务法庭；第三步再推进税务法院。[3]

二、纾困涉税犯罪司法困境的路径趋势

（一）强化审判组织专业化建设

涉税案件审判组织的专业化，既是提高涉税案件司法质效，从而更好维护国家税收征管秩序和纳税人合法权益的重要司法保障，也是优化税收营商环境，提升税收法治化水平的重要举措。近年来，我国部分法院已在探索和实践建立专业化的涉税案件审判组织，例如：

2023 年 11 月 28 日，厦门市思明区人民法院涉税案件合议庭揭牌成立，

---

〔1〕 参见翁武耀：《论税收行政执法与刑事司法衔接立法的完善——基于〈税收征收管理法〉的修改》，载《广东社会科学》2023 年第 1 期。

〔2〕 参见邓逸、何峥嵘：《税收行政处罚与刑事处罚的衔接问题研究——基于枣庄永邦橡胶有限公司诉枣庄市国税局的案例分析》，载《广西警察学院学报》2021 年第 5 期。

〔3〕 参见廖仕梅：《设立税务法院的必要性和可行性》，载《地方财政研究》2017 年第 4 期。

这是全国首个涉税案件“三审合一”集中管辖专门合议庭。[1] 此后，厦门市由基层法院管辖的一审涉税案件集中至厦门市思明区人民法院管辖，合议庭统筹履行涉税刑事、民事、行政“三合一”的审判职能。这对促进涉税案件审判专门化、管辖集中化、人员专业化具有重要意义。

2024年2月23日，新增设的上海铁路运输法院税务审判庭、新加挂牌的上海市第三中级人民法院行政审判庭（赔偿委员会办公室、税务审判庭）正式揭牌。这是全国首家专门税务审判庭。根据最高人民法院部署要求，经上海市机构编制委员会办公室批准，上海市高级人民法院在上海铁路运输法院新设税务审判庭，集中管辖原由上海市基层人民法院管辖的以税务部门为被告的一审行政案件；在上海市第三中级人民法院行政审判庭（赔偿委员会办公室）加挂税务审判庭牌子，集中管辖原由上海市相关中级人民法院管辖的以税务部门为被告的一审行政案件和以税务部门为被上诉人或上诉人的二审行政案件。[2]

2024年4月24日，广东省惠州市博罗县人民法院税务审判合议庭揭牌运行，以此为契机，该院出台《博罗县人民法院关于完善税务审判工作机制服务保障法治化营商环境的实施意见》，为优化营商环境再添实招。[3]

2024年6月12日，长春市中级人民法院、长春铁路运输中级法院分别宣布在本院设立了专门的涉税务合议庭。长春铁路运输中级法院副院长胡玉明表示：“涉税务合议庭将实现税务行政案件的专业化审理，既是强化税收司法保障、维护国家税收征管秩序的制度安排，又是优化税收营商环境、推动税收法治建设的重要举措。”[4]

从以上四个地区法院的探索和实践可以看出，将税收行政案件和刑事案件从行政审判庭和刑事审判庭中剥离出来，交由专业化的涉税案件审判组织进行审理，将是大势所趋，涉税案件审判组织的专业化已逐步从理论走

---

〔1〕 参见《全国首个人民法院涉税案件合议庭在厦门揭牌》，载福建人大网2023年11月30日，https://www.fjrd.gov.cn/ct/4-185794。

〔2〕 参见《全国首家专门税务审判庭在上海设立》，载百家号“光明网”2024年2月25日，https://baijiahao.baidu.com/s?id=1791808509662051805&wfr=spider&for=pc。

〔3〕 参见《完善税务审判　助优营商环境》，载澎湃新闻客户端2024年4月24日，https://m.thepaper.cn/baijiahao_27149542。

〔4〕《成立涉税务合议庭　建立府院联动机制　协同履职维护国家税收征管秩序》，载吉林法院网2024年6月13日，https://jlfy.e-court.gov.cn/article/detail/2024/06/id/7982567.shtml。

向实践。考虑到涉税案件的案件数量、办案成本等因素，对于全国大部分法院而言，建立专业化的涉税案件审判组织的必要性及可行性仍在探讨之中，但税收审判组织的专业化建设无疑将为涉税案件的相关审判工作提供重要支持。

（二）提高涉税犯罪司法确定性

为提升税收确定性，不少地方发布了税收事先裁定制度。例如，2020 年 6 月 30 日，国家税务总局广州市南沙区税务局发布《国家税务总局广州市南沙区税务局复杂涉税事项税收事先裁定暂行办法（试行）》（“南沙规则”）。2021 年 5 月，广州、深圳税务部门联合发布《国际税收事项联合事先裁定管理办法（试行）》（“广深联合裁定”）。2022 年 8 月 15 日，国家税务总局定安县税务局发布《关于提供税收事先裁定服务事项的通告》（“定安规则”）。2023 年 3 月 15 日，国家税务总局东方市税务局发布《关于提供复杂涉税事项税收事先裁定服务的通告》（“东方规则”）。2023 年 12 月 28 日，国家税务总局深圳市税务局发布《跨境事项事前税收遵从评估服务问答》（“深圳事前评估”）。2023 年 12 月 29 日，国家税务总局上海市税务局办公室发布《上海市税务局税收事先裁定工作管理办法（试行）》（“上海规则”）。2024 年 4 月 24 日，国家税务总局茂名市税务局发布《关于推行大企业复杂涉税事项税收事先裁定工作机制的通告》（“茂名规则”）。2024 年 4 月 18 日，国家税务总局北京市税务局办公室发布《国家税务总局北京市税务局税收事先裁定工作办法（试行）》（“北京规则”）。

2024 年 3 月 15 日，最高人民法院、最高人民检察院发布《危害税收征管刑事案件解释》，进一步为涉税犯罪司法审判提供统一的法律适用标准，提高涉税犯罪司法的确定性。

（三）建立税务信息共享协作机制

建立税务信息共享协作机制是惩治涉税犯罪的重要手段。税务机关通过与其他相关部门进行信息共享，可以有效解决征纳双方信息不对称的问题。在《税收征收管理法》和国家相关法律政策的指导下，各地方发布实施地方税收保障办法，鼓励税务部门与其他行政、司法部门畅通数据共享渠道、打造长效沟通机制，协同聚力精准打击涉税违法犯罪活动。

第二章 国内外涉税犯罪立法比较

在全球化的大背景下，涉税犯罪不是某一国家或地区独有的问题，而是各国普遍面临的法律挑战，因而作为涉税刑事律师，不仅需要熟知本国刑法中关于涉税犯罪的各项规定，也要具备国际化的视野，对其他国家的涉税犯罪立法有一定的了解和比较研究。

在涉税犯罪领域，许多发达国家凭借其先进的税收制度和完善的涉税犯罪理论体系，积累了丰富的实践经验。这些经验对正处于经济转型和法治建设关键期的中国来说，无疑具有重要的引领和启发作用。可以说，我们目前在涉税犯罪中遇到的种种问题，可能都是他们曾经遇到过的问题，他们现在所面临的问题，也可能是我们未来将要面对的问题。

他山之石，可以攻玉。本章将通过比较和分析我国涉税犯罪立法与其他国家涉税犯罪立法的异同点，以求得实践中的启发和借鉴。

第一节　我国涉税犯罪立法的历史沿革

一、我国涉税犯罪刑法体系形成阶段

中华人民共和国成立后的 1949 年至 1978 年，我国税制逐步形成，涉税刑事立法经历了从初步萌芽到逐步精细化的显著发展过程。

1950 年颁布的《新解放区农业税暂行条例》（已失效）和《工商业税暂行

条例》(已失效)为逃税、抗税等税收违法行为勾勒出了初步的规制框架,1954 年《刑法指导原则草案(初稿)》的出台为涉税犯罪立法提供了初步的法律指引,至 1957 年我国已初步构建起以多税种、多重征收为特征的复合税制体系。

从 1958 年开始,我国步入简化税制的阶段,在此期间经历了 1958 年、1973 年两次大规模的减税,主要体现在:实行工商统一税,国营企业税利合一,以及人民公社包干制度。[1] 在这一时期,由于税收制度过于简化,税收对经济的调节功能减弱。与此相适应的是,该时期的涉税犯罪规定相对简单,主要集中于打击抗税、偷税、行政人员营私舞弊少征税款等行为的犯罪。

这一时期没有统一的刑法,主要的涉税犯罪一般由单行条例和刑法草案规定。1950 年的《新解放区农业税暂行条例》第 27 条第 2 款规定:"如有抗税或破坏征粮工作,情节重大者,得送人民法院处理。"《工商业税暂行条例》第 25 条规定:"匿报营业额及所得者,除追缴其应纳税款外,并处以所漏税款 1 倍到 10 倍的罚金。伪造证据或抗不交税,情节重大者,送人民法院处理。"同时,在多个刑法草案中,涉税犯罪均被纳入考量范围。1954 年的《刑法指导原则草案(初稿)》第 61 条对抗税罪和逃税罪进行了规定。1957 年的《刑法草案(初稿)》(第 22 稿)第 137 条规定:"违反税收法规,偷税漏税,情节严重的,处 3 年以下有期徒刑或拘役,可以并处或单处 5 千元以下的罚金。"1963 年的《刑法草案(修正稿)》(第 33 稿)第 130 条规定了抗税罪、偷税罪和漏税罪。这些草案不仅体现了立法机关对涉税犯罪问题的高度重视,也为后续的涉税刑事立法提供了重要的参考。

二、我国涉税犯罪刑法体系逐步建立阶段

(一)经济体制改革推动涉税刑事立法

从 1979 年开始,随着我国经济体制和税制改革的深入推进,我国税制建设开始恢复,涉税犯罪的法律规制体系也逐步构建发展。在这一时期,1979 年颁布的《刑法》仅就偷税罪、抗税罪和伪造税票罪等涉税犯罪行为进行了规定。例如,第 121 条规定:"违反税收法规,偷税、抗税,情节严重的,除按

[1] 参见刘荣:《中美税收犯罪比较研究》,法律出版社 2014 年版,第 17 页。

照税收法规补税并且可以罚款外,对直接责任人员,处三年以下有期徒刑或者拘役。"第 124 条规定,对以营利为目的的伪造税票行为,处 2 年以下有期徒刑、拘役或者罚金,情节严重的,处 2 年以上 7 年以下有期徒刑,可以并处罚金。1979 年《刑法》关于涉税犯罪的规定,一方面,在表述上较为笼统,特别是对偷税罪和抗税罪采用了空白罪状的表述方式,这在一定程度上削弱了法条的明确性和实际操作的可行性;另一方面,刑罚相对较轻,难以对涉税犯罪产生震慑作用。

(二)改革开放促进涉税刑事立法发展

随着税制改革的深入,我国的涉税刑事犯罪立法有了新的发展。1984 年,全国开始实行国营企业"利改税",国家和企业分配关系的变革,使国营企业有成为涉税犯罪主体的可能性;随着社会经济的迅猛发展,纳税主体逐渐呈现多元化态势,涉税犯罪手段亦趋向多样化,1979 年《刑法》中有关涉税犯罪的条款难以有效打击日益复杂的税收违法行为。

为此,最高人民法院联合最高人民检察院于 1992 年 3 月 16 日颁布了《关于办理偷税、抗税刑事案件具体应用法律的若干问题的解释》(已失效),对于偷税罪、抗税罪的主体、行为、数额、情节等作出了详细的规定,有效地适应了"利改税"以来纳税主体范围扩大、逃避纳税手段多样化的情况。全国人大常委会于 1992 年 9 月 4 日颁布了《偷税、抗税的补充规定》(已失效),对司法实践中定罪量刑等问题进行了补充规定。同时,其在现有规定的基础上将涉税犯罪的罪名增至 5 个,新增后的涉税犯罪的罪名分别是:骗取出口退税罪、暴力抗税罪、逃避追缴欠税罪、偷税罪、伪造税票罪。值得注意的是,该规定将原有的抗税罪一分为二:采取暴力、胁迫手段的认定为抗税罪。

1993 年 11 月通过的中共中央《关于建立社会主义市场经济体制若干问题的决定》在我国确定了推行以增值税为主的流转税制度,同年颁布的《工商税制改革实施方案》明确了在商品生产、流通过程中全面实行增值税制度。在以增值税为主的税制确立之后,发票问题逐渐成为涉税犯罪的重要领域。在新税制之下,由于增值税专用发票具有抵扣税款的功能,让一些不法分子有利可图,增值税专用发票及可以用于抵扣税款的其他发票的虚开、倒卖、伪造等活动日益猖獗,损害了国家的税款利益,也影响了税制的正常运行。

因此,最高人民法院、最高人民检察院、公安部以及国家税务总局在1994年联合颁布了《关于开展打击伪造、倒卖、盗窃发票专项斗争的通知》(已失效),在当时,虚开增值税专用发票的行为在刑法上以投机倒把罪论处。此后,在1995年,全国人大常委会通过了《惩治增值税专用发票犯罪的决定》(部分失效),增设了与发票相关的6个罪名:虚开增值税专用发票罪,伪造或者出售伪造的增值税专用发票罪,非法出售增值税专用发票罪,非法购买增值税专用发票或者购买伪造的增值税专用发票罪,虚开用于骗取出口退税、抵扣税款的其他发票罪,伪造、擅自制造或者出售伪造、擅自制造的可以用于骗取出口退税、抵扣税款的其他发票罪。另外,该决定还增设了税务机关工作人员玩忽职守罪。这是关于“发票犯罪”在刑法上最早的立法,保障了以增值税为主的新税制的顺利实施。

三、我国涉税犯罪刑法体系完善阶段

(一)《刑法》的全面修订

随着我国20多年经济的迅猛增长,税收制度历经深度变革,各种违反国家税收法律、法规的违法犯罪行为也频频发生,给涉税刑法的适用带来了极大的挑战。尽管全国人大常委会及司法机关持续发布刑事单行法规和司法解释,旨在应对日益增多的涉税犯罪,但现有法律体系仍面临适应性不足的困境。

因此,1997年《刑法》进行了全面修订,将1979年《刑法》、1992年《偷税、抗税的补充规定》(已失效)、1995年《惩治增值税专用发票犯罪的决定》(部分失效)等一系列单行刑法规范和司法解释中的规定重新整合、调整,将涉税犯罪单独归入破坏社会主义市场经济秩序罪一章中,该章第6节为“危害税收征管罪”,而税收渎职犯罪被归入分则第9章“渎职罪”,从而构建了更为完善且适应当前经济形势的涉税犯罪惩治体系,具体体现在以下方面。

1. 全面规范了涉税犯罪的类型

1997年《刑法》分则规定的涉税犯罪主要分布在第3章“破坏社会主义市场经济秩序罪”中的第2节“走私罪”与第6节“危害税收征管罪”两节,以及第9章“渎职罪”中。主要罪名如表2-1所示。

表 2－1　1997 年《刑法》涉税犯罪体系——分则罪名

章	节	条款	罪名
第3章 破坏社会主义市场经济秩序罪	第2节　走私罪	第153条	走私普通货物、物品罪
	第6节 危害税收征管罪	第201条	偷税罪
		第202条	抗税罪
		第203条	逃避追缴欠税罪
		第204条	骗取出口退税罪、偷税罪
		第205条	虚开增值税专用发票罪
		第206条	伪造、出售伪造的增值税专用发票罪
		第207条	非法出售增值税专用发票罪
		第208条	非法购买增值税专用发票、购买伪造的增值税专用发票罪，虚开增值税专用发票罪，伪造、出售伪造的增值税专用发票罪，非法出售增值税专用发票罪
		第209条	非法制造、出售非法制造的用于骗取出口退税、抵扣税款发票罪，非法制造、出售非法制造的发票罪，非法出售用于骗取出口退税、抵扣税款发票罪，非法出售发票罪
第9章 渎职罪		第404条	徇私舞弊不征、少征税款罪
		第405条	徇私舞弊发售发票、抵扣税款、出口退税罪，违法提供出口退税凭证罪

从表 2－1 可以看出，1997 年《刑法》修订规范了包括规避纳税义务犯罪、骗税犯罪、发票犯罪、税收征管渎职犯罪和其他涉税犯罪等犯罪内容。这些犯罪规范的建立，使现阶段惩治各种涉税犯罪具有了充分适用的法律依据。

2. 扩大了犯罪主体的认定范围

1997 年《刑法》打破了传统刑法仅针对自然人进行惩罚的局限，对于涉税犯罪主体的界定进行了全面拓展。此次修订不仅涵盖自然人，还明确将单位主体纳入涉税犯罪的惩治范围。在犯罪主体的设定上，不仅有一般主体，也有特殊主体；特殊主体中不仅有纳税人，还有扣缴义务人；不仅如此，税收工作人员也成为涉税犯罪的特殊主体之一。这样，1997 年《刑法》的涉税犯罪主体就形成了包括纳税义务人、扣缴义务人、职务主体和其他自然人及单位主体等多种犯罪主体并存的格局。[1]

(二)两次修正案的逐步完善

1.《刑法修正案(七)》

2009 年颁布的《刑法修正案(七)》对偷税罪作出了修订,主要包括罪名、逃税手段的表述方式、逃税数额标准、附加刑以及免责条款。

1997 年《刑法》虽然对偷税罪作出了较为全面的规定,但是在实务操作中仍然显现出一些弊端:1997 年《刑法》条文规定一旦数额标准达到犯罪标准,行为人就应受刑法处罚、承担刑事责任,无论其是否补缴税款、滞纳金及罚款。这有可能造成行为人一旦成立偷税罪后就预见到自己一定会承担刑事责任,因而故意不补缴税款、滞纳金,缴纳罚款,由此产生的后果就是国家税款依旧面临大量损失。在此背景下,为更好地适应经济发展和社会变化的需要,加强对涉税犯罪的打击力度,维护国家税收征管秩序,保障国家税收收入,《刑法修正案(七)》对偷税罪进行了修订,修订主要体现在以下几个方面。

(1)罪名变更。罪名表述由“偷税罪”变更为“逃税罪”。罪名由偷税变为逃税,体现出我国涉税刑事立法的进步。以前人们认为少缴纳税款是偷了国库里的钱,但是随着纳税人权利意识的提升,人们逐渐认识到逃税与偷毫不相干,缴税意味着纳税人将自己合法收入的一部分交给国家,是履行公民义务的行为,逃税并不意味着偷窃,而是逃避了自己的公民义务。

(2)数额标准表述。以“数额较大”“数额巨大”代替原表述“一万元以上不满十万元”“十万元以上”。该修订主要是由于 1997 年《刑法》规定的“数额加比例”的情形造成符合数额却不符合比例,或符合比例又不符合数额的法律漏洞,以致发生“偷税 9 万元可以定罪,而偷税 15 万元反倒不能定罪”的“法律事故”。[2] 另外,原偷税罪对于数额的规定已经不能适应经济发展,纳税人收入大幅增长,数额规定过低导致犯罪的打击面越来越大。

---

〔1〕 参见张秋华、丛中笑:《我国涉税犯罪刑事立法的法源与演进》,载《税务研究》2007 年第 7 期。

〔2〕 参见肖太福、曾明生:《税收犯罪的司法实践与理论探索——税收刑法学的多维视角研究》,中国检察出版社 2013 年版,第 134 页。

(3)增加免责条款。行为人补缴了税款、滞纳金并且已经接受行政处罚,5 年内也未因逃避缴纳税款而受刑事处罚,且未被处以两次以上行政处罚的,不予追究刑事责任。这一修订进一步缩小了逃税罪的刑事打击范围。

以下通过表 2 -2 对比说明相较于 1997 年《刑法》,2009 年《刑法》对偷税罪的修改。

表 2 -2 1997 年《刑法》与 2009 年《刑法》对偷税罪规定的变化

偷税罪所涉法条	1997 年《刑法》	2009 年《刑法》
第 201 条	纳税人采取伪造、变造、隐匿、擅自销毁帐簿、记帐凭证,在帐簿上多列支出或者不列、少列收入,经税务机关通知申报而拒不申报或者进行虚假的纳税申报的手段,不缴或者少缴应纳税款,偷税数额占应纳税额的百分之十以上不满百分之三十并且偷税数额在一万元以上不满十万元的,或者因偷税被税务机关给予二次行政处罚又偷税的,处三年以下有期徒刑或者拘役,并处偷税数额一倍以上五倍以下罚金;偷税数额占应纳税额的百分之三十以上并且偷税数额在十万元以上的,处三年以上七年以下有期徒刑,并处偷税数额一倍以上五倍以下罚金。 扣缴义务人采取前款所列手段,不缴或者少缴已扣、已收税款,数额占应缴税额的百分之十以上并且数额在一万元以上的,依照前款的规定处罚。 对多次犯有前两款行为,未经处理的,按照累计数额计算	纳税人采取欺骗、隐瞒手段进行虚假纳税申报或者不申报,逃避缴纳税款数额较大并且占应纳税额百分之十以上的,处三年以下有期徒刑或者拘役,并处罚金;数额巨大并且占应纳税额百分之三十以上的,处三年以上七年以下有期徒刑,并处罚金。 扣缴义务人采取前款所列手段,不缴或者少缴已扣、已收税款,数额较大的,依照前款的规定处罚。 对多次实施前两款行为,未经处理的,按照累计数额计算。 有第一款行为,经税务机关依法下达追缴通知后,补缴应纳税款,缴纳滞纳金,已受行政处罚的,不予追究刑事责任;但是,五年内因逃避缴纳税款受过刑事处罚或者被税务机关给予二次以上行政处罚的除外

2.《刑法修正案(八)》

随着我国税收制度的改革和税收监管措施的完善,虚开增值税专用发票等涉税犯罪已经得到明显遏制,对这些犯罪规定死刑的不合理性逐渐显现出来,因此有必要取消虚开增值税专用发票罪及伪造、出售伪造的增值税专用发票罪的死刑。但取消死刑并不意味着对这些犯罪的打击力度减弱,2011 年的《刑法修正案(八)》同时扩大了对虚开其他发票和非法持有伪造发票等行为的打击范围，将这些行为也纳入刑法规制，体现了对涉税犯罪行为的全面打击，详见表 2-3。

表 2-3　1997 年《刑法》与 2011 年《刑法》对涉税犯罪规定的变化

涉税犯罪所涉法条	1997 年《刑法》	2011 年《刑法》
第 205 条	虚开增值税专用发票或者虚开用于骗取出口退税、抵扣税款的其他发票的，处三年以下有期徒刑或者拘役，并处二万元以上二十万元以下罚金；虚开的税款数额较大或者有其他严重情节的，处三年以上十年以下有期徒刑，并处五万元以上五十万元以下罚金；虚开的税款数额巨大或者有其他特别严重情节的，处十年以上有期徒刑或者无期徒刑，并处五万元以上五十万元以下罚金或者没收财产。 有前款行为骗取国家税款，数额特别巨大，情节特别严重，给国家利益造成特别重大损失的，处无期徒刑或者死刑，并处没收财产。 单位犯本条规定之罪的，对单位判处罚金，并对其直接负责的主管人员和其他直接责任人员，处三年以下有期徒刑或者拘役；虚开的税款数额较大或者有其他严重情节的，处三年以上十年以下有期徒刑；虚开的税款数额巨大或者有其他特别严重情节的，处十年以上有期徒刑或者无期徒刑。 虚开增值税专用发票或者虚开用于骗取出口退税、抵扣税款的其他发票，是指有为他人虚开、为自己虚开、让他人为自己虚开、介绍他人虚开行为之一的	虚开增值税专用发票或者虚开用于骗取出口退税、抵扣税款的其他发票的，处三年以下有期徒刑或者拘役，并处二万元以上二十万元以下罚金；虚开的税款数额较大或者有其他严重情节的，处三年以上十年以下有期徒刑，并处五万元以上五十万元以下罚金；虚开的税款数额巨大或者有其他特别严重情节的，处十年以上有期徒刑或者无期徒刑，并处五万元以上五十万元以下罚金或者没收财产。 单位犯本条规定之罪的，对单位判处罚金，并对其直接负责的主管人员和其他直接责任人员，处三年以下有期徒刑或者拘役；虚开的税款数额较大或者有其他严重情节的，处三年以上十年以下有期徒刑；虚开的税款数额巨大或者有其他特别严重情节的，处十年以上有期徒刑或者无期徒刑。 虚开增值税专用发票或者虚开用于骗取出口退税、抵扣税款的其他发票，是指有为他人虚开、为自己虚开、让他人为自己虚开、介绍他人虚开行为之一的

续表

涉税犯罪所涉法条	1997年《刑法》	2011年《刑法》
第206条	伪造或者出售伪造的增值税专用发票的，处三年以下有期徒刑、拘役或者管制，并处二万元以上二十万元以下罚金；数量较大或者有其他严重情节的，处三年以上十年以下有期徒刑，并处五万元以上五十万元以下罚金；数量巨大或者有其他特别严重情节的，处十年以上有期徒刑或者无期徒刑，并处五万元以上五十万元以下罚金或者没收财产。 伪造并出售伪造的增值税专用发票，数量特别巨大，情节特别严重，严重破坏经济秩序的，处无期徒刑或者死刑，并处没收财产。 单位犯本条规定之罪的，对单位判处罚金，并对其直接负责的主管人员和其他直接责任人员，处三年以下有期徒刑、拘役或者管制；数量较大或者有其他严重情节的，处三年以上十年以下有期徒刑；数量巨大或者有其他特别严重情节的，处十年以上有期徒刑或者无期徒刑	伪造或者出售伪造的增值税专用发票的，处三年以下有期徒刑、拘役或者管制，并处二万元以上二十万元以下罚金；数量较大或者有其他严重情节的，处三年以上十年以下有期徒刑，并处五万元以上五十万元以下罚金；数量巨大或者有其他特别严重情节的，处十年以上有期徒刑或者无期徒刑，并处五万元以上五十万元以下罚金或者没收财产。 单位犯本条规定之罪的，对单位判处罚金，并对其直接负责的主管人员和其他直接责任人员，处三年以下有期徒刑、拘役或者管制；数量较大或者有其他严重情节的，处三年以上十年以下有期徒刑；数量巨大或者有其他特别严重情节的，处十年以上有期徒刑或者无期徒刑
第210条	盗窃增值税专用发票或者可以用于骗取出口退税、抵扣税款的其他发票的，依照本法第二百六十四条的规定定罪处罚。 使用欺骗手段骗取增值税专用发票或者可以用于骗取出口退税、抵扣税款的其他发票的，依照本法第二百六十六条的规定定罪处罚	盗窃增值税专用发票或者可以用于骗取出口退税、抵扣税款的其他发票的，依照本法第二百六十四条的规定定罪处罚。 使用欺骗手段骗取增值税专用发票或者可以用于骗取出口退税、抵扣税款的其他发票的，依照本法第二百六十六条的规定定罪处罚
第210条之一	无	明知是伪造的发票而持有，数量较大的，处二年以下有期徒刑、拘役或者管制，并处罚金；数量巨大的，处二年以上七年以下有期徒刑，并处罚金。 单位犯前款罪的，对单位判处罚金，并对其直接负责的主管人员和其他直接责任人员，依照前款的规定处罚

第二节　国外涉税犯罪立法

与我国相比,世界各国由于税制各不相同,在涉税犯罪立法上有一定的区别,以下介绍三个比较具有代表性的国家的涉税犯罪立法情况。

一、美国涉税犯罪立法

美国作为全球最大的经济实体,其税收制度在世界范围内被认为是较为先进的,对世界各国的税收制度都起到了一定的影响作用,涉税犯罪立法方面有很多值得我们借鉴的地方。美国虽然是英美法系国家,但是在税收犯罪的规定上采取的是成文法的形式。美国的涉税犯罪规定主要体现在《美国法典》以及美国量刑委员会颁布的《2012 年指南手册》中。

(一)《美国法典》第 18 编

《美国法典》,即除独立宣言、联邦条例及联邦宪法之外,1926 年美国制定的所有立法的汇编。该法典的第 18 编规定了美国联邦法的犯罪,虽然该编中没有规定专门的涉税犯罪,但是在《美国税法典》(《美国法典》第 26 编)颁布之前,美国的涉税犯罪通常按照第 18 编的规定定罪,比如伪证罪、共谋罪以及邮件欺诈罪。即使在《美国税法典》颁布之后,该编的规定仍然经常被适用于涉税犯罪领域,因此可将其视为美国涉税犯罪立法的渊源之一。

(二)《美国法典》第 26 编

《美国法典》第 26 编也称为《美国税法典》,可以说是当今世界上最全面、最详细的税法典。美国将涉税犯罪行为与税收违法行为都在税法典中予以明确规定,《美国税法典》第 75 章 A 部分是关于涉税犯罪的规定,第 75 章 B 部分是关于税收违法行为的规定。其中,A 部分规定了监禁刑,而 B 部分没有规定监禁刑,只规定了财产罚。

A 部分第 1 章规定了 17 种涉税犯罪,第 2 章规定了 2 种涉税犯罪,包括:税务机关工作人员的犯罪,美国官员或雇员干预税务审计、调查罪,逃税罪,故意不扣缴税款罪,与印花税有关的犯罪,生产、制造汽油、润滑油没有登记或错误填报表罪,欺诈或虚假陈述罪,试图干预美国税法执行罪,故意不提交缴纳申报、提供纳税信息或者不缴纳税款罪,对雇员虚假声明或不提供声明罪,提供虚假的免税证明或没有提供信息罪,虚假申报、声明或签署其他文件罪,不服从税务传唤罪,向购买方或承租方提供与税收有关的虚假声明罪,未经授权公开纳税人信息罪,扣缴税款相关的违法行为罪,纳税申报准备者披露或者使用信息罪,没有获得收集外国货物的许可证罪,未经授权使用或者买卖印花税票罪。

(三)《2012 年指南手册》

《2012 年指南手册》是美国量刑委员会颁布的关于一些犯罪的量刑规定,2012 年 11 月 1 日起生效,其中与税收犯罪有关的量刑规定如表 2－4 所示。

表 2－4　美国《2012 年指南手册》与税收犯罪有关的量刑规定

条码	内容
第 2 章 T 部分第 1 节第 1 条	对于偷税漏税、故意不申报纳税、不提供资料或不纳税、提供虚假的申报表或报告书或其他文件的犯罪的量刑规定
第 2 章 T 部分第 1 节第 4 条	对于协助、参与、唆使、劝诱或建议税收欺诈犯罪的量刑规定
第 2 章 T 部分第 1 节第 6 条	对于不征集或不如实说明和不缴清税款犯罪的量刑规定
第 2 章 T 部分第 1 节第 7 条	对于接到通知后不按要求将征集的税款存入信托账户犯罪的量刑规定
第 2 章 T 部分第 1 节第 8 条	对于与扣押报告书有关的犯罪的量刑规定
第 2 章 T 部分第 1 节第 9 条	对于共谋妨碍、破坏、阻挠税款征收或共谋使税款征收无效的犯罪的量刑规定
第 2 章 T 部分第 2 节第 1 条	对于不纳税的犯罪的量刑规定
第 2 章 T 部分第 2 节第 2 条	对于监督管理罪的量刑规定

续表

条码	内容
第2章T部分第3节第1条	对于逃避进口关税或逃避(走私)限制以及关于收受或买卖走私财产的犯罪的量刑规定

资料来源:肖太福、曾明生:《税收犯罪的司法实践与理论探索——税收刑法学的多维视角研究》,中国检察出版社2013年版,第26页。

二、德国涉税犯罪立法

德国是典型的大陆法系国家,其涉税犯罪立法主要体现在《德国税法通则》中。现行的《德国税法通则》是1919年颁布的,其中涉税犯罪立法经过了多年的完善与修订。《德国税法通则》第369条规定,税收犯罪(关税犯罪)包括以下情形:依据税法需要进行处罚的行为;非法进出口、非法运输货物的;正在伪造税票或者有预备行为以及其他相关行为的;对上述行为者进行教唆或者提供帮助的。同时,构成税收犯罪适用刑法的一般条款,但税法有特别规定的除外。第375条规定,实施相关税收犯罪一年以上的,法院可以剥夺行为人担任公职和选举的权利。

德国目前的税法和刑法中涉税犯罪的罪名主要有以下6个。

(一)逃税罪[1]

《德国税法通则》第370条规定构成逃税罪的主要行为手段有三种:(1)故意向财政管理机关或者其他机关错误地或者不完全地说明对税有重大意义的事实;(2)违反义务规定,不向财政管理机关说明对税有重大意义的事实;(3)违反了义务规定,不使用税之标志或者税之印鉴。

在行为人有上述违反税法的行为后,造成了损害结果,才构成逃税罪,应承担刑事责任。损害结果在该条中有明确规定,即必须有造成税之短少或者为自己或他人取得税收上的利益的结果。

对于逃税罪的量刑,第370条规定了两档量刑:(1)5年以下监禁或罚金(包括处罚未遂犯);(2)情节特别严重,6个月以上10年以下监禁。

情节特别严重:出于严重的自私自利的动机,大规模地偷逃税或者取得

〔1〕 参见王世洲:《德国经济犯罪与经济刑法研究》,北京大学出版社1999年版,第200~206页。

不法税收利益的;滥用国家工作人员的权力或职位的;利用国家工作人员滥用权力或者职位的帮助的;利用事后取得的或者伪造的凭证,从而持续逃税或者取得不正当的税收利益的;等等。

同时,《德国税法通则》第 376 条规定了追诉期限,特别严重的逃税罪的追诉期为 10 年,当被告被通知启动实施行政罚的程序或者被命令执行行政罚款的通知时,税收犯罪的追诉期限将重新计算。

(二)违反禁止出口、进口或者转口货物的犯罪[1]

该罪规定在《德国税法通则》第 372 条,行为人有以下行为的将被认定该罪:违反禁止规定进口、出口或者转口有关货物的行为。但是第 372 条并未具体列举哪些货物禁止进口、出口或者转口,这些内容一般规定在德国其他相关法律、法规中。

同时,该条还规定,如果其他关于禁止进出口和转口的规定中,违反禁止性规定的行为中没有惩罚或者罚金的规定,就应当根据第 370 条逃税罪处罚。

(三)职业性、暴力性、团伙性的走私犯罪[2]

德国涉税犯罪立法对于有组织的走私犯罪进行了专门的规定,《德国税法通则》第 373 条规定,职业性地偷逃进口税或者职业性地违反垄断法规实施禁止性的行为会被认定为职业性、暴力性、团伙性走私犯罪。具体行为包括以下三种:(1)在偷逃进出口税或者非法进出口、转口货物时,亲自或者其他参与人携带武器的;(2)在偷逃进出口税或者非法进出口、转口货物时,亲自或者其他参与人携带武器或者其他工具,通过暴力或者暴力威胁来阻止或者克服他人抵抗的;(3)作为持续实施偷逃进出口税或者非法进出口、转口货物的团伙成员,帮助其他团伙成员实施这种行为的。

有以上行为的,不论是否既遂均以该罪论处。第 373 条规定了两档法定刑罚:(1)一般处以 6 个月以上 10 年以下监禁;(2)情节较轻的处以 5 年以

---

〔1〕 参见肖太福、曾明生:《税收犯罪的司法实践与理论探索——税收刑法学的多维视角研究》,中国检察出版社 2013 年版,第 22 ~ 23 页。

〔2〕 参见肖太福、曾明生:《税收犯罪的司法实践与理论探索——税收刑法学的多维视角研究》,中国检察出版社 2013 年版,第 23 页。

下监禁或者罚金。

（四）接受、持有、销售因逃税而获得的货物罪

该罪规定在《德国税法通则》第374条，行为人犯罪行为的表现形式为：任何购买、取得或者销售、帮助他人销售因逃税或者违反海关法而获得的产品或货物，意图为自己或者第三人牟利的行为。

构成该罪的法定刑有两档：(1)5年以下监禁或者罚金；(2)职业性、团伙性犯该罪的，处以6个月以上10年以下监禁。

（五）超收税款罪[1]

该罪名是特殊主体公务员的涉税犯罪，规定在1998年《德国刑法典》的第353条第1款：为国库收取赋税、公共事业费或者其他税款的公务员，明知支付人不负有或仅负有小额支付义务，而对其收取高额税款，且未将违法收取的税款全部或者部分交入国库的，处以3个月以上5年以下的监禁。

（六）侵害秘密税务罪[2]

该罪也是特殊主体公务员的涉税犯罪，是指公务员未经许可而适用各项赋税秘密的行为。《德国刑法典》第355条规定，作为公务员而在下列情况中知道他人秘密并且未经许可使用的，将被处以两年以下监禁或者罚金：(1)关于赋税的行政程序或法院程序；(2)关于赋税犯罪的刑事诉讼程序或因违反税收秩序的罚款程序；(3)财政当局的报告，或法定的赋税裁定提案或申报捐税的证明书中。

三、意大利涉税犯罪立法

意大利在刑法典之外的单行刑事法律中规定涉税犯罪，其与涉税犯罪相关的规定以单行税收刑法的形式存在，并且经过多次重大改革，形成了一套相对完善的税收犯罪法律体系，不仅体现了涉税犯罪的特殊性，也实现了

---

〔1〕 参见徐久生、庄敬华译：《德国刑法典》，中国方正出版社2004年版，第171页。
〔2〕 参见徐久生、庄敬华译：《德国刑法典》，中国方正出版社2004年版，第173页。

刑法规制的体系化。[1]

意大利税收刑法的诞生,被公认为是1929年1月7日颁布的第4号法律,即《旨在打击违反涉及国家税收的财政法律的行为一般规则》,[2]建立起了打击税收违法行为的特别刑事法律制度。1982年8月7日意大利税收刑法经历了第一次重大改革并形成了第516号法律,即《打击所得税和增值税逃税以及便利税收方面悬案解决法》,[3]第一次在意大利引入错综复杂的税收犯罪刑事处罚制度。现行意大利税收刑法为2000年3月10日颁布的《新所得税和增值税犯罪处罚法》,[4]系意大利税收刑法的第二次重大改革成果,延续了单行刑法的立法模式,共规定了三大类税收犯罪,分别是申报类犯罪、会计资料类犯罪和税款缴纳类犯罪,共10项罪名,具体如下。

(一)申报类犯罪

1. 利用虚开发票欺诈申报罪

该罪规定于《新所得税和增值税犯罪处罚法》第2章第2条,该罪主要是为了打击在申报中记载源于虚开发票的虚假成本的行为,以确保申报的应税金额与真实情况相符。[5] 该罪的犯罪主体是以逃避所得税或增值税为目的的任何人;犯罪手段是通过利用不存在的交易开具发票或其他文件,在有关上述税种的申报中记载虚假消极因素;一般情形下,量刑标准为4年至8年有期徒刑,若申报中记载的虚假消极因素低于10万欧元,处1.5年至6年有期徒刑。

2. 利用其他虚假手段欺诈申报罪

该罪规定于《新所得税和增值税犯罪处罚法》第2章第3条,犯罪主体

---

〔1〕 参见施正文、翁武耀:《意大利逃税刑事法律责任的立法及其对我国的借鉴》,载《税务研究》2010年第6期。

〔2〕 参见翁武耀:《税收犯罪立法研究——以意大利税收刑法为视角》,法律出版社2022年版,第2页。

〔3〕 参见翁武耀:《税收犯罪立法研究——以意大利税收刑法为视角》,法律出版社2022年版,第6页。

〔4〕 参见翁武耀:《税收犯罪立法研究——以意大利税收刑法为视角》,法律出版社2022年版,第12页。

〔5〕 参见翁武耀:《税收犯罪立法研究——以意大利税收刑法为视角》,法律出版社2022年版,第34页。

是以逃避所得税或增值税为目的的任何人;犯罪手段是通过实施客体上或主体上虚假的交易,或者通过利用虚假文件或其他能妨碍查定并促使税务机关犯错的欺诈手段;一般情形下,量刑标准为 3 年至 8 年有期徒刑。

3. 不诚信申报罪

该罪规定于《新所得税和增值税犯罪处罚法》第 2 章第 4 条,犯罪主体是以逃避所得税或增值税为目的的任何人;该罪主要打击在纳税申报过程中故意隐瞒或歪曲事实,导致纳税申报结果不真实、不准确的行为;一般情形下,量刑标准为 2 年至 4.5 年有期徒刑。

4. 不申报罪

该罪规定于《新所得税和增值税犯罪处罚法》第 2 章第 5 条,犯罪主体是以逃避所得税或增值税为目的的任何人;犯罪手段是有义务提交但不提交关于上述税的纳税申报;对每一项单个税种,逃税数额超过 5 万欧元的,处 2 年至 5 年有期徒刑。

(二)会计资料类犯罪

1. 虚开发票或其他文件罪

该罪规定于《新所得税和增值税犯罪处罚法》第 2 章第 8 条,主要内容是:为使他人实施所得税或增值税的逃税,任何人为不存在的交易开具发票或签发其他文件的,处 4 年至 8 年有期徒刑。2019 年修改对该罪增加了附加第 2 款:"在一个纳税周期下,在发票或文件中记载的不符合真实情况的金额低于 10 万欧元的,处 1.5 年至 6 年有期徒刑。"

2. 隐匿或销毁会计资料罪

该罪规定于《新所得税和增值税犯罪处罚法》第 2 章第 10 条,主要内容是:除非事实构成更为严重的犯罪,任何人为逃避所得税或增值税,或者为使他人逃税,隐匿或销毁全部或部分必须强制性保存的会计账簿或资料,致使所得或交易额无法重构的,处 3 年至 7 年有期徒刑。我国《刑法》中有类似隐匿、故意销毁会计凭证、会计账簿、财务会计报告的罪名规定,但其并未被归入危害税收征管的罪名当中,而被归入妨害对公司、企业的管理秩序的罪名当中。

(三)税款缴纳类犯罪

1. 税款不缴纳类犯罪

税款不缴纳类犯罪规定在《新所得税和增值税犯罪处罚法》第2章第10条附加第1~3条,对不缴纳税款的行为进行处罚,包括扣缴税款不缴纳罪、增值税税款不缴纳罪、不正当的税款抵销罪等三类罪名,量刑区间均在半年至2年之间。这类犯罪都属于故意犯,即行为人知晓和意图不缴纳相关的所扣税款(包括申报中应当扣缴的税款),或者知晓和意图不缴纳增值税税款,或者知晓和意图通过利用不所属、不存在的债权抵销来不缴纳应当缴纳的税款。

2. 欺诈逃避缴纳税款罪

该罪规定于《新所得税和增值税犯罪处罚法》第2章第11条,主要内容是:任何人为逃避缴纳所得税、增值税或者与上述税款相关的利息或者罚款,总额超过5万欧元,就自身或他人的财产,实施虚假转让或其他欺诈行为,能使强制执行程序完全或部分地失去实效的,处半年至4年有期徒刑。如果税额、罚款和利息的总金额超过20万欧元,处1年至6年有期徒刑。

值得注意的是,除上述规定中作为主刑的自由刑外,《新所得税和增值税犯罪处罚法》还在第12条引入了辅助刑罚,即资格刑。资格刑共分为两类:一类是适用于该法所规定的所有犯罪行为,另一类是适用于特定的犯罪行为。关于第一类,该法第12条第1款规定了5种资格刑:(1)禁止在法人、企业担任领导职务6个月到3年;(2)在1年至3年内,不得与行政部门签订合同(交易);(3)禁止担任涉税的代理、协助职务1年到5年;(4)永久不得成为税务委员会(税务法院)组成人员;(5)根据《意大利刑法典》第36条的规定,公开判决。关于第二类,该法第12条第2款规定,对于两项欺诈申报罪和虚开发票罪,罪犯还要被禁止担任公职1年到3年。在涉税犯罪中引入资格刑,特别是禁止担任与税务相关的职位的资格刑,有助于惩处、警诫相关涉税犯罪人员,进而更有效地打击、抑制税收犯罪。[1]

---

〔1〕 参见施正文、翁武耀:《意大利逃税刑事法律责任的立法及其对我国的借鉴》,载《税务研究》2010年第6期。

第三节　国内外涉税犯罪总体比较

一、涉税犯罪立法模式

目前,世界各个国家和地区对于涉税犯罪立法大多采用成文法典的模式,主要可以分为以下四种类型。

(一)刑法典模式

统一刑法典章节模式是指将涉税的犯罪统一于刑法典之中,并为涉税犯罪专设相应的章节。我国采用的便是这种模式,即将涉税犯罪在刑法中专列一章进行规定。这样做的好处是有利于将涉税犯罪的罪名进行集中规定,保障刑法的统一性和权威性,但是刑法中没有关于税收基础规则的阐述,导致人们难以直观地理解涉税犯罪的构成要件,从而影响刑法与税法在实际操作中的协调性和一致性。

另外,税收立法经常更新,涉税犯罪行为也越来越多样化,相关法律规定必须进行相应修改才能适应社会变化,但是刑法作为国家的基本法律,修改程序严格,修改成本非常高,最终导致刑法中规定的税收犯罪存在滞后性,无法兼顾涉税犯罪的新情况。

(二)单行税收刑法模式

这一模式是指国家专门颁布单行的刑法,即税收刑法来规定涉税犯罪。意大利就是典型采取这一模式对涉税犯罪进行立法的国家,其在《新所得税和增值税犯罪处罚法》中就涉税犯罪的适用对象、适用范围、量刑依据等进行了详细规定。这一模式在我国早期的涉税犯罪立法中也有所体现。

单行税收刑法的模式有利于弥补法律滞后性的缺点,使涉税犯罪立法适应税收立法的发展,而且能够让人们对于涉税犯罪的刑法有一个更加体系化的认知,便于公民对涉税犯罪的犯罪构成的了解。但是单行税收刑法的弊端在于破坏了刑法典的整体性、协调性和完整性,并且“罪刑法定”中的法一般指刑法典,因此这种模式在一定程度上影响了罪刑法定原则的适用。此外,单行税收刑法的制定颁布可能会使某些刑法内容存在重叠规定,给刑法适用带来混乱。

(三)附属税刑法模式

附属税刑法模式是指未将涉税犯罪设置于刑法典中,也未设立单独的税刑法典,而是将其规定在税法中。一般是将涉税犯罪规定在税收税用程序法中,而在税收税用实体法中针对该税种、公共采购和转移支付等作具体规定。[1]

从前文可知,美国的涉税犯罪立法就是采用的该模式。这一模式的优点在于涉税犯罪立法可以随着税收立法的改变而改变,比较好地适应税法的发展,但其与单行税收刑法模式一样,容易导致刑法体系的无序,难以树立刑法的权威,同时因其规定得较为琐碎,相较于单行税收刑法模式而言威慑性也更低。

(四)混合模式

混合模式是指在刑法典中规定涉税职务犯罪而在税法中设置危害税收的犯罪,[2]德国的涉税犯罪立法采用的是该模式,其涉税犯罪在刑法典和税法典中有相应的罪名和罚则。[3] 该模式相较于以上几种模式而言优缺点有所弱化。

总的来说,不同国家和地区在涉税犯罪立法上采用的成文法典模式各有千秋。各国在选择涉税犯罪立法模式时,应综合考虑本国国情、税收发展状况以及法律体系的完整性,选择最适合的立法模式,并不断完善和调整以适应涉税犯罪的新形势。

二、涉税犯罪的主体

涉税犯罪的主体在各国涉税犯罪立法中体现为两类:(1)征纳双方,即

---

〔1〕 参见彭礼堂、程宇:《论税刑法的立法模式》,载《武汉公安干部学院学报》2015 年第 2 期。

〔2〕 参见彭礼堂、程宇:《论税刑法的立法模式》,载《武汉公安干部学院学报》2015 年第 2 期。

〔3〕 参见肖太福、曾明生:《税收犯罪的司法实践与理论探索——税收刑法学的多维视角研究》,中国检察出版社 2013 年版,第 28 页。

税务人员和纳税人;(2)其他与税收法律关系有关联的人,即代征人、扣缴义务人、代理人、一般自然人。

对于上述第一类主体,各国均规定为涉税犯罪的主体。对于上述第二类主体,各国在规定中有所差异,如德国规定的第二类主体的范围包括税务代理人、税收顾问,日本规定的第二类主体的范围包括滞纳者的债权人、债务人、其他财产关系人,我国规定的第二类主体的范围包括税务代理人、扣缴义务人。最高人民法院、最高人民检察院印发的《关于办理偷税、抗税刑事案件具体应用法律的若干问题的解释》的通知(法发〔1992〕12 号高检会〔1992〕5 号,已失效)第 3 条也规定了代征人是涉税犯罪的主体,但是目前对于代征人侵占税款的一般以贪污罪论处。

三、涉税犯罪罪名

各国对于涉税犯罪立法的罪名制定,无疑都深受其经济社会发展水平和税收管理体制的影响。在对比我国与其他国家的涉税犯罪立法时,可以观察到两个显著的差异。

第一,逃税罪作为涉税犯罪中最基础、最常见的罪名,在全球范围内都受到了广泛的关注。然而,在具体表述和涵盖范围上,不同国家之间存在差异。在我国,逃税罪被明确表述为"逃避缴纳税款罪",而骗税行为则特指"骗取出口退税罪"。但在其他国家,逃税罪的定义往往更为宽泛,不仅包含逃避缴纳税款的行为,还涵盖偷税和骗税等多种欺诈手段。这种差异源于各国在税收管理上不同的侧重点和立法策略,旨在更全面地打击涉税犯罪行为,维护税收的公平性和有效性。

第二,我国在涉税犯罪立法上的一个显著特点是针对发票违法行为的罪名设置。这主要是由于我国特有的"以票控税"税收管理制度。在这种制度下,发票不仅是商品交易和服务的凭证,更是税收管理的重要依据。因此,发票违法行为在我国成了涉税犯罪的重要表现形式。为了打击这类犯罪行为,我国针对发票设立了专门的罪名,如"虚开增值税专用发票罪""虚开发票罪""非法制造、出售非法制造的发票罪"等。然而,在其他国家,由于税收管理制度的差异,发票并不是税收管理的核心工具,因此一般不会针对发票设立专门的罪名。

这两点差异不仅体现了我国与其他国家在税收管理上不同的侧重点

和立法思路,也反映了各自经济社会发展状况对税收管理制度的深远影响。

四、涉税犯罪的刑罚

对于涉税犯罪的量刑,大多数国家采取财产刑、自由刑和生命刑,根据前文所述,意大利对税收犯罪还设置了资格刑,但因该刑罚适用的国家相对较少,在此不做讨论。

第一,财产刑作为涉税犯罪基本的刑罚方式,在各国法律体系中均占有重要地位。对于经济类犯罪,财产刑通常被视为一种直接且有效的制裁手段。在我国,财产刑主要包括罚金和没收财产两种形式,而大多数其他国家则通常规定为罚金。关于罚金的限额,我国采取的是灵活多变的倍比罚金制度和限额罚金制度,以适应不同犯罪情节的处罚需求,这种制度没有固定的绝对数额限制,而是根据犯罪所得的金额或情节严重程度来确定罚金数额。

第二,我国的自由刑分为管制、拘役、有期徒刑和无期徒刑,种类相对丰富,这种多样化的设置有助于根据犯罪情节和社会危害程度进行精准量刑。相比之下,其他国家的自由刑通常只表述为监禁和拘役两种形式,且在刑期上普遍较短。在涉税犯罪领域,我国的最高刑期可以达到无期徒刑,这在国际上属于较重的处罚。其他国家一般将刑期限制在 5 ~7 年之间,体现出对涉税犯罪相对宽容的立场。

第三,税收犯罪本质上属于经济型犯罪,其主观恶性相对较低,因此大多数国家较少规定死刑作为处罚手段。我国在 2011 年《刑法修正案(八)》颁布之前,曾对部分严重的涉税犯罪规定了死刑,但此后取消了这一规定。这一变化不仅反映了我国刑法理念的进步,也体现了目前世界各国一般都不对涉税犯罪处以死刑的趋势。

综上所述,在深入探讨各国税收犯罪立法时,不难发现每个国家都根据自身的法律传统、社会经济环境以及税收制度的特点,形成了各自独特的立法体系。这些立法体系不仅反映了各国对涉税犯罪行为的认知和打击力度的差异,也体现了各国在税收刑事制度建设方面的探索和创新。同时,这些立法体系并非一成不变,而是随着社会经济的发展、税收制度的变革以及司法实践的需求,不断地进行调整和完善。

尽管我国税收刑法的核心架构已经稳固,法律体系日趋完善,但仍然需要与时俱进,适时进行修订和补充,以适应社会经济的发展和税收制度的变革,同时亦需加强与其他国家的合作与交流,学习借鉴其他国家的先进经验和做法,共同推进税收法治建设的发展。

第三章 涉税犯罪案件流程

涉税犯罪中有相当部分的涉税刑事案件系由税务机关移送，加之涉税犯罪涉及领域广，跨部门联合治税是大势所趋，税警之间的协作愈加紧密，不少地方甚至成立了"警税联合侦查中心""警税联合办案中心"等警税协作和联动机制。因此，掌握税务稽查流程以及税案移送等税刑衔接机制，有助于律师理解税案从"行政犯"到"刑事犯"的动态变化过程。而税收刑事案件的立案、侦查、证据审查认定以及刑事辩护和量刑等，是律师办理涉税刑事案件的基本办案流程和基础知识，也是从事涉税刑事法律业务的律师必须掌握的一项基本技能。

本章主要介绍税务稽查和刑事案件移送流程，税收刑事案件的立案追诉标准、涉税犯罪案件的管辖、证据审查认定以及律师办理税收刑事案件的刑事辩护技巧等内容，以期为律师从事涉税刑事法律业务"添砖加瓦"。

第一节 税务稽查与刑事案件移送

一、税务稽查

税务稽查是指税务机关代表国家依法对纳税人、扣缴义务人和其他涉税当事人履行纳税义务、扣缴义务的情况及涉税事项进行检查监督的税收执法活动。它是税收征收管理工作的重要步骤和重要环节，也是保障国家税收秩序和税收安全的重要制度安排。

（一）税务稽查机关

税务稽查由稽查局依法实施，其主要职责是依法对纳税人、扣缴义务人和其他涉税当事人履行纳税义务、扣缴义务的情况及涉税事项进行检查处理，以及围绕检查处理开展其他相关工作。

（二）税务稽查程序

根据《税务稽查案件办理程序规定》《税务稽查案源管理办法（试行）》等相关规定，税务稽查程序包括选案、检查、审理和执行四个环节。具体流程大致如图3－1所示。

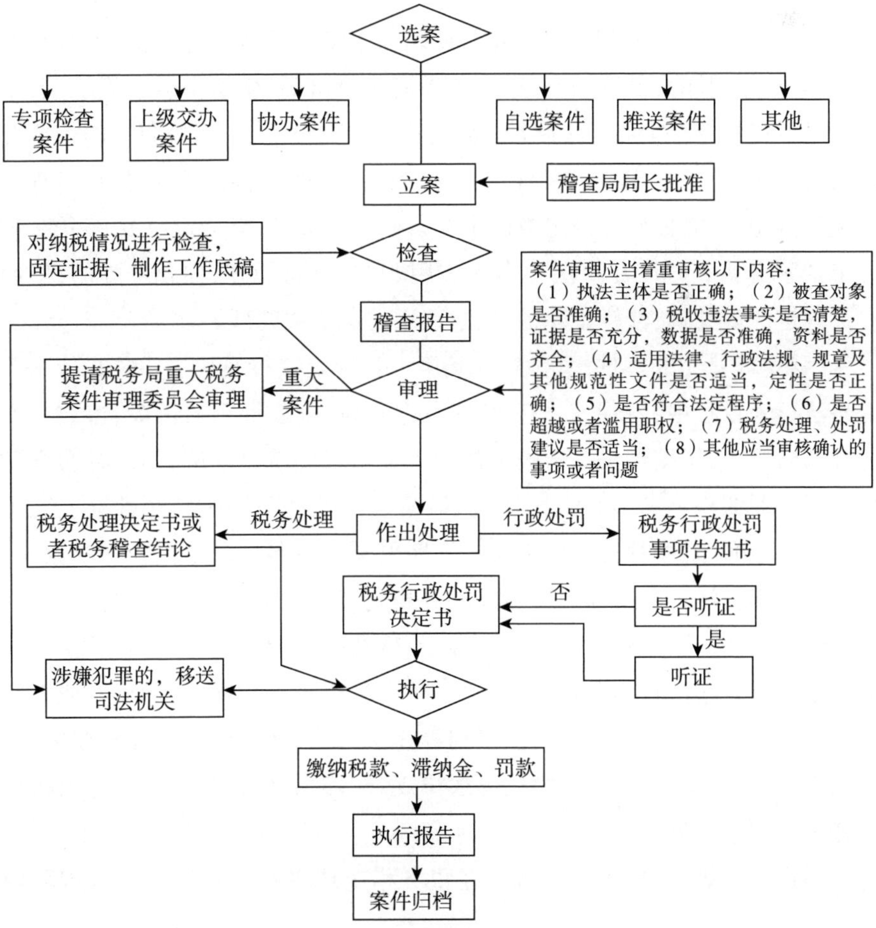

图3－1　税务稽查流程示意

（三）税务稽查案件审理后的处理

根据《税务稽查案件办理程序规定》第42条第1款的规定，税务稽查案件经审理，区分下列情形分别作出处理：(1)有税收违法行为，应当作出税务处理决定的，制作税务处理决定书；(2)有税收违法行为，应当作出税务行政处罚决定的，制作税务行政处罚决定书；(3)税收违法行为轻微，依法可以不予税务行政处罚的，制作不予税务行政处罚决定书；(4)没有税收违法行为的，制作税务稽查结论。

二、刑事案件移送

（一）移送案件的接收机关

《税务稽查案件办理程序规定》第48条规定："税收违法行为涉嫌犯罪的，填制涉嫌犯罪案件移送书，经税务局局长批准后，依法移送公安机关，并附送以下资料：(一)涉嫌犯罪案件情况的调查报告；(二)涉嫌犯罪的主要证据材料复制件；(三)其他有关涉嫌犯罪的材料。"第55条规定："执行过程中发现涉嫌犯罪的，依照本规定第四十八条处理。"此外，该规定第10条第2款规定："税务稽查人员在执法办案中滥用职权、玩忽职守、徇私舞弊的，依照有关规定严肃处理；涉嫌犯罪的，依法移送司法机关处理。"

《移送涉嫌犯罪案件规定》第3条第1款规定："行政执法机关在依法查处违法行为过程中，发现违法事实涉及的金额、违法事实的情节、违法事实造成的后果等，根据刑法关于破坏社会主义市场经济秩序罪、妨害社会管理秩序罪等罪的规定和最高人民法院、最高人民检察院关于破坏社会主义市场经济秩序罪、妨害社会管理秩序罪等罪的司法解释以及最高人民检察院、公安部关于经济犯罪案件的追诉标准等规定，涉嫌构成犯罪，依法需要追究刑事责任的，必须依照本规定向公安机关移送。"第19条规定："行政执法机关在依法查处违法行为过程中，发现公职人员有贪污贿赂、失职渎职或者利用职权侵犯公民人身权利和民主权利等违法行为，涉嫌构成职务犯罪的，应当依照刑法、刑事诉讼法、监察法等法律规定及时将案件线索移送监察机关或者人民检察院处理。"

根据以上规定，税务稽查机关在税务稽查或者执法办案中若发现税收违法行为涉嫌犯罪,按照如下规则进行移送:首先,属于《刑法》分则第 3 章第 6 节“危害税收征管罪”的,将案件线索移送公安机关;其次,属于《刑法》分则第 9 章“渎职罪”中的徇私舞弊不征、少征税款罪,徇私舞弊发售发票、抵扣税款、出口退税罪,违法提供出口退税凭证罪的,将案件线索移送监察机关。

(二)案件移送程序

根据《移送涉嫌犯罪案件规定》《公安机关受理行政执法机关移送涉嫌犯罪案件规定》等相关规定,税务稽查机关向公安机关移送涉税犯罪案件的程序大致如下。

1. 案件移送程序的启动和审批

税务稽查机关对应当向公安机关移送的涉嫌犯罪案件,应当立即指定 2 名或者 2 名以上税务执法人员组成专案组专门负责,核实情况后提出移送涉嫌犯罪案件的书面报告,报经税务机关的负责人或者主持工作的负责人审批。

税务机关负责人或者主持工作的负责人应当自接到报告之日起 3 日内作出批准移送或者不批准移送的决定。决定批准的,应当在 24 小时内向同级公安机关移送;决定不批准的,应当将不予批准的理由记录在案。

2. 移送涉税犯罪案件的材料要求

税务稽查机关向公安机关移送涉嫌犯罪案件,应当附有下列材料:(1)涉嫌犯罪案件移送书;(2)涉嫌犯罪案件情况的调查报告;(3)涉案物品清单;(4)有关检验报告或者鉴定意见;(5)其他有关涉嫌犯罪的材料。

公安机关认为税务稽查机关移送的案件材料不全的,应当在接受案件后 24 小时以内通知税务稽查机关在 3 日以内补正,但不得以材料不全为由不接受移送案件。

3. 移送案件的接收和退回

公安机关对税务稽查机关移送的涉嫌犯罪案件,应当在涉嫌犯罪案件移送书的回执上签字。税务稽查机关移送的案件不属于本机关管辖的,应当在 24 小时内转送有管辖权的机关,并书面告知移送案件的税务稽查机关。

公安机关应当自接受税务稽查机关移送的涉嫌犯罪案件之日起 3 日内,依照《刑法》《刑事诉讼法》,以及最高人民法院、最高人民检察院关于立案标准和公安部关于公安机关办理刑事案件程序的规定，对所移送的案件进行审查。认为有犯罪事实，需要追究刑事责任，依法决定立案的，应当书面通知移送案件的税务稽查机关；认为没有犯罪事实，或者犯罪事实显著轻微，不需要追究刑事责任，依法不予立案的，应当说明理由，并书面通知移送案件的税务稽查机关，相应退回案卷材料。

4. 对移送案件不予立案的异议处理

税务稽查机关接到公安机关不予立案的通知书后，认为依法应当由公安机关决定立案的，可以自接到不予立案通知书之日起3日内，提请作出不予立案决定的公安机关复议，也可以建议检察院依法进行立案监督。

作出不予立案决定的公安机关应当自收到税务稽查机关提请复议的文件之日起3日内作出立案或者不予立案的决定，并书面通知移送案件的税务稽查机关。移送案件的税务稽查机关对公安机关不予立案的复议决定仍有异议的，应当自收到复议决定通知书之日起3日内建议检察院依法进行立案监督。

公安机关应当接受检察院依法进行的立案监督。

5. 公安机关决定不予立案案件的处理

税务稽查机关对公安机关决定不予立案的案件，应当依法作出处理；其中，依照有关法律、法规或者规章的规定应当给予行政处罚的，应当依法实施行政处罚。

6. 移送前已作出行政处罚的处理

税务稽查机关对应当向公安机关移送的涉嫌犯罪案件，不得以行政处罚代替移送。

依照《行政处罚法》的规定，税务稽查机关向公安机关移送涉嫌犯罪案件前，已经依法给予当事人罚款的，法院判处罚金时，应依法折抵相应罚金。

7. 移送交接手续

税务稽查机关对公安机关决定立案的案件，应当自接到立案通知书之日起3日内将涉案物品以及与案件有关的其他材料移交公安机关，并办结交接手续；法律、行政法规另有规定的，依照其规定。

8. 公安机关立案后不追究刑事责任的处理

公安机关对发现的违法行为，经审查没有犯罪事实，或者立案侦查后认为犯罪事实显著轻微，不需要追究刑事责任，但依法应当追究行政责任的，应当及时将案件移送同级税务稽查机关，税务稽查机关应当依法作出处理。

第二节　立案、侦查与证据认定

一、涉税犯罪案件的立案

（一）涉税犯罪案件的立案标准

根据《刑事案件立案追诉标准（二）》，《危害税收征管刑事案件解释》，最高人民检察院《关于渎职侵权犯罪案件立案标准的规定》（以下简称《渎职侵权犯罪案件立案标准》），最高人民法院、最高人民检察院《关于办理走私刑事案件适用法律若干问题的解释》（以下简称《办理走私案件司法解释》）等相关文件的规定，涉税犯罪的立案追诉标准如表3－1所示。

表3－1　涉税犯罪的立案追诉标准

序号	案件性质	法律依据	立案标准
1	逃税案	《刑法》第201条	《刑事案件立案追诉标准（二）》第52条规定："逃避缴纳税款，涉嫌下列情形之一的，应予立案追诉：（一）纳税人采取欺骗、隐瞒手段进行虚假纳税申报或者不申报，逃避缴纳税款，数额在十万元以上并且占各税种应纳税总额百分之十以上，经税务机关依法下达追缴通知后，不补缴应纳税款、不缴纳滞纳金或者不接受行政处罚的；（二）纳税人五年内因逃避缴纳税款受过刑事处罚或者被税务机关给予二次以上行政处罚，又逃避缴纳税款，数额在十万元以上并且占各税种应纳税总额百分之十以上的；（三）扣缴义务人采取欺骗、隐瞒手段，不缴或者少缴已扣、已收税款，数额在十万元以上的。纳税人在公安机关立案后再补缴应纳税款、缴纳滞纳金或者接受行政处罚的，不影响刑事责任的追究。"
2	抗税案	《刑法》第202条	《刑事案件立案追诉标准（二）》第53条规定："以暴力、威胁方法拒不缴纳税款，涉嫌下列情形之一的，应予立案追诉：（一）造成税务工作人员轻微伤以上的；（二）以给税务工作人员及其亲友的生命、健康、财产等造成损害为威胁，抗拒缴纳税款的；（三）聚众抗拒缴纳税款的；（四）以其他暴力、威胁方法拒不缴纳税款的。"

续表

序号	案件性质	法律依据	立案标准
3	逃避追缴欠税案	《刑法》第 203 条	《刑事案件立案追诉标准(二)》第 54 条规定:“纳税人欠缴应纳税款,采取转移或者隐匿财产的手段,致使税务机关无法追缴欠缴的税款,数额在一万元以上的,应予立案追诉。”
4	骗取出口退税案	《刑法》第 204 条	《刑事案件立案追诉标准(二)》第 55 条规定:“以假报出口或者其他欺骗手段,骗取国家出口退税款,数额在十万元以上的,应予立案追诉。”
5	虚开增值税专用发票、用于骗取出口退税、抵扣税款发票案	《刑法》第 205 条	《刑事案件立案追诉标准(二)》第 56 条规定:“虚开增值税专用发票或者虚开用于骗取出口退税、抵扣税款的其他发票,虚开的税款数额在十万元以上或者造成国家税款损失数额在五万元以上的,应予立案追诉。”
6	虚开发票案	《刑法》第 205 条之一	《刑事案件立案追诉标准(二)》第 57 条规定:“虚开刑法第二百零五条规定以外的其他发票,涉嫌下列情形之一的,应予立案追诉:(一)虚开发票金额累计在五十万元以上的;(二)虚开发票一百份以上且票面金额在三十万元以上的;(三)五年内因虚开发票受过刑事处罚或者二次以上行政处罚,又虚开发票,数额达到第一、二项标准百分之六十以上的。”
7	伪造、出售伪造的增值税专用发票案	《刑法》第 206 条	《刑事案件立案追诉标准(二)》第 58 条规定:“伪造或者出售伪造的增值税专用发票,涉嫌下列情形之一的,应予立案追诉:(一)票面税额累计在十万元以上的;(二)伪造或者出售伪造的增值税专用发票十份以上且票面税额在六万元以上的;(三)非法获利数额在一万元以上的。”
8	非法出售增值税专用发票案	《刑法》第 207 条	《刑事案件立案追诉标准(二)》第 59 条规定:“非法出售增值税专用发票,涉嫌下列情形之一的,应予立案追诉:(一)票面税额累计在十万元以上的;(二)非法出售增值税专用发票十份以上且票面税额在六万元以上的;(三)非法获利数额在一万元以上的。”

续表

序号	案件性质	法律依据	立案标准
9	非法购买增值税专用发票、购买伪造的增值税专用发票案	《刑法》第 208 条第 1 款	《刑事案件立案追诉标准(二)》第 60 条规定:“非法购买增值税专用发票或者购买伪造的增值税专用发票,涉嫌下列情形之一的,应予立案追诉:(一)非法购买增值税专用发票或者购买伪造的增值税专用发票二十份以上且票面税额在十万元以上的;(二)票面税额累计在二十万元以上的。”
10	非法制造、出售非法制造的用于骗取出口退税、抵扣税款发票案	《刑法》第 209 条第 1 款	《刑事案件立案追诉标准(二)》第 61 条规定:“伪造、擅自制造或者出售伪造、擅自制造的用于骗取出口退税、抵扣税款的其他发票,涉嫌下列情形之一的,应予立案追诉:(一)票面可以退税、抵扣税额累计在十万元以上的;(二)伪造、擅自制造或者出售伪造、擅自制造的发票十份以上且票面可以退税、抵扣税额在六万元以上的;(三)非法获利数额在一万元以上的。”
11	非法制造、出售非法制造的发票案	《刑法》第 209 条第 2 款	《刑事案件立案追诉标准(二)》第 62 条规定:“伪造、擅自制造或者出售伪造、擅自制造的不具有骗取出口退税、抵扣税款功能的其他发票,涉嫌下列情形之一的,应予立案追诉:(一)伪造、擅自制造或者出售伪造、擅自制造的不具有骗取出口退税、抵扣税款功能的其他发票一百份以上且票面金额累计在三十万元以上的;(二)票面金额累计在五十万元以上的;(三)非法获利数额在一万元以上的。”
12	非法出售用于骗取出口退税、抵扣税款发票案	《刑法》第 209 条第 3 款	《刑事案件立案追诉标准(二)》第 63 条规定:“非法出售可以用于骗取出口退税、抵扣税款的其他发票,涉嫌下列情形之一的,应予立案追诉:(一)票面可以退税、抵扣税额累计在十万元以上的;(二)非法出售用于骗取出口退税、抵扣税款的其他发票十份以上且票面可以退税、抵扣税额在六万元以上的;(三)非法获利数额在一万元以上的。”

续表

序号	案件性质	法律依据	立案标准
13	非法出售发票案	《刑法》第 209 条第 4 款	《刑事案件立案追诉标准(二)》第 64 条规定:“非法出售增值税专用发票、用于骗取出口退税、抵扣税款的其他发票以外的发票,涉嫌下列情形之一的,应予立案追诉:(一)非法出售增值税专用发票、用于骗取出口退税、抵扣税款的其他发票以外的发票一百份以上且票面金额累计在三十万元以上的;(二)票面金额累计在五十万元以上的;(三)非法获利数额在一万元以上的。”
14	持有伪造的发票案	《刑法》第 210 条之一	《刑事案件立案追诉标准(二)》第 65 条规定:“明知是伪造的发票而持有,涉嫌下列情形之一的,应予立案追诉:(一)持有伪造的增值税专用发票或者可以用于骗取出口退税、抵扣税款的其他发票五十份以上且票面税额累计在二十五万元以上的;(二)持有伪造的增值税专用发票或者可以用于骗取出口退税、抵扣税款的其他发票票面税额累计在五十万元以上的;(三)持有伪造的第一项规定以外的其他发票一百份以上且票面金额在五十万元以上的;(四)持有伪造的第一项规定以外的其他发票票面金额累计在一百万元以上的。”
15	走私普通货物、物品案	《刑法》第 153 条	《办理走私案件司法解释》第 16 条第 1 款规定:“走私普通货物、物品,偷逃应缴税额在十万元以上不满五十万元的,应当认定为刑法第一百五十三条第一款规定的‘偷逃应缴税额较大’;偷逃应缴税额在五十万元以上不满二百五十万元的,应当认定为‘偷逃应缴税额巨大’;偷逃应缴税额在二百五十万元以上的,应当认定为‘偷逃应缴税额特别巨大’。” 第 17 条规定:“刑法第一百五十三条第一款规定的‘一年内曾因走私被给予二次行政处罚后又走私’中的‘一年内’,以因走私第一次受到行政处罚的生效之日与‘又走私’行为实施之日的时间间隔计算确定;‘被给予二次行政处罚’的走私行为,包括走私普通货物、物品以及其他货物、物品;‘又走私’行为仅指走私普通货物、物品。”

续表

序号	案件性质	法律依据	立案标准
			第 18 条第 1 款规定："刑法第一百五十三条规定的'应缴税额'，包括进出口货物、物品应当缴纳的进出口关税和进口环节海关代征税的税额。应缴税额以走私行为实施时的税则、税率、汇率和完税价格计算；多次走私的，以每次走私行为实施时的税则、税率、汇率和完税价格逐票计算；走私行为实施时间不能确定的，以案发时的税则、税率、汇率和完税价格计算。"
16	徇私舞弊不征、少征税款案	《刑法》第 404 条	《渎职侵权犯罪案件立案标准》"一、渎职犯罪案件"之"（十四）徇私舞弊不征、少征税款案（第四百零四条）"第 2 项规定："涉嫌下列情形之一的，应予立案：1. 徇私舞弊不征、少征应征税款，致使国家税收损失累计达 10 万元以上的；2. 上级主管部门工作人员指使税务机关工作人员徇私舞弊不征、少征应征税款，致使国家税收损失累计达 10 万元以上的；3. 徇私舞弊不征、少征应征税款不满 10 万元，但具有索取或者收受贿赂或者其他恶劣情节的；4. 其他致使国家税收遭受重大损失的情形。"
17	徇私舞弊发售发票、抵扣税款、出口退税案	《刑法》第 405 条第 1 款	《渎职侵权犯罪案件立案标准》"一、渎职犯罪案件"之"（十五）徇私舞弊发售发票、抵扣税款、出口退税案（第四百零五条第一款）"第 2 项规定："涉嫌下列情形之一的，应予立案：1. 徇私舞弊，致使国家税收损失累计达 10 万元以上的；2. 徇私舞弊，致使国家税收损失累计不满 10 万元，但发售增值税专用发票 25 份以上或者其他发票 50 份以上或者增值税专用发票与其他发票合计 50 份以上，或者具有索取、收受贿赂或者其他恶劣情节的；3. 其他致使国家利益遭受重大损失的情形。"

续表

序号	案件性质	法律依据	立案标准
18	违法提供出口退税凭证案	《刑法》第405条第2款	《渎职侵权犯罪案件立案标准》“一、渎职犯罪案件”之“(十六)违法提供出口退税凭证案(第四百零五条第二款)”第2项规定:“涉嫌下列情形之一的,应予立案:1.徇私舞弊,致使国家税收损失累计达10万元以上的;2.徇私舞弊,致使国家税收损失累计不满10万元,但具有索取、收受贿赂或者其他恶劣情节的;3.其他致使国家利益遭受重大损失的情形。”

注:本表中的“以上”,包括本数。

上述第1~14类案件(危害税收征管罪)的刑事立案追诉标准,也是税务机关移送涉嫌犯罪案件的标准,对于达到上述标准的,税务机关应当及时移送公安机关,各级公安机关应当依照此规定立案侦查,各级检察机关应当依照此规定审查批捕、审查起诉。另外,根据《刑法》相关规定,除抗税案,徇私舞弊不征、少征税款案,徇私舞弊发售发票、抵扣税款、出口退税案,违法提供出口退税凭证案外,上述所有案件既可以是自然人犯罪,也可以是单位犯罪,无论是自然人还是单位,都适用上述立案追诉标准。

(二)涉税犯罪案件的立案管辖

1.涉税犯罪案件的职能管辖

根据《刑事诉讼法》、《公安部刑事案件管辖分工规定》、《公安机关办理刑事案件程序规定》、《监察法》及《监察法实施条例》、《国家监察委员会管辖规定(试行)》等法律及相关文件的规定,税收犯罪案件分别由公安机关经济犯罪侦查局、海关总署缉私局[1]和国家监察委员会管辖。如图3-2

---

〔1〕 根据国务院办公厅《关于印发海关总署主要职责内设机构和人员编制规定的通知》(国办发〔2008〕86号)第3条的规定,缉私局(全国打击走私综合治理办公室)为海关总署内设机构,受海关总署和公安部双重领导,以海关总署领导为主。其主要职责为:拟订反走私社会综合治理政策措施并组织实施;查处走私和违规案件、侦办走私罪案件,开展缉私情报工作;组织开展打击走私国际(地区)间合作;承担世界海关组织情报联络工作。2018年,全国海关稽私部门进行管理体制调整,“海关缉私部门和海关缉私工作受公安部和海关总署双重领导,以公安部领导为主,重点是加强政治领导、干部管理和队伍建设。海关缉私业务工作由海关领导负责。海关总署缉私局为海关总署内设机构,列入公安部序列局”。详见中华人民共和国海关总署缉私局官网首页“司局介绍”一栏,http://jsj.customs.gov.cn/。

所示。

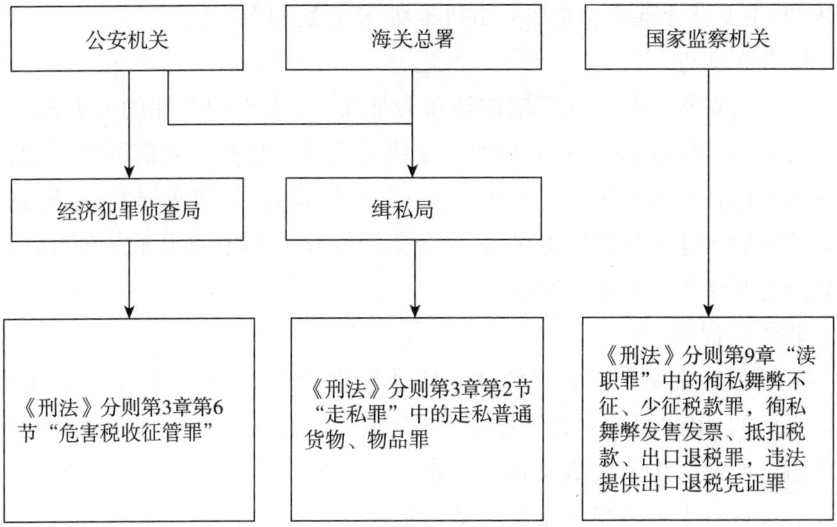

图3－2 涉税犯罪案件的立案管辖

2. 涉税犯罪案件的地域管辖

(1)公安机关地域管辖的一般规定

根据《公安机关办理刑事案件程序规定》，最高人民法院、最高人民检察院、公安部、国家安全部、司法部、全国人大常委会法制工作委员会《关于实施刑事诉讼法若干问题的规定》等文件的相关规定，公安机关所管辖案件的地域管辖情况如下。

①一般地域管辖

涉税犯罪案件由犯罪地的公安机关管辖。如果由犯罪嫌疑人居住地的公安机关管辖更为适宜，可以由犯罪嫌疑人居住地的公安机关管辖。

犯罪地包括犯罪行为地和犯罪结果地。犯罪行为地，包括犯罪行为的实施地以及预备地、开始地、途经地、结束地等与犯罪行为有关的地点；犯罪行为有连续、持续或者继续状态的，犯罪行为连续、持续或者继续实施的地方都属于犯罪行为地。犯罪结果地，包括犯罪对象被侵害地，犯罪所得的实际取得地、藏匿地、转移地、使用地、销售地。

居住地包括户籍所在地、经常居住地。经常居住地是指公民离开户籍所在地最后连续居住一年以上的地方，但住院就医的除外。单位登记的住所地为其居住地。主要营业地或者主要办事机构所在地与登记的住所地不一致的，主要营业地或者主要办事机构所在地为其居住地。

②并案侦查

几个公安机关都有权管辖的涉税犯罪案件，由最初受理的公安机关管辖。必要时，可以由主要犯罪地的公安机关管辖。具有下列情形之一的，公安机关可以在职责范围内并案侦查：一人犯数罪的；共同犯罪的；共同犯罪的犯罪嫌疑人还实施其他犯罪的；多个犯罪嫌疑人实施的犯罪存在关联，并案处理有利于查明犯罪事实的。

③指定管辖

管辖不明确或者有争议的涉税犯罪案件，可以由有关公安机关协商。协商不成的，由共同的上级公安机关指定管辖。情况特殊的涉税犯罪案件，可以由共同的上级公安机关指定管辖。提请上级公安机关指定管辖时，应当在有关材料中列明犯罪嫌疑人基本情况、涉嫌罪名、案件基本事实、管辖争议情况、协商情况和指定管辖理由，经公安机关负责人批准后，层报有权指定管辖的上级公安机关。

（2）公安机关涉税刑事案件地域管辖的具体规定

针对危害税收征管刑事案件的具体管辖问题，公安部根据《刑法》、《刑事诉讼法》和《公安机关办理刑事案件程序规定》等有关法律和规章的规定，结合公安机关的办案实际和危害税收征管刑事案件的特点，制定了《公安机关办理危害税收征管刑事案件管辖若干问题的规定》，对危害税收征管刑事案件的地域管辖进一步明确规定如下。

①偷税案、逃避追缴欠税案

纳税人未根据法律、行政法规规定应当向税务机关办理税务登记的，由税务登记机关所在地县级以上公安机关管辖。如果由纳税义务发生地公安机关管辖更为适宜，可以由纳税义务发生地县级以上公安机关管辖；纳税人未根据法律、行政法规规定不需要向税务机关办理税务登记的，由纳税义务发生地或其他法定纳税地县级以上公安机关管辖。扣缴义务人偷税案适用前述规定。

②抗税案

由抗税行为发生地县级以上公安机关管辖。

③骗取出口退税案

由骗取出口退税地县级以上公安机关管辖，其他涉案地公安机关予以配合。

④虚开增值税专用发票、用于骗取出口退税、抵扣税款发票案

为他人虚开案件，由开票企业税务登记机关所在地县级以上公安机关管辖；为自己虚开案件、让他人为自己虚开案件，由受票企业税务登记机关所在地县级以上公安机关管辖；介绍他人虚开案件，可以与为他人虚开案件、让他人为自己虚开案件并案处理。

自然人实施的上述规定的虚开案件，由虚开地县级以上公安机关管辖。如果几个公安机关都有权管辖，由最初受理的公安机关管辖；必要时，可以由主要犯罪地县级以上公安机关管辖。

为他人虚开、为自己虚开、让他人为自己虚开、介绍他人虚开等几种情况交织在一起，且几个公安机关都有权管辖的，由最初受理的公安机关管辖；必要时，由票源集中地或虚开行为集中企业的税务登记机关所在地县级以上公安机关管辖。

⑤伪造增值税专用发票案，非法制造用于骗取出口退税、抵扣税款发票案，非法制造发票案

由伪造地、非法制造地县级以上公安机关管辖。

⑥出售伪造的增值税专用发票案，购买伪造的增值税专用发票案，出售非法制造的用于骗取出口退税、抵扣税款发票案，出售非法制造的发票案

由出售地、购买地县级以上公安机关管辖；在办理案件的过程中，发现伪造地、非法制造地的，由最初受理的公安机关管辖，伪造地、非法制造地公安机关予以配合；如果由伪造地、非法制造地公安机关管辖更为适宜，可以将案件移交伪造地、非法制造地县级以上公安机关管辖。

⑦非法出售增值税专用发票案，非法购买增值税专用发票案，非法出售用于骗取出口退税、抵扣税款发票案，非法出售发票案

由出售地、购买地县级以上公安机关管辖。如果由最初受理的公安机关管辖更为适宜，由最初受理的公安机关管辖；必要时，可以将案件移交票源集中地县级以上公安机关管辖。

对于上述第①项至第⑦项中规定的案件，如果由犯罪嫌疑人居住地公安机关管辖更为适宜，由犯罪嫌疑人居住地县级以上公安机关管辖；凡是属于重大涉外犯罪、重大集团犯罪和下级公安机关侦破有困难的严重刑事案件的，由地（市）级以上公安机关管辖。

管辖不明确或者几个公安机关都有权管辖的案件，可以由有关公安机关协商确定管辖。管辖有争议或者情况特殊的案件，可以由共同的上级公安机关指定管辖。

上级公安机关可以指定下级公安机关立案侦查管辖不明确或者需要改变管辖的案件。下级公安机关认为案情重大、复杂，需要由上级公安机关侦查的案件，可以请求移送上级公安机关侦查。

(3)海关地域管辖

根据《公安机关办理刑事案件程序规定》第28条，海关走私犯罪侦查机构管辖中华人民共和国海关关境内发生的涉税走私犯罪和发生在海关监管区内的非涉税走私犯罪等刑事案件。

(4)监察机关地域管辖

根据《监察法》及《监察法实施条例》的相关规定，监察机关的地域管辖情况如下。

①一般管辖

监察机关开展监督、调查、处置，按照管理权限与属地管辖相结合的原则，实行分级负责制。

设区的市级以上监察委员会按照管理权限，依法管辖同级党委管理的公职人员涉嫌职务违法和职务犯罪案件。

县级监察委员会和直辖市所辖区(县)监察委员会按照管理权限，依法管辖本辖区内公职人员涉嫌职务违法和职务犯罪案件。

地方各级监察委员会按照《监察法实施条例》第13条、第49条的规定，可以依法管辖工作单位在本辖区内的有关公职人员涉嫌职务违法和职务犯罪案件。

监察机关调查公职人员涉嫌职务犯罪案件，可以依法对涉嫌行贿犯罪、介绍贿赂犯罪或者共同职务犯罪的涉案人员中的非公职人员一并管辖。非公职人员涉嫌利用影响力受贿罪的，按照其所利用的公职人员的管理权限确定管辖。

②提级管辖

上级监察机关对于下一级监察机关管辖范围内的职务违法和职务犯罪案件，具有下列情形之一的，可以依法提级管辖：在本辖区有重大影响的；涉及多个下级监察机关管辖的监察对象，调查难度大的；其他需要提级管辖的重大、复杂案件。

上级监察机关对于所辖各级监察机关管辖范围内有重大影响的案件，必要时可以依法直接调查或者组织、指挥、参与调查。

地方各级监察机关所管辖的职务违法和职务犯罪案件，具有上述规定情形的，可以依法报请上一级监察机关管辖。

③指定管辖

上级监察机关可以依法将其所管辖的案件指定下级监察机关管辖。

设区的市级监察委员会将同级党委管理的公职人员涉嫌职务违法或者职务犯罪案件指定下级监察委员会管辖的，应当报省级监察委员会批准；省级监察委员会将同级党委管理的公职人员涉嫌职务违法或者职务犯罪案件指定下级监察委员会管辖的，应当报国家监察委员会相关监督检查部门备案。

上级监察机关对于下级监察机关管辖的职务违法和职务犯罪案件，具有下列情形之一，认为由其他下级监察机关管辖更为适宜的，可以依法指定给其他下级监察机关管辖：管辖有争议的；指定管辖有利于案件公正处理的；下级监察机关报请指定管辖的；其他有必要指定管辖的。

被指定的下级监察机关未经指定管辖的监察机关批准，不得将案件再行指定管辖。发现新的职务违法或者职务犯罪线索，以及其他重要情况、重大问题，应当及时向指定管辖的监察机关请示报告。

④管辖争议

监察机关之间对监察事项的管辖有争议的，由其共同的上级监察机关确定。

二、涉税犯罪案件的侦查

（一）涉税犯罪案件的侦查机关

根据《刑事诉讼法》第109条、第115条、第116条，公安机关或者检察院发现犯罪事实或者犯罪嫌疑人，应当按照管辖范围，立案侦查。公安机关对已经立案的刑事案件，应当进行侦查，收集、调取犯罪嫌疑人有罪或者无罪、罪轻或者罪重的证据材料。对现行犯或者重大嫌疑分子可以依法先行拘留，对符合逮捕条件的犯罪嫌疑人，应当依法逮捕。公安机关经过侦查，对有证据证明有犯罪事实的案件,应当进行预审,对收集、调取的证据材料予以核实。

根据《海关法》第 4 条第 1 款和第 2 款,国家在海关总署设立专门侦查走私犯罪的公安机构,配备专职缉私警察,负责对其管辖的走私犯罪案件的侦查、拘留、执行逮捕、预审。海关侦查走私犯罪公安机构履行侦查、拘留、执行逮捕、预审职责,应当按照《刑事诉讼法》的规定办理。

根据《监察法》第 11 条和第 40 条第 1 款,监察委员会依照《监察法》和有关法律规定履行监督、调查、处置职责:(1)对公职人员开展廉政教育,对其依法履职、秉公用权、廉洁从政从业以及道德操守情况进行监督检查。(2)对涉嫌贪污贿赂、滥用职权、玩忽职守、权力"寻租"、利益输送、徇私舞弊以及浪费国家资财等职务违法和职务犯罪进行调查。(3)对违法的公职人员依法作出政务处分决定;对履行职责不力、失职失责的领导人员进行问责;对涉嫌职务犯罪的,将调查结果移送检察院依法审查、提起公诉;向监察对象所在单位提出监察建议。监察机关对职务违法和职务犯罪案件,应当进行调查,收集被调查人有无违法犯罪以及情节轻重的证据,查明违法犯罪事实,形成相互印证、完整稳定的证据链。

根据以上规定,涉税犯罪案件分别由公安机关、海关侦查走私犯罪公安机构和监察机关分别进行立案侦查或调查。其中,《刑法》分则第 3 章第 6 节"危害税收征管罪"由公安机关经济犯罪侦查局负责立案侦查;《刑法》分则第 3 章第 2 节"走私罪"中的走私普通货物、物品罪由海关总署缉私局负责立案侦查;《刑法》分则第 9 章"渎职罪"中的徇私舞弊不征、少征税款罪,徇私舞弊发售发票、抵扣税款、出口退税罪,违法提供出口退税凭证罪由各级监察委员会负责立案调查。

(二)涉税犯罪案件侦查结果的处理

1. 公安机关侦查终结的案件

《刑事诉讼法》第 162 条规定:"公安机关侦查终结的案件,应当做到犯罪事实清楚,证据确实、充分,并且写出起诉意见书,连同案卷材料、证据一并移送同级人民检察院审查决定;同时将案件移送情况告知犯罪嫌疑人及其辩护律师。犯罪嫌疑人自愿认罪的,应当记录在案,随案移送,并在起诉意见书中写明有关情况。"第 163 条规定:"在侦查过程中,发现不应对犯罪嫌疑人追究刑事责任的,应当撤销案件;犯罪嫌疑人已被逮捕的,应当立即释放,发给释放证明,并且通知原批准逮捕的人民检察院。"

2. 海关侦查终结的案件

《海关法》第4条第2款规定:"海关侦查走私犯罪公安机构履行侦查、拘留、执行逮捕、预审职责,应当按照《中华人民共和国刑事诉讼法》的规定办理。"根据该规定,海关侦查终结的案件按照《刑事诉讼法》第162条、第163条的规定办理。

3. 监察机关调查终结的案件

《监察法》第45条规定:"监察机关根据监督、调查结果,依法作出如下处置……(四)对涉嫌职务犯罪的,监察机关经调查认为犯罪事实清楚,证据确实、充分的,制作起诉意见书,连同案卷材料、证据一并移送人民检察院依法审查、提起公诉……监察机关经调查,对没有证据证明被调查人存在违法犯罪行为的,应当撤销案件,并通知被调查人所在单位。"第46条规定:"监察机关经调查,对违法取得的财物,依法予以没收、追缴或者责令退赔;对涉嫌犯罪取得的财物,应当随案移送人民检察院。"

三、涉税犯罪案件证据的审查认定

(一)涉税犯罪证据概述

当犯罪事实发生时,因该犯罪事实的发生会在客观世界留下犯罪证据,办案机关通过犯罪证据所形成的证据链来再现和还原犯罪事实。因此,犯罪证据是犯罪事实的载体和客观呈现。刑事诉讼活动在很大程度上就是围绕犯罪证据的搜集和运用来进行的。

涉税犯罪证据,是指侦查机关及刑事诉讼参与人依法搜集、提供并以法律规定的形式表现出来的,用以证明涉税犯罪事实的具有法律意义的材料。这一概念包括如下几个方面的含义:(1)涉税犯罪证据收集、提供的主体具有多样性,不仅包括公安机关及监察委员会等法定侦查机关,也包括工商、税务、海关等行政机关以及具有法定调查职权的检察机关、法院等司法机关,甚至包括辩护律师。(2)涉税犯罪证据必须与案件事实具有内在关联性,能够证明案件真实情况。(3)涉税犯罪证据必须以法律规定的形式表现出来,且具有法律意义。

(二)涉税犯罪证据的学理类型

从理论上划分,涉税犯罪的证据可以分为以下几类。

1.原始证据与传来证据

根据证据的来源不同,可以将涉税犯罪证据分为原始证据与传来证据。

原始证据是指直接源于案件事实而未经传抄、转述、复制等中间环节传播的证据,即与案件事实有关的"第一手材料"。例如,侦查机关在涉税犯罪侦查过程中取得的原始账册、记账凭证、单据、合同、发票、银行流水,犯罪嫌疑人的供述和辩解,从目击证人处得到的证人证言,等等。

传来证据,又称为派生证据,是指经过传抄、转述、复制等一定的中间环节,间接源于案件事实的证据,即与案件事实有关的"第二手材料"。例如,非法制造发票所使用的设备、工具的照片或录像,原始账册、记账凭证、合同、发票等的副本、抄件、复印件、影印件等。

原始证据的主要特征在于其直接源于案件事实,由于未经过传抄、转述、复制等中间环节传播,它对有关案件事实的反映是最原始的、最符合案件客观真实情况的,具有较强的证明力。传来证据是由原始证据派生而来的,由于经过传抄、转述、复制等中间环节的传播,在形成过程中有可能出现差错或者失实,所以其证明力不如原始证据。基于原始证据和传来证据各自的特点,在涉税犯罪侦查过程中,应当尽量收集和提供原始证据。只有在原始证据确实难以获取的情况下,才尽可能地收集接近原始证据的传来证据。

2.直接证据和间接证据

根据证据与证明对象之间的关系,可以将涉税犯罪证据分为直接证据和间接证据。

直接证据是指能够单独、直接证明案件主要事实而无须经过推理过程的证据。在涉税犯罪中,以直接而非推论的方式证明某种关于犯罪事实的主张,或者说能够不依赖其他证据和任何中间推理过程而单独直接证明案件主要事实的证据,就是直接证据。例如,涉税犯罪嫌疑人的供述和辩解、证人证言、能够再现犯罪事实的录像资料等证据,就属于直接证据。

间接证据是指不能单独、直接证明案件主要事实但能够通过推理推定其与所要证明的事实之间的关系的证据。例如,通过对纳税人生活消费水平和资产增长情况的分析,可以推定其存在隐匿收入或虚报资产等违法犯罪行为。

直接证据可以直接证明涉税犯罪事实,只要它与正在审理的涉税犯罪案件有关联,就会直接被采用。在无法取得直接证据的情况下,只要证据确实、充分,证据之间的所有矛盾得到合理的排除,也可以把间接证据作为定案依据。

3. 言词证据和实物证据

根据证据的形成和表现方式的不同,可以将涉税犯罪证据分为言词证据和实物证据。

言词证据,又称为人证,是指以人的陈述来表现待证事实的证据,主要表现为证人证言、被告人的供述和辩解,以及被害人的陈述。鉴定意见通常也被认为属于言词证据的范畴。

实物证据,是指以客观存在的物品为待证事实的表现形式的证据,刑事诉讼中的物证、书证、勘验笔录、现场记录均属于实物证据。

言词证据的形成是了解案件有关情况的人对案件事实的反映,它反映出的内容往往从动态上揭示有关事实形成的全过程,因而在涉税犯罪案件中,司法机关要想全面地认识案件的有关事实,就必须重视言词证据。但正是由于言词证据是人的主观对客观的反映,受主观、客观各方面因素的影响,它所反映的内容就有可能不完全符合案件事实本来的面目,甚至完全失真。基于此,司法机关在对涉税犯罪言词证据进行审查判断时,应当充分考虑:(1)有关证人或人员对案件事实的表述是否全面;(2)提供言词证据的人有无故意隐瞒案件真实情况的可能;(3)提供言词证据的人在主观上是否具有认识他所表述的案件事实的能力;(4)是否有妨碍提供言词证据的人认识及表述的案件事实的客观因素存在;等等。

与言词证据相比较,实物证据是以物品的存在形式或其记载的内容来反映案件的有关事实。作为物品,实物证据具有较强的客观性、稳定性和真实性。实物证据对于犯罪的定罪和量刑具有重要的意义。但由于物品具有容易被毁灭、伪造、顶替等特点,在收集实物证据时,必须迅速、及时,防止实物证据灭失。在司法实践中,主要通过勘验、搜查、扣押、查封、冻结、调取等方式对实物证据予以收集和保全。在对实物证据审查判断时,应当注意:(1)审查物证是否真实;(2)审查证据的来源;(3)审查物证和案件事实有无客观联系;(4)审查物证的外形、属性等特征。

(三)涉税犯罪案件证据的法定类型及其审查与认定

我国《刑事诉讼法》第50条第2款规定了8种证据,分别是物证,书证,证人证言,被害人陈述,犯罪嫌疑人、被告人供述和辩解,鉴定意见,勘验、检查、辨认、侦查实验等笔录,视听资料、电子数据。具体说明如下。

1. 物证、书证

物证是指以其物质属性、外观特征、存在状况证明案件事实的物品或者物质痕迹。物证以实物和痕迹的形式表现出来,以其物质属性、外观特征或者存在状况证明案件事实,具有较大的客观性、较强的稳定性和证明力。

在涉税犯罪司法实践中,以发票类犯罪为例,常见的物证有:增值税专用发票、伪造的增值税专用发票、发票印模、票板、印刷设备、油墨、切纸机、生产专用纸、笔记本电脑、赃款赃物、文件上的笔迹等。

涉税犯罪的物证一般属于间接证据,单独一个物证一般只能反映案件某一方面的情况,不能直接证明案件的主要事实。但对物证进行收集和判断可以为侦查人员提供侦查方向和线索,如通过伪造的发票以及伪造该发票所使用的印模、票板,可以初步判断犯罪性质、犯罪嫌疑人的可能范围和作案手段等。通过物证和其他证据相互印证,可以鉴别其他证据的真伪,可以利用物证迫使犯罪嫌疑人如实交代罪行。

书证是指以文字、符号、图形等所记载的内容或者表达的思想来证明案件事实的书面文件和其他物品。书证通过载体上的文字、内容、符号等所表示的内容或者表达的思想来证明犯罪事实,这是书证和物证的主要区别。书证以一定的物质为载体,一旦形成便具有稳定性的特点。

书证是涉税犯罪案件中最常见的一种证据形式,如纳税申报表、催缴税款通知书、限期缴纳税款通知书、税务行政处罚事项告知书、税务行政处罚决定书、账册、原始凭证、记账凭证、发票、购销合同、货物生产记录、入库单、出库单、交易记录等。

(1)物证、书证的审查重点

对物证、书证应当着重审查以下内容:①物证、书证是否为原物、原件,是否经过辨认、鉴定;物证的照片、录像、复制品或者书证的副本、复制件是否与原物、原件相符,是否由二人以上制作,有无制作人关于制作过程以及原物、原件存放于何处的文字说明和签名。②物证、书证的收集程序、方式是否符合法律、有关规定；经勘验、检查、搜查提取、扣押的物证、书证是否附有相关笔录、清单，笔录、清单是否经调查人员或者侦查人员、物品持有人、见证人签名，没有签名的是否注明原因；物品的名称、特征、数量、质量等是否注明清楚。③物证、书证在收集、保管、鉴定过程中是否受损或者改变。④物证、书证与案件事实有无关联；对现场遗留的与犯罪有关的具备鉴定条件的血迹、体液、毛发、指纹等生物样本、痕迹、物品，是否已作 DNA 鉴定、指纹鉴定等，并与被告人或者被害人的相应生物特征、物品等比对。⑤与案件事实有关联的物证、书证是否全面收集。

(2)物证、书证的复制品、复制件的审查

据以定案的物证应当是原物。原物不便搬运、不易保存、依法应当返还或者依法应当由有关部门保管、处理的，可以拍摄、制作足以反映原物外形和特征的照片、录像、复制品。物证的照片、录像、复制品，不能反映原物的外形和特征的，不得作为定案的根据。物证的照片、录像、复制品，经与原物核对无误、经鉴定或者以其他方式确认真实的，可以作为定案的根据。

据以定案的书证应当是原件。取得原件确有困难的，可以使用副本、复制件。对书证的更改或者更改迹象不能作出合理解释，或者书证的副本、复制件不能反映原件及其内容的，不得作为定案的根据。书证的副本、复制件，经与原件核对无误、经鉴定或者以其他方式确认真实的，可以作为定案的根据。

(3)物证、书证的补充收集

对与案件事实可能有关联的血迹、体液、毛发、人体组织、指纹、足迹、字迹等生物样本、痕迹和物品，应当提取而没有提取，应当鉴定而没有鉴定，应当移送鉴定意见而没有移送，导致案件事实存疑的，法院应当通知检察院依法补充收集、调取、移送证据。

(4)物证、书证收集程序、方式的瑕疵补救

在勘验、检查、搜查过程中提取、扣押的物证、书证，未附笔录或者清单，不能证明物证、书证来源的，不得作为定案的根据。物证、书证的收集程序、方式有下列瑕疵，经补正或者作出合理解释的，可以采用：①勘验、检查、搜查、提取笔录或者扣押清单上没有调查人员或者侦查人员、物品持有人、见证人签名，或者对物品的名称、特征、数量、质量等注明不详的；②物证的照

片、录像、复制品,书证的副本、复制件未注明与原件核对无异,无复制时间,或者未被收集、调取人签名的;③物证的照片、录像、复制品,书证的副本、复制件没有制作人关于制作过程和原物、原件存放地点的说明,或者说明中无签名的;④有其他瑕疵的。物证、书证的来源、收集程序有疑问,不能作出合理解释的,不得作为定案的根据。

2. 证人证言

证人证言是指证人在刑事诉讼中,就自己所知道的与案件有关的情况向侦查机关、检察机关、审判机关所作的陈述。一般而言,涉税犯罪案件中的证人陈述的内容,应当是证人亲眼所见或亲耳所闻的有关事实,但证人陈述的其他经过别人转述的与案件情况有关的事实,即所谓的“传闻”证据,也属于证人证言。

证人证言既可以是书面证据,也可以是口头证据。在收集证人证言时,口头证据最终要固定为书面形式。证人证言只能向侦查人员、检察人员、审判人员等履行法定刑事侦查、调查、审查起诉、审判职责的人员作出,而不能向其他人员作出。证人应当在法庭上提供证言,这就要求证人原则上应当出庭作证,以利于对证人进行交叉询问,保证证人证言的可靠性。但在证人无法出庭、拒绝出庭或者出庭后拒绝作证的情况下,如果法庭对证人提供的书面证言的真实性无法确认,则该证人证言不得作为定案的根据。

在涉税犯罪中,常见的证人证言包括:财会人员的证言、采购人员的证言、销售人员的证言、部门领导的证言、税务人员的证言、海关人员的证言以及其他知情人员的证言等。

(1)证人证言的审查重点

对证人证言应当着重审查以下内容:①证言的内容是否为证人直接感知;②证人作证时的年龄,认知、记忆和表达能力,生理和精神状态是否影响作证;③证人与案件当事人、案件处理结果有无利害关系;④询问证人是否个别进行;⑤询问笔录的制作、修改是否符合法律、有关规定,是否注明询问的起止时间和地点,首次询问时是否告知证人有关权利义务和法律责任,证人对询问笔录是否核对确认;⑥询问未成年证人时,是否通知其法定代理人或者《刑事诉讼法》第 281 条第 1 款规定的合适成年人到场,有关人员是否到场;⑦有无以暴力、威胁等非法方法收集证人证言的情形;⑧证言之间以及与其他证据之间能否相互印证,有无矛盾,存在矛盾的能否得到合理解释。

(2)前后矛盾的证人证言及未出庭证人的证言的审查

证人当庭作出的证言,经控辩双方质证、法庭查证属实的,应当作为定案的根据。证人当庭作出的证言与其庭前证言矛盾,证人能够作出合理解释,并有其他证据印证的,应当采信其庭审证言;不能作出合理解释,而其庭前证言有其他证据印证的,可以采信其庭前证言。经法院通知,证人没有正当理由拒绝出庭或者出庭后拒绝作证,法庭对其证言的真实性无法确认的,该证人证言不得作为定案的根据。

(3)证人证言不得作为定案根据的情形

证人证言具有下列情形之一的,不得作为定案的根据:①询问证人没有个别进行的;②书面证言没有经证人核对确认的;③询问聋、哑人,应当提供通晓聋、哑手势的人员而未提供的;④询问不通晓当地通用语言、文字的证人,应当提供翻译人员而未提供的。

处于明显醉酒、中毒或者麻醉等状态,不能正常感知或者正确表达的证人所提供的证言,不得作为证据使用。证人的猜测性、评论性、推断性的证言,不得作为证据使用,但根据一般生活经验判断符合事实的除外。

(4)证人证言收集程序、方式的瑕疵补救

证人证言的收集程序、方式有下列瑕疵,经补正或者作出合理解释的,可以采用,不能补正或者作出合理解释的,不得作为定案的根据:①询问笔录没有填写询问人、记录人、法定代理人姓名以及询问的起止时间、地点的;②询问地点不符合规定的;③询问笔录没有记录告知证人有关权利义务和法律责任的;④询问笔录反映出在同一时段,同一询问人员询问不同证人的;⑤询问未成年人,其法定代理人或者合适成年人不在场的。

3. 被害人陈述

被害人陈述是指刑事被害人在刑事诉讼中,就其受害情况和其他与案件有关的情况向侦查机关、检察机关、审判机关所作的陈述。

由于涉税犯罪侵害的是国家税收秩序和税收安全,而国家不能成为刑事被害人,故一般认为在涉税犯罪中,除抗税罪外,其他涉税犯罪不存在被害人陈述。部分涉税犯罪案件中可能存在间接被害人,这种"被害人陈述"只能作为证人证言。

在抗税罪中,如果行为人以暴力方式抗税导致履行职务的税务人员人身、财产损害,那么此时遭受人身、财产损害的税务人员即为刑事被害人,其向司法机关所作的陈述即为被害人陈述。

根据最高人民法院《关于适用〈中华人民共和国刑事诉讼法〉的解释》(以下简称《刑事诉讼法司法解释》)第92条的规定,对被害人陈述的审查与认定,参照适用证人证言的有关规定。

4. 犯罪嫌疑人、被告人的供述和辩解

犯罪嫌疑人、被告人的供述和辩解,是指犯罪嫌疑人、被告人在刑事诉讼中,就与案件有关的事实向侦查机关、检察机关、审判机关所作的陈述,即通常所说的"口供"。它既包括承认或者否认自己的犯罪事实,也包括认为应当从轻、减轻、免除刑罚或者不追究刑事责任的陈述,还包括检举、揭发同案犯的犯罪事实。

在涉税犯罪中,犯罪嫌疑人、被告人是犯罪行为的实施者,是最了解犯罪实施情况的主体,其对于自己是否实施犯罪以及实施犯罪的具体过程及情节、犯罪前后的主观心理状态是最清楚的。其所作的有罪供述会更直接、更全面地反映其犯罪的动机、目的、手段、时间、地点、结果等事实情况;其所作的无罪或罪轻的辩解,一般也会提出一些具体的事实根据和申辩理由,使司法人员了解案件的全貌;其所作的检举、揭发同案犯的犯罪事实的陈述,可以反映其犯罪行为的形成、分工和具体实施等全过程。因此,犯罪嫌疑人、被告人的供述和辩解能更直接、全面地反映案件的真实情况。这是其他证据所无法替代的。但是,作为口供,犯罪嫌疑人、被告人的供述和辩解带有很强的主观性。犯罪嫌疑人、被告人在刑事诉讼过程中可能为逃避责任而隐瞒真相甚至捏造事实,进行虚假或者误导性陈述。因此,对于犯罪嫌疑人、被告人的口供不可轻信,更不能为了获取口供而用非法手段去诱供或者刑讯逼供。

(1)犯罪嫌疑人、被告人的供述和辩解的审查重点

对犯罪嫌疑人、被告人的供述和辩解应当着重审查以下内容:①讯问的时间、地点,讯问人的身份、人数以及讯问方式等是否符合法律、有关规定;②讯问笔录的制作、修改是否符合法律、有关规定,是否注明讯问的具体起止时间和地点,首次讯问时是否告知犯罪嫌疑人、被告人有关权利和法律规定,犯罪嫌疑人、被告人是否核对确认;③讯问未成年犯罪嫌疑人、被告人时,是否通知其法定代理人或者合适成年人到场,有关人员是否到场;④讯

问女性未成年犯罪嫌疑人、被告人时,是否有女性工作人员在场;⑤有无以刑讯逼供等非法方法收集犯罪嫌疑人、被告人供述的情形;⑥犯罪嫌疑人、被告人的供述是否前后一致,有无反复以及出现反复的原因;⑦犯罪嫌疑人、被告人的供述和辩解是否全部随案移送;⑧犯罪嫌疑人、被告人的辩解内容是否符合案情和常理,有无矛盾;⑨犯罪嫌疑人、被告人的供述和辩解与同案犯罪嫌疑人、被告人的供述和辩解以及其他证据能否相互印证,有无矛盾,存在矛盾的能否得到合理解释。必要时,可以结合现场执法音视频记录、讯问录音录像、被告人进出看守所的健康检查记录、笔录等,对犯罪嫌疑人、被告人的供述和辩解进行审查。

(2)犯罪嫌疑人、被告人的供述和辩解存在反复及翻供的处理

犯罪嫌疑人、被告人的供述和辩解,应当结合控辩双方提供的所有证据以及犯罪嫌疑人、被告人的全部供述和辩解进行。犯罪嫌疑人、被告人庭审中翻供,但不能合理说明翻供原因或者其辩解与全案证据矛盾,而其庭前供述与其他证据相互印证的,可以采信其庭前供述。犯罪嫌疑人、被告人庭前的供述和辩解存在反复,庭审中供认,且与其他证据相互印证的,可以采信其庭审供述;犯罪嫌疑人、被告人庭前的供述和辩解存在反复,庭审中不供认,且无其他证据与庭前供述印证的,不得采信其庭前供述。

(3)犯罪嫌疑人、被告人供述不得作为定案根据的情形

犯罪嫌疑人、被告人供述具有下列情形之一的,不得作为定案的根据:①讯问笔录没有经犯罪嫌疑人、被告人核对确认的;②讯问聋、哑犯罪嫌疑人被告人,应当提供通晓聋、哑手势的人员而未提供的;③讯问不通晓当地通用语言、文字的犯罪嫌疑人、被告人,应当提供翻译人员而未提供的;④讯问未成年犯罪嫌疑人被告人,其法定代理人或者合适成年人不在场的。

(4)讯问笔录的瑕疵补救

讯问笔录有下列瑕疵,经补正或者作出合理解释的,可以采用,不能补正或者作出合理解释的,不得作为定案的根据:①讯问笔录填写的讯问时间、讯问地点、讯问人、记录人、法定代理人等有误或者存在矛盾的;②讯问人没有签名的;③首次讯问笔录没有记录告知被讯问人有关权利和法律规定的。

5. 鉴定意见

鉴定意见是指为了解决刑事诉讼中的某些专门性问题,公安机关指派

或者聘请具有专门知识的人就案件的专门性问题出具的书面意见。

在涉税犯罪案件中,由于涉及专业财税知识,鉴定意见成为一种不可或缺的重要证据。侦查机关为解决专业财税问题,指派或者聘请具有专业资质的鉴定机构对涉税犯罪案件中需要解决的专业财税问题进行分析鉴别后作出书面意见,通常表现为会计师事务所的审计意见、评估事务所的评估报告、税务师事务所的鉴证意见等。另外,对于走私类涉税犯罪,海关计核涉嫌走私的货物、物品偷逃税额的证明,也属于鉴定意见。[1]

(1)鉴定意见的审查重点

对鉴定意见应当着重审查以下内容:①鉴定机构和鉴定人是否具有法定资质;②鉴定人是否存在应当回避的情形;③检材的来源、取得、保管、送检是否符合法律、有关规定,与相关提取笔录、扣押清单等记载的内容是否相符,检材是否可靠;④鉴定意见的形式要件是否完备,是否注明提起鉴定的事由、鉴定委托人、鉴定机构、鉴定要求、鉴定过程、鉴定方法、鉴定日期等相关内容,是否由鉴定机构盖章并由鉴定人签名;⑤鉴定程序是否符合法律、有关规定;⑥鉴定的过程和方法是否符合相关专业的规范要求;⑦鉴定意见是否明确;⑧鉴定意见与案件事实有无关联;⑨鉴定意见与勘验、检查笔录及相关照片等其他证据是否矛盾,存在矛盾的能否得到合理解释;⑩鉴定意见是否依法及时告知相关人员,当事人对鉴定意见有无异议。

(2)鉴定意见不得作为定案依据的情形

鉴定意见具有下列情形之一的,不得作为定案的根据:①鉴定机构不具备法定资质,或者鉴定事项超出该鉴定机构业务范围、技术条件的;②鉴定人不具备法定资质,不具有相关专业技术或职称,或者违反回避规定的;③送检材料、样本来源不明,或者因污染不具备鉴定条件的;④鉴定对象与送检材料、样本不一致的;⑤鉴定程序违反规定的;⑥鉴定过程和方法不符合相关专业的规范要求的;⑦鉴定文书缺少签名、盖章的;⑧鉴定意见与案件事实没有关联的;⑨违反有关规定的其他情形。

经法院通知,鉴定人拒不出庭作证的,鉴定意见不得作为定案的根据。

---

[1] 《海关计核涉嫌走私的货物、物品偷逃税款办法》(海关总署公告2024年第168号)第7条第1款规定:"海关出具的计核结论,经走私犯罪侦查机关、人民检察院和人民法院审查确认,可以作为办理走私案件的依据和定罪量刑的证据。"

鉴定人由于不能抗拒的原因或者有其他正当理由无法出庭的,法院可以根据情况决定延期审理或者重新鉴定。鉴定人无正当理由拒不出庭作证的,法院应当通报司法行政机关或者有关部门。

(3)鉴定意见规定的参照适用

因无鉴定机构,或者根据法律、司法解释的规定,指派、聘请有专门知识的人就案件的专门性问题出具的报告,可以作为证据使用。对报告的审查与认定,参照适用鉴定意见的审查与认定的有关规定。经法院通知,出具报告的人拒不出庭作证的,有关报告不得作为定案的根据。

6. 勘验、检查、辨认、侦查实验等笔录

勘验、检查、辨认、侦查实验等笔录,分为勘验笔录、检查笔录、辨认笔录、侦查实验笔录。其中:勘验笔录是指办案人员对与犯罪有关的场所、物品等进行勘验、检查后所作的书面记录;检查笔录是指办案人员为确定被害人、犯罪嫌疑人、被告人的某些特征、伤害情况或生理状态,而对他们的人身进行检验和观察后所作的书面记录;辨认笔录是指犯罪嫌疑人、被告人、被害人、证人按照法定程序对可能与案件相关的人、物或者场所等进行辨认时由司法人员所作的书面记录;侦查实验笔录是指侦查人员在进行侦查实验时,如实记载试验条件、试验过程和试验结果的书面记录。

在涉税犯罪案件中,可能涉及的勘验、检查、辨认、侦查实验笔录,如对犯罪嫌疑人非法制造、出售非法制造的用于骗取出口退税、抵扣税款发票的现场勘查图、现场照片以及现场勘验、检查笔录等。

(1)勘验、检查笔录的审查重点

对勘验、检查笔录应当着重审查以下内容:①勘验、检查是否依法进行,笔录制作是否符合法律、有关规定,勘验、检查人员和见证人是否签名或者盖章。②勘验、检查笔录是否记录了提起勘验、检查的事由,勘验、检查的时间、地点、在场人员、现场方位、周围环境等,现场的物品、人身、尸体等的位置、特征等情况,以及勘验、检查的过程;文字记录与实物或者绘图、照片、录像是否相符;现场、物品、痕迹等是否伪造、有无破坏;人身特征、伤害情况、生理状态有无伪装或者变化等。③补充进行勘验、检查的,是否说明了再次勘验、检查的缘由,前后勘验、检查的情况是否矛盾。勘验、检查笔录存在明显不符合法律、有关规定的情形,不能作出合理解释的,不得作为定案的根据。

(2)辨认笔录的审查重点

对辨认笔录应当着重审查辨认的过程、方法,以及辨认笔录的制作是否符合有关规定。辨认笔录具有下列情形之一的,不得作为定案的根据:①辨认不是在调查人员、侦查人员的主持下进行的;②辨认前使辨认人见到辨认对象的;③辨认活动没有个别进行的;④辨认对象没有混杂在具有类似特征的其他对象中,或者供辨认的对象数量不符合规定的;⑤辨认中给辨认人明显暗示或者明显有指认嫌疑的;⑥违反有关规定,不能确定辨认笔录真实性的其他情形。

(3)侦查实验笔录的审查重点

对侦查实验笔录应当着重审查实验的过程、方法,以及笔录的制作是否符合有关规定。侦查实验的条件与事件发生时的条件有明显差异,或者存在影响实验结论科学性的其他情形的,侦查实验笔录不得作为定案的根据。

7. 视听资料

视听资料是指以录音、录像、光盘和电子计算机及其他科学技术设备储存的电子音像信息证明案件事实的证据,如犯罪现场的监控录像、执法记录仪所记载的税务检查过程的视听资料等。侦查人员在办案过程中为了固定证据进行的录音、录像所形成的音像资料,不是视听资料,而属于勘验、检查笔录。

视听资料可以直接、形象地反映案件事实的发生过程,同时具有证人证言、当事人陈述、书证和物证的部分特征,在证据的审查判断过程中可以作为直接证据使用。但随着科技的不断发展,视听资料能够通过模仿、消磁、剪辑、叠影等方式被伪造和改变,因此必须经过查证属实才能作为证据使用。

(1)视听资料的审查重点

对视听资料应当着重审查以下内容:①是否附有提取过程的说明,来源是否合法。②是否为原件,有无复制及复制份数;是复制件的,是否附有无法调取原件的原因、复制件制作过程和原件存放地点的说明;制作人、原视听资料持有人是否签名。③制作过程中是否存在威胁、引诱当事人等违反法律、有关规定的情形。④是否写明制作人、持有人的身份,制作的时间、地点、条件和方法。⑤内容和制作过程是否真实,有无剪辑、增加、删改等情形。⑥内容与案件事实有无关联。对视听资料有疑问的,应当进行鉴定。

此外,对视听资料还应当审查是否移送文字抄清材料以及对绰号、暗语、俗语、方言等不易理解内容的说明。未移送的,必要时,可以要求检察院移送。

(2)视听资料不得作为定案根据的情形

视听资料具有下列情形之一的,不得作为定案的根据:①系篡改、伪造或者无法确定真伪的;②制作、取得的时间、地点、方式等有疑问,不能作出合理解释的。

8. 电子数据

电子数据是指基于计算机应用、通信和现代管理技术等电子化技术手段形成的包括文字、图形符号、数字、字母等信息的客观资料。

根据《关于办理刑事案件收集提取和审查判断电子数据若干问题的规定》第 1 条的规定,电子数据是案件发生过程中形成的,以数字化形式存储、处理、传输的,能够证明案件事实的数据,包括但不限于下列信息、电子文件:(1)网页、博客、微博客、朋友圈、贴吧、网盘等网络平台发布的信息;(2)手机短信、电子邮件、即时通信、通信群组等网络应用服务的通信信息;(3)用户注册信息、身份认证信息、电子交易记录、通信记录、登录日志等信息;(4)文档、图片、音视频、数字证书、计算机程序等电子文件。以数字化形式记载的证人证言、被害人陈述以及犯罪嫌疑人、被告人供述和辩解等证据,不属于电子数据。确有必要的,对相关证据的收集、提取、移送、审查,可以参照适用该规定。

在涉税犯罪中,常见的电子数据包括:电子邮件、电子合同、电子发票、电子账册、电子交易记录、电子文档、单位内部的电子信息资料、微信聊天记录等。

(1)电子数据审查的基本要求

根据《关于办理刑事案件收集提取和审查判断电子数据若干问题的规定》第 2 条的规定,侦查机关应当遵守法定程序,遵循有关技术标准,全面、客观、及时地收集、提取电子数据;检察院、法院应当围绕真实性、合法性、关联性审查判断电子数据。因此,电子数据应围绕真实性、合法性、关联性予以审查。

(2)电子数据真实性的审查

对电子数据是否真实,应当着重审查以下内容:①是否移送原始存储介质;在原始存储介质无法封存、不便移动时,有无说明原因,并注明收集、提取过程及原始存储介质的存放地点或者电子数据的来源等情况。②是否具有数字签名、数字证书等特殊标识。③收集、提取的过程是否可以重现。④如有增加、删除、修改等情形的,是否附有说明。⑤完整性是否可以保证。

对电子数据是否完整,应当根据保护电子数据完整性的相应方法进行审查、验证:①审查原始存储介质的扣押、封存状态;②审查电子数据的收集、提取过程,查看录像;③比对电子数据完整性校验值;④与备份的电子数据进行比较;⑤审查冻结后的访问操作日志;⑥其他方法。

(3)电子数据合法性的审查

对收集、提取电子数据是否合法,应当着重审查以下内容:①收集、提取电子数据是否由二名以上调查人员、侦查人员进行,取证方法是否符合相关技术标准。②收集、提取电子数据,是否附有笔录、清单,并经调查人员、侦查人员、电子数据持有人、提供人、见证人签名或者盖章;没有签名或者盖章的,是否注明原因;对电子数据的类别、文件格式等是否注明清楚。③是否依照有关规定由符合条件的人员担任见证人,是否对相关活动进行录像。④采用技术调查、侦查措施收集、提取电子数据的,是否依法经过严格的批准手续。⑤进行电子数据检查的,检查程序是否符合有关规定。

此外,对电子数据,还应当审查是否移送文字抄清材料以及对绰号、暗语、俗语、方言等不易理解内容的说明。未移送的,必要时,可以要求检察院移送。

(4)电子数据关联性的审查

对于电子数据的关联性,可以从主体关联、行为关联、结果关联和逻辑关联四个方面进行审查:①主体关联,即电子数据与犯罪嫌疑人之间的联系,可以着重审查电子设备是否归属于嫌疑人(如 IMEI 号、MAC 地址、数字证书绑定);账号是否由嫌疑人实际控制(如登录 IP、生物特征验证记录、账号权限)。②行为关联,即电子数据反映犯罪行为,可以着重审查数据是否直接记录犯罪行为(如聊天记录中的虚开增值税专用发票的指令、转账记录中的资金回流路径);数据操作时间是否与犯罪时间重合(如服务器日志显示数据篡改时段)。③结果关联,即电子数据导致犯罪后果,可以着重审查数据是否直接导致危害结果(如从开票系统导出虚开发票的价税合计金额,扣除已申报抵扣部分，计算国家税款损失）；损失金额是否与电子数据记录匹配（如比对外贸企业的出口报关单、外汇收汇记录与增值税专用发票是否虚假对应）。④逻辑关联，即构建完整证据链，可以着重审查多源电子数据能否相互印证（如聊天记录、转账记录、物流信息形成闭环）；电子数据与传统证据（如物证、证人证言等）是否相互印证。

（5）电子数据不得作为定案根据的情形

电子数据具有下列情形之一的，不得作为定案的根据：①系篡改、伪造或者无法确定真伪的；②有增加、删除、修改等情形，影响电子数据真实性的；③其他无法保证电子数据真实性的情形。

（6）电子数据收集、提取程序的瑕疵补救

电子数据的收集、提取程序有下列瑕疵，经补正或者作出合理解释的，可以采用，不能补正或者作出合理解释的，不得作为定案的根据：①未以封存状态移送的；②笔录或者清单上没有调查人员或者侦查人员、电子数据持有人、提供人、见证人的签名或者盖章的；③对电子数据的名称、类别、格式等注明不清的；④有其他瑕疵的。

第三节　刑事辩护与定罪量刑

在涉税刑事案件的辩护过程与定罪量刑过程中，律师需要全面而细致地审视和应对各种法律和事实问题，以确保犯罪嫌疑人、被告人的合法权益得到充分保障。具体而言，律师需要特别关注以下几个关键问题：证据的合法性和充分性、犯罪嫌疑人或被告人的主观故意、罪与非罪的界限、量刑情节的辨别以及法律适用的准确性。本部分将对这些关键问题进行详细论述，深入探讨律师在辩护过程中的策略与方法，以展示在涉税刑事案件中进行有效辩护的要点和技巧。

一、证据的合法性和充分性

证据的合法性和充分性是刑事辩护的基础。涉税案件的证据往往比较多，其中会涉及具体的会计凭证、会计报表、银行流水、发票、单据等，具有很强的专业性，律师必须对控方提供的每一份证据进行严格审查，确保其在获取、保存和使用过程中符合法律规定,避免非法证据被采纳。在合议庭看来,税务机关应当是税务专家,如果其作出的处理决定或程序规范被质疑,将极大影响税务文书类证据的证据效力。同时,律师在条件允许的情况下应积极收集对犯罪嫌疑人、被告人有利的证据,形成完整的证据链,以此证明犯罪嫌疑人、被告人无罪或罪轻。

(一)证据合法性的审查

证据合法性是刑事辩护中最基本的要求,只有符合法律规定的取证程序和形式的证据才能被法庭采纳。根据《刑事诉讼法》第 50 条第 3 款的规定,证据必须经过查证属实,才能作为定案的根据。具体体现在证据的主体、证据的形式、证据的收集程序以及证据的收集方法或提取手段必须符合有关法律的规定。

证据合法性审查的一个重要方面是证据收集的程序。证据必须按照法律规定的程序收集,否则可能被视为非法证据,税务机关和公安机关一般在证据收集的程序方面比较注意,但在某些案件中,由于办案人员的个人素质问题,也可能会出现非法证据的情况。例如,税务机关通过非法手段获取了被告公司的账簿并移交给了公安机关,该账簿就可能被认定为非法证据。在实践中,律师需要仔细审查证据的来源和收集过程,不仅包括在公安机关获得证据的程序,还包括税务机关移送的证据的取得程序,确保其合法性。在辩护过程中,律师可以提出证据非法性异议,通过法院的司法程序来排除该证据。

此外,根据《刑事诉讼法司法解释》第 4 章第 9 节关于非法证据排除的有关规定,辩护人在案件处理过程中对于非法取得的证据应当及时提出异议申请排除。及时提出证据合法性异议是律师辩护的关键策略之一。

(二)证据充分性的确认

证据的充分性不仅要求证据数量的充足,还要求证据之间的逻辑关联性和完整性。律师应当确保控方提供的证据能够形成完整的证据链,能够排除合理怀疑,证明犯罪嫌疑人、被告人构成犯罪。

在实践中,律师需要对每一份证据进行详细审查,评估其证明力和关联性。在税务刑事案件中,税务机关可能提供大量的财务凭证和账簿作为证据，律师需要通过审计和专业分析，评估这些证据是否足以证明犯罪嫌疑人、被告人存在涉税犯罪行为。如果证据链断裂或逻辑不完整，律师可以据此提出证据不足的辩护意见。同时，律师应该关注税务机关或司法机关在调查过程中是否存在因执法思路和习惯等而“选择性”取证的情形，即只选择对不利于犯罪嫌疑人、被告人的证据进行取证，而忽略或排斥有利于犯罪嫌疑人、被告人的证据。这种做法会导致证据失衡，使得案件事实不能得到全面、客观的反映。

比如在虚开增值税专用发票案件中，税务机关和侦查机关有时仅调查涉案企业与其上游供货商之间的交易，来认定该企业存在虚开发票行为。然而，辩护律师可以通过深入调查，来发现该企业的下游客户之间的相应的购销记录，及相关发票、入账报税情况，以此来证明税务机关和侦查机关的调查割裂了整个交易链条，忽略了下游环节的真实交易情况，导致证据不全面、不充分。在很多案件中，经常发生税务机关和侦查机关提供的银行流水证据不齐全的情况（如未覆盖所有交易对手方、涉嫌犯罪的交易期间等），导致认定的犯罪金额不准确。在交易链条被割裂的情况下，律师可以通过自行补充证据，或提请法院要求侦查机关补充侦查的方式，查清全部事实，来维护犯罪嫌疑人、被告人的合法权益。

二、犯罪嫌疑人、被告人的主观故意

（一）主观故意的认定

在涉税刑事案件中，主观故意的认定是决定案件性质的关键因素之一。根据《刑法》分则第 3 章第 6 节危害税收征管类犯罪的相关规定，相关罪名的成立要求行为人具有主观故意。在法律上，犯罪故意是构成犯罪的主观要件之一，要求行为人明知自己的行为会发生危害社会的结果，并且希望或者放任这种结果的发生。律师在辩护中应当重点论证犯罪嫌疑人、被告人是否具有逃税、骗税等主观故意。

在实践中，主观故意的认定往往需要结合犯罪嫌疑人、被告人的言行和心理状态进行综合分析。以逃税案件为例，在税务申报过程中，若犯罪嫌疑人、被告人隐瞒收入或虚报支出，则通常可以认定其具有逃税的故意。反之，如果犯罪嫌疑人、被告人只是因为对税法理解错误而申报不实，则律师可以据此为其进行无罪或从轻辩护。如果以“不申报”方式[1]逃税，则应以行为人主观上明知应申报纳税而故意不申报为前提。

（二）故意与过失的区分

故意与过失的区分在刑罚上有显著差异。律师应当在辩护过程中，明确指出犯罪嫌疑人、被告人的行为是由于过失而非故意，从而争取减轻或免除刑罚。例如，根据《危害税收征管刑事案件解释》第 7 条的规定，骗取出口退税罪要求行为人主观上具有骗取国家税款的故意。该司法解释第 10 条第 2 款规定，为虚增业绩、融资、贷款等不以骗抵税款为目的，没有因抵扣造成税款被骗损失的，不以该罪论处，构成其他犯罪的，依法以其他犯罪追究刑事责任。最高人民法院于 2018 年 12 月发布《人民法院充分发挥审判职能作用保护产权和企业家合法权益典型案例（第二批）》，在其中的张某强虚开增值税专用发票案中，最高人民法院认为，被告人张某强以其他单位名义对外签订销售合同，由该单位收取货款、开具增值税专用发票，不具有骗取国家税款的目的，未造成国家税款损失，其行为不构成虚开增值税专用发票罪。由此可见，虚开增值税专用发票罪也要求行为人具有骗抵税款的主观故意。在辩护中，律师应当着重证明犯罪嫌疑人、被告人没有逃税、骗税等主观故意，而是对税法的理解出现偏差或其他客观原因导致的过失行为。

在实践中，律师可以通过多种方式证明犯罪嫌疑人、被告人行为的过失性。例如，通过提供专业税务咨询意见或专家证词，证明犯罪嫌疑人、被告人在税务申报过程中存在理解偏差，而非故意逃税或者骗税。此外，还可以通过调取犯罪嫌疑人、被告人的业务记录和沟通记录，证明其在涉税事项上的操作是依据合理的商业判断，而非主观故意。

---

〔1〕 最高人民法院、最高人民检察院于 2024 年 3 月 15 日联合印发的《危害税收征管刑事案件解释》第 1 条第 2 款规定了三种可认定为纳税人明知应当申报而不申报的情形：（1）依法在登记机关办理设立登记的纳税人，发生应税行为而不申报纳税的；（2）依法不需要在登记机关办理设立登记或者未依法办理设立登记的纳税人，发生应税行为，经税务机关依法通知其申报而不申报纳税的；（3）其他明知应当依法申报纳税而不申报纳税的。

三、罪与非罪的界限

（一）行为的合法性与犯罪性的界定

在涉税刑事案件中，行为的合法性与违法性的界定是辩护的重点。行为人为了实现合理商业目的，通过选择民事法律行为或法律形式来让应当进行的税务处理合法且对自己有利，这是税务筹划。律师应当通过详细分析犯罪嫌疑人、被告人的行为，证明其行为属于合法的纳税筹划，而非属于逃税等违法行为。

在实际操作中，纳税筹划和逃税之间的界限有时较为模糊。律师需要通过具体案例和法律解释，证明犯罪嫌疑人、被告人的行为具有合理性，属于合理的纳税筹划，或即使税务机关不认为其具有合理商业目的，也应当只是进行反避税，无须上升到用刑法来进行规制的地步。例如，可以通过引用公开的国内外税务筹划的成功案例，来证明类似行为在合理范围内，并不构成犯罪。

（二）行为社会危害性的判断

律师应当论证犯罪嫌疑人、被告人的行为社会危害性较小，不构成犯罪。根据《刑法》第 13 条以及最高人民检察院于 2021 年 11 月 29 日发布的《关于印发检察机关贯彻少捕慎诉慎押刑事司法政策典型案例（第一批）的通知》，社会危害性是犯罪行为的本质特征，也是认定犯罪的重要因素。

在实践中，社会危害性的判断需要综合考虑行为的后果、影响范围和犯罪嫌疑人、被告人的主观恶性。例如，如果犯罪嫌疑人、被告人的逃税行为涉及金额较小，对国家税收秩序和公共利益影响有限，律师可以据此主张其行为社会危害性较小，不构成犯罪。此外，律师还可以通过举证犯罪嫌疑人、被告人的平时表现和社会贡献，论证其行为的偶然性和非恶意性，或者可以举证犯罪嫌疑人、被告人的行为并未造成国家税款损失，不具备犯罪构成要件。

四、量刑情节的辨别

（一）从重情节的排除

律师应当通过证据和法律论证，排除控方提出的从重处罚情节，如涉案数额的认定、主观恶性的辩护等。在实际操作中，从重情节的排除需要律师进行详细的证据审查和事实调查。例如，在涉税案件中，控方可能会从重计算涉案数额以寻求从重处罚，律师需要通过专业的财务审计和账目分析，证明实际涉案数额较小，争取减轻处罚。此外，律师还可以通过分析犯罪嫌疑人、被告人的行为动机和背景，证明其主观恶性不大，从而排除从重情节。

（二）从轻情节的争取

律师应当积极争取从轻或减轻处罚的情节，如自首、立功、退缴赃款等。根据《刑法》第 67 条和第 68 条的规定，自首和立功可以从轻或减轻处罚。

在实践中，从轻情节的争取需要律师积极主动地与司法机关沟通，并提供充分的证据支持。例如，犯罪嫌疑人、被告人如果主动退缴赃款并积极配合调查，律师可以通过提交退缴款项的证明文件和相关证言，证明其悔罪态度和积极改过的行为。此外，律师还可以通过调取犯罪嫌疑人、被告人的自首材料和立功证据，争取从轻或减轻处罚。在骗税案中，犯罪嫌疑人、被告人在具有经济基础的前提下，可以主动退缴全部赃款并协助调查，据此来争取减轻处罚。

五、法律适用的准确性

（一）法律条文的正确解释

律师应当对法律条文进行正确解释，提出有利于犯罪嫌疑人、被告人的法律适用意见。例如，逃税罪与虚开增值税专用发票罪的区分。法律适用的准确性直接影响案件的裁判结果，律师应通过合理解释法律条文，为犯罪嫌疑人、被告人争取有利判决。

在实践中，律师需要对相关法律条文和司法解释进行深入研究，准确把握法律的适用范围和条件。例如，在逃税案件中，逃税罪与虚开增值税专用发票罪的界限较为模糊，虚开增值税专用发票罪的起刑和最高刑明显都要高于逃税罪，且逃税罪还存在补税不追究刑事责任的情形，律师需要通过详细分析案件事实和法律条文，提出有利于犯罪嫌疑人、被告人的解释，使之尽可能地被认定为逃税罪而非虚开增值税专用发票罪。此外，律师还可以通过引用最高人民法院的司法解释、人民法院案例库的案例和最高人民法院发布的指导性案例及当地法院的过往判决，支持自己的法律观点。

（二）类似案例的引用

律师应当引用类似案件的判决作为参考，争取有利于犯罪嫌疑人、被告人的判决结果。例如，人民法院案例库的案例和最高人民法院发布的指导性案例，对下级法院具有重要参考价值。当地法院的过往判决虽然没有明确的法律引用的效力，但对当地法院的判决具有重要的参考价值，律师在办理过程中要注意收集对犯罪嫌疑人、被告人有利的相关判决。

引用类似案例需要律师进行详尽的法律研究和案例分析。例如，通过检索和分析人民法院案例库的案例、最高人民法院发布的指导性案例、地方法院的类似案例及过往判决等，找到与犯罪嫌疑人、被告人案件情节相似的案例，并通过详细比较，论证犯罪嫌疑人、被告人案件中应适用相同的法律解释和裁判结果。此外，在新型涉税犯罪或者具有较大争议的涉税案件中，律师还可以通过引用国内外相关案例和学术著作，进行多角度的说理和论证，增强辩护的说服力。

六、辩护策略的综合运用

（一）多角度辩护策略的运用

在实际辩护中，律师需要综合运用多种辩护策略，从多个角度提出辩护意见。例如，在证据合法性和充分性、主观故意的认定、行为合法性与社会危害性、量刑情节和法律适用等方面，律师应通过详细的证据分析、法律解释和案例引用，提出全面的辩护意见。

律师可以通过详细分析税务机关和侦查机关的取证程序，提出证据非法性异议；可以通过调查取证，证明犯罪嫌疑人、被告人缺乏主观故意；可以通过引用国内外相关案例，证明犯罪嫌疑人、被告人的行为属于合法的纳税筹划；可以通过提供犯罪嫌疑人、被告人的自首和退缴赃款证据，争取从轻处罚。由法院综合考虑各方面因素，来判决犯罪嫌疑人、被告人无罪或从轻处理。通过综合运用多种辩护策略，律师可以有效增强辩护的说服力，为犯罪嫌疑人、被告人争取有利的判决结果。

（二）诉讼技巧的应用

在辩护过程中，律师需要掌握和运用各种诉讼技巧，如证据的质证技巧、法庭辩论技巧和沟通谈判技巧等。通过运用这些技巧，律师可以有效提升辩护效果，增强法庭说服力。但是，律师要避免使用一些过激的诉讼技巧，如否认基本的事实、无任何理由申请回避、没有必要的冗长发言等，这些不仅阻碍正常法庭秩序，往往也不能达到较好的辩护效果。

在庭审过程中，律师可以通过细致的证据质证，揭示控方证据中的漏洞和矛盾；可以通过精确的法律论证和案例引用，提出有力的法律适用意见；可以通过与法官和检察官的沟通谈判，争取有利的处理结果。通过娴熟运用诉讼技巧，律师可以有效提升辩护效果，争取有利裁判结果。

综上，涉税刑事案件的辩护与定罪量刑是一个复杂而严谨的过程，涉及证据的合法性和充分性、犯罪嫌疑人或被告人的主观故意、罪与非罪的界限、量刑情节的辨别以及法律适用的准确性等多个方面。另外，涉税刑事案件一般具有较强的专业性，检察官、法官在这方面的知识可能存在欠缺。因此，律师在辩护过程中，要在专业的税务知识基础上，通过详尽的证据分析、法律解释、案例引用和诉讼技巧的运用，提出全面而有力的辩护意见，最大限度地维护犯罪嫌疑人、被告人的合法权益。通过不断提升专业素养和实践经验，律师可以在涉税刑事案件的辩护中发挥更加重要的作用，为实现公正司法贡献力量。

第二部分 税款类犯罪案件实务与探索

税收作为现代国家财政收入的重要来源，对于维护国家稳定、促进社会发展具有不可或缺的作用。然而，在税收征管过程中，危害税收征管的涉税犯罪[1]一直是一个不容忽视的问题。此类犯罪不仅损害了国家税收的公平性和效率性，也严重破坏了市场经济秩序和公平竞争环境。因此，对此类犯罪的法律规制和打击，一直是各国法律体系中不可或缺的一环。由于危害税收征管的涉税犯罪表述中的"危害税收征管"过于抽象，为了便于实务中使用和简单明了地表述此类犯罪，本书使用"税款类犯罪"称谓。

税款类犯罪包括逃税罪、抗税罪、逃避追缴欠税罪和骗取出口退税罪。本章将重点围绕税款类犯罪的历史沿革、相关法律规定以及实务判例等进行梳理和分析。通过对税款类犯罪的法律制度以及实务判例的深入剖析，加深对税款类犯罪法律规制的理解，为办理相关案件提供参考。

---

〔1〕 危害税收征管的涉税犯罪的具体罪名包括逃税罪、抗税罪、逃避追缴欠税罪、骗取出口退税罪以及走私普通货物、物品罪（详见本书第一章第一节"涉税犯罪的种类"之相关内容）。由于逃税罪、抗税罪、逃避追缴欠税罪、骗取出口退税罪的侦查机关为公安机关经济犯罪侦查局，而走私普通货物、物品罪的侦查机关为海关总署缉私局，二者立案管辖机关有所不同，为行文方便，本书第二部分所述"危害税收征管的涉税犯罪"及"税款类犯罪"，均指逃税罪、抗税罪、逃避追缴欠税罪和骗取出口退税罪，不含走私普通货物、物品罪。有关走私普通货物、物品罪的内容放在本书第四部分第十二章介绍。

第四章 逃税罪

逃税罪系规定于我国《刑法》分则第3章第6节“危害税收征管罪”的第一个罪名，是指采取欺骗、隐瞒手段进行虚假纳税申报或者不申报，逃避缴纳税款，情节严重的行为。逃税罪是涉税犯罪中最古老、最常见、最典型，也是发案率高、涉及面广的犯罪，对国家税收征管制度和财产权益造成极大破坏，历来是我国刑法打击的重点涉税犯罪之一。逃税不仅涉及刑事责任还涉及行政责任，从行政法角度看，逃税谓之偷税，这也是在《刑法修正案(七)》出台之前逃税罪被称为偷税罪的原因之一。本章主要介绍逃税罪的概念及构成要件，明确其法律内涵和适用范围，探讨逃税罪在司法裁判中的现状，并结合典型案例对逃税罪的常见问题与实务进行探讨，以期为解决实际问题提供有益参考。

第一节　历史沿革与现状

一、逃税罪的历史沿革

逃税罪的历史沿革与中国税收制度变迁和社会经济发展密切相关，随着中国税收制度的逐步健全和完善而不断演变。从古代简单的人头税和财产税，到近代逐渐引入的财产税和所得税，税收体系日趋复杂。与此同时，逃税现象始终存在，成为税收征管领域的一大难题。逃税罪作为对这一现象的法律回应,在中国税收法律制度的演变中逐步成形和完善。

(一)偷税罪在法律体系中的确立

中华人民共和国成立初期,我国实施的一些行政法规有偷税抗税情形严重的应送法院处理的规定。例如,1950 年的《货物税暂行条例》(已失效)、1958 年的《工商统一税条例施行细则(草案)》(已失效)和《农业税条例》(已失效)都有类似规定。当时的一些刑法草案中也有逃税罪的规定,如 1957 年的《刑法(草案)》(第 22 稿)在第 137 条规定"违反税收法规,偷税漏税,情节严重的,处 3 年以下有期徒刑或拘役,可以并处或单处 5 千元以下罚金"。

对偷税罪的正式刑事立法是 1979 年的《刑法》。当时计划经济条件下经济发展不活跃,刑法对偷税罪采取了简单罪状的立法方法,体现在 1979 年《刑法》第 121 条。该条规定:"违反税收法规,偷税、抗税,情节严重的,除按照税收法规补税并且可以罚款外,对直接责任人员,处三年以下有期徒刑或者拘役。"其规定了对偷税、抗税行为的处罚措施,内容虽然过于笼统、不便操作,但为打击逃税行为提供了法律依据,也为后来的法律修订奠定了基础。1992 年 3 月 16 日最高人民法院、最高人民检察院颁布了《关于办理偷税、抗税刑事案件具体应用法律的若干问题的解释》(已失效),对逃税罪和抗税罪作了较为详细的解释。同年 9 月 4 日全国人大常委会颁布了《偷税、抗税的补充规定》(已失效),对 1979 年《刑法》第 121 条作了比较具体的补充规定。其中,就偷税罪明确了偷税的概念与《税收征收管理法》规定的偷税概念一致,体现了立法的协调性;界定了偷税罪的标准,提高了最高法定刑期,由 3 年有期徒刑提升到了 7 年有期徒刑;规定了单位犯罪,扩大了偷税罪的犯罪主体范围;设置了罚金刑,对单位犯罪规定了两罚制。

随着改革开放的深入和市场经济的发展,我国的税收制度经历了重大变革。1997 年我国对《刑法》进行了全面修订,偷税罪的相关规定被调整至第 201 条并吸收了《偷税、抗税的补充规定》(已失效)第 1 条的内容。1997 年《刑法》对偷税罪的构成及其处罚作了进一步的修改和完善,第 201 条规定的具体内容为:

"纳税人采取伪造、变造、隐匿、擅自销毁帐簿、记帐凭证,在帐簿上多列支出或者不列、少列收入,经税务机关通知申报而拒不申报或者进行虚假的纳税申报的手段,不缴或者少缴应纳税款,偷税数额占应纳税额的百分之十以上不满百分之三十并且偷税数额在一万元以上不满十万元的,或者因偷税被税务机关给予二次行政处罚又偷税的,处三年以下有期徒刑或者拘役,并处偷税数额一倍以上五倍以下罚金;偷税数额占应纳税额的百分之三十以上并且偷税数额在十万元以上的,处三年以上七年以下有期徒刑,并处偷税数额一倍以上五倍以下罚金。扣缴义务人采取前款所列手段,不缴或者少缴已扣、已收税款,数额占应缴税额的百分之十以上并且数额在一万元以上的,依照前款的规定处罚。对多次犯有前两款行为,未经处理的,按照累计数额计算。”

该条沿用偷税的概念并吸收《偷税、抗税的补充规定》(已失效)的内容,基本适应了社会主义市场经济条件下打击偷税犯罪的需要。最高人民法院《关于执行〈中华人民共和国刑法〉确定罪名的规定》(已被修改)根据1997年《刑法》第201条规定了“偷税罪”罪名。但是,1997年《刑法》第201条规定了“数额加比例”的内容,造成符合数额却不符合比例,或符合比例又不符合数额的法律漏洞。为依法惩处偷税、抗税犯罪活动,根据《刑法》的有关规定,2002年11月5日最高人民法院发布了《关于审理偷税抗税刑事案件具体应用法律若干问题的解释》(已失效,以下简称《审理偷税抗税刑事案件司法解释》),对偷税的手段、偷税数额、首违不追究刑事责任的例外等进行了规定,该司法解释对偷税刑事案件的办理发挥了重要指导作用。

(二)偷税罪到逃税罪的变化之《刑法修正案(七)》的修改

进入21世纪后,中国经济持续高速增长,税收制度面临进一步改革和完善的压力。为了适应这一形势,2009年全国人大常委会通过了《刑法修正案(七)》,其中第3条对偷税罪进行了重大修改,将罪名修改为逃税罪,并对犯罪构成要件、处罚措施等方面进行了全面调整。这次修改标志着逃税罪在法律体系中进入了新的阶段。修改后的《刑法》第201条规定:

“纳税人采取欺骗、隐瞒手段进行虚假纳税申报或者不申报,逃避缴纳税款数额较大并且占应纳税额百分之十以上的,处三年以下有期徒刑或者拘役,并处罚金;数额巨大并且占应纳税额百分之三十以上的,处三年以上七年以下有期徒刑,并处罚金。扣缴义务人采取前款所列手段,不缴或者少缴已扣、已收税款,数额较大的,依照前款的规定处罚。对多次实施前两款行为,未经处理的,按照累计数额计算。有第一款行为,经税务机关依法下达追缴通知后,补缴应纳税款,缴纳滞纳金,已受行政处罚的,不予追究刑事责任;但是,五年内因逃避缴纳税款受过刑事处罚或者被税务机关给予二次以上行政处罚的除外。"

具体来说,《刑法修正案(七)》对《刑法》第 201 条的修改主要体现在以下几个方面。

(1)罪名变更。将"偷税"一词改为"逃避缴纳税款",罪名由偷税罪改为逃税罪。对于修改的原因,一般认为纳税人逃避纳税义务,本质上是逃避义务的行为,而不是积极地窃取财产的偷窃行为,这一修改更加准确地反映了犯罪行为的本质。

(2)增加犯罪阻却条款。主要体现在第 4 款的内容,增加的原因主要是考虑到打击偷逃税的目的是维护税收征管秩序,保证国家税收收入,对于初犯,经税务机关指出后积极补缴税款和滞纳金,接受了行政处罚的,可不再作为犯罪追究刑事责任,体现了刑事法律的宽严相济原则。

(3)罪状叙述的概括化。将罪状叙述从列举式改为概括式,即将逃税的手段概括规定为"纳税人采取欺骗、隐瞒手段进行虚假纳税申报或者不申报",增强了法律的适用性和灵活性。

(4)入罪数额的调整。废止逃税罪入罪的具体数额,从具体数额改为抽象数额,代之以"数额较大""数额巨大",有待于以后根据形势的发展由司法解释对数额作出规定,使法律更加符合实际情况。

(5)罚金制度的改革。取消了罚金的上下限"并处偷税数额一倍以上五倍以下"的规定,仅简单规定并处罚金,使处罚更加合理。

(6)扣缴义务人入罪标准的调整。取消了比例标准,扣缴义务人偷逃已收已扣的税款金额只要达到规定的数额,就应刑事立案追诉,使法律更加公平合理。

二、逃税罪的现状

在行刑衔接方面,《税收征收管理法》第 63 条规定:"纳税人伪造、变造、隐匿、擅自销毁帐簿、记帐凭证,或者在帐簿上多列支出或者不列、少列收入,或者经税务机关通知申报而拒不申报或者进行虚假的纳税申报,不缴或者少缴应纳税款的,是偷税。对纳税人偷税的,由税务机关追缴其不缴或者少缴的税款、滞纳金,并处不缴或者少缴的税款百分之五十以上五倍以下的罚款;构成犯罪的,依法追究刑事责任。扣缴义务人采取前款所列手段,不缴或者少缴已扣、已收税款,由税务机关追缴其不缴或者少缴的税款、滞纳金,并处不缴或者少缴的税款百分之五十以上五倍以下的罚款;构成犯罪的,依法追究刑事责任。”这是行政法层面对偷税行为构成犯罪应当依法追究刑事责任的规定。

刑法方面,经《刑法修正案(七)》修改后的《刑法》第 201 条有关逃税罪的规定一直沿用至今。随着税制改革不断深化,刑法规定不断完善,原有的涉税司法解释已经无法满足惩治危害税收征管犯罪活动的要求,实践中危害税收征管犯罪也出现了新变化,执法司法中关于法律适用问题的争议时有发生,为了依法惩治危害税收征管犯罪,有效解决司法实践中的难题,最高人民法院、最高人民检察院于 2024 年 3 月 15 日发布了《危害税收征管刑事案件解释》。该解释在 1996 年 10 月发布的《关于适用〈全国人民代表大会常务委员会关于惩治虚开、伪造和非法出售增值税专用发票犯罪的决定〉的若干问题的解释》(已失效,以下简称《惩治增值税专用发票犯罪决定的解释》)、2002 年 9 月发布的最高人民法院《关于审理骗取出口退税刑事案件具体应用法律若干问题的解释》(已失效,以下简称《审理骗取出口退税刑事案件司法解释》)、2002 年 11 月发布的《审理偷税抗税刑事案件司法解释》的基础上,依照《刑法》《刑事诉讼法》的有关规定,针对当前办案实践中反映的突出问题,对危害税收征管犯罪的定罪量刑和有关法律适用问题作了全面系统的规定。其中,第 1 条至第 4 条对《刑法》第 201 条逃税罪的行为方式、定罪量刑数额标准、不予追究刑事责任的情形以及认定逃税罪逃税数额和逃税比例的计算依据进行了规定,具体如下。

第 1 条规定:“纳税人进行虚假纳税申报,具有下列情形之一的,应当认定为刑法第二百零一条第一款规定的‘欺骗、隐瞒手段’:(一)伪造、变造、转移、隐匿、擅自销毁账簿、记账凭证或者其他涉税资料的;(二)以签订‘阴阳合同’等形式隐匿或者以他人名义分解收入、财产的;(三)虚列支出、虚抵进项税额或者虚报专项附加扣除的;(四)提供虚假材料,骗取税收优惠的;(五)编造虚假计税依据的;(六)为不缴、少缴税款而采取的其他欺骗、隐瞒手段。具有下列情形之一的,应当认定为刑法第二百零一条第一款规定的‘不申报’:(一)依法在登记机关办理设立登记的纳税人,发生应税行为而不申报纳税的;(二)依法不需要在登记机关办理设立登记或者未依法办理设立登记的纳税人,发生应税行为,经税务机关依法通知其申报而不申报纳税的;(三)其他明知应当依法申报纳税而不申报纳税的。扣缴义务人采取第一、二款所列手段,不缴或者少缴已扣、已收税款,数额较大的,依照刑法第二百零一条第一款的规定定罪处罚。扣缴义务人承诺为纳税人代付税款,在其向纳税人支付税后所得时,应当认定扣缴义务人'已扣、已收税款'。"

第 2 条规定:"纳税人逃避缴纳税款十万元以上、五十万元以上的,应当分别认定为刑法第二百零一条第一款规定的'数额较大'、'数额巨大'。扣缴义务人不缴或者少缴已扣、已收税款'数额较大'、'数额巨大'的认定标准,依照前款规定。"

第 3 条规定:"纳税人有刑法第二百零一条第一款规定的逃避缴纳税款行为,在公安机关立案前,经税务机关依法下达追缴通知后,在规定的期限或者批准延缓、分期缴纳的期限内足额补缴应纳税款,缴纳滞纳金,并全部履行税务机关作出的行政处罚决定的,不予追究刑事责任。但是,五年内因逃避缴纳税款受过刑事处罚或者被税务机关给予二次以上行政处罚的除外。纳税人有逃避缴纳税款行为,税务机关没有依法下达追缴通知的,依法不予追究刑事责任。"

第 4 条规定:"刑法第二百零一条第一款规定的'逃避缴纳税款数额',是指在确定的纳税期间,不缴或者少缴税务机关负责征收的各税种税款的总额。刑法第二百零一条第一款规定的'应纳税额',是指应税行为发生年度内依照税收法律、行政法规规定应当缴纳的税额,不包括海关代征的增值税、关税等及纳税人依法预缴的税额。刑法第二百零一条第一款规定的'逃避缴纳税款数额占应纳税额的百分比',是指行为人在一个纳税年度中的各税种逃税总额与该纳税年度应纳税总额的比例;不按纳税年度确定纳税期的,按照最后一次逃税行为发生之日前一年中各税种逃税总额与该年应纳税总额的比例确定。纳税义务存续期间不足一个纳税年度的,按照各税种逃税总额与实际发生纳税义务期间应纳税总额的比例确定。逃税行为跨越若干个纳税年度,只要其中一个纳税年度的逃税数额及百分比达到刑法第二百零一条第一款规定的标准,即构成逃税罪。各纳税年度的逃税数额应当累计计算,逃税额占应纳税额百分比应当按照各逃税年度百分比的最高值确定。刑法第二百零一条第三款规定的'未经处理',包括未经行政处理和刑事处理。”

综上所述，随着税收制度的不断完善和经济发展的需要，逃税罪的法律规定也在不断调整和完善，以应对实践中出现的新变化，解决执法司法中关于法律适用问题的争议，更好地适应社会发展的需要。《危害税收征管刑事案件解释》不仅为司法机关打击逃税行为提供了更为明确的法律依据，也为纳税人提供了更为清晰的法律指引，有助于维护税收秩序和公平正义。

第二节 法律释义与构成要件

一、逃税罪的法律释义

（一）刑法条文

逃税罪规定于《刑法》第 201 条，是指采取欺骗、隐瞒手段进行虚假纳税申报或者不申报，逃避缴纳税款，情节严重的行为。《刑法》第 201 条有 4 款，其中第 1 款规定，犯逃税罪的，数额较大并且占应纳税额 10% 以上的，处 3 年以下有期徒刑或者拘役，并处罚金；数额巨大并且占应纳税额 30% 以上的，处 3 年以上 7 年以下有期徒刑，并处罚金。第 2 款、第 3 款、第 4 款分别规定了扣缴义务人的逃税罪刑事责任、逃税未经处理的累计数额计算，以及逃税初犯免刑的内容。

按照《刑法》第 211 条和第 212 条的规定，单位犯本罪的，对单位判处罚金，并对其直接负责的主管人员和其他直接责任人员，依照上述规定处罚；判处罚金、没收财产的，在执行前，应当先由税务机关追缴税款。

（二）相关释义

根据《刑法》第 201 条和《危害税收征管刑事案件解释》有关逃税罪的规定，现就《刑法》第 201 条逃税罪条文作如下解读。

1. 对“欺骗、隐瞒手段”的理解

《危害税收征管刑事案件解释》第 1 条第 1 款规定，纳税人进行虚假纳税申报，具有下列情形之一的，应当认定为《刑法》第 201 条第 1 款规定的“欺骗、隐瞒手段”：(1)伪造、变造、转移、隐匿、擅自销毁账簿、记账凭证或者其他涉税资料的;(2)以签订“阴阳合同”等形式隐匿或者以他人名义分解收入、财产的;(3)虚列支出、虚抵进项税额或者虚报专项附加扣除的;(4)提供虚假材料,骗取税收优惠的;(5)编造虚假计税依据的;(6)为不缴、少缴税款而采取的其他欺骗、隐瞒手段。

《危害税收征管刑事案件解释》根据税收实践中发现的新情况新问题,结合《税收征收管理法》的规定,采用列举方式对《刑法》第201条规定的“欺骗、隐瞒手段”进行了解释。相较于被废止的《审理偷税抗税刑事案件司法解释》,该规定的重点和主要变化如下:(1)增加转移账簿、记账凭证或者其他涉税资料作为逃税手段;(2)增加新型隐匿财产型逃税,包括签订“阴阳合同”,虚列支出、虚抵进项税额,虚报专项附加扣除等;(3)将提供虚假材料,骗取税收优惠作为逃税手段,如利用企业安置残疾人就业的税收优惠政策,研发费用加计扣除,高新技术企业税收优惠政策等骗税;(4)将编造虚假计税依据作为逃税手段,此规定涵盖面更广,单独列明以应对新型逃税手段;(5)为防止挂一漏万,对逃税手段规定了兜底条款,但逃税手段必须是为了“不缴、少缴税款”。

从上述内容来看,大众熟知的文娱领域个别高收入从业人员利用的“阴阳合同”、高收入人群“虚报专项附加扣除”等逃税手段都被列为刑法上的逃税手段,这是税收刑事法律适应新情况的必然结果。

上述解释将“虚抵进项税额”作为逃税罪的犯罪手段,可与《危害税收征管刑事案件解释》对虚开增值税专用发票罪进行限缩的规定结合起来理解。一般认为,增值税专用发票的核心功能是抵扣税款,只有利用该核心功能进行虚开抵扣而骗抵税款的,才能认定为虚开增值税专用发票罪,没有利用该核心功能的,则不应以虚开增值税专用发票罪论处。国家税务总局《关于纳税人取得虚开的增值税专用发票处理问题的通知》规定,“受票方利用他人虚开的专用发票,向税务机关申报抵扣税款进行偷税的,应当依照《中华人民共和国税收征收管理法》及有关规定追缴税款,处以偷税数额五倍以下的罚款”。由此来看,在税法上利用他人虚开的增值税专用发票申报抵扣税款的行为是偷税,那么在刑法上利用他人虚开的增值税专用发票申报抵扣税款的行为就可能构成逃税罪。《危害税收征管刑事案件解释》第10条第2款规定:“为虚增业绩、融资、贷款等不以骗抵税款为目的,没有因抵扣造成税款被骗损失的,不以本罪论处,构成其他犯罪的,依法以其他犯罪追究刑事责任。”这一规定体现了对虚开增值税专用发票罪犯罪圈的限缩,即在虚增业绩、融资、贷款等不以骗抵税款为目的且没有因抵扣造成税款被骗损失的情形下,行为人即使存在虚开增值税专用发票行为,该行为也不构成虚开增值税专用发票罪,而可能构成其他犯罪。例如,行为人在主观上不以骗抵税款为目的,客观上对取得的他人虚开的增值税专用发票进行了税款抵扣,则该抵扣行为可能构成“虚抵进项税额”的逃税罪,而不是虚开增值税专用发票罪。

根据上述司法解释,逃税手段多种多样,在实务中呈现不同的类型,以下列举实务中常见的几种以“欺骗、隐瞒手段”进行逃税的类型。

(1)使用虚假发票纳税申报逃税案例

在金某逃税罪案〔1〕中,法院认定:金依包装公司使用虚假的增值税专用缴款书申报纳税,逃避缴纳税款290,598.3元,占应纳税额的75.35%,经税务机关通知,仍不补缴应纳税款,其行为属于逃税行为。

在杨某某逃税罪案〔2〕中,法院认定:福州某某广告公司在生产经营过程中,利用套开发票、使用假发票,进行虚假纳税申报,逃避缴纳税款数额达246,583.63元,数额较大,且占应纳税额10%以上,已构成逃税罪。

(2)采取内外两套账的方式隐瞒收入逃税案例

在金冠公司偷税罪案〔3〕中,法院认定:1998年4月~2001年7月,被告单位金冠公司为达到偷逃税款的目的,采取销售货物不开发票或少开发票的方法,开设账外银行账户及私人账户收取不开发票的货款。被告人周某甲在被告人周某乙的授意下安排该公司财务人员专设内、外两套财务账(内账为核算公司的全部经营业务,外账是抽取内账中的一些数据资料来进行记录和用作虚假的纳税申报)来隐瞒销售收入。

在张某逃税罪案〔4〕中,法院认定:深圳市龙岗区国家税务局稽查局于2009年5月11日起对某公司立案检查,查明该公司2006年度至2008年度采取账外经营手法,隐瞒应税销售收入、销售成本及费用等,逃避缴纳增值税、企业所得税税款共计9,144,039.06元。

---

〔1〕参见黑龙江省哈尔滨市中级人民法院刑事判决书,(2018)黑01刑终326号。

〔2〕参见福建省福州市中级人民法院刑事判决书,(2015)榕刑终字第553号。

〔3〕参见广东省佛山市中级人民法院刑事判决书,(2007)佛刑二终字第354号。

〔4〕参见广东省深圳市中级人民法院刑事判决书,(2018)粤03刑终2154号。

(3)签订“阴阳合同”进行虚假申报逃税案例

在天成公司、卢某某、黄某某犯逃税罪案[1]中,法院认定:天成公司在转让益和公司的股权、土地等资产过程中,为逃避税款,在林某甲的策划、指挥及在被告人卢某某、黄某某等人的参与下,采取欺骗、隐瞒手段与资产受让方签订“阴阳合同”,将其中的4350万元资产转让收入不入账,也不申报纳税,从而逃避企业所得税10,869,431.36元,天成公司的行为已构成《刑法》第201条规定的逃税罪。

(4)提供虚假材料骗取税收优惠逃税案例

在龙义公司、温某、王某、米某、曾某逃税罪案[2]中,法院认定:2009年,被告单位龙义公司被认定为社会福利企业。2010年1月至2013年4月,被告人温某、王某在经营、管理被告单位期间,为使被告单位能够利用国家促进残疾人就业的税收优惠政策,伙同米某、曾某采取签订虚假劳动合同、残疾人挂名而不实际参加工作,向残疾人虚假支付工资,不为残疾人缴纳社会保险金等形式逃避缴纳税款。

2. 对“不申报”的理解

与上述“欺骗、隐瞒手段”相比,纳税人通过“不申报”这种手段进行逃税,其危害性体现在纳税人隐瞒了税务机关征税所必需的纳税资料和纳税数据,使税务机关无法掌握纳税人的纳税信息,导致税务机关无法对其进行征税。因此,纳税人通过“不申报”这种手段进行逃税,属于消极的“欺骗、隐瞒手段”,其危害性与通过上述积极的“欺骗、隐瞒手段”进行逃税的危害性相当。

逃税罪是故意犯罪,故以“不申报”方式逃税之犯罪行为的认定应以行为人主观上存在逃税故意为前提,即纳税人具有通过“不申报”这种方式进行逃税的主观故意。换言之,纳税人明知应当进行申报纳税而故意不申报,以此达到逃避缴纳国家税款的目的。《危害税收征管刑事案件解释》第1条第2款规定了三种“不申报”的情形:(1)依法在登记机关办理设立登记的纳税人,发生应税行为而不申报纳税的;(2)依法不需要在登记机关办理设立登记或者未依法办理设立登记的纳税人,发生应税行为,经税务机关依法通

---

〔1〕 参见广东省云浮市云城区人民法院刑事判决书,(2017)粤5302刑初236号。

〔2〕 参见吉林省长春市中级人民法院刑事判决书,(2017)吉01刑终528号。

知其申报而不申报纳税的;(3)其他明知应当依法申报纳税而不申报纳税的。

以上三种“不申报”情形中,前两种“不申报”之情形虽然在条文中未使用“明知”一词,但“不申报”之逃税手段作为与《危害税收征管刑事案件解释》第1条第1款规定的“欺骗、隐瞒”之逃税手段并列的类型化逃税手段之一,在内在价值上应当与“欺骗、隐瞒”之逃税手段保持一致,即“不申报”作为类型化的逃税手段之一,与“欺骗、隐瞒”之逃税手段应该具有相同的内在价值或者共同的特征。正是这些相同的内在价值或者共同的特征形成了“逃税”之概念,这正是“逃税”这一概念的应有之义。“欺骗、隐瞒”之逃税罪打击的对象均是纳税人通过欺骗、隐瞒手段进行逃税的行为。也就是说,纳税人主观上存在逃税故意,客观上实施了欺骗、隐瞒的逃税行为,且行为导致国家税款流失的结果,只有同时符合这三个构成要件,才构成“欺骗、隐瞒”之逃税罪。“不申报”作为与“欺骗、隐瞒”之逃税手段并列的逃税类型,也应当作如此理解,即“不申报”之逃税罪打击的对象是纳税人通过“不申报”这种“隐瞒”方式进行逃税的行为,其构成要件理应与“欺骗、隐瞒”之逃税类型的构成要件相同,即纳税人主观上存在逃税故意,客观上实施了“不申报”之隐瞒的逃税行为,且行为导致国家税款流失的结果,只有同时符合这三个构成要件,才构成“不申报”之逃税罪。因此,“不申报”一词实际上已经涵摄行为人主观故意之义。另外,从“不申报”之第三种情形中的“其他明知”一词,可以反推前两种“不申报”情形也应当具备“明知”这一要件,否则有违类型化之内在价值涵摄原理。

尽管对于“不申报”之逃税手段可以作出如上学理解释,但在司法实务中,“不申报”之逃税类型在主观上是否需要具备主观故意这一构成要件争议较大,“不申报”是否以具备逃税的主观故意为前提,需要结合实际情况进行判断。

从《危害税收征管刑事案件解释》第1条第2款前两种“不申报”情形的条文表述来看,对于该两种“不申报”之逃税手段,《危害税收征管刑事案件解释》并未明确将“明知”之主观故意作为其构成要件,因此,在实务上对“不申报”之主观故意的认定多以推定方式为主,即推定行为人具有主观偷税故意。有观点认为,《危害税收征管刑事案件解释》的此种解释系行刑事立法之实,有违罪刑法定原则。举例来看,很多从事生产经营的公司股东和实际经营人员,并不像从事税务工作的专业人士一样具有专门的税收知识,对于哪些事项需要纳税申报、什么时候纳税申报、怎样纳税申报、不申报的法律后果等,他们并不了解。当这些公司股东和实际经营人员无主观故意的没有申报或者无力申报时,按照上述司法解释的规定推定其具有偷逃税的主观故意并追究其刑事责任,势必使一些不具有逃税故意的行为人受到逃税罪的刑事追究,使逃税刑事犯罪有扩大化的泛滥倾向,并不利于法律关系的稳定。《危害税收征管刑事案件解释》将"不申报"作为逃税手段可能产生的逃税罪刑事扩大化风险,有待于在司法实践中检验和考量。

3. 扣缴义务人的逃税罪行为方式

《刑法》第 201 条第 2 款规定,"扣缴义务人采取前款所列手段,不缴或者少缴已扣、已收税款,数额较大的,依照前款的规定处罚"。《危害税收征管刑事案件解释》第 1 条第 3 款对此规定为:(1)扣缴义务人采取第 1 款、第 2 款所列手段,不缴或者少缴已扣、已收税款,数额较大的,依照《刑法》第 201 条第 1 款的规定定罪处罚。(2)扣缴义务人承诺为纳税人代付税款,在其向纳税人支付税后所得时,应当认定扣缴义务人已扣、已收税款。需要注意的是,此处的"承诺"只要求有证据证明有此承诺即可,与原偷税抗税司法解释相比,不再要求是"书面承诺",此外,向纳税人支付税后所得被视为已扣、已收税款。

该款规定对实务中普遍存在于股权转让合同、二手房买卖合同等合同中的包税条款的包税人而言,意味着巨大的税务刑事风险。因为按此规定,只要合同约定了税款由受让方承担,在受让方支付合同价款时往往就意味着其向纳税人支付税后所得,即可视为已扣、已收税款,如果包税人没有及时履行代缴税款义务,那么其将面临逃税罪的刑事追责风险。

例如,在翔远公司、霍某祥逃税罪案[1]中,法院查明:2014 年 1 月至 2018 年 6 月,翔远公司作为扣缴义务人,其公司法定代表人霍某祥指使公司会计贾某采取设立内、外账的欺骗、隐瞒手段,将代为扣缴的公司员工个人所得税截留,多次少缴已扣、已收个人所得税税款,经国家税务局许昌市税务局稽查局认定,少缴的税款为 86,768.77 元,且各年度占比超过 10%。法院认为,被告单位翔远公司作为扣缴义务人,采取欺骗、隐瞒手段少缴已收

〔1〕 参见河南省许昌市魏都区人民法院刑事判决书,(2019)豫 1002 刑初 17 号。

个人所得税税款,数额较大,其行为已构成逃税罪。

但是,《危害税收征管刑事案件解释》对扣缴义务人"已扣、已收税款"的上述规定是否符合法律规定,在实务界存在争议。因为扣缴义务人的法律责任是法定责任,按照税法规定,扣缴义务人应扣未扣税款的行政责任是责令其限期补扣税款并处以相当于税款0.5倍到3倍的罚款,而已扣未缴税款的行政责任是责令其限期解缴税款,逾期未缴纳的会被强制追缴并加收滞纳金和处以相当于税款0.5倍到3倍的罚款。对于扣缴义务人的刑事责任,《刑法》第201条仅针对"已扣未缴"的行为追究刑责,而对"应扣未扣"行为并不追究刑责。由此带来的困境是,比如自然人股权转让中的受让方签署了包税条款,该自然人可能因为未支付或未扣缴税款构成"已扣未缴"而面临刑事追责风险;然而如果其没有签署包税条款并同样存在未扣缴税款的情形,则不会面临被追究刑事责任的风险。显而易见,是否存在包税约定,对股权受让方来讲,风险完全不同。

有观点认为,包税约定是私法上的民事义务,扣缴税款是税法上的法定义务,民事约定不能改变法定扣缴行为的法律性质及评价规则;如果涉嫌刑事犯罪,也应先由税法评价之后再由刑法规则进行评价。在现行税法框架下,无论是否包税,如果未缴或少缴税款,税务机关已有充分的合法路径追缴,在无上位法依据的情形下,《危害税收征管刑事案件解释》直接将"扣缴义务人承诺为纳税人代付税款,在其向纳税人支付税后所得时,应当认定扣缴义务人'已扣、已收税款'"认定为一个入刑标准的做法都是不妥当的。诸如股权转让所得的确认需要确定股权转让收入和成本费用,而股权转让成本费用一般情况下是转让方才知道的信息,股权受让方并不知道,而且转让方一般也不想让受让方知道。在这种情形下让受让方作为扣缴义务人履行扣缴义务是有难度的,因无法计算确切的应税所得,故对受让方来讲,不是不想扣缴,而是信息不对称导致无法扣缴。如果按照《危害税收征管刑事案件解释》的规定,此种情形下是需要追究受让方刑事责任的,这对扣缴义务人而言明显不公平。

4. 逃税数额标准的明确

《刑法》第201条未对逃税的"数额较大""数额巨大"的具体金额作出规定。《危害税收征管刑事案件解释》对此规定,纳税人逃避缴纳税款10万元以上、50万元以上的为"数额较大""数额巨大";扣缴义务人不缴或者少缴已扣、已收税款“数额较大”“数额巨大”的认定标准,依照这一规定。该“数额较大”的标准沿用了《刑事案件立案追诉标准(二)》“数额较大”的立案标准,使法律之间的规定保持了一致性。

5. 逃税罪的处罚阻却事由

《刑法》第201条第4款明确规定“有第一款行为,经税务机关依法下达追缴通知后,补缴应纳税款,缴纳滞纳金,已受行政处罚的,不予追究刑事责任;但是,五年内因逃避缴纳税款受过刑事处罚或者被税务机关给予二次以上行政处罚的除外”。该款但书前所规定的是逃税罪的处罚阻却事由[1],即使行为符合逃税罪的犯罪构成要件,只要具备该款规定的处罚阻却事由,也不追究行为人的刑事责任。

《危害税收征管刑事案件解释》第3条第2款进一步规定“纳税人有逃避缴纳税款行为,税务机关没有依法下达追缴通知的,依法不予追究刑事责任”,即税务机关必须先通过行政手段追缴税款,在依法下达追缴通知后,才可以追究纳税人的刑事责任。

由于处罚阻却事由的存在,即使行为人的行为符合逃税罪的犯罪构成要件,也不追究行为人的刑事责任。

(1)适用的基本前提

在某些情况下,税务机关除了追缴税款和滞纳金外,还可能给予行为人行政处罚。如果行为人已经按照税务机关的要求补缴了税款、缴纳了滞纳金并接受了行政处罚,则不追究其刑事责任。即使税务机关的处理存在缺陷或不全面,只要行为人已经接受税务机关的处理,就不应追究其刑事责任。但如果行为人在进入刑事司法程序后才开始补缴应纳税款、缴纳滞纳金和接受行政处罚,则这些补救措施通常不构成处罚阻却事由。在这种情况下,司法机关仍然可以追究行为人的刑事责任。

(2)不适用“五年内因逃避缴纳税款受过刑事处罚”的逃税行为

《刑法》第201条第4款明确规定,只要行为人在5年内因逃避缴纳税款受过刑事处罚,那么即使其按照税务机关的要求补缴了税款、缴纳了滞纳

---

[1] 也有人称之为“初犯免责”或者“初犯免刑条款”。因引用案例原文表述之需要,本书中有时亦称为“初犯免责”或者“初犯免刑条款”,如无特别说明,本书中的“处罚阻却事由”与“初犯免责”“初犯免刑条款”同义。

金并接受了行政处罚，仍需要被追究刑事责任。

（3）不适用5年内因逃避缴纳税款被税务机关给予“二次以上行政处罚”的逃税行为

如果行为人在5年内已经因逃税受到过两次行政处罚，那么在第三次逃税时，通常不再认为处罚阻却事由成立。这意味着，如果一个人在5年内第三次逃税时被查处，那么他可能会面临更为严重的法律后果。但是，即使行为人在5年内受到过二次行政处罚，也不能直接否定处罚阻却事由的成立，必须具体分析行为人所受的行政处罚是否因逃税而产生，只有因逃税受到过两次行政处罚，行为人再逃税时才否定处罚阻却事由的成立。“‘二次以上行政处罚’并不限于因符合逃税罪的犯罪构成所给予的行政处罚；即使不符合逃税罪的犯罪构成，但属于税法所规定的逃税行为，因而受到行政处罚，也属于但书规定的行政处罚。但是，因漏税而受行政处罚的，不包含在内。”[1]也就是说，无论行为人的行为是符合税法所规定的逃税行为，还是符合刑法规定的逃税罪构成，只要行为人因该逃税行为而受到行政处罚，该行政处罚就应当计入“二次以上行政处罚”的范畴。如果行为人因为漏税（非故意地未缴或少缴税款）而受到行政处罚，那么这种情况通常不包括在“二次以上行政处罚”的计算之内。

（4）不适用于扣缴义务人的逃税行为

扣缴义务人的逃税罪责任规定在《刑法》第201条第2款。由于该款规定扣缴义务人采取第1款所列手段，不缴或者少缴已扣、已收税款，数额较大的，按照第1款的规定处罚，而第4款将“有第一款行为”作为处罚阻却事由的适用前提，这就产生了第4款规定的处罚阻却事由是否适用于扣缴义务人的问题。扣缴义务人采取第1款所列手段并不等同于扣缴义务人“有第1款行为”，或者说，扣缴义务人采取第1款所列手段实施逃避履行扣缴义务的行为不等于纳税人采取第1款所列手段逃避履行纳税义务的行为，因此，不能将对扣缴义务人“依照前款的规定处罚”等同于扣缴义务人“有第一款行为”，故一般认为扣缴义务人即使存在第4款规定的处罚阻却事由，也不能据此免除其刑事责任。关于扣缴义务人是否适用处罚阻却事由的问题，

---

〔1〕 张明楷：《说法｜张明楷：逃税罪的概念与犯罪构成》，载微信公众号“民主与法制周刊”2022年4月2日，https://mp.weixin.qq.com/s/-boJpFdi2NOgglRoFQNfmw。

详见本章第四节的分析。

(5)可以适用《刑法》第204条第2款规定的情形

《刑法》第204条第2款规定了纳税人在缴纳税款后,通过欺骗手段骗取所缴纳的税款的行为,应依照《刑法》第201条的规定定罪处罚。[1]《刑法》第201条涉及采取欺骗手段不缴纳税款的行为,第204条第2款涉及先缴纳税款后通过欺骗手段骗取税款的行为;尽管欺骗行为的先后顺序不同,但这两种行为对国家税收造成的损害没有区别。因此,《刑法》第204条第2款可以适用前述处罚阻却事由。

下文通过一起具体案例来分析处罚阻却事由的适用。在吕某强逃税罪案[2]中,法院查明:吕某强代表甲公司与南通公司签订了一份建筑工程施工劳务分包合同,合同总造价为320万元,工程项目位于海南省儋州市白马井镇。2012年5月某日,吕某强为了逃避缴纳税款,购买了发票代码为24600116××××,发票号码分别为02204×××、02277×××、02277×××,金额分别为50万元、50万元、60万元的发票3张。后吕某强持3张假发票交给南通公司作为领取160万元工程款的纳税发票。2012年6月4日,南通公司会计徐某持吕某强提供的3张发票到原海南省儋州市地方税务局第四税务分局纳税大厅办理抵扣业务,被税务机关工作人员查获。经原海南省儋州市地方税务局鉴定,发票代码为24600116××××,发票号码分别为02204×××、02277×××、02277×××,金额分别为50万元、50万元、60万元的发票3张均为假发票。2012年7月30日,吕某强补缴了应缴的税额52,800元。2012年12月17日,原海南省地方税务局第三稽查局对甲公司作出税务处理决定,加收2631.83元滞纳金;2013年1月7日,原海南省地方税务局第三稽查局对甲公司作出税务行政处罚决定,处20万元罚款。甲公司对原海南省地方税务局第三稽查局作出的行政处罚决定申请复议,2013年4月27日,原海南省地方税务局维持原处罚决定。甲公司一直未缴纳滞纳金和罚款。2013年9月25日,儋州市公安局对吕某强逃税罪案立案侦查。2014年4月15日,甲公司缴纳滞纳金2631.83元和罚款20万元。

---

[1] 参见张明楷:《说法|张明楷:逃税罪的概念与犯罪构成》,载微信公众号"民主与法制周刊"2022年4月2日,https://mp.weixin.qq.com/s/-boJpFdi2NOgglRoFQNfmw。

[2] 参见海南省儋州市人民法院刑事判决书,(2014)儋刑初字第345号。

法院认为,经税务机关依法下达《税务处理决定书》《行政复议决定书》后,甲公司不缴纳滞纳金2631.83元和拒不接受行政罚款20万元的行为已构成逃税罪。鉴于被告人吕某强归案后足额补缴了应纳税款,并缴纳了全部滞纳金和罚款,有悔罪表现,可酌情从轻处罚。

从上述案例可看出,在公安机关立案之后才补缴滞纳金,接受行政处罚的,依然构成逃税罪,虽不能形成处罚阻却事由,但可以作为从轻量刑的情节。

二、逃税罪的犯罪构成要件

(一)犯罪客体

逃税罪侵犯的客体从形式上看是国家的税收征收管理秩序,从本质上看是国家税收分配关系。[1] 税收是国家为实现其职能,凭借政治权力,按照法定标准,无偿地从社会产品分配中取得财政收入的一种特殊形式。这种分配关系的核心在于国家作为主体,参与国民收入的分配,目的是保障国家职能的正常运转和满足社会公共需要。

我国目前的税收制度由18个税种组成,包括增值税、消费税、企业所得税、个人所得税等,每个税种都有特定的税制要素,如纳税人、征税对象、税率等。税收征收管理制度是由税务机关行使征税权,通过一系列规章制度来指导纳税人履行纳税义务,确保税收活动的有序进行。

逃税罪正是对这种税收分配关系和税收征收管理秩序的严重破坏。逃税者通过欺骗、隐匿等手段,逃避缴纳税款,使国家无法按照法定标准从社会收入中取得应得的财政收入。这不仅影响了国家职能的正常运转,也损害了社会公共利益的实现。

(二)犯罪客观方面

逃税罪在客观方面表现为纳税人和扣缴义务人客观上采取欺骗、隐瞒的手段进行虚假纳税申报或者不申报,逃避缴纳税款,不缴或者少缴已扣、已收税款,情节严重的行为。对于客观方面的"欺骗、隐瞒手段""不申报"等

---

〔1〕 参见周洪波:《危害税收征管罪:立案追诉标准与司法认定实务》,中国人民公安大学出版社2010年版,第5页。

认定和判断的问题，上述“条文释义”部分已详述，此处不再赘述。就客观方面进一步说明如下。

1. 犯罪行为

(1)“欺骗、隐瞒手段”。构成逃税罪往往存在逃税行为，刑法中规定的进行虚假申报的“欺骗、隐瞒手段”包括：伪造、变造、转移、隐匿、擅自销毁账簿、记账凭证或者其他涉税资料的；以签订“阴阳合同”等形式隐匿或者以他人名义分解收入、财产的；虚列支出、虚抵进项税额或者虚报专项附加扣除的；提供虚假材料，骗取税收优惠的；编造虚假计税依据的；为不缴、少缴税款而采取的其他欺骗、隐瞒手段。逃税罪的“欺骗、隐瞒手段”不局限于上述手段，随着税务实践和犯罪手段的更新，不排除有新的犯罪手段的出现，所以对于“为不缴、少缴税款而采取的其他欺骗、隐瞒手段”这一兜底条款，可以根据新形势的需要，通过司法解释的方法予以明确，以适应打击逃税犯罪的需要。

(2)“不申报”。刑法中的逃税手段既包括采取积极的“欺骗、隐瞒手段”进行虚假纳税申报，也包括采取消极的“隐瞒手段”不进行纳税申报。“不申报”的具体情形包括：依法在登记机关办理设立登记的纳税人，发生应税行为而不申报纳税；依法不需要在登记机关办理设立登记或者未依法办理设立登记的纳税人，发生应税行为，经税务机关依法通知其申报而不申报纳税；其他纳税人明知应当依法申报纳税而不申报纳税的情形。对“不申报”的认定，应以行为人负有纳税义务或扣缴义务为前提。

2. 犯罪目的

逃避缴纳税款是构成逃税罪的核心要素之一。需要实现的犯罪目的包括不缴或少缴应纳税款，不缴或少缴已扣、已收税款，通过虚假手段取得不符合退税条件的退税款，等等。根据《刑法》第 204 条第 2 款的规定，即使纳税人缴纳了税款，如果之后通过假报出口或其他欺骗手段骗取所缴纳的税款，并且符合其他要件，这种行为也构成逃税罪。

3. 犯罪情节

(1)数额要求。根据立案标准，纳税人逃避缴纳税款的数额需要达到 10 万元，才能被认定为数额较大，这是逃税罪立案的一个起点。

(2)比例要求。纳税人逃避缴纳税款除了数额要求外，还需要满足占应纳税额的 10% 以上的比例要求。这意味着即使数额达到 10 万元，如果所逃避的税款占应纳税额的比例不足10%,也不能构成逃税罪。

根据《刑法》第204条第2款的规定,纳税人在缴纳税款后通过虚假手段骗取所缴纳的税款,除了需要达到数额较大外,还需要满足骗取的税款占应纳税额10%以上的比例要求,才能构成逃税罪。

与纳税人不同,扣缴义务人构成逃税罪时,只要求不缴或少缴已扣、已收税款数额较大,而不要求必须占应缴税款的10%以上。这意味着扣缴义务人的逃税行为在数额上的要求与纳税人相同,但在比例上没有额外的要求。

(三)犯罪主体

1.逃税罪是一种身份犯罪,其直接的犯罪主体特指税法上规定的纳税人和扣缴义务人

在刑法上,逃税罪犯罪主体的认定应当以税法和税收行政法规为依据,确保犯罪主体属于法定的身份犯。这种认定不应脱离税法规定。

在税法上,纳税人和扣缴义务人都有明确的法律规定。《税收征收管理法》第4条规定:"法律、行政法规规定负有纳税义务的单位和个人为纳税人。法律、行政法规规定负有代扣代缴、代收代缴税款义务的单位和个人为扣缴义务人。纳税人、扣缴义务人必须依照法律、行政法规的规定缴纳税款、代扣代缴、代收代缴税款。"另外,不同的税种对纳税人和扣缴义务人的规定也不同,而所有的税种都规定有纳税义务人,但不一定规定有扣缴义务人。一般而言,所得税(企业所得税和个人所得税)、货物和劳务税(如增值税、消费税和关税)有扣缴义务人,财产和行为税(如房产税、车辆购置税、土地增值税、城镇土地使用税、耕地占用税、契税、资源税等)一般没有扣缴义务人,仅在例外情况下有扣缴义务人(如车船税以及印花税中的证券交易印花税有扣缴义务人)。

以下列举所得税和增值税中关于纳税人和扣缴义务人的相关规定作为参考。

(1)所得税

《个人所得税法》第9条第1款规定:"个人所得税以所得人为纳税人,以支付所得的单位或者个人为扣缴义务人。"《股权转让所得个人所得税管理办法(试行)》(已被修改)第5条规定:"个人股权转让所得个人所得税,

以股权转让方为纳税人,以受让方为扣缴义务人。”

《企业所得税法》第 1 条第 1 款规定:“在中华人民共和国境内,企业和其他取得收入的组织(以下统称企业)为企业所得税的纳税人,依照本法的规定缴纳企业所得税。”第 37 条规定:“对非居民企业取得本法第三条第三款规定的所得应缴纳的所得税,实行源泉扣缴,以支付人为扣缴义务人。税款由扣缴义务人在每次支付或者到期应支付时,从支付或者到期应支付的款项中扣缴。”第 38 条规定:“对非居民企业在中国境内取得工程作业和劳务所得应缴纳的所得税,税务机关可以指定工程价款或者劳务费的支付人为扣缴义务人。”

(2)增值税

《增值税暂行条例》第 1 条规定:“在中华人民共和国境内销售货物或者加工、修理修配劳务(以下简称劳务),销售服务、无形资产、不动产以及进口货物的单位和个人,为增值税的纳税人,应当依照本条例缴纳增值税。”第 18 条规定:“中华人民共和国境外的单位或者个人在境内销售劳务,在境内未设有经营机构的,以其境内代理人为扣缴义务人;在境内没有代理人的,以购买方为扣缴义务人。”《营业税改征增值税试点实施办法》(以下简称《营改增试点实施办法》)第 1 条第 1 款规定:“在中华人民共和国境内(以下称境内)销售服务、无形资产或者不动产(以下称应税行为)的单位和个人,为增值税纳税人,应当按照本办法缴纳增值税,不缴纳营业税。”第 6 条规定:“中华人民共和国境外(以下称境外)单位或者个人在境内发生应税行为,在境内未设有经营机构的,以购买方为增值税扣缴义务人。财政部和国家税务总局另有规定的除外。”

从以上规定可知,纳税人和扣缴义务人既可能是单位,也可能是自然人,因此,逃税罪的犯罪主体既可能是单位,也可能是自然人。对于纳税人和扣缴义务人是单位的,应当认定为单位犯罪。在单位犯罪的情况下,我国实行的是“双罚制”,即对单位判处罚金,并对其直接负责的主管人员和其他直接责任人员判处刑罚。

2. 逃税罪可能存在共犯

教唆或帮助纳税人或扣缴义务人实施逃税行为,那么实施教唆或帮助行为的人将作为逃税罪的共犯被追究刑事责任。如果税务机关的工作人员与纳税人或扣缴义务人相互勾结,共同实施逃税行为,则税务机关工作人员也可能作为逃税罪的共犯被追究责任。如果税务机关的工作人员的行为同时触犯了逃税罪和徇私舞弊不征、少征税款罪(《刑法》第404条),这种情形可能会出现想象竞合(一个行为同时触犯两个或两个以上的罪名),则应当从重罪处罚。

3. 关于承包承租情况下的纳税人认定问题,需要结合税法和实际情况作出判断

《税收征收管理法实施细则》第49条第1款规定:“承包人或者承租人有独立的生产经营权,在财务上独立核算,并定期向发包人或者出租人上缴承包费或者租金的,承包人或者承租人应当就其生产、经营收入和所得纳税,并接受税务管理;但是,法律、行政法规另有规定的除外。”由此来看,“承包人或者承租人应当就其生产、经营收入和所得纳税,并接受税务管理”的前提条件是“有独立的生产经营权,在财务上独立核算,并定期向发包人或者出租人上缴承包费或者租金”,承担纳税义务的对象是承包承租人自己的生产经营收入和所得。

与此规定相对应的是《税务登记管理办法》第8条第4项,内容为“有独立的生产经营权、在财务上独立核算并定期向发包人或者出租人上交承包费或租金的承包承租人,应当自承包承租合同签订之日起30日内,向其承包承租业务发生地税务机关申报办理税务登记,税务机关发放临时税务登记证及副本”。这意味着承包承租人因为承包承租生产经营而获取收入和所得,应当办理税务登记并就自己的经营所得申报纳税。

如果对外经营一直以发包人的名义进行,则由此产生的纳税义务仍然由发包人承担,发包人仍然是纳税义务人,纳税义务人不因承包承租关系而改变。例如,《营改增试点实施办法》第2条规定:“单位以承包、承租、挂靠方式经营的,承包人、承租人、挂靠人(以下统称承包人)以发包人、出租人、被挂靠人(以下统称发包人)名义对外经营并由发包人承担相关法律责任的,以该发包人为纳税人。否则,以承包人为纳税人。”

(四)犯罪主观方面

逃税罪在主观方面表现为故意,并且只能是直接故意,即纳税人或者扣缴义务人在主观上积极追求不缴或者少缴税款,以此达到逃避缴纳税款的目的。若纳税人和扣缴义务人计算错误或者错误理解税收政策导致未缴或者少缴税款,因其不具有逃税罪的主观故意,则不应构成逃税罪。

主观故意的认识因素主要包括两点:一是明知自己负有纳税义务,应当缴纳税款;二是明知自己采取欺骗、隐瞒手段不缴或少缴税款的行为违反法律规定。意志因素仅包括希望,不存在放任。[1]

第三节 司法实践的裁判现状

司法实践中,经过法院审理的逃税罪案件数量并不算多,本书在 iCourt - Alpha 数据库进行检索,共收集到 2015 ~ 2024 年以逃税罪为案由移送到法院审理的案件 1534 件,其中,一审案件 874 件、二审案件 352 件、执行案件 169 件、再审案件 129 件、其他案件 10 件。

经过分析裁判文书中的逃税罪案例,总体来说,对于法院判决之前已经缴清全部税款、滞纳金和罚款,逃避缴纳税款金额占应缴纳税款金额 10% 以上的案件,基本上可以对直接责任人判处缓刑;对于逃避缴纳税款金额占应缴纳税款金额 30% 以上的案件,若直接责任人是有自首情节的初犯,也能争取到判处缓刑。如果未缴足全部的税款、滞纳金和罚款,或者有其他刑事案件,那么法院对直接责任人判处缓刑的可能性就相对较低。

一、逃税罪犯罪主体的认定

在以单位为纳税人主体涉及的逃税案件中,税务机关在采取税务行政措施时,其行政相对方始终为单位纳税人,并且追缴通知书也相应直接送达给单位纳税人。依据税法的相关规定,单位主体即为法定的纳税人。然而,当这些税务行政案件上升到刑事层面,公安机关和检察院在处理逃税罪案件时,对于单位纳税人作为犯罪主体的认定却出现了两种不同的观点。

第一种观点认为,单位纳税人通过欺骗、隐瞒手段,少缴税款构成逃税罪,故认定单位构成逃税罪,同时将单位的法定代表人、直接负责的主管人员列为共同被告,追究单位和个人逃税罪的刑事责任。

---

〔1〕 参见周洪波:《危害税收征管罪:立案追诉标准与司法认定实务》,中国人民公安大学出版社 2010 年版,第 51 页。

第二种观点认为,单位纳税人存在通过欺骗、隐瞒手段少缴税款的行为,但不认定单位犯罪,检察院只针对直接责任人个人提起公诉,法院只判决主要责任人个人构成逃税罪,不认定单位犯罪。

本书认为,有单位纳税人的逃税罪案件,应当区分情况确定犯罪主体。

《刑法》第211条规定,单位犯逃税罪的,对单位判处罚金,并对其直接负责的主管人员和其他直接责任人员,依照该条的规定处罚。按此规定,当单位作为实际经营业务的主体时,若存在通过欺骗、隐瞒手段少缴税款的行为,则该单位纳税人应为逃税罪的犯罪主体,对直接责任人按照单位犯罪追究其刑事责任。鉴于税务机关已对单位纳税人实施行政处罚,基于"一事不二罚"的原则,刑事案件中对单位纳税人处以罚金的,行政罚款应当折抵罚金;对直接责任人追究刑事责任时,可以判处罚金。补缴税款、滞纳金和罚款的责任仍然由单位纳税人承担,直接责任人不应当承担补缴税款、滞纳金和罚款的责任。如果判决直接责任人既承担刑事责任,又承担补缴税款、滞纳金和罚款的责任,就将本应当由单位主体承担的法律责任直接穿透到了个人股东或相关责任人身上,过度加重了股东或其他责任人的法律责任。

当单位是由相关个人设立的专用于违法犯罪的工具,并没有正常经营的业务时,虽然税务机关在作出税务处理决定和处罚决定时的行政相对人是单位纳税人,但是当案件从行政案件转变为逃税罪的刑事案件后,公安机关和检察机关可以直接对从事逃税行为的个人提起刑事诉讼,直接追究个人的刑事责任,并且要求个人承担补缴税款、滞纳金和罚款的责任。

在单位犯罪的情况下,如果涉嫌犯罪的单位已被撤销、注销、吊销营业执照或者宣告破产,则应当根据《刑法》关于单位犯罪的相关规定,对实施犯罪行为的该单位直接负责的主管人员和其他直接责任人员追究刑事责任,对该单位不再追诉。例如,海南省海口市秀英区人民检察院在海秀检公诉刑不诉〔2019〕4号不起诉决定书中列明的不起诉理由是:被不起诉单位某公司采取隐瞒手段进行不申报纳税,逃避缴纳增值税和企业所得税税款454,871.73元,数额较大并且占应纳税额100%,其行为已触犯《刑法》第30条,第201条第1款、第3款,犯罪事实清楚,证据确实充分,应当以逃税罪追究其刑事责任。但鉴于某公司已被吊销营业执照,依照《刑事诉讼法》第16条第6项、第177第1款的规定,决定对某公司不起诉。该案虽然对涉嫌实施犯罪行为的单位不起诉,但其直接负责的主管人员和其他直接责任人员会面临被追究刑事责任的风险。

二、逃税数额及其占比的计算

逃税罪的认定涉及对逃税数额及其所占比例的准确计算，这是判断是否构成逃税罪的关键因素之一。

（一）逃税数额的确定

逃税数额是指在确定的纳税期间内，纳税人不缴或少缴的各税种税款的总额。根据《危害税收征管刑事案件解释》第 4 条第 1 款的规定，《刑法》第 201 条第 1 款规定的“逃避缴纳税款数额”，是指在确定的纳税期间，不缴或者少缴税务机关负责征收的各税种税款的总额。此处规定的税款仅限定为税务机关负责征收的“税”，不包括其他机关征收的税款，也不包括“费”。《危害税收征管刑事案件解释》第 4 条第 2 款规定，《刑法》第 201 条第 1 款规定的“应纳税额”，是指应税行为发生年度内依照税收法律、行政法规规定应当缴纳的税额，不包括海关代征的增值税、关税等及纳税人依法预缴的税额。对于“应纳税额”是否包括海关代征的消费税，此处没有规定，但从该条款的逻辑及税法角度来看，亦不应包括。

（二）逃税比例的计算

按照《危害税收征管刑事案件解释》，对于按纳税年度确定纳税期的纳税人，逃税比例是该纳税年度中的各税种逃税总额与该纳税年度应纳税总额的比例；对于不按纳税年度确定纳税期的纳税人，逃税比例是最后一次逃税行为发生之日前一年中各税种逃税总额与该年纳税总额的比例；如果纳税义务存续期间不足一个纳税年度，则逃税比例是各税种逃税总额与实际发生纳税义务期间应当缴纳税款总额的比例。但是，“不按纳税年度确定纳税期的，按照最后一次逃税行为发生之日前一年中各税种逃税总额与该年应纳税总额的比例确定”的规定会导致如下问题，即如果前一年不存在逃税行为，那么就意味着本纳税年度的逃税行为即使情节严重，也无须承担刑事责任，这显然不是司法解释的本意，故《危害税收征管刑事案件解释》的此种规定有待司法实践的检验和完善。

当逃税行为跨越若干个纳税年度时，按照《危害税收征管刑事案件解释》,只要其中一个纳税年度的逃税数额及其所占百分比达到《刑法》第 201 条第 1 款规定的标准,即可以构成逃税罪。在这种情况下,各纳税年度的逃税数额应当累计计算,逃税百分比应当按照最高的百分比确定。

逃税数额和逃税比例的计算是逃税罪认定中的重点,不同的计算方式可能导致不同的结果。以赛龙公司逃税罪案〔1〕为例,法院查明:代某系赛龙公司执行董事及法定代表人,因赛龙公司涉嫌逃税,其作为单位直接负责的主管人员被以逃税罪提起公诉。一审法院认为:赛龙公司未依法履行纳税申报义务,2011 年度至 2013 年度逃避应纳印花税、房产税及 2012 年城镇土地使用税合计 3,391,319.97 元,且 2013 年度逃避缴纳税额占该年度应纳税额 10% 以上,经税务机关追缴后,在期限内未补缴应纳税款,构成逃税罪;代某作为该单位直接负责的主管人员,亦构成逃税罪。但是,二审法院将赛龙公司当期增值税免抵税额视同企业应当缴纳且已经缴纳的增值税纳入计算基数,认定 2011 ~2013 年各年度逃税比例均不足 10% ,遂改判赛龙公司和代某不构成逃税罪。

三、刑事处罚中没收财产的分歧

在刑事裁判阶段,对于偷逃的税款是否应宣告没收,存在否定论和肯定论两种不同的观点。

(一)否定论

否定论认为,不应没收偷逃的税款,原因是行为人已经通过补缴税款和缴纳滞纳金等方式承担相应的责任。理由如下:偷逃税款的行为仅表现为不缴或少缴税款,行为人并未因此获得财产上的不法利益,因此不存在传统意义上的"犯罪所得"。在这种情况下,宣告没收偷逃的税款没有法律依据。即使案件已经移交至刑事程序,税务机关依然保留对偷逃税款进行征缴的权力。〔2〕这意味着税务机关可以通过行政手段来追回税款,而不是依赖刑

〔1〕 参见江西省九江市中级人民法院刑事判决书,(2017)赣 04 刑终 289 号。该案例为中国法学会财税法学研究会等相关单位于 2018 年评选的中国首届"年度影响力税务司法审判案例"之一。

〔2〕 参见刘荣、李佳男:《税收犯罪中刑事没收的裁判分歧与理论匡正——以 1800 份逃税罪裁判为例》,载《税务研究》2023 年第 7 期。

事裁判中的没收措施。在大部分案件中,税务机关已经作出税务处理决定或税务行政处罚决定,这可能包括要求行为人补缴税款和滞纳金,甚至对其处以行政处罚。这些行政措施已经在一定程度上解决偷逃税款的问题。基于上述理由,对偷逃的税款宣告没收既无可能也无必要。一方面,由于不存在犯罪所得,宣告没收缺乏法律基础;另一方面,税务机关已经通过其他手段处理偷逃税款的问题,刑事裁判中的没收可能显得多余。同时,刑事裁判的主要目的是惩罚犯罪行为,预防犯罪,维护社会秩序和国家利益,在逃税罪的案件中,通过判处自由刑和罚金刑等方式已经可以达到这些目的。

(二)肯定论

肯定论认为,应当没收偷逃的税款,作为对逃税行为的惩罚和对国家税收损失的补偿。理由如下:行为人通过非法手段偷逃税款实质上节省了本应支出的税款,这种节省相当于变相增加了行为人的整体财产,因此偷逃的税款应被视为一种节省型的“犯罪所得”。这种观点强调了逃税行为给行为人带来的经济利益,并主张这种利益应当被视为犯罪所得的一部分。根据《刑法》第64条的规定,刑事没收属于义务没收,这意味着在犯罪行为中涉及的财物,无论其性质如何,都应当在裁判时被宣告没收。这一规定强调了刑事没收的强制性和义务性,即使税务机关已经作出税务处理决定或税务行政处罚决定,法院在刑事裁判时仍应依法宣告没收。刑事没收的法律依据在于确保犯罪行为不会给行为人带来经济上的利益,从而起到惩罚和预防犯罪的作用。没收犯罪所得不仅是对行为人的一种经济惩罚,也是对国家和社会利益的一种补偿。税务处理和刑事没收虽然都旨在解决逃税问题,但它们的性质和目的不同。税务处理侧重于恢复税收秩序和补偿国家税收损失,而刑事没收侧重于惩罚犯罪行为和预防犯罪。即使税务机关已经采取措施,刑事没收作为刑事制裁的一部分,仍有其独立的存在意义。在实际操作中,需要考虑刑事没收的执行性,确保没收的财物能够被准确识别和有效追缴。对于税务机关已经处理的逃税案件,法院在宣告没收时需要考虑税务处理的结果和刑事制裁的一致性。

（三）实务案例

1. 鑫顺和公司等逃税罪案[1]

法院认定被告单位通过非法手段偷逃的税款属于犯罪所得。这种认定基于逃税行为使被告单位节省了本应支付的税款，从而在经济上获得了不正当的利益。根据法院的判断，由于偷逃的税款被视为犯罪所得，根据相关法律规定，法院有权利并有义务宣告将其没收。另外，法院的判决具有执行性，明确指出了没收的对象（偷逃的61.6万元税款）和处理方式（予以没收），为税务机关或执行机关提供了明确的执行依据。此案例可能对其他逃税案件的裁判具有指导意义，展示了法院如何将偷逃税款定性为“犯罪所得”并采取相应的法律措施。这样的裁判不仅对被告单位起到了惩罚和威慑作用，也有助于维护税收法律的严肃性和国家税收秩序，同时向社会传达了一个明确的信息：逃税行为不会得到经济上的利益，犯罪所得将被依法追缴。

2. 李某等逃税罪案[2]

尽管被告人通过非法手段偷逃了大量税款，但一审裁判仅判处了自由刑与罚金刑，并未对其偷逃的税款宣告没收。这反映了该案件的裁判机关采取了否定论的立场。

3. 郑某某逃税罪案[3]

一审裁判明确宣告没收被告人已补缴的税款，并上缴国库，这是一个具有执行性的没收判决。

根据以上司法判例可知，在司法实践中，对偷逃税款不予宣告没收的否定论是刑事裁判中的多数立场，在少数宣告没收的判决中，还存在部分判决不具有执行性的问题。在一些案件中，裁判文书可能在形式上宣告了没收，但并未明确指出没收的对象和范围，导致判决缺乏具体的执行性。

四、刑事处罚中税收征缴与没收财产的交叉

司法实践中，关于税收征缴与没收财产的交叉主要从四个方面综合

---

[1] 参见陕西省神木市人民法院刑事判决书，(2018)陕0881刑初381号。

[2] 参见广西壮族自治区武宣县人民法院刑事判决书，(2019)桂1323刑初484号。

[3] 参见安徽省马鞍山市中级人民法院刑事判决书，(2020)皖05刑初10号。

考量。

(一)剥夺犯罪所得,根除经济诱因

刑事没收的目的之一是剥夺犯罪行为所带来的不正当经济利益,从而消除犯罪的经济动机。在逃税案件中,这意味着偷逃的税款应当被视为犯罪所得,应通过刑事没收程序予以追缴,以防止行为人因逃税而获得经济上的好处。

(二)防止"重复算账"

"重复算账"指的是对同一经济行为进行多次处罚或追缴,这可能导致行为人承担过重的义务。涉及竞合规则时,需要确保税务机关的征缴行为和刑事司法的没收措施不会重复,避免对行为人造成不公正的经济负担。

例如,如果行为人在法院作出没收宣告之前,已经将偷逃的全部税款补缴至税务机关,那么法院通常不再对这部分税款进行没收宣告。如果行为人只补缴了部分偷逃的税款,法院在宣告没收时,会从应没收的总额中扣除行为人已经补缴的部分。这确保了行为人不会因为同一逃税行为而受到重复的经济惩罚。

法院在处理逃税案件时,需要平衡没收犯罪所得和行为人补缴税款的义务,确保裁判的公正性和合理性。这种平衡有助于防止"重复算账",即避免行为人因同一行为而受到税务征缴和刑事没收的双重经济负担。

(三)杜绝刑事司法"蚕食"税款

刑事司法系统应当避免介入税务征缴领域,与税务机关争夺利益,否则可能会损害税务机关的权威和效率。刑事没收应当严格限制在犯罪所得的范围内,不应侵犯税务机关依法征税的职能。

(四)司法实践的适应性

在司法实践中,裁判者需要根据法律规定和案件具体情况,灵活运用税收征缴与刑事没收的竞合规则,实现法律效果与社会效果的统一。

行为人在刑事诉讼的不同阶段退缴至公安机关、检察院或法院款项,通常被视为一种保全性质的临时措施。这类退缴并不直接等同于对税务机关

的补缴,不具有终局性的实体处分效力。退缴给公安机关、检察院或法院款项属于临时性措施,也不产生排除法院宣告没收的当然效力。这意味着即便行为人进行了退缴,法院在审理案件时仍可能需要宣告没收,以确保犯罪所得被剥夺,税收债权得到清偿。行为人退缴款项时,并未彻底丧失其对该款项的所有权,税务机关也未获得实际清偿。因此,法院宣告没收成为确保款项所有权转移和税收债权清偿的必要步骤。法院宣告没收为款项的终局处分提供了裁判依据,确保了法律程序的完整性和正当性,有助于明确款项的最终去向,以及如何用于补偿国家税收损失。在刑事诉讼中,需要协调退缴款项的临时措施与税务机关征缴权的行使,确保两者之间的衔接和一致性。法院在宣告没收时,应考虑行为人的退缴行为,并在裁判中明确其对没收结果的影响。

第四节　常见问题与实务探讨——以案说法

一、扣缴义务人是否适用逃税罪"初犯免责"条款

根据《刑法》第 201 条第 4 款的规定,针对首次逃税行为,若在税务机关依法下达追缴通知后,当事人能够及时补缴应纳税款、缴纳滞纳金,并已受到相应的行政处罚,则通常不会被追究刑事责任,这就是通常所说的"初犯免责"条款。

与此同时,《税收征收管理法》第 4 条明确指出,扣缴义务人是指依据税法规定,负有代扣代缴、代收代缴税款义务的单位和个人。这些扣缴义务人必须依法履行其扣缴和代缴税款的职责。

那么,《刑法》第 201 条第 4 款规定的"初犯免责"是否适用于扣缴义务人?从司法实践来看,答案是否定的。下文以新实良种股份公司、新实良种有限公司等逃税罪案[1]为例,具体说明。

(一)案情简介

2008 年 1 月至 2014 年 12 月,孟某江为新实良种股份公司、新实良种有

[1] 参见新疆维吾尔自治区昌吉市人民法院刑事判决书,(2020)新 2301 刑初 232 号。

限公司的法定代表人,明知新实良种有限公司为扣缴义务人,采取隐瞒手段进行虚假纳税申报,在支付劳动费过程中不缴已代扣的个人所得税3,792,099.5元。公诉机关认为,被告单位新实良种股份公司虚开发票385份,金额11,562,873.05元;被告单位新实良种有限公司采取欺骗、隐瞒的手段进行虚假申报,不缴已扣税款3,792,099.5元,被告人孟某江作为上述两公司直接负责的主管人员,其行为已触犯《刑法》第201条,犯罪事实清楚,证据确实、充分,应当以逃税罪追究其刑事责任。

(二)争议焦点

被告单位新实良种有限公司和被告人孟某江认为,其事后向税务机关缴纳了25万元税款,同时提交了书面延期缓交申请书,依法不应认定为"不交税款"。新实良种有限公司已接受了行政处罚,根据《刑法》第201条第4款的规定,不应当追究逃税罪的刑事责任。

法院认为,被告单位新实良种有限公司因虚开发票受到税务机关的行政处罚,不能替代刑事处罚。被告单位新实良种有限公司认为其作为代扣代缴义务人应适用《刑法》第201条第4款的规定的辩解,不符合法律规定,法院不予采纳。判决被告单位新实良种有限公司和被告人孟某江均构成逃税罪。

(三)案件评析

一般观点认为,根据《刑法》第201条第4款的规定,有该条第1款的行为,税务机关依法下达追缴通知后,补缴应纳税款,缴纳滞纳金,已受行政处罚的,不予追究刑事责任;而第1款规定的仅是纳税人采取欺骗、隐瞒手段进行虚假纳税申报以逃避缴纳税款。《刑法》第201条第4款并没有规定有该条第2款的行为,经税务机关依法下达追缴通知后,补缴应纳税款,缴纳滞纳金,已受行政处罚的,不予追究刑事责任。因此,扣缴义务人不适用"初犯免责"条款。

还有观点认为"扣缴义务人不缴、少缴已扣、已收税款,实际上较纳税人逃避缴纳税款而言具有更严重的社会危害性,侵犯了国家的税收征收制度与国家财产权,而后者只侵犯了国家的税收征管制度,这种本质上的差别决定了对扣缴义务人不能够适用初犯免责。另外,如果一旦扣缴义务人可以在采取补救措施后免责，这与其他侵犯财产犯罪后的补救行为，如盗窃后又将赃物返还，只能作为量刑情节而不影响定罪所体现的刑事政策不一致，从而影响刑法总体上刑事政策的协调性、一致性"[1]。

本书认为，逃税罪为"行政犯"，能够通过行政执法手段予以解决，尽量不动用刑法，这也是《刑法》第201条第4款规定"初犯免责"条款的初衷，即追征税款和滞纳金以及加以严厉的行政处罚，[2]在追回国家税款、维护国家税收利益的同时，使违法者为其税收违法行为付出沉重的代价，让其深切感受到税收违法行为所带来的"税痛"。同时，"初犯免责"条款的适用给违法者一次改过自新的机会，将税法的"罚"与刑法的"免"、税法的严厉与刑法的宽容相结合，从而起到惩罚与教育相结合的作用。另外，刑法的谦抑性原则也要求以最少量的刑罚取得最大的刑罚效果，在较轻的刑罚就能取得刑罚效果时，不应当采用较重的处罚。《刑法》第201条第2款规定"扣缴义务人采取前款所列手段，不缴或者少缴已扣、已收税款，数额较大的，依照前款的规定处罚"。从文义解释的角度来说，扣缴义务人有不缴或者少缴已扣、已收税款的行为参照第1款的规定处罚，而第4款规定有第1款行为的可以适用"初犯免责"，扣缴义务人有不缴或者少缴已扣、已收税款的行为在参照第1款处罚时，不能仅参照"罚"的部分，也应参照"免"的部分，应当适用"初犯免责"条款。这不仅有利于税务机关追缴税款，也给予扣缴义务人纠正纳税行为的机会，对维护企业正常经营发展具有重要作用。

二、非因自身原因无法行使处罚阻却事由的法定权利是否可阻却构成犯罪

对于系初犯的当事人，在税务机关下达相关决定书后，若其非因自身的原因无法缴纳税款及滞纳金，是否可以直接追究其逃税罪的刑事责任？逃税罪处罚阻却事由是法律赋予当事人的法定权利，若当事人非因自身的原因未缴相关款项，则不应当直接追究其刑事责任，保障当事人行使处罚阻却

[1] 《李翔：论逃税犯罪中的"初犯免责"条款》，载洛阳市人民检察院官网2018年10月5日，http://www.luoyang.jcy.gov.cn/examine/skipExamineDetails? id=1748。

[2] 《税收征收管理法》第63条第2款规定："扣缴义务人采取前款所列手段，不缴或者少缴已扣、已收税款，由税务机关追缴其不缴或者少缴的税款、滞纳金，并处不缴或者少缴的税款百分之五十以上五倍以下的罚款；构成犯罪的，依法追究刑事责任。"

事由的权利后其仍不能缴纳相关款项的，才追究其刑事责任。下文以孟某某非法经营罪、逃税罪案[1]为例进行分析。

（一）案情简介

2006年4月，淮安市某制品有限公司通过出让方式取得某宗国有土地，土地用途是“工业用地”。2007年8月开始，在淮安市某制品有限公司未取得建设工程规划许可证、建筑工程施工许可证的情况下，被告人孟某某系该公司的实际负责人，擅自改变土地用途，在宗地西南侧建成五层三单元共30套房屋的住宅楼一幢。住宅楼竣工前，孟某某与承建方签协议，约定用其中20套房（包括未建的东楼10套）抵冲厂房及在建住宅楼的工程款。

2009年1月开始，在淮安市某制品有限公司未取得商品房预售许可证的情况下，被告人孟某某以“预交房款”“购房定金”“预收住房集资款”抵冲工程款或欠款的方式，先后以淮安市某制品有限公司的名义将住宅楼28套房屋出售给赵某甲、居某某、侯某某、欧某、李某甲等人。2009年房屋销售收入达1,579,360元，2010年房屋销售收入达2,504,463.56元。2011年10月17日起，被告人孟某某因涉嫌逃税罪被羁押。

被告人孟某某售房不进行纳税申报，使淮安市某制品有限公司逃避缴纳营业税、城市维护建设税、城镇土地使用税合计136,286.8元，逃税率为48.5%。2012年10月16日，税务机关向淮安市某制品有限公司送达税务行政处理决定书，限令其15日内将上述税款及滞纳金缴纳入库，由刘某甲代表淮安市某制品有限公司在该文书的送达回证上盖公司印章签收。但作为淮安市某制品有限公司实际负责人的孟某某，自2011年10月17日即一直被羁押，刘某甲无法将税务行政处理决定书转交给被告人孟某某。期满后，淮安市某制品有限公司未缴纳税款及滞纳金。

（二）争议焦点

被告人孟某某作为淮安市某制品有限公司的实际负责人，因客观原因无法知晓和处理税务机关要求缴纳税款及滞纳金的事宜，是否阻却构成逃税罪。

---

〔1〕参见江苏省淮安市中级人民法院刑事裁定书，(2022)苏08刑再1号。

原审法院认为，被告人孟某某以淮安市某制品有限公司名义非法经营房地产，不进行纳税申报，逃避缴纳税款数额较大并且占应纳税额10%以上，作为单位的直接责任人，其行为构成逃税罪，因此判决被告人孟某某构成逃税罪。

某市检察院抗诉认为，在没有按照税法的规定给予淮安市某制品有限公司及其实际负责人15日履行期限的情形下，公安局当天即对淮安市某制品有限公司以逃税罪决定立案，剥夺了孟某某依据《刑法》第201条第4款的规定行使逃税罪处罚阻却事由的法定权利。在尚不具备法律规定的逃税罪立案条件的情形下，即对淮安市某制品有限公司以逃税罪决定立案，并追究该公司实际负责人孟某某逃税罪的刑事责任，程序严重违法，影响了孟某某逃税罪的成立，原审法院据此以逃税罪对孟某某处刑罚显然错误。

再审法院认为，在该案尚不具备法律规定的逃税罪立案条件的情形下，对淮安市某制品有限公司以逃税罪立案，并追究孟某某逃税罪的刑事责任，剥夺了孟某某可以行使逃税罪处罚阻却事由的法定权利，程序违法，原审法院以逃税罪对孟某某判处刑罚显然错误，因此改判孟某某无罪。

（三）案件评析

《刑法》第201条第4款明确规定，有第1款行为，经税务机关依法下达追缴通知后，补缴应纳税款，缴纳滞纳金，已受行政处罚的，不予追究刑事责任。该案中，虽然税务机关下达了税务行政处理决定书，但是孟某某处于被羁押的状态，无从知晓决定书的内容，也无法缴纳款项，未在规定期限内补缴税款系非自身原因所致。原审法院不考虑孟某某系非自身的客观原因未补缴税款，认定其构成逃税罪，显然剥夺了孟某某行使逃税罪处罚阻却事由的法定权利，再审法院改判孟某某无罪，适用法律正确。

三、不起诉案件对办理逃税罪案件的实务借鉴

不起诉，是指检察院在审查起诉后作出不将案件移送法院审判而终止诉讼的决定，包括法定不起诉、酌定不起诉和证据不足不起诉。通过在12309中国检察网检索有关逃税罪不起诉的案例，本书尝试对相关案例进行分析，以便对办理逃税罪案件有所参考。

(一)法定不起诉案例及分析

法定不起诉,是指《刑事诉讼法》第 177 条第 1 款规定的不起诉。《刑事诉讼法》第 177 条第 1 款规定:“犯罪嫌疑人没有犯罪事实,或者有本法第十六条规定的情形之一的,人民检察院应当作出不起诉决定。”《刑事诉讼法》第 16 条规定:“有下列情形之一的,不追究刑事责任,已经追究的,应当撤销案件,或者不起诉,或者终止审理,或者宣告无罪:(一)情节显著轻微、危害不大,不认为是犯罪的;(二)犯罪已过追诉时效期限的;(三)经特赦令免除刑罚的;(四)依照刑法告诉才处理的犯罪,没有告诉或者撤回告诉的;(五)犯罪嫌疑人、被告人死亡的;(六)其他法律规定免予追究刑事责任的。”

1. 虽构成逃税罪,但已过追诉时效

江西省万年县人民检察院万检一部刑不诉〔2020〕20 号不起诉决定书的不起诉理由为:被不起诉人孙某某的行为虽构成逃税罪,但已过追诉时效期限。依照《刑法》第 87 条、《刑事诉讼法》第 16 条第 2 项、第 177 条第 1 款的规定,决定对孙某某不起诉。

本书结合上述案例分析认为,《刑法》第 87 条规定:“犯罪经过下列期限不再追诉:(一)法定最高刑为不满五年有期徒刑的,经过五年;(二)法定最高刑为五年以上不满十年有期徒刑的,经过十年;(三)法定最高刑为十年以上有期徒刑的,经过十五年;(四)法定最高刑为无期徒刑、死刑的,经过二十年。如果二十年以后认为必须追诉的,须报请最高人民检察院核准。”根据《刑法》第 201 条第 1 款的规定,逃税罪共有两个量刑幅度:一是数额较大并且占应纳税额 10% 以上的,处 3 年以下有期徒刑或者拘役,并处罚金;二是数额巨大并且占应纳税额 30% 以上的,处 3 年以上 7 年以下有期徒刑,并处罚金。如果行为人适用第一个量刑幅度,则经过 5 年,即过追诉时效期限;如果行为人适用第二个量刑幅度,则经过 10 年,即过追诉时效期限。

2. 行为人在税务机关依法下达追缴通知后,补缴应纳税款,缴纳滞纳金,已受行政处罚

四川省雷波县人民检察院雷检一部刑不诉〔2020〕13 号不起诉决定书的不起诉理由为:被不起诉人尹某某采用隐瞒手段进行虚假纳税申报,逃避缴纳税款数额较大并且占应纳税额 10% 以上,其行为已触犯《刑法》第 201 条的规定,犯罪事实清楚,证据确实、充分,应当以逃税罪追究其刑事责任。但

被不起诉人尹某某经税务机关依法下达追缴通知后，补缴了应纳税款，缴纳了滞纳金，已受行政处罚，根据《刑法》第 201 条第 4 款的规定，不予追究其刑事责任。根据《刑事诉讼法》第 177 条的规定，决定对尹某某不起诉。

本书结合上述案例分析认为，《刑法》第 201 条第 4 款规定，行为人在“经税务机关依法下达追缴通知后，补缴应纳税款，缴纳滞纳金，已受行政处罚的，不予追究刑事责任；但是，五年内因逃避缴纳税款受过刑事处罚或者被税务机关给予二次以上行政处罚的除外”。因此，行为人在规定的期限内缴纳税款、滞纳金、罚款，且 5 年内没有因逃避缴纳税款受过刑事处罚或者被税务机关给予二次以上行政处罚的，不予追究刑事责任。

3. 税务机关未经依法处理直接将案件移送至公安机关，违反税务行政前置程序，且未依法向行为人下达追缴通知

山东省梁山县人民检察院梁检公诉刑不诉〔2019〕1 号不起诉决定书的不起诉理由为：被不起诉人李某某的行为虽构成逃税罪。但因税务部门未经依法处理直接将案件移送至梁山县公安局，也未依法向被不起诉人李某某下达追缴通知，根据《刑法》第 201 条第 4 款的规定，不予追究被不起诉人李某某的刑事责任。依照《刑事诉讼法》第 16 条第 6 项和第 177 条第 1 款的规定，决定对李某某不起诉。

本书结合上述案例分析认为，《刑法》第 201 条第 4 款规定：“有第一款行为，经税务机关依法下达追缴通知后，补缴应纳税款，缴纳滞纳金，已受行政处罚的，不予追究刑事责任；但是，五年内因逃避缴纳税款受过刑事处罚或者被税务机关给予二次以上行政处罚的除外。”由此可见，税务机关的行政处理是认定逃税罪的前置程序，如果没有经过税务机关的行政处理，直接进行刑事立案，则无法成立该罪。

（二）酌定不起诉案例及分析

对于犯罪情节轻微，依照刑法规定不需要判处刑罚或者免除刑罚的，检察院可以作出不起诉决定。

1. 未在税务机关规定的期限内缴清税款、滞纳金，刑事立案后补缴税款，税务机关同意可以暂缓缴纳滞纳金

沽源县人民检察院沽检一部刑不诉〔2020〕13 号不起诉决定书的不起诉理由为：被不起诉人白某甲采取隐瞒不申报手段，逃避缴纳税款

7,971,537.16 元,数额巨大,逃避缴纳税款比例为 33.83%,经税务机关依法下达追缴通知后,仍不补缴应纳税款、不缴纳滞纳金,其行为触犯了《刑法》第 201 条之规定,犯罪事实清楚,证据确实、充分,应当以逃税罪追究其刑事责任。但该案中,被不起诉人白某甲案发后如实供述自己的犯罪事实,自愿认罪认罚,诚心悔罪,全部缴清未申报、逃避缴纳的税款,且系初犯、偶犯,犯罪情节轻微。依据《刑事诉讼法》第 177 条第 2 款之规定,决定对白某甲作相对不起诉。

本书结合上述案例分析认为,税务机关下达追缴通知后会在法律文书中规定税款、罚款、滞纳金的缴清时间,当事人如果未在规定的时间之内缴清上述款项,则已经构成逃税罪。刑事立案之后再缴清税款、滞纳金、罚款不影响逃税罪的成立,但是可以作为影响犯罪情节的因素,进而影响酌定不起诉的认定。

2. 未在税务机关规定的期限内缴清税款、滞纳金、罚款,刑事立案后补缴税款、滞纳金、罚款,涉案金额较小

深圳市宝安区人民检察院深宝检刑不诉〔2019〕698 号不起诉决定书的不起诉理由为:案发后,张某某妻子钟某燕于 2019 年 7 月 16 日,8 月 1 日、8 月 14 日向国家税务总局深圳市税务局第四稽查局全额补缴税款及罚款利息合计 207,530.73 元。张某某虽实施了《刑法》第 201 条规定的行为,但犯罪情节轻微,根据《刑法》第 37 条的规定,不需要判处刑罚。依据《刑事诉讼法》第 177 条第 2 款的规定,决定对张某某不起诉。

本书结合上述案例分析认为,涉案金额及刑事立案后补缴税款、滞纳金、罚款是作出酌定不起诉认定的重要因素,该案税款、滞纳金、罚款的金额为 207,530.73 元,金额较小,且刑事立案后涉案款项已缴清,最终检察机关作出了不起诉的决定。

3. 行为人主动投案,补缴税款及滞纳金,积极解决问题,有利于维护社会稳定

湖北省松滋市人民检察院鄂松检刑不诉〔2018〕18 号不起诉决定书的不起诉理由为:在松滋某置业有限公司逃税罪案中,被不起诉人万某某为公司股东、直接责任人,采取虚假申报或不申报等手段,逃避缴纳税款数额较大,其行为触犯了《刑法》第 201 条,犯罪事实清楚,证据确实、充分,应当以逃税罪追究其刑事责任。鉴于被不起诉人万某某主动投案,如实供述,应认定为自首;被不起诉人万某某立案后补缴税款及滞纳金共计400余万元,弥补了国家损失,可酌情从轻处罚;被不起诉人万某某在企业亏损的情况下,尽力处理公司遗留问题,使该项目的业主能够顺利入住,维护了社会稳定,侦查机关建议对其从轻、减轻或免除刑事处罚。根据《刑法》第37条、《刑事诉讼法》第177条第2款,决定对被不起诉人万某某酌定不起诉。经分析认为,被不起诉人万某某立案后补缴税款及滞纳金的行为是检察院作出酌定不起诉处理的关键因素,该案涉案金额虽然较大,但自首、全额补缴税款、积极消除社会影响等情节,使整体社会危害性降低,符合"情节轻微"的标准,侦查机关建议从宽处罚,进一步支持了酌定不起诉的合理性。

(三)证据不足不起诉案例及分析

对于二次补充侦查的案件,检察院仍然认为证据不足,不符合起诉条件的,应当作出不起诉的决定。

1. 补充侦查后,证据不足

常德市鼎城区人民检察院常鼎检刑检刑不诉〔2020〕55号不起诉决定书的不起诉理由为:经检察院审查并退回补充侦查,检察院仍然认为鼎城区公安局认定的犯罪事实不清、证据不足。理由如下:根据《刑法》第201条的规定,要构成逃税罪,不仅要有采取欺骗、隐瞒手段进行虚假纳税申报或者不申报,逃避缴纳税款数额较大且占应纳税额10%以上的逃税行为,还要有经税务机关依法下达追缴通知后,行为人拒绝补缴应纳税款、拒绝缴纳滞纳金等不接受行政处罚的行为,这样司法机关才能追究其刑事责任。如果行为人在5年内因逃避缴纳税款受过刑事处罚或者被税务机关给予二次以上行政处罚,则不再适用《刑法》第201条第4款中的处罚阻却事由。在单位犯罪中,单位的刑事责任能力是通过主管人员和直接责任人员等自然人来体现的,单位的行为也往往体现的是主管人员的意志。虽然湖南省某建筑设备租赁有限公司有逃税的行为,但在国家税务总局常德市税务局第二稽查局立案后下达税务处理决定书、税务处罚决定书时,一方面,对于湖南省某建筑设备租赁有限公司当时的法定代表人李某是否能主持该公司的工作,特别是在大额资金的使用这一重大事项上能否左右公司股东的意志,是否有决定权,事实不清;另一方面,实际控制人李某已被公安机关限制自由,已不能主持公司的工作,相关文书税务机关没有通过公安机关送达给李某,如果送达,对于李某是否会安排公司主动补缴税款、接受处罚,无法得出结论。也就是说,现有证据无法确认湖南省某建筑设备租赁有限公司在实际控制人控制公司时,收到税务机关相关的处理决定书后,是否会主动补缴税款、接受处罚。所以湖南省某建筑设备租赁有限公司涉嫌逃税罪的事实不清、证据不足,不符合起诉条件,且没有再次退回补充侦查的必要。依照《刑事诉讼法》第175条第4款的规定,决定对湖南省某建筑设备租赁有限公司不起诉。

本书结合上述案例分析认为,《刑法》第31条中规定:"单位犯罪的,对单位判处罚金,并对其直接负责的主管人员和其他直接责任人员判处刑罚。"该案中,对于法定代表人、实际控制人在单位犯罪过程中发挥的作用没有证据加以证明,且实际控制人在被限制人身自由的情形下,无法缴纳税款、滞纳金、罚款,能否通过缴纳税款、滞纳金和罚款进而阻却逃税罪刑事责任也尚不可知,因此,检察机关作出不起诉决定。

2. 逃税罪案件审理过程中,税务行政处理决定书被撤销,检察机关撤回起诉,作出不起诉决定

湖北省黄石市黄石港区人民检察院鄂黄港检一部刑不诉〔2020〕10号不起诉决定书的不起诉理由为:黄石港区人民检察院于2018年11月23日将该案向黄石港区人民法院提起公诉。审理期间,金某某向黄石市中级人民法院提起行政诉讼,要求原黄石市地方税务局对黄地税稽处〔2016〕61号处理决定书作出复议决定。黄石市中级人民法院在案件审理过程中,发现原黄石市地方税务局稽查局作出的税务处理决定为重大税务案件,经过原黄石市地方税务局重大税务案件审理委员会程序作出,应当告知被处罚人(金某某)向原湖北省地方税务局申请复议。2019年3月14日,金某某向国家税务总局湖北省税务局申请行政复议,同年3月21日,国家税务总局湖北省税务局要求金某某补正行政复议申请资料,同年12月6日,国家税务总局湖北省税务局受理了金某某行政复议案,于2020年6月5日作出鄂税复决字〔2020〕2号行政复议决定书,决定原黄石市地方税务局稽查局经原黄石市地方税务局重大税务案件审理委员会审理后作出《税务行政处理决定书》(黄地税稽处〔2016〕61号)的证据不足,依法予以撤销。至此,金某某涉嫌逃税罪的犯罪数额事实不清、证据不足。根据《人民检察院刑事诉讼规则》第424条第1款第4项,黄石港区人民检察院于2020年6月22日将案件撤回起诉,依照《人民检察院刑事诉讼规则》第424条第2款、《刑事诉讼法》第175条第4款的规定,决定对金某某不起诉。

本书结合上述案例分析认为,在逃税罪认定中,由于涉税犯罪具有一定的专业性,公安机关、检察机关、法院一般将税务机关移交的相关文书,尤其是《税务行政处理决定书》作为定案的重要证据。该案中,税务机关作出的《税务行政处理决定书》因税务行政复议被撤销,因此,行为人逃税罪的犯罪数额事实不清、证据不足,最终检察机关作出不起诉决定。

四、二审改判案件对办理逃税罪案件的实务借鉴

对于逃税罪案件的办理,依据事实和法律,能够为当事人从轻、减轻辩护,甚至做到无罪辩护是律师追求的目标和结果,除了上述取得不起诉的结果外,当案件进入审理阶段,如何取得追求的好结果是律师需要面临和思考的问题。以下以查询的相关二审改判案件做简要梳理,以期二审法院的改判观点能够对律师办案有所参考。

(一)二审撤销原判罪名案

王某某虚开增值税专用发票罪、逃税罪案〔1〕的改判理由为:王某某因涉嫌犯虚开增值税专用发票罪被公安机关刑事拘留后,税务机关才向王某某下达税务事项通知书通知王某某申报缴纳税款。因王某某已被限制人身自由,不具有为纳税进行准备的宽限时间,客观上不存在经税务机关通知申报而拒不申报纳税的行为,其行为不符合逃税罪的法定构成要件,不构成逃税罪。

(二)二审免于刑事处罚案

祝某、金博士公司虚开发票罪案〔2〕的改判理由为:鉴于税务机关下达追缴通知及处罚决定时,上诉人祝某已从金博士公司离职,无法再对公司产生影响,且未缴纳税款系多种原因所致,上诉人祝某逃税罪部分犯罪情节轻微,不需要判处刑罚。

---

〔1〕 参见贵州省黔南布依族苗族自治州中级人民法院刑事判决书,(2015)黔南刑终字第56号。

〔2〕 参见浙江省绍兴市中级人民法院刑事判决书,(2019)浙06刑终55号。

(三)二审改判缓刑案

杨某某逃税罪案[1]的改判理由为:上诉人归案后如实供述自己的罪行,并已缴清全部少缴税款、滞纳金以及行政罚款,依法予以从轻处罚。原判认定事实部分有误,但量刑并无不当,鉴于上诉人在二审期间缴纳了罚金,具有进一步的悔罪表现,没有再犯罪的危险,综合考量其犯罪事实、犯罪情节及危害后果,法院认为其符合缓刑的适用条件。

奥恒公司、张某逃税罪案[2]的改判理由为:上诉单位奥恒公司、上诉人张某到案后均自愿认罪,可酌情从轻处罚。二审期间,奥恒公司及张某补缴应纳税款及滞纳金,有一定悔罪表现,可对张某从轻处罚。综合考虑上诉单位奥恒公司、上诉人张某的犯罪情节、悔罪表现,决定对上诉人张某宣告缓刑,并减轻其罚金刑。

冯某逃税罪案[3]的改判理由为:上诉人冯某系金世纪公司的法定代表人,是直接负责的管理人员,依法应承担相应的刑事责任。鉴于冯某到案后如实供述犯罪事实,并当庭自愿认罪,案发后补缴了部分税款,并承诺要补缴完尚欠的税款,故可以从轻处罚,综合该案的犯罪事实、性质、情节,可对冯某判决 3 年有期徒刑,并宣告缓刑。

(四)二审认定原判决认定事实错误

杨某逃税罪案[4]的改判理由为:经二审审理查明,原判认定杨某逃税484,784.60 元是依照相关税收法律规定,结合杨某开发的房屋销售总金额8,864,200 元计算的。但杨某销售房屋的期间经历《刑法修正案(七)》实施前后,杨某在《刑法修正案(七)》实施之前实际销售房屋的金额为 484,000元,现有证据不足以证实杨某实施了 1997 年《刑法》规定的偷税罪客观方面的行为,依照从旧兼从轻的原则,对杨某在《刑法修正案(七)》实施之前销售房屋的金额应从原判认定的构成犯罪的总销售额中扣除,逃税数额亦相应减少,应认定为 458,406.60 元。另查明,二审期间,杨某亲属自愿代其缴纳

---

[1] 参见福建省福州市中级人民法院刑事判决书,(2015)榕刑终字第 553 号。
[2] 参见湖北省十堰市中级人民法院刑事判决书,(2019)鄂 03 刑终 141 号。
[3] 参见广西壮族自治区百色市中级人民法院刑事判决书,(2018)桂 10 刑终 376 号。
[4] 参见河南省信阳市中级人民法院刑事判决书,(2012)信刑终字第 300 号。

滞纳金135,534.24元及罚金50,000元。原判定罪准确,审判程序合法,但认定事实错误,导致适用法律错误,量刑不当。上诉人杨某认罪态度较好,一审期间缴纳了全部逃税款,二审期间自愿缴纳滞纳金,反映其具有悔罪表现,宣告缓刑对其所居住社区没有重大不良影响。

杨某、曙光公司逃税罪案[1]的改判理由为:关于该案的逃税数额。审理认为,根据《税收征收管理法》第45条第2款"纳税人欠缴税款,同时又被行政机关决定处以罚款、没收违法所得的,税收优先于罚款、没收违法所得"的规定,原审被告单位曙光公司已向税务机关缴纳的罚款应作为税款处理,原审被告单位曙光公司及上诉人杨某所逃缴税款为应缴税总额减去曙光公司已支付给债权人的个人所得税再减去已缴纳的罚款数,即6517894.3－791710.8－2237425.8＝3488757.7元。二审遂改判为:(1)维持一审判决第1项、第3项,即被告单位曙光公司犯逃税罪,判处罚金500,000元,被告人杨晨光犯逃税罪,判处有期徒刑3年,并处罚金200,000元。(2)撤销一审判决第二项,即对被告单位曙光公司所逃税款4,280,468.5元,由税务机关予以追缴,上缴国库。(3)对被告单位曙光公司所逃税款3,488,757.7元,由税务机关予以追缴,上缴国库。

朱某某逃税罪案[2]的改判理由为:原审判决认定上诉人朱某某同蔡某某、孙某某合伙开发建设华兴名苑小区商品房并对外销售的事实及在销售华兴名苑小区商品房中偷逃税款的事实成立,认定朱某某逃税数额为992,213.30元准确。偷税数额占应纳税额的百分比,是指一个纳税年度中的各税种偷税总额与该纳税年度应纳税总额的比例。《税务处理决定书》认定,在销售华兴名苑商品房过程中应缴销售不动产营业税1,359,629元、城市维护建设税67,981元、教育费附加40,789元、地方教育附加27,193元、印花税13,596元、个人所得税1,127,338元、土地增值税1,386,209元,应纳税、费总额为4,022,735元。朱某某应纳税总额应当认定为3,747,610元,即在上述4,022,735元中,减去教育费附加40,789元、地方教育附加27,193元及朱某某退伙后蔡某某应纳税款80,788元、靖某某应纳税款126,355元。综上,朱某某逃税额占应纳税总额的比例是26.48%。原判以

〔1〕 参见山东省聊城市中级人民法院刑事判决书,(2017)鲁15刑终156号。
〔2〕 参见黑龙江省哈尔滨市中级人民法院刑事判决书,(2019)黑01刑终322号。

朱某某逃税数额为992,213.30元,占应纳销售不动产营业税、城市维护建设税、印花税的89.15%为由,认定其逃税额占应纳税总额的30%以上错误,二审予以纠正。

(五)二审认定存在自首情节

张某逃税罪案[1]的改判理由为:上诉人张某在接到公安机关电话通知后自动投案,且到案后如实供述了自己的犯罪事实,根据最高人民法院《关于处理自首和立功具体应用法律若干问题的解释》第1条之规定,其行为构成自首,张某及辩护人的此意见成立,法院予以采纳。原审判决认定事实清楚、审判程序合法,但对张某自首情节不予认定不当,应予以纠正。结合上诉人张某有自首情节、补缴税款、认罪态度等法定、酌定量刑情节,法院决定对刑期予以调整,对张某从轻处罚。

---

〔1〕 参见四川省达州市中级人民法院刑事判决书,(2017)川17刑终230号。

第五章 抗税罪

在国家治理体系中，税收法律是维护经济秩序和保障国家财政收入的重要工具。抗税罪作为侵害国家税收征管秩序的严重违法行为，不仅破坏税收法治环境，更对社会公平和经济稳定构成威胁。本章深入剖析了我国抗税罪的历史沿革、法律规定、司法实践及裁判现状，探讨了抗税罪的法律释义、构成要件，并结合具体案例，分析了司法实践中的裁判难点和趋势，以期对法律实务者提供专业的参考和指导，共同促进税收法治社会的构建和经济的健康发展。

第一节 历史沿革与现状

抗税罪，作为破坏国家税收征管秩序的严重犯罪行为，在我国法律体系中占据重要位置。打击抗税犯罪不仅关系国家财政收入的保障，还直接影响社会经济秩序的稳定与发展。本节旨在探讨我国抗税罪的历史沿革与现状，通过分析其演变过程，揭示其法律规制的特点及面临的挑战。

一、抗税罪的历史沿革

1979 年我国正处于税收法治建设的初始阶段，1979 年颁布的《刑法》第 121 条规定："违反税收法规，偷税、抗税，情节严重的，除按照税收法规补税并且可以罚款外，对直接责任人员，处三年以下有期徒刑或者拘役。"该规定适时地将偷税、抗税行为纳入刑事法律规制之中，明确规定了对直接责任人员处以 3 年以下有期徒刑或拘役的法律后果，同时允许追缴税款和罚款。这一规定在当时对于遏制税务犯罪、树立税收法律权威、保护国家财政安全起到了关键作用，与国家发展的现实需求及司法实践紧密契合。

随着改革开放的深入推进，社会经济结构急剧变化，市场经济体制的确立对税收征管及法治建设提出了更高要求。鉴于 1979 年《刑法》中对偷税、抗税犯罪的界定较为笼统，且处罚力度相对温和，为了有效应对日益复杂的涉税犯罪形势，全国人大常委会于 1992 年通过了《偷税、抗税的补充规定》(已失效)，该规定第 6 条对 1979 年《刑法》第 121 条作了如下补充："以暴力、威胁方法拒不缴纳税款的，是抗税，处三年以下有期徒刑或者拘役，并处拒缴税款五倍以下的罚金；情节严重的，处三年以上七年以下有期徒刑，并处拒缴税款五倍以下的罚金。以暴力方法抗税，致人重伤或者死亡的，按照伤害罪、杀人罪从重处罚，并依照前款规定处以罚金。"这一补充内容明确了以暴力、威胁方式抗拒缴税的具体刑罚标准，包括有期徒刑的不同量刑档次，并引入了拒缴税款 5 倍以下的罚金制度。此外，对于抗税过程中造成他人重伤或死亡的，强调依据故意伤害罪或故意杀人罪从重处罚的同时，依然执行相应的罚金规定。

1997 年《刑法》的全面修订进一步整合并优化了上述规定。修订内容包括：首先，删去了原《偷税、抗税的补充规定》中直接涉及暴力抗税致人重伤或死亡的具体条款，转而明确此类情形应依据故意伤害罪或故意杀人罪的相关法律条文进行惩处，确保了法律适用的一致性和严肃性；其次，对罚金刑的设置进行了调整，由原先的"拒缴税款五倍以下的罚金"改为"拒缴税款一倍以上五倍以下罚金"，这一变动不仅提高了罚金的灵活性和威慑力，还实现了与逃税罪等其他涉税犯罪罚金制度的协调统一，体现了刑法对税收违法行为惩罚机制的不断完善与精细化。

总之，抗税罪的历史沿革反映了我国税收法治建设的逐步完善。当前，通过法律制度的不断健全、技术手段的创新应用以及国际合作的深化，我国税收营商环境不断优化，我国有能力有效遏制抗税行为，维护正常健康的税收环境，促进经济社会持续高质量发展。

二、抗税罪的现状

我国现行法律关于抗税罪的规定主要体现在《刑法》《税收征收管理法》等法律以及相关配套文件中，具体如下。

《刑法》第 202 条规定："以暴力、威胁方法拒不缴纳税款的，处三年以下有期徒刑或者拘役，并处拒缴税款一倍以上五倍以下罚金；情节严重的，处三年以上七年以下有期徒刑，并处拒缴税款一倍以上五倍以下罚金。"第 212 条规定："犯本节第二百零一条至第二百零五条规定之罪，被判处罚金、没收财产的，在执行前，应当先由税务机关追缴税款和所骗取的出口退税款。"

《税收征收管理法》第 67 条规定："以暴力、威胁方法拒不缴纳税款的，是抗税，除由税务机关追缴其拒缴的税款、滞纳金外，依法追究刑事责任。情节轻微，未构成犯罪的，由税务机关追缴其拒缴的税款、滞纳金，并处拒缴税款一倍以上五倍以下的罚款。"

《刑事案件立案追诉标准（二）》第 53 条规定："以暴力、威胁方法拒不缴纳税款，涉嫌下列情形之一的，应予立案追诉：（一）造成税务工作人员轻微伤以上的；（二）以给税务工作人员及其亲友的生命、健康、财产等造成损害为威胁，抗拒缴纳税款的；（三）聚众抗拒缴纳税款的；（四）以其他暴力、威胁方法拒不缴纳税款的。"

《危害税收征管刑事案件解释》第 5 条规定："以暴力、威胁方法拒不缴纳税款，具有下列情形之一的，应当认定为刑法第二百零二条规定的'情节严重'：（一）聚众抗税的首要分子；（二）故意伤害致人轻伤的；（三）其他情节严重的情形。实施抗税行为致人重伤、死亡，符合刑法第二百三十四条或者第二百三十二条规定的，以故意伤害罪或者故意杀人罪定罪处罚。"

近年来，随着国家税务总局持续推进税收征管体制改革，以及大数据、云计算等信息技术在税务管理中的应用，税收征管效率显著提升，抗税案件数量整体呈现下降趋势。同时，税务机关加大对涉税违法犯罪的打击力度，有效震慑了潜在的抗税行为，维护了税收公平与秩序。

第二节 法律释义与构成要件

抗税罪作为刑法中规制税收领域的严重违法犯罪行为的重要条款,其设立旨在维护国家税收征管秩序,保障国家财政收入的稳定与合理分配。在我国法律体系中,抗税罪不仅体现了对国家利益的保护,也是对公民诚信纳税义务的强调。本节将从法律释义、构成要件两个维度,深入剖析我国抗税罪的法律内涵及其实践应用。

一、抗税罪的法律释义

(一)刑法条文

《刑法》第 202 条规定:"以暴力、威胁方法拒不缴纳税款的,处三年以下有期徒刑或者拘役,并处拒缴税款一倍以上五倍以下罚金;情节严重的,处三年以上七年以下有期徒刑,并处拒缴税款一倍以上五倍以下罚金。"

(二)相关释义

《刑法》第 202 条规定的"抗税罪",是指负有纳税义务或者代扣代缴、代收代缴义务的个人或者企业、事业单位的直接责任人员,故意违反税收法规,以暴力、威胁方法拒不缴纳税款的犯罪。这一定义涵盖了抗税罪的犯罪主体、行为方式及其主观心态,凸显了该罪行的严重社会危害性。

1. 犯罪主体

抗税罪的犯罪主体为法律规定的负有纳税义务和代扣代缴、代收代缴税款义务的自然人以及企业、事业单位的直接责任人员。这表明,任何负有法定纳税义务或者扣缴义务的自然人以及企业、事业单位的直接责任人员,若采取不当行为拒绝履行纳税义务或者扣缴义务,均可能构成此罪。

2. 行为方式

核心在于"暴力、威胁方法"。暴力,不仅指殴打、推搡、伤害等直接的身体伤害,还包括对税务人员的人身安全、财产安全实施的破坏行为;威胁,则包括口头威胁、书面威胁以及其他足以使对方产生恐惧心理的行为,如手持凶器威吓、扬言行凶报复、威胁曝光隐私、损害名誉、加害亲属等。

实务中,纳税人如果没有采取"暴力、威胁方法",而是采取一般性的拒不缴纳税款的行为,如拒不依法办理纳税申报或者提供纳税资料,拒不接受税务机关的纳税检查,拒不按照税务机关的纳税通知或者税务执法文书履行相关纳税义务,擅自销毁账簿、记账凭证或者其他涉税资料等,则一般由税务机关按照相关税收法律规定处理,构成其他犯罪的,按照其他犯罪处理,但不能以抗税罪论处。

3. 目的性

行为人的目的是明确的,即通过暴力、威胁手段达到拒绝缴纳税款的目的。这种目的性体现了行为人的主观恶意,是区分抗税罪与一般逃税行为的关键。

二、抗税罪的犯罪构成要件

抗税罪的成立需满足一系列主客观构成要件,具体包括以下几个方面。

(一)犯罪客体

抗税罪侵犯的客体复杂多元,既触及国家税收征收管理的核心秩序,又关联到税务工作人员的人身、财产等基本权益,形成对国家税收安全与国家工作人员基本权利的双重威胁。税收作为国家机器运转的经济命脉,其征管系统的稳定直接关乎国计民生,故维护税收秩序即守护国家的根本利益和社会的公共利益。

(二)犯罪客观方面

在客观要件方面,抗税罪通过暴力、威胁手段,直指税务征收的核心环节,意图阻挠税款的合法征收。这里的暴力不仅限于肢体冲突或物质损坏,更扩展至一切能对税务人员造成心理压迫,干扰其正常履行职责的行为。无论是显性的物理攻击,还是隐性的精神胁迫,只要足以对征税活动构成有效阻碍,便都落入抗税罪的规制范畴。这一界定,旨在全面覆盖所有可能妨碍税收公正征收的行为模式,确保税收征管活动的顺畅与安全。

抗税罪表现为以暴力、威胁方法拒不缴纳税款的行为,这是抗税罪与逃税罪的根本区别。拒不缴纳税款有五种情况:一是拒绝办理税务登记;二是拒绝办理纳税申报及提供纳税资料；三是拒不按期缴纳税款；四是拒绝缴纳滞纳金；五是拒绝接受税务机关检查。只要行为人采用暴力、威胁手段的目的是拒绝履行上述五种义务中的一种，即符合抗税罪的客观方面条件。

抗税罪表现为违反《税收征收管理法》等税收法律、法规的行为。如果行为人没有违反税收法律、法规，则不构成抗税罪。例如，没有纳税义务的个人用暴力阻碍税务人员征税，虽然客观上使他人得以拒不缴纳税款，但其行为违反的不是税收法律、法规，不能以抗税罪论处。

（三）犯罪主体

抗税罪的犯罪主体为特殊主体，即负有法定纳税义务和扣缴义务的人，并且只能是自然人，单位不能成为该罪的犯罪主体。

有人认为，虽然《刑法》第 202 条没有明确规定单位可以成为抗税罪的主体，但从《刑法》的立法精神以及抗税罪和逃税罪的联系来看，抗税罪的主体应与逃税罪的主体相同，既包括负有纳税义务的自然人，也包括负有纳税义务的单位。单位犯抗税罪的，由其直接负责的主管人员和直接责任人员承担刑事责任。这意味着，无论是直接负责纳税的自然人，还是承担纳税职责的企业法人代表、财务负责人等单位直接责任人员，只要在税收征管框架内扮演“纳税”角色，均可能成为抗税罪的主体。这样的设定确保了法律覆盖范围的广泛性与针对性，强化了所有纳税义务主体的责任意识与法律约束。

（四）犯罪主观方面

抗税罪要求行为人具备直接故意的心理状态，即明确认知自身的纳税义务，却蓄意选择以暴力或威胁的方式拒绝履行。这种主观故意，不仅是对税收法律的漠视，更是对国家税收制度权威性的直接挑战以及对国家工作人员人身、财产安全等基本权利的漠视，体现了行为人对社会规则的公然违背与对抗。通过对主观故意的严格判定，法律旨在从根本上打击那些有预谋、有计划的抗税行为，维护税收法律的严肃性和执行力。

综上所述，抗税罪的法律构成要件从客体、客观、主体、主观四个维度，构建了一套严密的法律评价体系。这一体系不仅明确了抗税行为的法律边界，也为司法实践提供了可操作性的指引，可以实现对抗税行为的有效打击与预防,从而维护国家税收秩序和国家工作人员的人身、财产安全,维护国家和社会公共利益,促进社会经济的健康发展。

第三节　司法实践的裁判现状

在探讨抗税罪的司法实践和裁判现状时,须基于现有的法律框架和公开的裁判文书,结合理论与实际案例,进行综合分析。抗税罪作为侵犯国家税收管理秩序的严重犯罪,其裁判不仅体现了法律的严谨性,也彰显了对国家经济安全的维护和对税收公平原则的坚持。

一、抗税罪的基本概况

目前关于抗税罪的案件数量并不多。本书以“抗税罪”为刑事案件的案由,截至 2024 年 12 月 31 日,在中国裁判文书网上仅检索到 17 条记录,这些案件大多为 20 世纪八九十年代或者 21 世纪初审理终结的抗税刑事案件所衍生出来的刑事申诉或者审判监督案件;以“抗税罪”为关键词,截至 2024 年 12 月 31 日,在威科先行数据库上也仅检索到 40 条记录,在剔除无关案件后,抗税罪案件已经寥寥无几,近 5 年更是如此。可见,随着我国税收法治水平的提高、税收征管技术的进步以及我国公民法律意识的提升,以暴力、威胁方法拒不缴纳税款的抗税行为已经逐渐“退隐江湖”。

二、如何通过《危害税收征管刑事案件解释》理解抗税罪

(一)抗税情节严重的认定

《危害税收征管刑事案件解释》第 5 条第 1 款规定,以下几种情形应当被认定为《刑法》第 202 条规定的“情节严重”:

(1)聚众抗税的首要分子,即组织、领导或煽动他人参与抗税活动的首要责任人。

(2)故意伤害致人轻伤的行为,即在抗税过程中故意伤害他人身体,造成他人轻伤的行为。

(3)其他情节严重的情形,这是一个兜底条款,用于涵盖其他未明确列

出但同样严重的抗税行为。

(二)加重处罚的情形

根据《危害税收征管刑事案件解释》第 5 条第 2 款的规定,如果抗税行为导致他人重伤或死亡,则根据《刑法》第 234 条(故意伤害罪)或第 232 条(故意杀人罪)的规定,分别以故意伤害罪或故意杀人罪定罪处罚。这体现了对严重暴力抗税行为的严厉打击。

(三)法律适用的明确性

该司法解释为法院审理抗税案件提供了明确的法律适用标准,有助于统一裁判尺度,确保法律的正确实施。

(四)预防和威慑作用

该司法解释通过明确规定抗税行为的法律后果,有助于增强纳税人的法律意识,预防抗税行为的发生,并对潜在的抗税行为产生威慑作用。

(五)保护国家利益和社会秩序

抗税罪的严厉打击有助于维护税收征管秩序,保护国家税收利益,同时维护社会秩序和公共安全。

三、抗税罪的司法认定及裁判趋势

(一)罪名界定

1. 审慎处理税收争议的多样性

税收争议源于纳税人与征税机关间存在的利益差异及认知偏差。解决这类争议,应注重以下两点。

(1)纳税人责任争议:若纳税人因误解税务政策,且税务工作人员未充分解释而产生抗税行为,情节轻微的,则不宜轻易定性为犯罪。但若纳税人在此基础上进一步使用暴力导致税务人员受伤,则应依据故意伤害罪处理。

(2)征税机关责任争议:税务人员因工作失误、对税法理解偏差等造成征税错误,进而引发的争议中,若税务方固执己见,导致纳税人以暴力或威胁方式回应,考虑到纳税人缺乏主观恶意,不应认定为抗税罪。但若暴力行为导致税务人员伤亡,可视情节按故意伤害罪或故意杀人罪定罪量刑,同时考虑税务人员过错对量刑的影响。

2. 抗税罪与逃税罪的界限

抗税罪与逃税罪区别的关键在于客观方面的不同。单位相关负责人员或个人采取伪造、变造、隐匿、擅自销毁和虚假记录账簿等手段,在税务机关通知申报后仍不申报或虚假申报,少缴或不缴税款,情节严重的,构成逃税罪。若单位的直接责任人员或个人采取暴力、威胁的行为拒不缴纳税款,不仅侵犯国家税收管理制度,还侵犯税务人员的人身权利,则构成抗税罪。

3. 抗税罪与妨害公务罪的界限

抗税罪与妨害公务罪的本质区别在于行为人的目的。非纳税义务人或虽为纳税义务人但非出于抗税目的,以暴力、威胁手段阻止税务人员执行职务的,应视为妨害公务罪。值得注意的是,非纳税义务人协助、怂恿纳税人暴力抗税,且情节严重的,可作为抗税罪的共犯处理。

(二)裁判重点、难点

抗税罪作为一种严重的涉税犯罪,其裁判难点主要集中在以下几个方面。

(1)主观故意的甄别。抗税罪要求行为人以暴力、威胁方法故意拒绝缴纳应缴税款,因此,判断行为人是否负有纳税义务或者扣缴义务,以及是否存在拒不缴纳税款的主观故意,成为司法裁判中认定行为人的行为是否构成抗税罪的一个重要因素。区分故意抗拒与误解、沟通不畅导致的冲突,需要细致入微的证据分析和事实查明。

(2)暴力、威胁行为的界定。准确界定行为人的行为是否构成暴力或威胁,是司法裁判中认定行为人的行为是否构成抗税罪的另一个重要因素。暴力既可以是直接的身体攻击,也可以是间接的破坏财产等行为,而威胁则可能涉及口头威胁、书面威胁或是其他形式的心理压迫。裁判中需要严格区分这些行为的性质和程度,以及它们与拒绝缴税之间的直接因果关系。

(3)证据收集与认证。抗税案件中,证明行为人使用暴力或威胁手段的证据往往比较难以收集,尤其是直接证据。证人证言、视听资料、现场勘查笔录等证据的取得和认证过程复杂,需要高度的专业性和合法性保障,以确保裁判的公正性。

(4)量刑标准的把握。抗税罪的量刑与行为的恶劣程度、造成的社会影响、是否多次实施等因素紧密相关。裁判时如何在法律规定范围内合理确定刑罚,既体现法律的严肃性,又做到罪责刑相适应,是一大挑战。

(5)法律适用的复杂性。抗税罪可能与其他犯罪行为交织,如同时涉及诈骗、职务侵占、妨害公务等,如何准确区分罪与非罪、此罪与彼罪,避免重复评价,是裁判中的难点。

(6)社会影响与舆论导向。抗税案件往往引起社会广泛关注,裁判过程中如何平衡法律效果与社会效果,处理好与媒体、公众情绪的关系,确保裁判的公正性和权威性,是不容忽视的问题。

(三)裁判趋势

抗税罪的裁判趋势体现出以下几个方向。

(1)严格执法与精准量刑。随着国家对税收秩序维护的重视,裁判实践对抗税罪呈现出更为严格的执法态度,力求精准量刑,确保对犯罪行为的有效打击。这意味着对于抗税行为,法院依据法律规定,结合案件的具体情节和社会危害性作出适当判决,既不轻纵也不过度惩罚。

(2)强化证据规则。裁判中对抗税罪证据的审查趋于严格,强调证据的合法性、关联性和充分性。利用现代科技手段,如视频监控、电子数据取证等,提高证据收集和保全的效率与质量,确保裁判建立在坚实证据的基础之上。

(3)关注行为性质与后果。在量刑时,不仅关注暴力、威胁行为本身,还重视这些行为对税收征管秩序的破坏程度、对税务人员人身安全的威胁以及对社会公共利益的影响。裁判时会全面考量犯罪行为的性质、手段、后果及行为人的认罪态度、补救措施等因素。

(4)保护纳税人合法权益。在严厉打击抗税犯罪的同时,裁判也注重保护纳税人的合法权益,确保税务执法程序的合法性,防止滥用职权。裁判实践中会注意区分正当维权与恶意抗税的界限,避免对合法纳税人权益的不当侵害。

(5)提升司法透明度与公众教育。通过公开裁判文书、举办公开庭审等方式增加抗税罪案件的透明度,既展示法律的权威,也起到震慑潜在犯罪和普及税法知识的作用。裁判文书通常会详细说明裁判理由,增强公众对税法的理解和遵守意愿。

(6)促进税收遵从与社会信用体系建设。裁判趋势还体现在通过典型案例的裁判,推动全社会的税收遵从意识,促进诚信纳税文化的建设。对于抗税行为的严厉处罚,有助于构建更加公平、有序的税收环境,为社会信用体系的完善贡献力量。

总之,抗税罪的司法实践,是对国家税收管理制度的法律捍卫,也是对经济秩序和社会公平的维护。随着法律体系的不断完善和技术手段的不断进步,我国司法机关在处理抗税案件时,正逐步形成一套高效、公正的裁判机制。然而,面对日益复杂的经济形势和犯罪手段,还需继续探索创新,不断提升司法能力,确保税收法律的有效实施,营造良好的税收法治环境。

第四节　常见问题与实务探讨——以案说法

抗税罪作为刑法中的一个重要罪名,在司法实践中的理解和适用经常伴随一系列争议,本节将结合案例深入分析探讨抗税罪。

一、抗税罪犯罪主体的认定

抗税罪作为一种侵害国家税收征管秩序的犯罪行为,其法律构成要件规定在《刑法》第 202 条。但该条对犯罪主体并未予以明确规定,导致对于抗税罪的犯罪主体是否仅限于纳税人和扣缴义务人,还是也包括纳税担保人,甚至包括不负有纳税义务和扣缴义务的一般人员,司法实践中存在较大争议。下文以陈某、范某抗税罪案[1]为例,具体说明抗税罪犯罪主体认定方面的复杂性。

(一)案情简介

2001 年 7 月初,某县税务机关一分局干部丁某,到个体营运车辆户陈某家征收其上半年的 2100 元税款。陈某称经济上有困难,要求暂缓缴纳,并说

〔1〕 参见华律网整理:《抗税罪案例》,载华律网 2012 年 11 月 12 日,https://www.66law.cn/goodcase/15870.aspx。

税款由其在县城某公司工作的表兄范某担保缴纳。丁某遂与陈某于当日找到范某,范某表示其表弟陈某的税款由其担保缴纳,时间最长半个月,此事无须再找陈某。丁某信以为真。半个月后,范某未向税务机关缴纳分文税款,于是丁某找到范某,要求他履行纳税义务。范某当即表示自己不是纳税人,税务机关向他征税是错误的,并要丁某向其道歉。丁某遂与之发生争执,争执过程中,范某转身到附近一家餐馆拿出一把菜刀,朝丁某连砍10余刀,致丁某当场昏迷,送医院急救后脱离生命危险。经法医鉴定,丁某为重伤。

案发后,某县税务机关要求公安机关以暴力抗税罪立案严惩凶手,而公安机关认为范某不构成暴力抗税罪,其理由是范某既不是纳税人,也不是有效的纳税担保人,以暴力抗税罪立案显然没有犯罪主体,最后以一般刑事案件立案处理。

(二)争议焦点

该案的争议焦点在于抗税罪的犯罪主体是否包括除纳税人以外的其他人。最终法院认定陈某和范某的行为构成抗税罪,并依法进行了处罚。

(三)案件评析

该案中,尽管范某可能不是法定有效的纳税担保人,但他的担保承诺使税务人员丁某有理由相信税款能够得到缴纳。当范某拒不履行承诺并且使用暴力抗拒时,他的行为实际上是对正常税收征管秩序的破坏。这种行为与陈某本身逃避纳税义务的行为相结合,构成了抗税罪的共同犯罪。在共同犯罪中,陈某作为纳税人有纳税义务却试图逃避,范某通过暴力手段帮助陈某抗拒纳税,他们的行为符合抗税罪的整体犯罪构成。

本书认为,法院认定陈某和范某构成抗税罪是合理的。从维护税收征管秩序的角度出发,这种判决能够起到威慑作用,防止纳税人及其相关人员通过不正当手段逃避纳税义务并且抵制税务执法,对于保障国家税收收入的正常征收和税务执法人员的人身安全等诸多方面都有着重要的意义。同时,这也体现了法律对于任何破坏税收征管秩序的暴力行为的严肃制裁。

这些问题在不同的司法管辖区和具体案件中可能存在不同的认定,从而影响抗税罪定罪与量刑的准确性和一致性。因此,为了提高司法判决的准确性和可预测性，有必要对抗税罪的犯罪主体予以明确。

二、抗税罪主观故意的认定

抗税罪的成立必须基于行为人的主观故意，即行为人必须明知自己有纳税义务却以暴力、威胁方法故意拒不履行纳税义务。然而，在司法实践中，证明行为人的主观故意存在一定的困难，特别是在行为人提出对税法不了解或存在误解的辩护时。主观故意的认定要求深入分析行为人的心理状态和行为模式。行为人“明知”自己有纳税义务通常意味着他们对税法有清晰的认识，并且意识到自己应当履行纳税义务。然而，税收法律复杂繁多，部分法律晦涩难懂，甚至连涉税专业人员都存在理解上的障碍，因此，当行为人声称自己对税法不了解或存在误解时，需要仔细审查其声称的真实性，并结合具体证据来判断其是否构成合理的抗辩。下文以杜某某抗税罪案[1]为例，具体说明。

（一）案情简介

1994 年 5 月 11 日 7 时许，被告人杜某某在某市室内市场第二十五号销售水产品时，市场税务助征员孙某某、李某某依法向被告人杜某某征收 8 元的定额税，杜某某置之不理，拒绝缴税。助征员李某某向其指出，不缴税应停止营业，杜某某先后殴打孙某某、李某某二人并致其受伤。经司法部司法鉴定科学技术研究所法医鉴定：被害人孙某某外伤后左侧第八、九、十肋骨骨折；被害人李某某左耳外伤性鼓膜穿孔；两人伤情均构成轻伤。上述事实有相应的证据证明。《偷税、抗税的补充规定》（已失效）第 6 条第 1 款规定：“以暴力、威胁方法拒不缴纳税款的，是抗税……并处拒缴税款五倍以下的罚金。”被告人杜某某在从事水产经营活动中，作为纳税义务人非但拒不缴税，还向税务助征员施以暴力，致两人轻伤，其行为是主观故意，已构成抗税罪。

（二）争议焦点

该案的争议焦点在于杜某某殴打孙某某、李某某是为了抗拒纳税，还是

[1] 参见上海市黄浦区人民法院刑事判决书，（1994）黄刑初字第 289 号。

因为被告知停止营业而使用暴力。法院依据《偷税、抗税的补充规定》(已失效)第6条第1款和《关于处理逃跑或者重新犯罪的劳改犯和劳教人员的决定》(已失效)第2条第2款的规定,作出如下判决:杜某某犯抗税罪,判处有期徒刑3年,并处拒缴税款5倍的罚金,计40元。

(三)案件评析

抗税罪的构成要求纳税人以暴力、威胁方法拒不缴纳税款。这里的关键在于杜某某的暴力行为是否是为了抗拒缴纳税款而实施的。杜某某拒绝缴税在先,从行为的关联性上看,其行为很可能符合抗税罪的构成要件,但这需要进一步分析其主观故意是否完全是为了抗拒纳税。

杜某某从事水产品销售经营活动,按照相关税收法律规定,其属于纳税义务人,负有依法缴纳定额税的责任。当市场税务助征员依法向其征收8元的定额税时,便触发了其应履行纳税义务的具体情形,这清晰地界定了其作为纳税主体以及所承担的明确纳税责任,满足抗税罪构成中纳税义务前提这一条件。

杜某某面对税务助征员的征税要求,先是置之不理,拒绝缴税,在助征员进一步指出不缴税应停止营业后,不但没有认识到自身纳税义务的强制性,反而采取更为激烈的暴力行为,这一系列表现足以体现出他主观上具有明确的拒不缴纳税款的故意,明知自己应当纳税却刻意抗拒,符合抗税罪所要求的主观故意要素。

杜某某先后对税务助征员孙某某、李某某实施殴打行为,并且造成两人均构成轻伤的严重后果。这种使用暴力手段直接对抗税务执法人员的行为,与抗税罪中以暴力方法拒不缴纳税款的客观行为表现相契合,其暴力程度较为严重,不仅对税务人员的人身安全造成了极大伤害,也严重破坏了正常的税收征管秩序和执法环境。

法院依据《偷税、抗税的补充规定》(已失效)第6条第1款认定杜某某构成抗税罪,从法律适用角度看是恰当准确的。该规定明确指出以暴力、威胁方法拒不缴纳税款的属于抗税行为,杜某某的行为完全符合这一法律条文所描述的情形,法院依据当时有效的法律规定进行定罪,体现了司法审判遵循法律、依法裁判的原则,保障了法律在打击抗税犯罪行为方面的正确实施,维护了国家税收征管相关法律法规的权威性。主观故意的认定是一个需要综合考虑多种因素的复杂过程。在刑法理论中,故意分为直接故意和间接故意。直接故意指的是行为人明确希望达到某种结果,而间接故意则是指行为人预见到某种结果可能发生,但仍然决定继续其行为。处理此类案件时,需要细致分析案件事实,审慎评估证据,并运用专业知识来为法庭提供清晰的论证,以确保法律的正确适用和公正审判。

三、抗税罪行为方式的认定

《刑法》中关于抗税罪的规定,核心要素之一是使用"暴力、威胁方法",主要侧重于对税务机关工作人员实施直接的身体侵害或精神胁迫的行为。下文以马某抗税罪案[1]为例,具体说明。

(一)案情简介

1994 年 9 月 1 日,被告人马某、沙某、何某从 N 县 X 乡收购一车苹果运往昆明销售。9 月 2 日上午 10 时许,途经 108 国道线 W 县 B 乡人民政府农业特产税查验征收站时,被稽查出所拉苹果数与完税证完税数不一致,农税干部叫马某补缴漏缴税款,马某拒绝补缴税款。14 时许,该车苹果被运到 108 国道线 D 县城镇农业特产税查验征收站,被农税干部龙某等人查获,其要求马某补缴超运部分的税款,马某不但不予补办,反而手持凳子、砖头等物殴打龙某、廖某、李某。龙某等人到 D 县城镇公安派出所报案,马某趁机向昆明脱逃。15 时许,干警张某等人追到马某,要求其回 D 县解决问题,马某用石头攻击公安干警。后马某被拘传到 D 县城镇派出所。经法医鉴定,龙某为轻伤,廖某、张某均为甲级轻微损伤,李某为乙级轻微损伤。三人住院治疗花费医疗费 5595.78 元。被告人马某所运苹果经过磅核实,净重达 5810 公斤。马某应当补缴的税款为 436.92 元。

(二)争议焦点

该案的争议焦点在于马某手持凳子、砖头等物殴打农税干部龙某、廖某是否构成抗税罪。

被告人马某及其辩护人认为不构成抗税罪,D 县人民法院认为:被告人

---

〔1〕 参见云南省武定县人民法院刑事判决书,(1995)武刑初字第 4 号。

马某明知外运苹果应当完税，为了逃避纳税，在被查处时公然采取暴力手段打伤农税干部和公安干警，其行为构成了抗税罪，并应承担民事赔偿责任。

(三)案件评析

从案件事实来看，马某从事苹果收购并运往外地销售的行为，按照规定应当完税，这表明其存在明确的纳税义务。其先后在不同的农业特产税查验征收站被查出存在需补缴税款的情况，如所拉苹果数与完税证完税数不一致以及超运部分需补缴税款等，足以说明其有应履行而未履行的纳税责任，这满足抗税罪中纳税主体负有纳税义务这一前提条件。马某先是拒绝补缴税款，之后面对农税干部要求补缴的合理要求，不但不配合，反而采取手持凳子、砖头等物殴打相关人员以及用石头攻击前来处理问题的公安干警等暴力行为，并且还试图脱逃，这些行为充分反映出其主观上具有逃避纳税的故意，即明知自己应当履行纳税义务却通过极端的对抗方式来抗拒，符合抗税罪构成中主观故意方面的要求。

抗税罪的客观行为为以暴力、威胁方法拒不缴纳税款的行为，马某使用凳子、砖头、石头等工具对农税干部和公安干警实施攻击，导致多人受伤，这种公然使用暴力手段抗拒执法的行为，无疑符合抗税罪客观行为方面的构成要件，且其暴力行为的程度已经较为严重，对正常的税收征管秩序以及执法人员的人身安全造成了极大的侵害。

该案例对于广大纳税人有着深刻的警示作用，它清晰地表明纳税是公民和经营者应尽的法定义务，任何试图通过暴力、抗拒等不正当手段逃避纳税的行为都将面临法律的严厉制裁，不仅要承担刑事责任，还需对造成的他人人身和财产损害进行民事赔偿。同时，该案例也提醒执法人员在执行税收征管等公务的过程中可能面临的风险，体现司法机关对于此类暴力抗税行为坚决打击的态度，有助于维护整个社会税收征管秩序的稳定和法治环境的良好运行。

四、抗税罪犯罪情节严重的认定

行为人并未直接使用暴力或威胁手段，而是实施煽动行为，是否构成"暴力、威胁方法"以及如何认定"情节严重"，在审判实践中存在较大的争议。下文以徐某抗税罪案[1]为例,具体说明。

(一)案情简介

徐某自1982年以来,承包责任田4.8亩,应缴国家公粮税款64.94元,其拒不缴税款,并煽动群众不缴税款,在其影响下,该队两年欠缴税款1850余元。1983年7月10日,当时的公社税务干部廖某、管理区武装部长查某等6人到该队进行催缴税款工作时,徐某抗税不缴,无理纠缠,导致税收干部无法进行工作。

南漳县人民法院审理南漳县人民检察院指控被告人徐某犯抗税罪一案,于1983年10月26日作出(1983)南法刑字第388号刑事判决,认定徐某构成抗税罪,判处有期徒刑3年。徐某提出申诉后,南漳县人民法院于2015年7月10日作出(2015)鄂南漳刑监字第001号驳回申诉通知书。徐某仍不服,向襄阳市中级人民法院提出申诉,襄阳市中级人民法院于2015年11月6日作出(2015)鄂襄阳中刑申字第00035号驳回申诉通知。徐某又向湖北省高级人民法院提出申诉。湖北省高级人民法院于2016年8月22日作出(2016)鄂刑申126号再审决定书,指令南漳县人民法院再审。南漳县人民法院再审后,于2017年1月19日作出(2016)鄂0624刑再1号刑事裁定,维持原判。徐某不服再审裁定,向襄阳市中级人民法院提出上诉。襄阳市中级人民法院开庭审理后作出终审裁定。

(二)争议焦点

该案争议焦点有二:一是徐某并未直接使用暴力或威胁手段,但其煽动行为是否构成"暴力、威胁方法"的间接体现;二是徐某的行为是否构成抗税罪的"情节严重"。

徐某及其辩护人主要围绕"情节严重"进行抗辩,认为其行为并未达到构成犯罪的法定程度。襄阳市中级人民法院认为,原审法院根据当时的政策对徐某判处有期徒刑3年与当时的背景相适应,故上诉人徐某的上诉理由不能成立,裁定驳回上诉,维持原裁定。

---

〔1〕 参见湖北省襄阳市中级人民法院刑事裁定书,(2017)鄂06刑再3号。

（三）案件评析

《审理偷税抗税刑事案件司法解释》中对“情节严重”的具体情形进行了列举，但在徐某抗税罪案的原审及初次申诉阶段，该司法解释尚未出台。因此，原审法院依据当时的法律和政策背景，认定徐某的煽动行为导致大面积欠税，属于情节严重，符合当时的法律精神和社会环境。徐某及其辩护人在申诉中提到适用《审理偷税抗税刑事案件司法解释》对“情节严重”的规定存在溯及力问题。法律一般遵循“从旧兼从轻”原则，即新法原则上不溯及既往，除非新法处罚较轻。然而，该司法解释在徐某抗税罪案发生后多年才出台，因此不适用于徐某抗税罪案的量刑，原审法院的判决并未违反法律溯及力原则。

徐某一方主张依据 2002 年最高人民法院相关司法解释中对“情节严重”的列举情形，自己不符合如聚众抗税的首要分子、抗税数额在 10 万元以上等规定，不应被认定为情节严重。但法院考虑到在对徐某定罪量刑的当时，即 1983 年法律并没有这样明确的司法解释，不能以后续出台的解释回溯评判当时的行为是否符合情节严重标准。法院基于当时的实际情况，如徐某煽动群众抗拒纳税，影响了征税工作开展，从整体上认定其行为已达到情节严重的程度，构成抗税罪，这凸显了在不同法律发展阶段，对于同一法律概念的界定及适用上存在的争议与司法实践中的权衡。

徐某是否“煽动群众不缴税”这一关乎情节严重认定的关键事实存在证据争议。徐某申请证人出庭作证试图证明自己没有煽动行为，且称控方在原审提交的证据中无证人能证明其具有煽动行为的事实。但法院依据公安机关在侦查阶段收集的众多证人证实徐某在会上闹事致使税收干部收不成税以及有村民证实受其煽动一起闹等证据，综合认定其存在煽动群众抗拒纳税的情节，以此判定其符合情节严重情形。可见证据采信及证明力判断对于情节严重的认定起着关键作用，双方在这方面存在较大争议。该案的一个重要争议焦点在于 2002 年出台的关于抗税“情节严重”的司法解释能否适用于 1983 年发生的案件。徐某主张按照该司法解释来判定自己不符合情节严重情形，而法院明确指出该司法解释是在其定罪量刑之后施行的，不能将其溯及既往去评判施行前的行为。这体现了在法律适用中，遵循法不溯及既往原则的重要性以及在新旧法律规范衔接时，如何准确判断具体案件应适用的恰当法律依据，避免因法律解释出台时间与行为发生时间的差异而产生争议。

1983 年正在实行“严打”政策，原审法院根据这一背景对徐某判处有期徒刑 3 年。从当时的社会治理需求角度来看，这样的量刑体现了政策对司法审判的影响，旨在维护社会治安秩序、保障国家征税工作顺利进行，强化对各类违法犯罪行为的打击力度。但从现代法治理念审视，这样的量刑引发了对于政策与法律平衡以及量刑是否过度受政策左右等方面的思考，不过在当时特定的历史背景下，这种量刑与整体社会环境是相适应的，也反映出不同时期法律实施受多种因素影响的特点。

在徐某多次申诉、再审以及二审的过程中，出现了多组不同证人提供相互矛盾的证据的情况。例如，检察机关复查时调查的证人、二审中徐某申请出庭的证人与侦查机关调查的证据之间存在不一致。法院在审查过程中，通过综合分析各证据来源的可靠性、与其他证据的关联性等因素，对相互矛盾的证据进行甄别，最终采信了能够相互印证且符合案件事实逻辑的证据，以此来认定案件事实。这体现了司法审判机关在面对复杂证据情况时追求客观公正、准确认定事实的努力，尽管各方在证据采信上存在不同意见，但法院依据证据规则和整体案件情况作出的判断保障了司法的公正性。

徐某抗税罪案的裁决反映了特定历史时期法律适用的特殊性，尤其是在“严打”背景下对社会稳定与秩序维护的重视。尽管徐某的抗税金额较小，但其行为的社会影响被视作“情节严重”，加之法律溯及力的限制，使即便在后期法律解释有所变化，原判仍得以维持。该案例不仅展现了法律适用的复杂性，也提示了法律随社会变迁而发展的重要性，以及在处理类似案件时需综合考虑法律效果与社会效果的平衡。

五、抗税罪证据的收集与采信

在抗税罪的司法审查中，证据的收集和采信是确保案件判决准确性的关键环节。由于抗税行为往往具有隐蔽性，其证据形式可能不如其他犯罪类型明显，这增加了司法机关在证据获取和评估上的难度。

抗税罪的证据收集通常涉及税务记录、财务报表、交易凭证等书面材料，这些材料可能需要通过司法程序从税务机关、银行或其他金融机构获取。在此过程中，确保证据的合法性是基础要求，必须遵循法律规定的程序，包括但不限于搜查、扣押、询问等侦查手段。

以威胁方法抗税的证据往往依赖于口供和间接证据，如目击者证言、监控录像、通信记录等。在缺乏直接证据的情况下，如何通过间接证据构建起完整的证据链，证明行为人使用了威胁方法拒不缴纳税款，是司法实践中的一大挑战。间接证据的采信需要法官运用逻辑推理和经验法则，综合判断证据的相关性和证明力。

在确保证据的关联性方面，法庭必须确认所收集的证据与案件事实有直接联系，能够合理指向行为人存在抗税的主观故意和客观行为。证据的关联性评估需要细致分析证据与案件事实之间的逻辑关系，排除无关或弱相关的证据。

充分性是证据采信的重要标准之一。法庭需要评估所收集的证据是否充分到能够排除合理怀疑，支持有罪判决。在无直接暴力行为的案件中，有效收集和采信证据尤为关键。这可能需要法官综合运用各种证据，包括电子证据、证人证言、专家意见等，以确保对行为人行为的全面和深入理解。

为了避免冤假错案，法庭在审理过程中应严格遵守非法证据排除规则，确保所有证据的来源和获取方式合法。同时，应保障被告人的辩护权，允许其对证据质疑和反驳。

第六章 逃避追缴欠税罪

在当代社会，税收作为国家财政收入的重要来源，对维护国家经济秩序和保障社会公共利益发挥着至关重要的作用。然而，随着经济活动的日益复杂化，逃避追缴欠税行为呈现多样化和隐蔽化的趋势，严重破坏了税收法治环境，影响了国家税收的有效征管。本章深入探讨了逃避追缴欠税罪的历史沿革、法律规定、司法实践及其裁判现状，旨在全面解析该罪名的法律释义、构成要件和实务问题，揭示了税务机关与司法机关在打击此类犯罪行为中的协同作战机制，以及面临的挑战和应对策略。通过对逃避追缴欠税罪的系统性分析，本章不仅为法律专业人士提供了理论指导，也有利于增强公众的税收法律意识，促进税收法治社会的构建。

第一节　历史沿革与现状

逃避追缴欠税罪，作为刑法中对严重违反国家税收管理秩序行为的一种刑事制裁，其历史沿革与现状不仅映射出我国税收法律制度的演变，也反映了国家对税收征管重视程度的加深和对税收法治环境建设的持续努力。本节旨在探讨逃避追缴欠税罪的法律发展轨迹，分析其在当前实践中的特点与挑战。

一、逃避追缴欠税罪的历史沿革

1979 年改革开放初期，我国税收法治建设初具雏形。1979 年《刑法》的出台首次对偷税、抗税行为作出法律界定，第 121 条明确规定："违反税收法规，偷税、抗税，情节严重的，除按照税收法规补税并且可以罚款外，对直接责任人员，处三年以下有期徒刑或者拘役。"这一规定有效震慑了涉税犯罪，符合当时国家经济建设和社会发展的需要。实践中，抗税行为被划分为暴力型与非暴力型，前者涉及直接使用暴力手段，后者则包括各种非暴力的拖延、拒绝配合税务管理等行为。由于当时《税收征收管理暂行条例》（已失效）中对非暴力抗税行为缺乏有效应对措施，税务机关往往需要借助司法途径强制执行税款或追究刑事责任。

随着改革开放的深入，经济结构和社会经济活动复杂化，税收征管面临新挑战。1992 年，《税收征收管理法》的出台显著增强了税务机关的执法能力，授权其采取税收保全和强制执行措施，如直接从银行扣缴税款、扣押或拍卖财产等，极大地提升了税款征收效率。同年，全国人大常委会通过的《偷税、抗税的补充规定》（已失效）对刑法进行了补充，明确将"以暴力、威胁方法"实施的抗税行为界定为抗税罪，同时新设"逃避追缴欠税罪"，针对采取转移或隐匿财产手段逃避税务机关追缴欠税，数额超过 1 万元的行为进行刑事处罚。这一规定区分了暴力抗税与其他非暴力形式的抗税行为，后者更多通过行政法律手段调整。

1997 年《刑法》修订时，进一步吸纳并优化了 1992 年《偷税、抗税的补充规定》（已失效）的相关内容。针对逃避追缴欠税罪，修订后的《刑法》不仅调整了罚金刑的幅度，明确罚金最低为欠缴税款的一倍，最高不超过 5 倍，解决了原规定中罚金刑过低可能导致罪刑不相适应的问题，而且将罚金刑由"并处"改为"并处或者单处"。这意味着在某些情况下，法院可以根据案件具体情况灵活决定是否单独适用罚金刑，体现了宽严相济的刑事政策，更利于实现法律的公正与公平。

综上所述，从 1979 年至今，我国对逃避追缴欠税罪的立法经历了从初步确立到逐步细化、完善的历程，反映出国家在加强税收法治建设、应对涉税犯罪新挑战方面的不懈努力，以及对税收征管效能和法律公正性的持续追求。

二、逃避追缴欠税罪的现状

《刑法》第 203 条对逃避追缴欠税罪的规定为:“纳税人欠缴应纳税款,采取转移或者隐匿财产的手段,致使税务机关无法追缴欠缴的税款,数额在一万元以上不满十万元的,处三年以下有期徒刑或者拘役,并处或者单处欠缴税款一倍以上五倍以下罚金;数额在十万元以上的,处三年以上七年以下有期徒刑,并处欠缴税款一倍以上五倍以下罚金。”

《刑法》第 212 条规定:“犯本节第二百零一条至第二百零五条规定之罪,被判处罚金、没收财产的,在执行前,应当先由税务机关追缴税款和所骗取的出口退税款。”

《税收征收管理法》第 65 条规定:“纳税人欠缴应纳税款,采取转移或者隐匿财产的手段,妨碍税务机关追缴欠缴的税款的,由税务机关追缴欠缴的税款、滞纳金,并处欠缴税款百分之五十以上五倍以下的罚款;构成犯罪的,依法追究刑事责任。”

《刑事案件立案追诉标准(二)》第 54 条规定:“纳税人欠缴应纳税款,采取转移或者隐匿财产的手段,致使税务机关无法追缴欠缴的税款,数额在一万元以上的,应予立案追诉。”

《危害税收征管刑事案件解释》第 6 条规定:“纳税人欠缴应纳税款,为逃避税务机关追缴,具有下列情形之一的,应当认定为刑法第二百零三条规定的‘采取转移或者隐匿财产的手段’:(一)放弃到期债权的;(二)无偿转让财产的;(三)以明显不合理的价格进行交易的;(四)隐匿财产的;(五)不履行税收义务并脱离税务机关监管的;(六)以其他手段转移或者隐匿财产的。”

在当前的法律环境下,逃避追缴欠税罪作为一项重要的经济犯罪,其打击力度持续加强。税务机关与司法机关协同作战,通过大数据分析、信息共享等现代化手段,有效地提升了对逃避追缴欠税行为的发现与查处能力。同时,随着《税收征收管理法》的多次修订与完善,税收征管的规范化、信息化水平不断提高,为逃避追缴欠税罪的认定提供了更加坚实的法律基础。

尽管法律制度已逐步完善,但在实际操作中,逃避追缴欠税罪的查处仍面临诸多挑战。一方面,随着经济活动的多元化,逃避追缴欠税的手段愈加隐蔽,如通过境外资产转移、利用复杂公司架构隐藏财产等,增加了查处难度;另一方面,如何准确区分正常的商业运作与逃避税款行为,确保法律的公正执行,是司法实践中需要谨慎处理的问题。

第二节 法律释义与构成要件

逃避追缴欠税罪是我国刑法中规定的一种税收领域的犯罪行为,其核心在于行为人采取特定手段,故意逃避国家税务机关追缴其欠缴税款,对国家税收秩序造成严重影响。下面从法律释义与构成要件进行详细解析。

一、逃避追缴欠税罪的法律释义

(一)刑法条文

《刑法》第 203 条规定:"纳税人欠缴应纳税款,采取转移或者隐匿财产的手段,致使税务机关无法追缴欠缴的税款,数额在一万元以上不满十万元的,处三年以下有期徒刑或者拘役,并处或者单处欠缴税款一倍以上五倍以下罚金;数额在十万元以上的,处三年以上七年以下有期徒刑,并处欠缴税款一倍以上五倍以下罚金。"

(二)相关释义[1]

逃避追缴欠税罪是指纳税义务人(包括单位和个人),在欠缴应纳税款的情况下,故意采取转移或者隐匿财产的手段,致使税务机关无法追缴其所欠税款的行为。此罪名成立需要满足以下条件:存在欠缴应纳税款的事实;行为人实施了转移或隐匿财产的行为;这些行为直接导致税务机关无法追回欠税;欠税数额达到法定标准,即一万元以上。这一罪名旨在保护国家的税收管理制度,确保税收能够依法、足额、及时入库,维护国家财政安全和公共利益。

1. 犯罪主体

逃避追缴欠税罪的主体是负有纳税义务的单位或个人是企业、个体工

---

〔1〕 参见《法律法规|逃避追缴欠税罪》,载微信公众号"刑事研究所"2024 年 3 月 22 日,https://mp.weixin.qq.com/s/0mBzwWdtVJMKYENzTkJW2w。

商户、自然人等。只要是法律规定的纳税主体，因故意行为欠税且采取措施逃避税务机关追缴税款，就有可能构成此罪。需要注意的是，这里的主体不仅限于直接的纳税人，还包括扣缴义务人，如企业法定代表人、财务负责人等，他们也可能因为参与或协助逃避追缴欠税行为而成为责任主体。

2. 行为方式

逃避追缴欠税罪的行为方式主要包括转移财产和隐匿财产两大类，其目的在于使税务机关无法追缴欠缴的税款。具体来说，转移财产可以是将财产转移到他人名下、转移到国外、转换成难以追踪的资产等形式；隐匿财产则可能是隐藏、销毁账簿凭证、虚假报告财产状况等，使得税务机关难以确定其真实的财产情况和应纳税额，从而无法有效执行税款追缴。

3. 目的性

逃避追缴欠税罪的行为人主观上具有直接故意，即明知自己负有纳税义务，且有欠税事实存在，却故意采取转移或隐匿财产等手段，意图逃避税务机关的追缴，以达到不缴或少缴税款的目的。这种目的性体现了行为人对法律的蔑视和对国家税收义务的逃避，是构成此罪不可或缺的心理要素。

二、逃避追缴欠税罪的犯罪构成要件

逃避追缴欠税罪作为《刑法》中规定的犯罪类型，其构成要件包括客体要件、客观要件、主体要件、主观要件四个基本方面，具体说明如下。

（一）犯罪客体

逃避追缴欠税罪侵犯的客体是复杂客体，既包括国家的税收管理制度，又包括国家的财产权益。国家税收是国家财政收入的重要组成部分，关系到国家职能的正常行使和社会公共利益的维护，而逃避追缴欠税的行为不仅破坏了国家税收管理秩序，还直接减少了国家的财政收入，影响了国家对经济活动的调控和公共服务的提供。

（二）犯罪客观方面

逃避追缴欠税罪的客观方面表现为纳税人欠缴应纳税款后，采取转移或者隐匿财产的手段，致使税务机关无法追缴欠缴的税款，且数额达到一定的量刑标准。具体来说，行为人必须有欠税的事实存在，并通过积极行为

(如转移资产到他人名下、隐匿财产等)逃避税务机关的追缴,这种行为必须直接导致税务机关无法有效执行税款的追缴,造成实际的追缴困难或失败。

至于何为“采取转移或隐匿财产的手段”,《危害税收征管刑事案件解释》第6条作出了明确规定。该条规定:“纳税人欠缴应纳税款,为逃避税务机关追缴,具有下列情形之一的,应当认定为刑法第二百零三条规定的‘采取转移或者隐匿财产的手段’:(一)放弃到期债权的;(二)无偿转让财产的;(三)以明显不合理的价格进行交易的;(四)隐匿财产的;(五)不履行税收义务并脱离税务机关监管的;(六)以其他手段转移或者隐匿财产的。”这一规定意味着处在欠税状态的企业在继续维持生产经营的过程中,所发生的各类经济活动和交易行为将受到上述6类行为的限制,其所面临的潜在刑事风险明显增加。

(三)犯罪主体

逃避追缴欠税罪的主体是特殊主体,即法律规定负有纳税义务的单位和个人。这包括各类企业、个体工商户、自然人纳税人等,只要根据税法规定负有纳税义务,且实施了逃避追缴欠税行为,就可成为该罪的主体。主体的特定性体现在必须是具有直接纳税义务的实体或个人,不包括扣缴义务人以及一般的无纳税义务的第三人。

(四)犯罪主观方面

逃避追缴欠税罪的主观方面表现为直接故意,即行为人明知道自己有纳税义务且存在欠税情况,却故意采取措施逃避税务机关的追缴。行为人必须认识到自己的行为会导致税务机关无法追缴税款,并且希望或放任这种结果的发生。这种故意不仅体现在对欠税事实的认知上,也体现在对逃避行为可能导致后果的预见和追求或容忍上,体现出行为人对法律的蔑视和对纳税义务的故意违反。

总结而言,逃避追缴欠税罪的构成要件综合考虑了行为人的主观恶意、实际的逃避行为、对国家税收制度的破坏以及特定的主体身份,旨在通过法律手段严厉惩治此类危害国家税收秩序的行为。

第三节　司法实践的裁判现状

逃避追缴欠税罪的裁判现状显示了我国司法机关在维护国家税收秩序、保障财政收入、促进税收法治建设方面的决心与成效。通过不断优化法律适用、强化技术支撑、深化社会教育，确保对逃避追缴欠税行为的有效治理与合理裁量。

一、逃避追缴欠税罪的基本概况

与抗税罪相比，逃避追缴欠税罪属于相对高发的一类犯罪。在中国裁判文书网中，以“逃避追缴欠税罪”为刑事案件的案由，截至2024年12月31日，仅检索到110条记录；以“逃避追缴欠税罪”为关键词，截至2024年12月31日，在威科先行数据库上检索到217条记录，其中刑事案件为134件。可见，受益于税收法治建设水平的提高以及税收征管技术的进步，逃避追缴欠税罪的刑事案件数量近年来呈现逐步下降的趋势。

逃避追缴欠税罪作为一种特定的涉税犯罪类型，其案件特点主要表现在以下几个方面。

(1)主体特定性。犯罪主体通常是具有纳税义务的个体工商户、个体承包户、租赁经营户、个人合伙企业、自然人等，强调了主体的纳税身份。这些主体直接参与经济活动，具有明确的纳税责任，而其他不具备纳税义务人资格的主体不构成此罪。

(2)主观故意。行为人在实施逃避行为时，必须具有直接的故意，即明知自己有补缴所欠税款的义务，却故意采取措施，如隐瞒财产、转移资产等，逃避税务机关的追缴。这种主观故意是构成此罪的关键要素。

(3)行为隐蔽性。逃避追缴欠税的行为往往具有较强的隐蔽性，行为人可能采取复杂的财务操作、虚假交易、资产跨境转移等多种手段，使税务机关难以发现和追缴欠税，增加案件调查的难度。

(4)损害后果。该罪行直接侵犯了国家的税收制度和国家财产所有权，导致国家税收流失，影响国家财政收入和公共利益。逃避行为必须达到一定程度，即税务机关因行为人的逃避行为而实际上无法追缴欠税，数额通常需达到法定的起刑点。

(5)法律后果严重。一旦被定罪,行为人将面临刑事处罚,包括有期徒刑、拘役以及罚金,对于单位犯罪,还会对单位处以罚金,并追究直接负责的主管人员和其他直接责任人员的刑事责任。

(6)社会影响。逃避追缴欠税罪不仅影响国家税收秩序,还可能破坏市场公平竞争环境,损害诚信纳税人的利益,引发不良示范效应,因此,此类案件的处理和公开通常具有较强的警示和教育意义。

(7)技术与法律协同。随着信息技术的发展,税务机关和司法机关在侦查此类案件时越来越依赖于数据分析、电子证据收集等现代技术手段,同时,法律制度的不断完善为打击逃避追缴欠税罪提供了更坚实的依据。

二、逃避追缴欠税罪的司法认定及裁判趋势

(一)逃避追缴欠税罪与逃税罪的界限

逃避追缴欠税罪与逃税罪虽然都属于涉税犯罪,但在法律上有着明确的区别,主要体现在以下几个方面。

1. 犯罪主体不同

逃避追缴欠税罪的主体仅限于直接的纳税人,不包括扣缴义务人。

逃税罪的主体则较为广泛,不仅包括直接负有纳税义务的纳税人,还包括扣缴义务人,即那些按照法律、行政法规规定负有代扣代缴、代收代缴税款义务的单位和个人。

2. 犯罪客观方面不同

逃避追缴欠税罪的客观表现是行为人在已知欠税的情况下,转移或者隐匿财产,使税务机关无法追缴欠缴的税款,重点在于行为人已经欠税且通过积极行为阻碍税务机关追缴。

逃税罪的客观表现是纳税人或扣缴义务人采取欺骗、隐瞒手段进行虚假纳税申报或者不申报,以达到逃避缴纳税款的目的,其行为方式既包括积极的“欺骗、隐瞒”行为(如伪造、变造、转移、隐匿、擅自销毁账簿、记账凭证或者其他涉税资料,以签订“阴阳合同”等形式隐匿或者以他人名义分解收入、财产,虚列支出、虚抵进项税额或者虚报专项附加扣除,提供虚假材料骗取税收优惠,编造虚假计税依据以及为不缴、少缴税款而采取其他欺骗、隐

瞒手段),也包括消极的“不申报”行为。

3. 主观目的不同

逃避追缴欠税罪的主观目的是在已经形成欠税的情况下,逃避税务机关的追缴,防止财产被用来清偿税款债务,不一定直接为了非法获利。

逃税罪的主观目的是通过欺骗或隐瞒手段非法减少应纳税额,从而非法获利。

4. 追诉标准不同

逃避追缴欠税罪虽然有关于欠税数额的要求,但其更侧重行为人逃避追缴的实际行为及其后果,即行为人的行为是否确实导致税务机关无法追缴欠税。

逃税罪的追诉标准通常采用数额加比例的形式,即逃避缴纳税款的数额必须达到较大标准,并且所逃避的税款占应纳税额的比例要在10%以上,或者有其他严重情节。

(二)裁判重点、难点

逃避追缴欠税罪的裁判重点和难点主要集中在以下几个方面。

(1)证据收集与认定。由于逃避追缴欠税的行为往往伴随复杂的财务操作和隐蔽的财产转移,证据的收集与固定较为困难。裁判过程中需要确保证据的合法性和充分性,准确区分正常商业行为与逃避追缴欠税行为,这要求法官和检察官具备较高的财务知识和法律素养。

(2)主观故意的判定。证明行为人存在故意逃避追缴欠税的主观心态是一大挑战。行为人可能会辩称财产转移等行为是出于其他商业目的,而非故意逃避税收,这就需要法庭深入分析行为人的动机、行为模式及后果,以准确认定其主观意图。

(3)数额认定。准确计算逃避追缴的税款数额是裁判中的关键问题。这涉及对复杂财务记录的审查、评估和核实,确保所欠税款的计算准确无误,特别是在涉及跨期、跨国转移资产的情况下,数额认定尤为复杂。

(4)法律适用的准确性。随着经济形势变化和税法修订,如何准确适用相关法律条款,特别是对于新型逃避手段的定性,考验裁判者的法律解释能力和对最新法律规定的把握。

(5)宽严相济的平衡。在遵循宽严相济刑事政策的同时,根据案件的具体情况对行为人进行恰当的量刑，既要体现法律的严肃性，又要考虑行为人的悔罪态度、补缴情况和社会危害性，这需要裁判者作出精细的法律与社会效果考量。

(6)国际协作。在涉及跨境逃避追缴欠税的案件中，国际合作与司法协助成为裁判的难点之一。如何协调不同国家的法律制度，获取境外证据，以及执行跨国判决，都是实际操作中面临的挑战。

(三)裁判趋势

逃避追缴欠税罪的裁判趋势可以从以下几个方面来观察。

(1)强化法律执行与精准打击。随着国家对税收征管的重视程度不断提高，裁判实践呈现对逃避追缴欠税行为更加严格的执法态势。这包括加强对逃避追缴欠税案件的侦查力度，利用大数据、云计算等现代信息技术手段提高证据收集能力，确保精准打击犯罪。

(2)量刑规范化与个别化结合，在遵循法律规定的量刑标准的基础上，裁判实践趋向于更加注重个案的具体情况，实现量刑的规范化与个别化相结合。这意味着不仅要考虑欠税数额，还要综合考虑行为人的主观恶性、悔罪态度、补缴情况和社会危害程度等因素，以实现罪责刑相适应的原则。

(3)促进税收合规与社会教育。裁判过程中，法院往往注重通过案例宣示法律权威，加强税收法治宣传，提升公众的税收法律意识。裁判文书的公开、典型案例的报道等，都在向社会各界传递依法纳税的正面信号，推动税收合规文化的建设。

(4)加强国际合作。鉴于逃避追缴欠税罪的跨国性质日益显著，裁判实践在探索和加强国际合作与交流，通过司法协助、信息共享等机制，共同打击跨境逃避税行为，提高跨国追缴欠税的效率。

(5)保护合法权益与优化营商环境。在严厉打击逃避追缴欠税行为的同时，裁判也注重保护纳税人的合法权益，避免过度执法对正常企业经营活动造成不必要的干扰。通过合理裁判，营造公平、透明的税收环境，促进经济健康发展。

(6)提升司法透明度与公信力。裁判过程的公开透明，裁判文书的详细说明，以及对公众关切的积极回应，都是提升司法公信力的重要途径。通过这些措施，增强公众对税收法律制度的信任，促进税收法治社会的构建。

(7)新的司法解释,即《危害税收征管刑事案件解释》通过明确列举纳税人逃避税务机关追缴的行为,增强了法律适用的明确性,并可能加大税务违法行为的打击力度。此举不仅提高了裁判效率,还有助于预防犯罪,提升法律的适应性,并可能通过案例指导作用统一裁判标准。同时,鼓励企业和个人主动合规的从宽处罚政策,将促进合规意识的提升。此外,该解释的实施也可能加强税务机关、公安机关和司法机关之间的协作,形成更有效的打击涉税犯罪的联动机制。总体来看,该司法解释的出台预示裁判趋势将朝着更加严格、明确和高效的方向发展,同时促进税收合规和加强跨部门协作。

综上所述,逃避追缴欠税罪的裁判要求法律专业人士不仅需要具备深厚的法律功底,还需拥有跨领域的知识结构,如财务、税务、信息技术等,以及良好的国际视野,以应对日益复杂的犯罪手法和不断提升的裁判要求。逃避追缴欠税罪的裁判趋势体现了法律执行的严格性、裁判的公正性、国际合作的深化以及对纳税人权益的保护,旨在构建一个更加健康、有序的税收秩序。

第四节　常见问题与实务探讨——以案说法

逃避追缴欠税罪的常见问题围绕证据的收集与认定、法律适用的准确性,以及量刑的合理性等方面展开,要求司法机关在处理此类案件时保持高度的专业性和细致性。

一、逃避追缴欠税罪中主观故意的认定

依据《刑法》相关条款的规定,逃避追缴欠税罪的成立要求行为人必须具有逃避税务机关追缴欠税的主观故意。在司法实践中,确切证明纳税人故意采取转移或隐匿财产的手段逃避追缴欠税,是一个常见且复杂的法律难题。

证明行为人的主观故意,需要通过一系列客观证据来揭示其心理状态和行为动机。这通常包括但不限于银行交易记录、资产转移文件、财产登记变更、通信记录、证人证言等。这些证据应当能够显示出行为人在知晓纳税义务的情况下,有意采取行动以规避税务机关的追缴。必须排除行为人因

误解、疏忽或其他非故意原因而欠税的可能性。这可能涉及对行为人财务知识水平、以往税务合规记录,以及是否存在合理的解释或证据表明其行为非出于故意的评估。

此外,证明主观故意的过程中,还需考虑行为人的行为是否符合常理和逻辑。如果行为人在面临税务追缴时,突然进行大额资产转移或采取其他不寻常的财务操作,则可能被视为具有逃避追缴欠税的故意。下文以段某逃避追缴欠税罪案[1]为例,具体说明。

(一)案情简介

被告人段某在经营原阳县向阳机动车驾驶员培训学校期间,2014 年未按规定及时向税务部门缴纳税款,共计欠缴应纳税款 89,292.14 元,2015 年未按规定及时向税务部门申报缴纳税款,共计欠缴应纳税款 67,859.76 元。原阳县地方税务局多次对被告人段某下达税务事项通知书及责令限期整改通知书,被告人段某仍拒不缴纳。原阳县地方税务局于 2015 年 7 月 31 日查封原阳县向阳机动车驾驶员培训学校教练车 5 辆,其中中型普通货车 3 辆、上海大众轿车 1 辆、奇瑞轿车 1 辆。原阳县地方税务局将车辆查封后,被告人段某私自将其中 3 辆中型普通货车予以出售。2016 年 7 月 20 日,被告人段某将原阳县向阳机动车驾驶员培训学校以 450,000 元的价格转让,致使税务机关无法追缴欠缴的税款。

2017 年 8 月 18 日,被告人段某到原阳县地方税务局补缴税费 13,646.26 元。2017 年 6 月 7 日,被告人段某主动到原阳县公安局接受讯问,并如实供述自己的罪行。原阳县人民法院认定被告人段某犯逃避追缴欠税罪,判处有期徒刑 3 年,并处罚金 170,000 元。

(二)争议焦点

本案争议焦点为段某是否存在隐藏、转移财产的行为,故意逃避缴纳税款。

法院认为,段某欠缴应纳税款,采取转移财产的手段,致使税务机关无法追缴欠缴的税款,数额在 10 万元以上,其行为已构成逃避追缴欠税罪。

---

[1] 参见河南省新乡市中级人民法院刑事判决书,(2018)豫 07 刑终 444 号。

（三）案件评析

段某在经营驾校期间,2014 年和 2015 年连续出现未按规定及时纳税、申报纳税的情况,且在原阳县地方税务局多次下达通知书责令整改后,仍拒不缴纳税款,这一系列行为违反了税收相关法律法规,凸显出其纳税意识淡薄以及对税务机关执法权威性的漠视。

税务机关依法查封驾校教练车后,段某私自出售被查封的车辆,并将驾校转让,致使税务机关无法追缴欠缴税款,其行为明显具有逃避税务机关追缴的故意,并且客观上造成了税款难以追回的结果。这符合逃避追缴欠税罪中通过转移财产等手段逃避纳税义务的构成要件,一审法院认定其构成该罪基于明确的事实基础和法律依据,并无不当。二审法院予以维持。纳税人如果在税务机关作出缴纳税款决定、通知之前,能够证明其处分财产有正当合理的理由,则被指控藏匿、转移财产以故意逃避缴纳税款而被移送司法机关处理的刑事风险相对较小,但如果在税务机关已经送达发出催缴通知并多次催促纳税人缴纳税款的情况下,无正当合理理由私自处分、隐匿、转移财产,则明显是为了逃避缴税故意为之,被以逃避追缴欠税罪进行刑事追责的可能性就非常高。对于纳税人欠缴税款的行为,税务机关有跟进税款是否入库的职责,在当前的税收征管环境下,通过隐匿、转移财产逃避缴纳税款极其容易被发现,该案例对于广大纳税人来说是一个警示,提醒企业和个人必须依法履行纳税义务,不能通过转移财产等不正当手段逃避税务机关追缴税款。

二、逃避追缴欠税罪中财产转移与隐匿的认定

实践中,行为人可能采取多种隐蔽手段来转移或隐匿财产,这些手段包括但不限于:设立复杂的公司或信托结构,以掩盖财产的真实所有权和控制权;利用海外账户或离岸金融中心,将资产转移到司法管辖区之外,增加财产追踪的难度;通过虚假交易或虚构债务,将资金转移给关联方或第三方,从而减少表面上的可追缴财产。在逃避追缴欠税罪追责案件中,是否发生了财产转移与隐匿行为以及如何认定发生了财产转移与隐匿,成为是否构

成该罪的关键。下文以陈某、宫某逃避追缴欠税罪案[1]为例，具体说明。

（一）案情简介

被告人陈某、宫某于2006年共同出资成立红某公司，陈某为法定代表人，宫某为监事。2007年、2012年红某公司先后成立了第一分公司及第二分公司，陈某任负责人。第一分公司、第二分公司不独立申报纳税，收入支出汇总至红某公司进行纳税申报。被告人陈某、宫某为红某公司、第一分公司、第二分公司的主要管理人员，公司重大事项决策由二人作出，宫某负责公司财务。2011年，红某公司与某酒店签订合作经营合同，红某公司在某酒店地址上经营，每年向某酒店支付租金及利润分成。

2012年至2013年，红某公司、第一分公司、第二分公司使用开票方为某1公司、某2公司、某3公司、某专卖店、某5公司的发票共计53张入账，并以上述发票，会同记账凭证、转账支票、支出凭单作为凭据，确认2012年度、2013年度营业成本，同时在2012年度、2013年度红某公司企业所得税应纳税所得额中进行扣除，并向北京市顺义区国家税务局进行了企业所得税纳税申报。

2014年7月，顺义区国家税务局稽查局对红某公司开展税务稽查。经检查核实，红某公司、第一分公司、第二分公司2012年至2013年取得的53张发票存在无相关发票代码号段、与开票方所存发票信息不符的问题，且红某公司及其第一分公司、第二分公司无与开票方的资金及货物往来，该53张发票实际列支3,693,401.41元。2014年9月9日，顺义区国家税务局作出行政处理决定书，认定红某公司未取得合法、有效凭证列支，调增2012年度、2013年度应纳税所得额共计3,693,401.41元，应补缴2012年度至2013年度企业所得税共计923,350.35元，并缴纳滞纳金。税务处理决定书送达后，红某公司未在规定时间内提起行政复议，顺义区国家税务局出具催告书催缴税款，红某公司未在规定时间缴纳税款，顺义区国家税务局于2014年11月5日冻结红某公司及其第一分公司、第二分公司账户，账户余额共计8万余元，不足以追缴欠税。2015年4月顺义区国家税务局对冻结账户采取税收强制执行措施，共计扣款12万余元（税款9万余元，滞纳金3万余元），剩余

---

[1] 参见北京市第三中级人民法院刑事裁定书，(2018)京03刑终698号。

82 万余元税款因账户余额不足未能追缴。

被告人陈某、宫某在明知顺义区国家税务局对红某公司进行税务稽查、作出税务处理决定并追缴税款的情况下，于 2014 年 9 月注册成立博某公司，由博某公司在第一分公司、第二分公司的经营地址上成立宏某公司、石某公司，第一分公司、第二分公司以宏某公司、石某公司的名义继续经营。被告人陈某、宫某对二公司仍拥有实际控制权，被冻结的第一分公司、第二分公司账户不再使用，另开立宏某公司、石某公司账户供经营使用。2015 年 3 月，红某公司将第一分公司、第二分公司注销。同时，红某公司利用与某酒店的合作经营关系，在对外经营时开具某酒店发票，自 2015 年 1 月开始，不再申领发票。红某公司账户亦于冻结后不再使用。红某公司通过以上方式逃避追缴税款，至案发时，尚有 82 万余元税款无法追缴。

2016 年，顺义区国家税务局将该案移送公安机关处理，被告人陈某、宫某于 2016 年 12 月 14 日经电话通知到案，后红某公司补缴欠缴的企业所得税税款及滞纳金共计 130 余万元。

一审法院判决被告单位红某公司犯逃避追缴欠税罪，判处罚金 85 万元；被告人陈某犯逃避追缴欠税罪，判处有期徒刑 3 年缓刑 3 年，并处罚金 85 万元；被告人宫某犯逃避追缴欠税罪，判处有期徒刑 3 年缓刑 3 年，并处罚金 85 万元。后被告人宫某提出上诉。

（二）争议焦点

本案争议焦点为红某公司的以上行为是否属于隐匿、转移财产，是否构成逃避追缴欠税罪。

宫某及其辩护人认为：宫某及红某公司没有转移、隐匿财产导致所欠税款无法追缴，税务机关没有穷尽追缴手段，不能认定欠税无法追缴；税务机关作出的税务处理决定违反法定程序，结果错误，税务机关没有按照法律授予的职责行使权力，从而导致欠税无法追缴。二审法院认为：在案相关公司设立登记及注销等材料、银行账户信息、交易明细等书证可以证明，红某公司通过成立新公司、注销原分公司并转移原公司账户内资金等手段转移、隐匿财产，致使税务机关无法追缴欠缴税款，故此相关上诉理由和辩护意见不能成立，法院不予采纳；关于宫某及其辩护人所提税务机关未依职责行使权力、没有穷尽追缴手段等上诉理由和辩护意见，税务机关在作出税务处理决定后,红某公司未及时补缴欠税,后税务机关出具催告书催缴税款并冻结相关账户进行扣缴,其根据实际情况已依法履行职权,并无不当,故此相关上诉理由和辩护意见不能成立,法院不予采纳。

(三)案件评析

顺义区国家税务局稽查局对红某公司开展税务稽查并作出税务处理决定,要求红某公司调增应纳税所得额、补缴企业所得税及滞纳金,这一决定是基于红某公司在2012~2013年使用不符合规定的发票列支成本的事实作出的。根据税法相关规定,不符合规定的发票确实不能作为税前扣除凭证,且红某公司未能充分证明存在可予扣除的合理支出,所以税务机关的处理决定在事实认定和法律依据上是合理的,旨在维护税收征管秩序,确保企业按照合法合规的方式计算并缴纳税款。红某公司在税务处理决定书送达后,未按规定提起行政复议,也未及时缴纳税款,后续税务机关采取冻结账户、强制执行等措施后仍有82万余元税款未能被追缴,这一系列事实清晰地表明了欠税情况的存在。宫某上诉称不存在欠税事实,但其所提供的理由缺乏足够证据支持,无法推翻税务机关基于客观事实和税法规定认定的欠税结论。

一审法院认定被告单位红某公司以及直接负责的主管人员陈某、宫某构成逃避追缴欠税罪,北京市第三中级人民法院经过对上诉理由和辩护意见的详细审查,依据在案的充分证据,判定其行为符合该罪的构成要件,维持原判的定罪结论,体现了司法审判在认定犯罪时遵循事实和法律的严谨性,确保对税收犯罪行为定性准确。一审法院作出的判处罚金以及判处有期徒刑缓刑并处罚金的量刑决定,综合考虑了红某公司及其相关人员犯罪的事实、性质、情节以及对社会的危害程度等多方面因素。从整个案件情况来看,该判决既考虑到了犯罪行为本身的严重性,也兼顾了被告人主动到案以及后续补缴部分税款等从轻情节,二审法院认定一审量刑适当并予以维持,保障了刑罚的公正性和合理性,对类似逃避追缴欠税案件的量刑具有一定的参考价值。

三、逃避追缴欠税罪中欠税数额的计算

在逃避追缴欠税罪的司法审查中,确立行为人的逃避行为与税务机关

无法追缴欠税之间存在直接的因果关系，是判定此罪成立的核心要件。然而，在具体案件中，这一因果关系的确定往往面临诸多挑战。下文以王某逃避追缴欠税罪案[1]为例，具体说明。

（一）案情简介

2010年，有人向广州市地方税务局稽查局举报，反映A博览中心存在少缴税款的违法行为。广州市地方税务局稽查局迅速立案，组织人员对这家博览中心展开检查。稽查人员实地检查后，发现该中心发生了一笔股权转让行为——以4.6亿元的价格转让了其控股的B公司股权。对照该中心此前自行对B公司整体价值的评估数据和其他相关情况，稽查人员认定，4.6亿元的股权转让价格明显偏低，且无正当理由，依法核定其股权转让收入为6.7亿元。之后，广州市地方税务局稽查局依据《税收征收管理法》第64条第2款的有关规定，即纳税人不进行纳税申报，不缴或者少缴应纳税款的，由税务机关追缴其不缴或者少缴的税款、滞纳金，并处不缴或者少缴税款50%以上5倍以下的罚款，向该中心出具税务处理决定书和处罚决定书，告知要对其追缴企业所得税383万元，加收滞纳金248万元，并处罚款192万元，几项合计823万元。

对此处理决定，A博览中心没有提出异议，也没有积极履行。截至2013年1月，A博览中心只清缴了欠缴税款200余万元，与其欠税和被罚的总金额相比，只占约1/4。同时，广州市地方税务局征收部门传来情况通报：A博览中心曾以2.3亿元的价格处置了其持有的其他企业的股权。在收集到相关证据之后，广州市地方税务局稽查局以“涉嫌逃避追缴欠税罪”之名，将该欠税案件移送公安机关。

在公安机关审查是否立案期间，王某向公安机关辩解称，在处置有关股权转让事宜时，A博览中心的银行账户恰因民事官司被法院冻结，因担心款项转入会被法院划扣，才将股权转让款转入B公司。公安机关审查后，认为A博览中心没有转移资产逃避追缴欠税的主观故意，决定不予立案。

然而，一段时间过去，王某清缴剩余滞纳金的承诺仍未兑现。执行人员

---

[1] 参见《赖税5年　背负百万税款滞纳金》，载税务频道—湖南红网，https://tax.rednet.cn/c/2016/10/28/4120437.htm。

认为只有继续启动追究有关人员刑事责任的法律程序，才能直接追究王某的欠税责任，从根本上推动清欠工作。针对王某多番资本运作的特点，执行人员再次展开调查，查证王某转移、隐匿 A 博览中心资产的细节，对涉及人员的陈述情况做证据固定和责任锁定，补足王某主观故意逃避追缴欠税的证据。与此同时，执行人员向 B 公司发出税务检查通知书、责令限期提供资料通知书等执法文书，查询该公司的银行账户流水情况，全面追查其与 A 博览中心的资金往来情况。随后，税务机关将收集充分完整的证据资料移交公安机关。后续王某在清缴完 A 博览中心的欠缴税款后，另外筹集 200 多万元资金，补缴其所控制的其他 5 家企业的欠缴税款。

（二）争议焦点

税务机关认为，王某的行为已经涉嫌逃避追缴欠税罪，需要立案处理，通过追究其刑事责任来推动清欠工作。而公安机关最初审查后认为王某不构成犯罪不予立案，双方对于是否达到逃避追缴欠税罪的刑事立案标准存在分歧。税务机关后续收集完整证据移交公安机关，就是为了解决这一争议，推动刑事程序的启动。A 博览中心处置股权获得资金后的资金流向和操作是否属于转移、隐匿资产以逃避欠税的行为存在争议。税务机关在后续调查中对 A 博览中心与 B 公司的资金往来等细节进行查证，就是要明确这些资产操作是为了逃避欠税。

（三）案件评析

对于 A 博览中心股权转让价格明显偏低且无正当理由的情况，依据相关法规核定其收入，体现了税务机关在维护税收公平和防止企业通过不合理定价的手段少缴税款方面的职责履行。税务机关根据核定结果作出的税务处理决定书和处罚决定书在程序和依据上是合法合规的，符合《税收征收管理法》对于纳税人不缴或少缴税款情形的处理规定，旨在通过追缴税款、加收滞纳金和罚款来纠正企业的违法行为并给予相应惩戒。税务机关执行人员在公安机关不予立案后没有放弃，而是基于王某的资本运作特点再次深入调查，通过详细查证资产转移隐匿细节、固定相关人员陈述证据以及全面追查 A 博览中心与 B 公司资金往来等措施，进一步完善了证据链条，为后续刑事立案追责提供了有力支持。

四、逃避追缴欠税罪与逃税罪法律界限的区分

区分逃避追缴欠税罪与普通欠税行为的关键在于行为人的主观态度和行为方式。普通欠税行为可能由于疏忽、误解税法或财务困难等原因造成，而逃避追缴欠税罪则要求行为人具有故意逃避税务机关追缴的主观恶意和行为。下文以蔡某逃避追缴欠税罪、偷税罪案[1]为例，具体说明。

（一）案情简介

1997 年 4 月，福鼎市华凌公司登记注册成立，法定代表人为原审被告人蔡某。2000 年 4 月，该公司办理了税务登记注册。2002 年 3 月，华凌公司取得寿宁县商贸城项目开发权，从事农贸综合市场及商品房开发建设。同年 6 月，华凌公司成立寿宁分公司并办理了税务登记注册。2002 年 6 月至 2003 年 9 月，华凌公司先后办理了国有土地使用证及建筑工程施工许可证和建设用地规划许可证。其间，华凌公司动工建设寿宁县商贸城项目并售出商品房。

2003 年 5 月，寿宁县国有资产营运管理公司、市场服务中心与华凌公司签订协议书，出资 460 万元购买华凌公司一层农贸市场 40% 的 50 年产权和另 60% 的 30 年产权及二层 50% 的 50 年产权。2004 年 5 月，原审被告人蔡某在公司面临资金困难、寿宁商贸城项目继续开发陷入停顿的状态下离开寿宁县。同年 6 月，税务机关向寿宁分公司发出限期缴纳税款通知书。11 月 4 日，原审被告人蔡某到某公证处办理委托书，将寿宁商贸城开发项目有关后续事宜授权委托给寿宁分公司员工陈某处理。11 月 20 日，陈某接受委托代表华凌公司与柳某签订《寿宁县商贸城部分产权出让合同》，将华凌公司所拥有的商贸城第一层 60% 的 30 年产权、第二层 50% 的 50 年产权转让给柳某。柳某按合同约定代为甲公司偿付所欠的建筑工程款 530 万元、偿还建行贷款本金 300 万元，又支付 136 万元给寿宁县政府商贸城办公室，解决华凌公司遗留的其他债务和纠纷等问题，双方约定华凌公司负责产权出让前的一切税费。产权出让后，华凌公司未向税务机关申报纳税。

2005 年 11 月，税务机关决定对寿宁分公司经营期间执行税法的情况进

---

〔1〕 参见福建省寿宁县人民法院刑事判决书，(2012)寿刑再初字第 2 号。

行检查,因无法找到华凌公司及寿宁分公司相关负责人,遂于2005年12月9日在《闽东日报》上刊登税务检查通知书,进行公告送达。经税务局检查认定,寿宁分公司从2001~2004年度,应向税务机关缴纳地方各税费和企业所得税共计1,525,975.41元,扣除已缴纳的地方各税费759,898.26元外,还欠地方各税费242,012.91元,企业所得税510,151.05元,计752,163.96元未缴纳。

同时,税务机关在检查中还发现华凌公司及其分公司将所拥有的商贸城产权转让后,未申报缴纳应缴地方各税费570,089.50元和企业所得税337,755元,共计907,844.50元。2006年1月,税务机关冻结了寿宁分公司在中国建设银行寿宁支行的账户,余额为60.28元。至案发时,华凌公司及其分公司均未到税务机关办理欠税补缴。2005年9月、10月,寿宁分公司、华凌公司先后被工商管理部门吊销营业执照。

寿宁县人民法院判决原审被告人蔡某犯逃避追缴欠税罪,判处有期徒刑4年,并处罚金800,000元;犯偷税罪,判处有期徒刑4年,并处罚金1,000,000元;总和刑期8年,并处罚金1,800,000元;决定执行有期徒刑6年2个月,并处罚金1,800,000元。

(二)争议焦点

该案的争议焦点在于蔡某的行为是否构成逃避追缴欠税罪和偷税罪。

原审被告人蔡某及其辩护人提出原审被告人的行为不构成逃避追缴欠税罪和偷税罪。寿宁县人民法院认为:原审被告人蔡某作为纳税义务人华凌公司的法定代表人,系华凌公司直接负责的主管人员,明知公司欠缴应纳税款,仍将公司财产转让并将所得用于支付所欠的建筑工程款和建行贷款等,客观上造成税务机关无法追缴欠税税款752,163.96元;同时,在公司财产转让后,蔡某拒绝申报纳税,不缴应纳税款,数额达907,844.50元,且占应纳税款的100%。其行为分别构成逃避追缴欠税罪和偷税罪,依法应实行数罪并罚,公诉指控罪名成立。

(三)案件评析

逃税罪与逃避追缴欠税罪虽然都涉及税收违法行为,但它们的侧重点不同。逃税罪侧重于行为人通过欺骗、隐瞒等手段不缴或少缴应纳税款,而逃避追缴欠税罪则侧重于行为人在税务机关已经确定其欠税义务后，故意采取行动阻碍税务机关的追缴。

法院认定蔡某构成逃避追缴欠税罪和偷税罪，从证据角度看，税务机关对华凌公司及其寿宁分公司的税费检查较为全面，通过对经营期间的账目审查、税务登记资料核实以及对产权转让等情况的调查，确定了欠税金额和未申报纳税情况，为犯罪认定提供了有力的事实依据。对于蔡某主观故意的认定，虽然蔡某有资金困难、处理债务等解释，但法院结合其在明知欠税情况下的产权转让行为、未申报纳税的后续表现等综合判断其具有犯罪故意，在证据链的构建上有一定的合理性。法院在量刑时考虑到寿宁县人民政府的税收优惠承诺，体现了在严格依法判决的同时兼顾案件的特殊情节。虽然不能因该承诺免除纳税义务，但在确定刑罚时给予酌情考虑，这种量刑思路既维护了税法的权威性，又体现了司法的灵活性和公正性。总体而言，该案件对于企业法定代表人在纳税义务履行方面的警示作用明显，也为司法机关处理类似涉及企业税务犯罪案件提供了参考范例，强调了在认定犯罪时要准确把握主观故意与客观行为的关系，以及在量刑时综合考虑各种相关因素的重要性。

五、逃避追缴欠税罪的量刑考量

在逃避追缴欠税罪的司法裁判中，量刑是一个需要综合考虑多种因素的复杂过程。根据《刑法》等相关法律规定，量刑应当与犯罪行为的欠税数额、行为性质、后果以及社会危害性等因素相适应。下文以王某奇逃避追缴欠税罪案[1]为例，具体说明。

（一）案情简介

王某奇系甲房地产公司的法定代表人。2007 年 5 月 17 日至 6 月 5 日，税务机关对甲房地产公司 2003 年 1 月 1 日至 2006 年 12 月 31 日的企业所得税纳税情况进行检查，后于 2008 年 6 月 12 日向甲房地产公司送达《税务处理决定书》（房国税稽处字〔2008〕第 19 号），要求甲房地产公司补缴 2005

---

〔1〕 参见《刑事经典案例之「逃避追缴欠税罪」》，载百家号“微法说法”2021 年 12 月 24 日，https://baijiahao.baidu.com/s?id=1719946478463311166。

年1月1日到2006年12月31日企业所得税税款2,456,893.64元。甲房地产公司从2008年6月12日至2009年7月13日,只补缴税款合计420,285.1元、滞纳金合计199,714.9元,从2009年7月13日至今,仍有2,036,608.54元税款和滞纳金应缴未缴,形成欠税。经调查,2009年7月13日后,该公司将售楼收入存入个人账户,而未存入向税务机关备案的银行账户,该公司法定代表人王某奇逃匿,致使税务机关无法追缴欠缴税款共计2,036,608.54元。被告人王某奇于2019年11月9日被公安机关抓获到案。

(二)争议焦点

该案的争议焦点在于王某奇将售楼收入存入个人账户并且逃匿是否构成逃避追缴欠税罪以及量刑是否适当。

公诉机关认为,被告人王某奇作为公司的法定代表人,其行为触犯了《刑法》第203条的规定,应当以逃避追缴欠税罪追究其刑事责任,提请依法惩处,建议判处被告人王某奇有期徒刑4年,并处罚金。法院认为,被告人王某奇身为甲房地产公司的法定代表人,明知公司欠缴应纳税款,仍采取转移、隐匿公司财产的手段,致使税务机关无法追缴欠缴税款203万余元,其行为已构成逃避追缴欠税罪,依法应予惩处。鉴于被告人王某奇到案后如实供述自己的主要犯罪事实,并自愿认罪认罚,可依法予以从轻处罚,判决被告人王某奇犯逃避追缴欠税罪,判处有期徒刑4年,并处罚金205万元。

(三)案件评析

税务机关对甲房地产公司进行企业所得税纳税情况检查,并依法送达《税务处理决定书》要求其补缴税款,体现了税务执法机关在监管企业纳税义务履行方面的正常履职行为。后续通过调查发现该公司将售楼收入存入个人账户以及法定代表人逃匿等情况,从而牵出可能涉及逃避追缴欠税的犯罪线索,反映出税务机关与司法机关在打击税收违法犯罪行为过程中的衔接配合机制发挥了作用,能够及时对疑似犯罪行为进行追踪和查处。

在量刑方面,除了法定量刑情节以外,欠缴税款的金额、主观故意、隐匿转移财产的手段、社会危害程度等因素都会影响量刑。该案中,法院既认可了公诉机关对罪名的指控,又充分考虑到被告人到案后如实供述自己的主要犯罪事实并自愿认罪认罚这一从轻处罚情节,予以从轻处罚,体现了宽严相济刑事政策。然而,最终确定的罚金数额等量刑结果,结合犯罪的事实、性质、情节以及社会危害程度等多方面综合考量,虽然有从轻体现,但仍需权衡是否达到了法律效果与社会效果的最佳平衡,如是否充分考虑到企业的实际经济承受能力以及对类似犯罪行为量刑的示范效应等因素。

六、如何理解《危害税收征管刑事案件解释》中提到的"不履行税收义务并脱离税务机关监管"

《危害税收征管刑事案件解释》第6条列举的第五种情形"不履行税收义务并脱离税务机关监管的",旨在界定逃避追缴欠税行为的一种具体表现形式,具体分析如下。

(1)不履行税收义务。指的是纳税人有意识地不去完成其法定的纳税责任,包括但不限于不按时申报、不缴或少缴应缴纳的各种税款。这种行为直接违反了税法中关于纳税的基本要求。

(2)脱离税务机关监管。进一步强调了纳税人在未履行税收义务的同时,还采取了措施使税务机关难以对其财务状况、资产流动等进行有效监控或追查。这可能包括变更联系方式未通知税务机关、隐藏经营地点、拒绝接受税务检查,或者利用复杂的财务安排和离岸结构来模糊资产去向等行为,从而实质上逃避税务机关的管理和追缴程序。

综合来看,这一规定旨在打击那些不仅没有履行应尽的纳税义务,而且还主动采取行动躲避税务监管的纳税人。这种行为被明确归类为《刑法》第203条规定的"采取转移或者隐匿财产的手段",意味着如果纳税人实施了此类行为,将可能面临相应的刑事责任追究,体现了法律对维护税收秩序、防止税收流失的严格态度。

第七章

骗取出口退税罪

自我国出口退税制度形成起，骗取出口退税一直都是严厉打击涉税违法犯罪的重点领域，目前已经形成了从行政执法到刑事司法全链条、一体化打击的格局。然而，骗取出口退税行为的定罪量刑一直存在诸多争议：在立法层面，由于我国《刑法》对骗取出口退税罪的罪状表述不够清晰，理论界与实务界对骗取出口退税罪的构成要件等内容一直存在争议；在司法实践层面，由于骗取出口退税往往涉及开票、报关等多个环节的协同配合，行为人骗税手段纷繁复杂，同案不同判的现象屡有发生，对办理骗取出口退税案件造成了诸多困扰。为此，本章将对骗取出口退税罪的立法沿革、犯罪构成要件以及司法裁判现状进行梳理，并结合实务案例对骗取出口退税罪的常见实务争议问题进行研究探讨。

第一节　历史沿革与现状

出口退税，是指对报关出口的货物、劳务以及跨境提供的应税行为，退还或免征在境内各生产或流通环节按境内税收法律法规规定缴纳的增值税和消费税。其在税法层面有两层含义：对出口环节的生产或者销售免征增值税、消费税，以及对出口货物国内购销环节已缴纳的增值税、消费税予以退还。[1] 我国出口退税政策经历了比较曲折的发展阶段，直至1985年国务院发布《关于对进出口产品征、退产品税或增值税的规定》（已失效），才标志着我国进出口税收制度的初步形成，自此我国正式开始实施出口退税制度。

一、骗取出口退税罪的立法沿革

自出口退税制度正式施行起，我国对于骗取出口退税罪的立法大致可分为三个阶段：（1）归属一般的偷税行为阶段；（2）特定犯罪主体构成骗取出口退税罪阶段；（3）特定行为构成骗取出口退税罪阶段。具体分析如下。

（一）1985～1992年：归属一般的偷税行为

出口退税制度成型较晚，1979年《刑法》首次颁布时并未涉及出口退税相关的犯罪，实施出口退税制度之前没有任何文件对骗取出口退税款的行为进行定性。1989年，原国家税务局、原对外经济贸易部、海关总署联合发布的《出口产品退税审批管理办法》第8条第4款规定："出口企业有意采取欺骗、隐瞒等手段而造成多退税款的，视同偷税行为，按《中华人民共和国税收征收管理暂行条例》的有关规定处理。"该文件首次将骗取出口退税的行为定性为偷税，但行为主体限定为出口企业。根据该文件的规定以及1979年《刑法》的相关内容，这一阶段，出口企业骗取出口退税的行为被定性为偷税行为，构成犯罪的以偷税罪论处；出口企业以外的单位或个人骗取出口退税的行为则无明确定性，可能按诈骗罪或者偷税罪论处。[2]

（二）1992～1997年：特定犯罪主体构成骗取出口退税罪

1992年9月4日，全国人大常委会发布了《偷税、抗税的补充规定》（已失效），首次规定了骗取出口退税罪。第5条第1款规定："企业事业单位采取对所生产或者经营的商品假报出口等欺骗手段，骗取国家出口退税款，数额在一万元以上的……"第2款规定："前款规定以外的单位或者个人骗取国家出口退税款的，按照诈骗罪追究刑事责任……"该条对骗取出口退税罪进行了明确，但对犯罪主体进行了限定，即特殊主体（具有进出口经营权的

---

〔1〕 参见强甜甜、黄俊涛：《出口退税实务解析与合规管理》，法律出版社2023年版，第3页。

〔2〕 参见周铭川、黄丽勤：《税收犯罪研究》，法律出版社2020年版，第239页。

企事业单位)骗取出口退税的行为构成骗取出口退税罪,其他一般主体骗取出口退税的行为构成诈骗罪。[1] 也有部分学者认为,第5条第1款规定的特殊主体是对生产或者经营的商品依法已经缴纳过税款的企事业单位,从而将骗取出口退税的行为划分为"完税骗税"和"凭空骗税"两类,前者是指企事业单位以欺骗手段将已缴纳过的税款以出口退税的方式骗回,后者是指在未缴纳税款的情况下以申请出口退税的名义骗取国家财产,并认为只有"完税骗税"的情况构成骗取出口退税罪。根据这一观点,骗取出口退税罪本质上属于发生在出口退税领域的变相偷税行为。[2] 原《偷税、抗税的补充规定》对特殊主体的界定不明、争议较大,实务中对于复杂案例难以判定适用第5条第1款还是第2款,而骗取出口退税罪的刑事责任与诈骗罪的刑事责任相差悬殊,判定错误将导致最高刑3年有期徒刑和最高刑无期徒刑的显著差异,此后不久《刑法》便对骗取出口退税罪进行了大幅修改。

(三)1997年至今:特定行为构成骗取出口退税罪

1997年《刑法》第204条对骗取出口退税罪进行了大幅修改,并延续至今,骗取出口退税罪相较于前一阶段虽罪名相同,但实际内容已全然不同。《刑法》第204条第1款规定:"以假报出口或者其他欺骗手段,骗取国家出口退税款,数额较大的,处……"第2款规定:"纳税人缴纳税款后,采取前款规定的欺骗方法,骗取所缴纳的税款的,依照本法第二百零一条的规定定罪处罚;骗取税款超过所缴纳的税款部分,依照前款的规定处罚。"该条规定彻底摒弃了前一阶段以犯罪主体界定骗取出口退税罪的方式,而是将纳税人的行为划分为"完税骗税"和"凭空骗税"两类,并认为前者属于偷税行为,后者才属于骗取出口退税,骗取出口退税罪本质上变化为发生在出口退税领域的特殊诈骗行为。不过值得注意的是,虽然《刑法》第204条对骗取出口退税罪的行为进行了划分,但后续《税收征收管理法》的修订却回避了这一观点,司法实务中至今也未见将"完税骗税"行为以逃税罪定罪处罚的案例。

---

[1] 参见李占梅:《骗取出口退税罪研究》,中国政法大学2008年硕士学位论文,第5页。

[2] 参见周铭川、黄丽勤:《税收犯罪研究》,法律出版社2020年版,第241页。

二、骗取出口退税罪的现状

自1997年至今,《刑法》又经历了12次修正,但对骗取出口退税罪的规定并未进行变动,上述第三阶段基本立法模式得以延续,仅在量刑情节、量刑标准等方面通过司法解释的形式予以细化和改动。2002年,最高人民法院发布《审理骗取出口退税刑事案件司法解释》(已失效),对骗取出口退税罪的行为模式、量刑标准进行详细补充;2022年,最高人民检察院、公安部发布的《刑事案件立案追诉标准(二)》,将骗取出口退税的入罪数额标准由原《审理骗取出口退税刑事案件司法解释》规定的5万元提高至10万元;2024年3月15日发布的《危害税收征管刑事案件解释》,在原《审理骗取出口退税刑事案件司法解释》的基础上对骗取出口退税罪的行为模式、量刑标准、犯罪形态等作了进一步的细化和变动,[1]大致可以分为以下几个方面:

其一,行为模式上,为了应对实践中出现的新型骗税手段,《危害税收征管刑事案件解释》对冒用他人出口业务申报出口退税、将同一批次货物循环报关出口申报退税、将不享受退税政策的产品申报为退税产品等新型骗税行为进行新增列举规定;另外,原《审理骗取出口退税刑事案件司法解释》将"骗取出口货物退税资格"列为骗税手段之一,现阶段进出口贸易采取备案登记制度,企业经简单手续即可开展出口业务,无须骗取出口退税资格,因此《危害税收征管刑事案件解释》将该条规定删除。

其二,量刑标准上,对"数额较大""数额巨大""数额特别巨大"的量刑数额标准进行提高,分别以10万元、50万元和500万元作为界限(原《审理骗取出口退税刑事案件司法解释》为5万元、50万元和250万元);对量刑情节标准也进行了新增和修改,如将多次骗税(两年内实施虚假申报出口退税行为五次以上)列入"其他特别严重情节"的范围。

另外,《危害税收征管刑事案件解释》对中介帮助骗取出口退税的情形如何作刑法上的认定进行了明确。第9条第2款规定:"从事货物运输代理、报关、会计、税务、外贸综合服务等中介组织及其人员违反国家有关进出口经营规定,为他人提供虚假证明文件,致使他人骗取国家出口退税款,情

---

[1] 参见滕伟、董保军、姚龙兵、张淑芬:《"两高"〈关于办理危害税收征管刑事案件适用法律若干问题的解释〉的理解与适用》,载《法律适用》2024年第4期。

节严重的,依照刑法第二百二十九条的规定追究刑事责任。”据此,若中介组织及人员与骗取出口退税行为人之间不构成共同犯罪的,可视故意或者过失以提供虚假证明文件罪或者出具证明文件重大失实罪定罪处罚。

第二节　法律释义与构成要件

一、骗取出口退税罪的法律释义

(一)刑法条文

我国《刑法》分则在第三章“破坏社会主义市场经济秩序罪”的第六节专门规定了“危害税收征管罪”的14个罪名。从危害性上看,骗取出口退税罪是性质最严重、危害最大的危害税收征管犯罪,法定最高刑为无期徒刑。《刑法》第204条规定:“以假报出口或者其他欺骗手段,骗取国家出口退税款,数额较大的,处五年以下有期徒刑或者拘役,并处骗取税款一倍以上五倍以下罚金;数额巨大或者有其他严重情节的,处五年以上十年以下有期徒刑,并处骗取税款一倍以上五倍以下罚金;数额特别巨大或者有其他特别严重情节的,处十年以上有期徒刑或者无期徒刑,并处骗取税款一倍以上五倍以下罚金或者没收财产。纳税人缴纳税款后,采取前款规定的欺骗方法,骗取所缴纳的税款的,依照本法第二百零一条的规定定罪处罚;骗取税款超过所缴纳的税款部分,依照前款的规定处罚”。

根据该条文可以得出,骗取出口退税罪是指以假报出口或者其他欺骗手段,骗取国家出口退税款,数额较大的行为。值得注意的是,《刑法》第204条第2款的规定引起了较大的争议。根据该规定,可以将骗取出口退税分为两种类型:“完税骗税”和“凭空骗税”,其引起争议主要在于税后骗取出口退税行为未超过所纳税款部分的,按照逃税罪定罪处罚,超过所缴纳税款部分的,应当实行数罪并罚还是按照想象竞合犯从一重处罚?[1] 该问题会在本章第四节第三部分详细讨论。

---

〔1〕 参见陈建清:《论骗取出口退税行为的刑法适用及处罚》,载《暨南学报(哲学社会科学版)》2016年第11期。

(二)相关释义

2024年3月15日,最高人民法院、最高人民检察院联合发布了《危害税收征管刑事案件解释》,随后,最高人民法院4位法官针对骗取出口退税罪的行为表现、定罪量刑标准,以及既遂、未遂和共犯等内容作了权威解读。[1]归纳总结如下。

1. 行为表现

《危害税收征管刑事案件解释》第7条根据税务部门、公安机关近年来查处的骗税案件中发现的新型骗税手段,在《审理骗取出口退税刑事案件司法解释》(已失效)有关规定的基础上,通过列举方式对骗取出口退税罪的行为方式作了完善,具体变化见表7-1。

表7-1　新旧司法解释对"假报出口或者其他欺骗手段"的规定

<table>
<tr><th>《审理骗取出口退税刑事案件司法解释》(已失效)</th><th>《危害税收征管刑事案件解释》</th></tr>
<tr><td>第1条规定:"刑法第二百零四条规定的'假报出口',是指以虚构已税货物出口事实为目的,具有下列情形之一的行为:(一)伪造或者签订虚假的买卖合同;(二)以伪造、变造或者其他非法手段取得出口货物报关单、出口收汇核销单、出口货物专用缴款书等有关出口退税单据、凭证;(三)虚开、伪造、非法购买增值税专用发票或者其他可以用于出口退税的发票;(四)其他虚构已税货物出口事实的行为。"</td><td rowspan="2">第7条规定:"具有下列情形之一的,应当认定为刑法第二百零四条第一款规定的'假报出口或者其他欺骗手段':(一)使用虚开、非法购买或者以其他非法手段取得的增值税专用发票或者其他可以用于出口退税的发票申报出口退税的;(二)将未负税或者免税的出口业务申报为已税的出口业务的;(三)冒用他人出口业务申报出口退税的;(四)虽有出口,但虚构应退税出口业务的品名、数量、单价等要素,以虚增出口退税额申报出口退税的;(五)伪造、签订虚假的销售合同,或者以伪造、变造等非法手段取得出口报关单、运输单据等出口业务相关单据、凭证,虚构出口事实申报出口退税的;(六)在货物出口后,又转入境内或者将境外同种货物转入境内循环进出口并申报出口退税的;(七)虚报出口产品的功能、用途等,将不享受退税政策的产品申报为退税产品的;(八)以其他欺骗手段骗取出口退税款的。"</td></tr>
<tr><td>第2条规定:"具有下列情形之一的,应当认定为刑法第二百零四条规定的'其他欺骗手段':(一)骗取出口货物退税资格的;(二)将未纳税或者免税货物作为已税货物出口的;(三)虽有货物出口,但虚构该出口货物的品名、数量、单价等要素,骗取未实际纳税部分出口退税款的;(四)以其他手段骗取出口退税款的。"</td></tr>
</table>

[1] 参见滕伟、董保军、姚龙兵、张淑芬:《"两高"〈关于办理危害税收征管刑事案件适用法律若干问题的解释〉的理解与适用》,载《法律适用》2024年第4期。

对比看来,核心变化主要有三点:(1)完善有关表述,如将“出口货物”修改为“出口业务”,将“货物出口”修改为“出口”,将“未纳税”修改为“未负税”;(2)根据实践中发现的新型骗税手段新增“将他人的出口业务冒用为自己的出口业务申报退税的”“将同一批次的货物循环‘报关出口’申报退税的”“虚报出口产品的功能、用途,将不享受退税政策的产品申报为退税产品的”三项规定;(3)随着税收征管水平的提高,删除了“骗取出口货物退税资格的”“以伪造的增值税专用发票或者其他可以用于出口退税的发票骗税的”等规定。

2. 定罪量刑

《危害税收征管刑事案件解释》将骗取出口退税罪的定罪量刑数额标准,从原《审理骗取出口退税刑事案件司法解释》设置的 5 万元的入罪标准提高 1 倍,分别以 10 万元、50 万元和 500 万元为界限。在原《审理骗取出口退税刑事案件司法解释》规定的基础上既有所提高,但又没有提得过高,即现在所规定的标准,既防止入罪标准过低而造成犯罪圈划定过大、打击面过宽的问题,又防止对“数额特别巨大”的设置过高,导致重罪轻罚的情况,还兼顾了与其他经济犯罪的定罪量刑标准平衡问题。

此外,《危害税收征管刑事案件解释》第 8 条第 2 款、第 3 款对“其他严重情节”“其他特别严重情节”进一步修改和完善,设置了不同的“累犯”情节、将追回损失的时间节点提前到“提起公诉前”等,着重突出了对行为人主观恶性的考量,强调主客观相统一原则。同时,为了与新的定罪量刑数额标准相匹配,《危害税收征管刑事案件解释》将“其他特别严重情节”中的骗取出口退税款金额由“150 万元”提高到了“300 万元”。此外,为防止遗漏,《危害税收征管刑事案件解释》还对情节严重和情节特别严重的情形均设置了兜底性规定,详见表 7－2。

表 7－2 新旧司法解释对骗取出口退税罪定罪量刑情节的规定

《审理骗取出口退税刑事案件司法解释》(已失效)	《危害税收征管刑事案件解释》
第 3 条规定:“骗取国家出口退税款 5 万元以上的,为刑法第二百零四条规定的‘数额较大’;骗取国家出口退税款 50 万元以上的,为刑法第二百零四条规定的‘数额巨大’;骗取国家出口退税款 250 万元以上的,为刑法第二百零四条规定的‘数额特别巨大’。”	第 8 条第 1 款规定:“骗取国家出口退税款数额十万元以上、五十万元以上、五百万元以上的,应当分别认定为刑法第二百零四条第一款规定的‘数额较大’‘数额巨大’‘数额特别巨大’。”

续表

《审理骗取出口退税刑事案件司法解释》（已失效）	《危害税收征管刑事案件解释》
第4条规定:“具有下列情形之一的,属于刑法第二百零四条规定的‘其他严重情节’:(一)造成国家税款损失30万元以上并且在第一审判决宣告前无法追回的;(二)因骗取国家出口退税行为受过行政处罚,两年内又骗取国家出口退税款数额在30万元以上的;(三)情节严重的其他情形。”	第8条第2款规定:“具有下列情形之一的,应当认定为刑法第二百零四条第一款规定的‘其他严重情节’:(一)两年内实施虚假申报出口退税行为三次以上,且骗取国家税款三十万元以上的;(二)五年内因骗取国家出口退税受过刑事处罚或者二次以上行政处罚,又实施骗取国家出口退税行为,数额在三十万元以上的;(三)致使国家税款被骗取三十万元以上并且在提起公诉前无法追回的;(四)其他情节严重的情形。”
第5条规定:“具有下列情形之一的,属于刑法第二百零四条规定的‘其他特别严重情节’:(一)造成国家税款损失150万元以上并且在第一审判决宣告前无法追回的;(二)因骗取国家出口退税行为受过行政处罚,两年内又骗取国家出口退税款数额在150万元以上的;(三)情节特别严重的其他情形。”	第8条第3款规定:“具有下列情形之一的,应当认定为刑法第二百零四条第一款规定的‘其他特别严重情节’:(一)两年内实施虚假申报出口退税行为五次以上,或者以骗取出口退税为主要业务,且骗取国家税款三百万元以上的;(二)五年内因骗取国家出口退税受过刑事处罚或者二次以上行政处罚,又实施骗取国家出口退税行为,数额在三百万元以上的;(三)致使国家税款被骗取三百万元以上并且在提起公诉前无法追回的;(四)其他情节特别严重的情形。”

3. 犯罪形态

骗取出口退税罪是财产犯罪,对其既未遂的认定标准与财产犯罪的既未遂标准应一致,即行为人主观上具有通过欺骗手段非法占有出口退税款的故意,客观上实施骗取出口退税行为,并发生出口退税款被骗取的实际危害结果,具备犯罪构成的全部要件,应认定为骗取出口退税罪的既遂。

《危害税收征管刑事案件解释》第9条第1款规定,“实施骗取国家出口退税行为,没有实际取得出口退税款的,可以比照既遂犯从轻或者减轻处罚”。但实践中,经常会遇到同一行为人多次实施骗取出口退税行为,其中既有既遂,又有未遂,对两种犯罪形态并存时的骗取出口退税行为应分开评价还是整体评价,应当如何量刑,犯罪数额能否直接累加等问题,均是实践中的难题。《危害税收征管刑事案件解释》在起草过程中，曾参考其他财产犯罪的司法解释对该问题予以明确："多次实施骗取国家出口退税行为，既有既遂，又有未遂，分别达到不同量刑幅度的，依照处罚较重的规定处罚；达到同一量刑幅度的，以骗取出口退税罪既遂处罚。"但考虑到对财产性犯罪既未遂的认定，按照刑法解释原理也应得出这一结果，故未在《危害税收征管刑事案件解释》赘述。

4. 共同犯罪

《危害税收征管刑事案件解释》第 9 条第 2 款规定，从事货物运输代理、报关、会计、税务、外贸综合服务等中介组织及其人员违反国家有关进出口经营规定，为他人提供虚假证明文件，致使他人骗取国家出口退税款，情节严重的，依照提供虚假证明文件罪的规定追究刑事责任。仅是针对中介组织及其人员与骗取出口退税行为人之间没有共同故意的情况。

对中介组织及其人员提供虚假证明文件致他人骗取出口退税行为性质的界定，需要遵循主客观相统一原则和刑法共同犯罪原理，要根据是否有共同犯罪故意而分别处理：为他人提供虚假证明文件，但没有与他人骗取出口退税的共同故意的，按照提供虚假证明文件罪处理；严重不负责任，出具的证明文件有重大失实，造成严重后果的，按照出具证明文件重大失实罪处理；与他人共谋或明知他人为骗取出口退税仍为其提供虚假证明文件的，按照《危害税收征管刑事案件解释》第 19 条的规定，以骗取出口退税罪共犯论处。

二、骗取出口退税罪的犯罪构成要件

骗取出口退税罪的本质是一种特殊形式的诈骗罪，本书遵循诈骗类犯罪的理论逻辑来分析骗取出口退税罪的构成要件。

（一）犯罪客体

犯罪客体是构成犯罪的必备要件之一，是指我国刑法所保护的，为犯罪行为所侵害的社会关系。关于骗取出口退税罪所侵犯的客体，刑法学界聚讼纷纭，大致分类如下。

1. 单一客体说

单一客体说认为,该罪所侵犯的客体是国家出口退税的管理制度。[1]有学者认为,国家的出口退税制度是指除国家明确规定不予退税的产品外,国家对在国内已征收产品税、增值税、营业税、特别消费税的产品,在其出口时把已征收的税款予以归还的制度,假报出口、骗取出口退税款,必然直接破坏国家出口退税制度,影响我国对外经济贸易的开展。[2]

从诈骗类犯罪的理论上看,单一客体说有其明显的缺陷。诈骗类犯罪侵犯的客体是公私财产所有权,骗取出口退税罪作为特殊形式的诈骗类犯罪,必然会侵犯到财产所有权。骗取出口退税罪所骗取的出口退税款已经以税收的方式被纳入国库,是国家财政收入的一部分,属于国家的公共财产而非纳税人所有,以欺骗的方式获得国家的出口退税款,自然构成对国家财产所有权的侵犯。

2. 复杂客体说

复杂客体说认为,该罪所侵犯的客体是复杂客体,根据侵犯客体的数量又分为二客体说和三客体说。

二客体说认为,该罪所侵犯的客体有两种,但对于其具体范围的阐述有所不同。有学者认为,该罪侵犯的客体是国家出口退税管理制度和对外贸易秩序,但主要是对国家出口退税管理制度的侵犯。[3] 还有学者认为,该罪侵犯的客体主要是国家税收征管制度,同时也侵犯了我国商品出口的正常秩序。[4] 但也有学者认为,该罪行为只是使用虚假的、与真实情况不符的出口退税单据、凭证去欺骗税务机关,骗取出口退税款,并未从事对外贸易业务,从而与对外贸易秩序、对外贸易管理秩序、商品出口秩序没有任何联系,不存在破坏这些秩序的问题,该罪侵犯的客体是国家出口退税管理制度和国家财产所有权。[5] 三客体说认为,该罪所侵犯的客体为三种,即国家出口

---

〔1〕 参见周洪波:《危害税收征管罪立案追诉标准与司法认定实务》,中国人民公安大学出版社2010年版,第131页。

〔2〕 参见赵秉志主编:《刑法原理与实务》,高等教育出版社2002年版,第459页。

〔3〕 参见刘蓉:《论骗取出口退税罪》,载《西北第二民族学院学报(哲学社会科学版)》1999年第2期。

〔4〕 参见曹子丹等主编:《最新中国刑法实务全书》,中国法制出版社1997年版,第830页。

〔5〕 参见周铭川、黄丽勤:《税收犯罪研究》,法律出版社2020年版,第249页。

退税管理制度、国家财产所有权和对外贸易秩序。[1] 就目前来说，该罪侵犯的客体是国家出口退税管理制度和国家财产所有权的二客体说是通说观点。

（二）犯罪客观方面

1. 犯罪行为

根据《刑法》第 204 条的规定，骗取出口退税罪是以假报出口或者其他欺骗手段，骗取国家出口退税款，数额较大的行为。在制定之初关于“假报出口”和“其他欺骗手段”的具体范围一直无明确的规定，直到 2002 年 9 月 17 日《审理骗取出口退税刑事案件司法解释》（已失效）的出台，才首次对“假报出口”和“其他欺骗手段”作了明确规定。

近年来，新型犯罪手段层出不穷，对办案实践中反映的突出问题，2024 年 3 月 15 日，最高人民法院、最高人民检察院出台的《危害税收征管刑事案件解释》第 7 条，对“假报出口”和“其他欺骗手段”的具体范围作了部分修改和进一步明确，明确列举了 8 种犯罪行为（详见本节第一部分的“行为表现”内容）。

2. 危害结果

除犯罪行为外，按照刑法的规定，骗取国家出口退税款只有达到数额较大的，才构成该罪。而关于“数额较大”的界定，过去理论界一直存在分歧：一种观点认为，根据 2001 年 4 月 18 日最高人民检察院、公安部联合发布的《关于经济犯罪案件追诉标准的规定》（已失效）第 52 项的规定，对以假报出口或者其他欺骗手段，骗取国家出口退税款，数额在 1 万元以上的，应予追诉；另一种观点认为，根据最高人民法院发布的《审理骗取出口退税刑事案件司法解释》（已失效）第 3 条的规定，骗取国家出口退税款在 5 万元以上的，为《刑法》第 204 条规定的“数额较大”。直到 2010 年 5 月 7 日，最高人民检察院、公安部联合发布《刑事案件立案追诉标准（二）》（已失效），将骗取出口退税的起刑点统一定为数额在 5 万元以上的，一切才定分止争。

随着市场经济的发展，2022 年 4 月 6 日，最高人民检察院、公安部联合发布新修订的《刑事案件立案追诉标准（二）》，全面修订了 78 种经济犯罪案件刑事立案标准，相较旧版，涉税类犯罪立案标准普遍提高，骗取出口退税

---

〔1〕 参见曹康、黄河主编：《危害税收征管罪》，中国人民公安大学出版社 2003 年版，第 86 页。

罪“数额较大”的立案标准提高到了10万元以上，一定程度上体现了从宽精神。随后，《危害税收征管刑事案件解释》也对“数额较大”“数额巨大”“数额特别巨大”的量刑数额标准进行提高，明确了以“10万元”作为起刑点，再次统一了标准，详见表7－3。

表7－3　骗取出口退税案件刑事追责犯罪金额变化统计

发布时间	文件	相关法条
2001年4月18日（已失效）	最高人民检察院、公安部《关于经济犯罪案件追诉标准的规定》	五十二、骗取出口退税案（刑法第204条第1款）规定：“以假报出口或者其他欺骗手段，骗取国家出口退税款，数额在一万元以上的，应予追诉。”
2002年9月17日（已失效）	《审理骗取出口退税刑事案件司法解释》	第3条规定：“骗取国家出口退税款5万元以上的，为刑法第二百零四条规定的‘数额较大’；骗取国家出口退税款50万元以上的，为刑法第二百零四条规定的‘数额巨大’；骗取国家出口退税款250万元以上的，为刑法第二百零四条规定的‘数额特别巨大’。”
2010年5月7日（已失效）	最高人民检察院、公安部《刑事案件立案追诉标准（二）》	第60条［骗取出口退税案（刑法第二百零四条第一款）］规定：“以假报出口或者其他欺骗手段，骗取国家出口退税款，数额在五万元以上的，应予立案追诉。”
2022年4月6日	最高人民检察院、公安部《刑事案件立案追诉标准（二）》	第55条［骗取出口退税案（刑法第二百零四条）］规定：“以假报出口或者其他欺骗手段，骗取国家出口退税款，数额在十万元以上的，应予立案追诉。”
2024年3月15日	《危害税收征管刑事案件解释》	第8条第1款规定：“骗取国家出口退税款数额十万元以上、五十万元以上、五百万元以上的，应当分别认定为刑法第二百零四条第一款规定的‘数额较大’、‘数额巨大’、‘数额特别巨大’。”

（三）犯罪主体

在1997年《刑法》修订之前，全国人大常委会1992年通过的《偷税、抗税的补充规定》(已失效)将骗取出口退税罪的犯罪主体限定于具有进出口经营权的单位这一特殊主体,其他单位或个人骗取国家出口退税款的,按诈骗罪论处。1997年《刑法》修订之后,骗取出口退税罪这一罪名已经发生了实质性变化,原本按骗取出口退税罪定罪处罚的行为,在新法中已变为按偷税罪定罪处罚,而原本按诈骗罪追究刑事责任的行为,在新法中则变为按骗取出口退税罪定罪处罚。但受原《偷税、抗税的补充规定》影响,仍有部分学者认为骗取出口退税罪的犯罪主体属于特殊主体。

随着刑法学理论研究的发展,理论界逐渐意识到1997年《刑法》规定的骗取出口退税罪与原《偷税、抗税的补充规定》中规定的骗取出口退税罪有本质意义上的区别,1997年《刑法》规定的骗取出口退税罪是一种特殊的诈骗类犯罪。因此,其犯罪主体是一般主体,既可以是具有刑事责任能力的自然人,也可以是单位;既可以是纳税人,也可以是非纳税人。

(四)犯罪主观方面

关于骗取出口退税犯罪的主观方面,刑法并未明确其是否必须以行为人的主观故意作为构成犯罪的主观要件,但理论界普遍认为骗取出口退税罪作为一种特殊的诈骗类犯罪,须具备诈骗类犯罪"非法占有公私财产"的主观故意。因此,骗取出口退税罪中"行为人具有骗取国家出口退税款的目的"才能构成该罪,过失并不构成该罪。

故意包括直接故意和间接故意,在单独犯罪中,犯罪主体的主观意识就是骗取国家出口退税款的直接故意。但是实践中大量骗取出口退税罪的案件属于团伙作案,存在教唆犯、帮助犯等。在骗取出口退税的共同犯罪过程中,并不是所有犯罪主体的主观方面都是直接故意,也并不是所有的犯罪主体都具有骗取国家出口退税款的目的,也会存在对直接进行骗取国家税款的行为人进行帮助的犯罪主体,主观上持放任国家税款流失的间接故意。

第三节　司法实践的裁判现状

近年来,骗取出口退税一直都是严厉打击涉税违法犯罪的重点领域,各部门对其始终保持高压打击态势。2018年8月,国家税务总局、公安部、海关总署、中国人民银行四部委启动打击骗税、虚开专项行动，对“假企业”虚开发票和“假出口”骗取退税等违法犯罪行为开展打击和震慑。[1] 2021 年 10 月，专项打击行动变成常态化打击行动，国家税务总局、公安部、最高人民检察院、海关总署、中国人民银行、国家外汇管理局六部门共同建立常态化联合打击机制，随后，最高人民法院和国家市场监督管理总局先后加入常态化联合打击涉税违法犯罪工作机制，机制成员单位由六部门拓展至八部门，形成了从行政执法到刑事司法全链条、一体化打击涉税违法犯罪的工作新格局。[2]

一、打击骗取出口退税的基本概况

根据国家税务总局官网公布的数据，2024 年全国税务稽查检查涉嫌虚开骗税企业 6.18 万户，认定对外及接受虚开增值税发票等 619.08 万份，挽回出口退税损失 145.33 亿元。此外，截至 2025 年 4 月 25 日，国家税务总局官网“税案通报”专栏一共通报了 23 起骗税案件，呈现骗税手段多样化、骗税主体团伙化、骗税金额极大等特点，具体如表 7－4 所示。

表 7－4　国家税务总局官网公布的 23 起骗税典型案例

案件	骗税手段	骗税金额
江西省低值高报骗税案	购置废旧二手设备营造虚假生产的假象，以虚开发票、低值高报、伪造合同、买卖外汇等方式骗取出口退税	骗取出口退税 1.31 亿元
深圳市买单配票骗税案	获取虚开的增值税专用发票后，勾结“配单”公司违规取得报关单据骗取出口退税	骗取出口退税 4478 万元
辽宁省虚开骗税案	采取虚开进项农产品发票、伪造虚假销售合同、利用非法手段取得报关单、购买虚假外汇等手段，操纵 4 家出口企业骗取出口退税	骗取出口退税 8062.98 万元

〔1〕参见《精准打击规范税收秩序　综合治理优化营商环境——四部委打击虚开发票、骗取退税违法犯罪两年专项行动部署会议在京召开》，载国家税务总局官网 2018 年 8 月 22 日，https://www.chinatax.gov.cn/n810219/n810724/c3681894/content.html。

〔2〕参见《国务院新闻办就税收服务高质量发展举行发布会》，载中国政府网 2024 年 1 月 28 日，https://www.gov.cn/zhengce/202401/content_6926882.htm。

续表

案件	骗税手段	骗税金额
福建省虚开骗税案	利用实际控制的外贸公司、上游空壳生产企业,虚构出口贸易业务骗取出口退税	骗取出口退税 8300 余万元
重庆市虚开骗税案	取得虚开农产品收购发票 7347 份,采取虚构织布业务、伪造运输单据、虚假货物出口等手段假报出口骗取出口退税	追缴骗取出口退税 5868.33 万元
厦门市买单配票骗税案	勾结上游公司虚开增值税专用发票 4334 份,采取"买单配票"等手段假报出口骗取出口退税	追缴骗取出口退税 24,626.98 万元
广东省虚假单证骗税案	采用伪造销售合同、虚假收汇、虚构出口业务、获取虚假出口单证等手段假报出口骗取出口退税	追缴骗取的出口退税 3871.14 万元,不予退税 11,718.97 万元
北京市改变贵金属形态骗税案	通过将不予退税的金、银等贵金属进行简单加工,伪装成高性能导线、空心电感器等可退税产品出口等手段骗取出口退税	追缴骗取出口退税 13,084.62 万元,不予退税 11,718.97 万元
安徽省低值高报骗税案	采取虚增出口货物价格等手段骗取出口退税	追缴骗取出口退税 3486.10 万元
湖北省循环出口骗税案	采取虚开农产品收购发票、出口货物走私回流并循环出口、虚假结汇等手段骗取出口退税	追缴骗取出口退税 1992.4 万元
广西壮族自治区虚开骗税案	利用公司虚开增值税专用发票,同时采用虚构出口业务、虚假收汇等手段骗取出口退税	涉嫌骗取出口退税 3660.92 万元
浙江省虚开骗税案	通过取得虚开的增值税专用发票、伪造销售合同、虚假收汇、虚构出口业务等手段骗取出口退税	追缴骗取出口退税 2656.48 万元,不予退税 415.05 万元
贵州省买单配票骗税案	取得虚开增值税专用发票 417 份,采取"买单配票"、虚假结汇等手段骗取出口退税	追缴骗取出口退税 586.66 万元
宁波市低值高报骗税案	取得虚开的增值税专用发票,采用以他人货物充当自有货物、低值高报等方式骗取出口退税	追缴骗取出口退税 1590.90 万元,不予退税 12.89 万元

续表

案件	骗税手段	骗税金额
深圳市买单配票、循环出口骗税案	通过“票货分离”方式取得虚开增值税专用发票后,采取买单配货、道具循环、虚假结汇等手段虚假出口	涉嫌骗取出口退税 3400 余万元
天津市循环出口骗税案	通过“道具”出口、走私黄金等手段假报出口骗取出口退税	追缴其骗取的出口退税 8258.12 万元
上海市买单配票骗税案	利用其他出口企业,通过虚开增值税专用发票、购买报关单据、制造收汇假象等手段骗取出口退税	追缴骗取出口退税 1009.64 万元,查补其他税款 2956.48 万元
吉林省虚开骗税案	采用虚开增值税专用发票、伪造销售合同、虚假结汇等手段骗取出口退税	追缴骗取出口退税 548.79 万元
陕西省低值高报骗税案	采用取得虚开的增值税专用发票、以残次商品低值高报等手段骗取出口退税	追缴该公司骗取出口退税款 1700.41 万元
青岛市买单配票骗税案	通过虚构出口业务、买单配票等违法手段骗取出口退税	追缴骗取出口退税 1028 万元
江西省循环出口骗税案	将黄金简单加工为导线等产品后,采用虚假贸易出口、道具循环出口等方式骗取出口退税	追缴骗取出口退税款 1315 万元
湖南省虚开、低值高报骗税案	通过取得虚开的增值税专用发票、低值高报等违法手段骗取出口退税	追缴骗取出口退税 2955 万元
福建省买单配票骗税案	采用“买单配票”、通过地下钱庄进行虚假结汇等手段虚构出口业务,骗取出口退税	追缴骗取出口退税 4126.14 万元

二、骗取出口退税罪刑事案件的基本情况

(一)骗取出口退税罪的刑事裁判文书数量情况

在中国裁判文书网中,以“骗取出口退税罪”为案由进行检索,2012 年 1 月 1 日至 2024 年 12 月 31 日,共计检索到 405 份判决书、372 份裁定书,具体如图 7－1 所示。

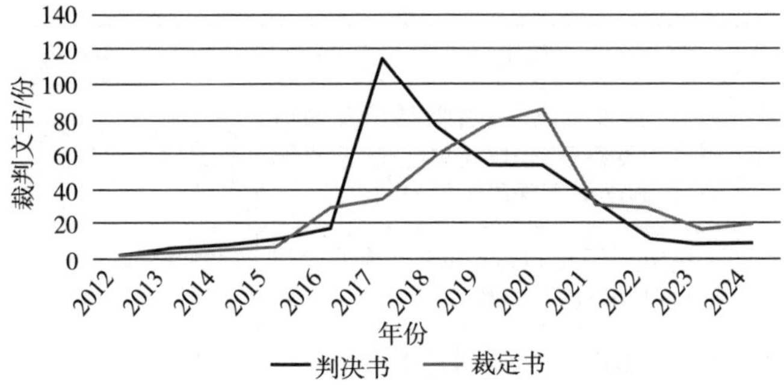

图 7－1　2012～2024 年骗取出口退税罪刑事裁判文书数量

通过裁判文书的趋势发现，2016 年全面实行“营改增”后，2017 年骗取出口退税罪的判决书数量达到最高值，后续呈现逐年下降的趋势。受新冠疫情影响，裁判文书数量自 2020 年后开始断崖式下跌，甚至在 2023 年、2024 年骗取出口退税罪的判决书数量仅为个位数。此外，中国裁判文书网所能检索到的文书数量骤减，还可能受到裁判文书公开的报告频率降低的影响。

就 2024 年国家税务总局及各地方税务局官网所通报的骗取出口退税案件的数量来看，2024 年骗取出口退税已作出判决的案件数量远不止中国裁判文书网所公布的 9 份判决书，仍有大量尚处在侦查、检察阶段、审判阶段未作出判决的案件。

（二）骗取出口退税刑事案件的地域分布情况

总体来看，骗取出口退税案件主要集中于东部经济发达地区。以检索到的 405 份判决书为例，上海市的案件数量最多，共 139 起；浙江省的数量次之，有 84 起；广东省、福建省有 29 起，位居第三。案件数量分布情况与各省份经济发达程度、出口贸易的发达程度基本呈正相关。具体如图7－2所示。

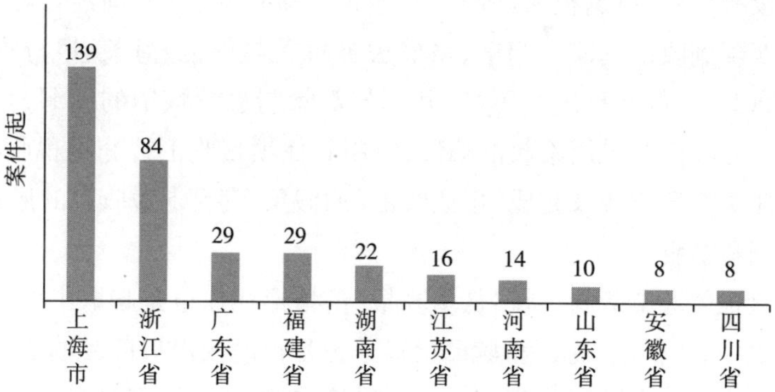

图 7－2　2012～2024 年骗取出口退税罪刑事案件地域前 10 名

（三）骗取出口退税刑事案件的骗税手段

1. 买单配票

当前“假企业”“假出口”“假申报”案件的突出特征中，买单配票成为骗取出口退税的主要手段。所谓的“买单配票”型骗取出口退税，是指向他人购买无法申请退税或者不需要退税的出口货物信息，根据出口货物报关单制作虚假的购销合同、虚开发票、虚假收汇，制造出口货物的假象而骗取出口退税的犯罪行为。“买单配票”型骗取出口退税通常会在购买出口信息虚假报关、虚开发票以及虚假收汇这三方面进行造假。与“低值高报”“道具出口”“循环出口”等虚假出口行为不同，“买单配票”方式下出口货物是真实的，通过货代公司、报关公司、不需要退税的出口货主或者外商等渠道获得出口货物信息，用特定的企业抬头申报出口，完成“买单”。因为出口货物真实存在，出口申报环节满足“单单相符”“单货相符”查验要求，海关很难发现“买单”情况。[1]

“买单”过后想要顺利申报退税，就要完成关键步骤“配票”，因此，“买单配票”型骗取出口退税往往伴随虚开发票的犯罪行为。此外，目前我国对外汇的管制较为严格，出口企业申报退税所需资料中明确要求提交收汇资料。尽管 2012 年简化出口退税凭证，对《出口货物劳务增值税和消费税管理办法》（部分失效）涉及出口收汇核销单的规定不再执行，但对于出口收汇

〔1〕 参见强甜甜、黄俊涛：《出口退税实务解析与合规管理》，法律出版社 2023 年版，第 331 页。

的要求没有变，出口退税所涉的外汇应该是单单对应的，即出口业务真实，也必须匹配到收汇真实。当前，虽然税务机关与外汇、海关、银行等部门已实现信息共享，但共享度并不高，利用外汇管制总量核销的漏洞，骗税案件中针对虚假收汇会采用不收汇骗税、借用其他项目收汇冒充退税收汇、利用地下钱庄买汇等方式来完成"虚假收汇"的假象，满足退税收汇的形式要求。

2. 低值高报

出口报关环节货物存在"低值高报"的情形往往也是骗取出口退税的常见手段之一。"低值高报"型骗取出口退税是指虚构出口商品的货名、数量、单价等要素，以低报高或者以少报多，骗取虚增差额部分的税款的犯罪行为。

与"买单配票"相同的是，货物出口报关存在低值高报的情况，想要实现以低值高报的出口报关价格实现骗税的结果必然存在虚开发票虚增进项税额和虚假收汇。实践中，出口货物的低值高报不必然是为了骗取出口退税，出口货物出现低值高报的结果往往还受避免被认定为反倾销、避免与同行业其他企业出口报关价格差距太大受排挤、出口产品工艺差异、货物单价受自然因素影响、报关报检时间差、市场价格波动、货物短装、货物质量不达标、境外客户降价销售等客观因素的影响。以海南中渔公司骗取进出口退税案[1]为例，海南省高级人民法院认为只要购进货物及出口贸易均真实存在，高报无法产生多退税的效益，即使二被告人主观上有高报价格的故意，也属于认识错误，是客观犯罪不能。"低值高报"没有对应的虚增进项，就达不到骗取出口退税款的目的，也就不能构成骗取出口退税罪。

3. 循环出口

循环出口也是骗取出口退税的常见手段，"循环出口"型骗取出口退税主要指的是行为人利用已出口报关的货物，从境内出口到境外后，再通过多种渠道和手段，将已经出口到境外并退税的货物再运回境内，经更换包装或者使用其他翻新手段翻新后再循环出口，从而骗取出口退税的犯罪行为。

一般以循环出口作为骗取出口退税的手段的犯罪行为包含了以下几个特点：一是虚开增值税专用发票；二是将货物出口后又以免税、低税负申报进口，借此循环利用；三是在境外搭建虚假外商的付汇平台，以"自买自卖"

---

[1] 参见海南省高级人民法院刑事判决书，(2017)琼刑终60号。

的形式来构成境外外商结汇的假象。“循环出口”的特征是以真实货物为道具，海关查验时只做单货匹配的形式审核，具有较强的隐蔽性，易逃避打击，属于海关稽查的“盲点”。

（四）骗取出口退税刑事案件所涉商品种类

以检索到的405份刑事判决书为例，筛除230份未指明商品种类的判决书，通过对剩余175份判决书涉案商品的种类进行分析，可以发现纺织品、服装类的货物占骗取出口退税所涉商品种类比例最高，其次是农产品，木制品、家具、电子产品、贵金属等也占很大一部分比例。

外贸企业利用纺织品、服装类出口货物骗取出口退税主要是因为我国给予了纺织品、服装行业较高出口退税率的政策支持。因此，一直以来，纺织品、服装都是骗取出口退税打击的重点领域，且相关骗税案件往往规模大、金额高、链条长、波及多省市，呈现全链条化的特点。同理，我国作为全球主要家具（包含家具、灯具、陶瓷产品、木制品等）生产国、出口国，近年来相关骗税案件也一直居高不下。

由于农产品生产的广泛性、分散性，农户众多的特点，我国目前采用“反向开票”农产品收购发票制度。“自开自抵”的特点使农产品领域涉嫌虚开发票违法犯罪泛滥，农产品收购发票申领方便、开具与抵扣方便、交易链条短等特点也造成出口企业利用农产品虚开发票骗取出口退税的案件频发。

尽管根据财政部、国家税务总局、中国人民银行《关于配售出口黄金有关税收规定的通知》和财政部、国家税务总局《关于调整纺织品服装等部分商品出口退税率的通知》《关于以贵金属和宝石为主要原材料的货物出口退税政策的通知》等相关的规定，我国对金银等贵金属出口和金银等贵金属原材料成本占比80%以上的产品不能退税，但以金银等贵金属为原材料并将其成本占比控制在80%以下的产品并没有限制其出口退税申报。于是，利用贵金属类制品出口进行骗取出口退税的案件持续不断发生，其主要骗税方式就是通过将黄金、白银等贵金属添加到普通产品中，通过虚假方式提高产品价格，使黄金、白银等贵金属原料在产品中的价值比例降至80%以下，从而逃避黄金、白银等制品出口和退税监管，达到骗取国家出口退税的目的。

此外，近年来电子产品类骗税案件也频频发生，因其具有价值、功能难辨认，且便于拆卸、电子产品价值高等特点，也成了骗取出口退税的高发领域。

三、骗取出口退税罪的认定

骗取出口退税罪属于并发罪，因为其犯罪实施手段以及危害结果的特殊性，其行为的实施必然会引发其他犯罪活动。如前文所述，骗取出口退税罪的常见手段中，很有可能会采用虚开发票和虚假收汇等手段骗取出口退税款。

从检索到的405份判决书可以看出，本罪往往会涉及虚开增值税专用发票罪，虚开发票罪，单位行贿罪，对非国家工作人员行贿罪，非国家工作人员受贿罪，伪造、变造、买卖国家机关公文、证件、印章罪等。上述犯罪行为与骗取出口退税行为之间存在方法与目的的牵连关系，并且行为人主观上也存在牵连意图，所以一般认为构成牵连犯，择一重处罚。具体罪名情况如图7－3所示。

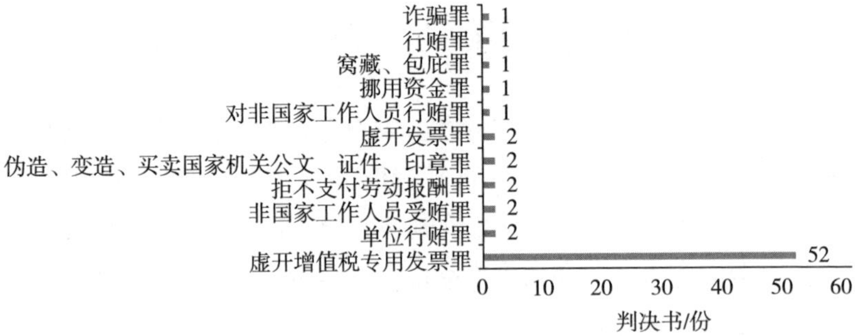

图7－3　骗取出口退税罪所涉其他罪名情况

此外，如果行为人为骗取出口退税款而实施了上述行为，但还未取得出口退税款便被税务机关或者海关等部门发现，处于骗取出口退税犯罪未遂的状态，则并不构成上述犯罪与骗取出口退税罪的牵连，而是上述犯罪与骗取出口退税罪（预备犯）的想象竞合，应择一重处罚。因为行为人实施的上述犯罪行为中仅是骗取出口退税罪的预备行为，一行为触犯数罪名符合想象竞合犯的特征，而不符合必须具有数个行为的牵连犯特征。[1]

---

〔1〕 参见强甜甜、黄俊涛：《出口退税实务解析与合规管理》，法律出版社2023年版，第291页。

第四节　常见问题与实务探讨——以案说法

一、骗取出口退税罪是否必须证明骗税行为人具有主观故意

我国《刑法》第204条对骗取出口退税罪的表述为："以假报出口或者其他欺骗手段，骗取国家出口退税款……"我国刑法理论界主流观点认为，骗取出口退税罪的主观方面表现为直接故意。但是，由于第204条条文本身并未直接涵盖"故意"的表述，在实务中，特别是对于外贸企业代办出口的情形，仍然存在一定的争议。不过，最高人民法院发布的典型案例德览公司、徐某骗取出口退税案[1]进一步明确了，若无充分证据证明行为人具有骗税的主观故意，不能认定为构成骗取出口退税罪。具体分析如下。

（一）案情简介

德览公司为外贸企业，具有进出口经营权和出口退税权，徐某任该公司法定代表人，为该公司的实际负责人。2013年，经与林某、张某商议，徐某同意林某、张某挂靠德览公司从事服装出口业务，由德览公司负责提供加盖公章的空白采购合同和报关单给林某、张某，由林某、张某自行负责组织货源和自行报关出口，德览公司在收到林某、张某提供的出口合同、报关单证及发票等资料后，再向国家税务部门申请退税，并按照出口金额每美元收取人民币0.03～0.05元的比例收取手续费。2013年10月～2014年11月，德览公司通过上述方式共接收林某、张某提供的由赤峰金金公司、赤峰兴兴公司等4家公司开具的增值税专用发票930份，并持其中的900份发票向国家税务部门申报出口退税，共计申请退税款人民币13,982,187.38元，其中已经实际退税人民币10,256,301.61元，所申请的退税款扣除应收取的挂靠费后，余款均汇入林某指定的账户。

（二）争议焦点

该案中，控辩双方的争议焦点主要在于德览公司是否构成骗取出口退

[1] 参见广东省广州市中级人民法院刑事判决书，(2016)粤01刑初472号。

税罪。

广州市人民检察院认为，德览公司的法定代表人徐某伙同他人在没有货物实际交易的情形下，虚构贸易关系，并以采购合同、送货单、资金支付等资料假报出口，认为德览公司和其直接负责的主管人员徐某属于以假报出口的手段骗取国家出口退税款，构成骗取出口退税罪；而被告方认为，德览公司与林某等人是挂靠关系，其并不知道出口业务是虚假的，且德览公司通过海关网站、国家税务总局系统等核查了出口货物以及退税发票的真实性等，故德览公司不具有骗取出口退税罪的主观故意，因此不构成骗取出口退税罪。

广州市中级人民法院认为，德览公司以及直接负责的主管人员徐某，利用德览公司作为进出口公司可以申请退税的资质，为他人提供挂靠服务，在不见客户、不见货物、不见外商的情况下，允许挂靠人自带客户、自带货源、自行报关从事出口业务，并持挂靠人提供的发票申请退税，明显属于违法违规行为。但该案并无证据证实德览公司主观上明知挂靠人具有骗取出口退税的故意，不能排除德览公司确系被挂靠人蒙蔽的合理怀疑。德览公司及其诉讼代表人徐某及其辩护人所提辩护意见合理，依法予以采纳。公诉机关指控德览公司、徐某骗取出口退税的事实不清，证据不足，指控的罪名不能成立。遂判决德览公司和徐某无罪。

（三）案件评析

该案表明，骗取出口退税罪必须以行为人具有骗税的主观故意为构成要件。具体而言，行为人必须明知自己不符合出口退税的条件，而通过假报出口或者其他欺骗手段欺骗税务机关，诱使税务机关陷入错误认识并作出错误的财产处分，从而骗取国家出口退税款。《刑法》第 204 条条文本身虽然没有直接点明主观故意的要求，但是从“骗取”这一用语即可以看出该罪隐含的主观方面必须是故意的要求〔1〕，且从《危害税收征管刑事案件解释》第 7 条对于“假报出口或者其他欺骗手段”的解释来看，骗取出口退税的手段均为“虚构”、“冒用”、“伪造”和“虚报”等欺骗手段，也表明了主观故意为骗取出口退税的构成要件之一。在该案中，无证据证实德览公司主观上明

〔1〕 参见强甜甜、黄俊涛：《出口退税实务解析与合规管理》，法律出版社 2023 年版，第 290 页。

知挂靠人具有骗取出口退税的故意，且德览公司通过海关网站、国家税务总局系统等核查了出口货物以及退税发票的真实性，尽到了合理的审查义务，因此最终法院认定德览公司不构成骗取出口退税罪。

二、如何确定骗取出口退税罪的被追诉者范围

我国《刑法》第211条规定："单位犯本节第二百零一条、第二百零三条、第二百零四条、第二百零七条、第二百零八条、第二百零九条规定之罪的，对单位判处罚金，并对其直接负责的主管人员和其他直接责任人员，依照各该条的规定处罚。"根据该条规定，单位亦可作为骗取出口退税罪的犯罪主体。单位犯罪是由单位及其内部人员双重主体实施的犯罪，因此参与单位犯罪的被追诉者较多，实务中不易确定。在确定单位犯罪的被追诉者时，需要将犯罪单位与自然人参与犯罪结合起来分析，而不能仅凭借自然人在单位中所处的职位来确定，如不能仅凭借自然人的法定代表人身份将其认定为直接负责的主管人员。在沈某等骗取出口退税案〔1〕中，虽然犯罪单位的法定代表人是张某，但最终承担直接负责主管人员刑事责任的是实际负责人沈某。具体分析如下。

（一）案情简介

2006年10月，被告人沈某借用被告人张某的名义注册成立多元资讯公司，实际经营人仍为被告人沈某。在实施骗取出口退税的过程中，被告人沈某全面负责出口业务的所有事项，被告人张某负责货物的包装、发货以及接收原来的出口货物，2007年10月以后，被告人张某完全知晓公司虚假循环出口是为了骗取出口退税，仍然按照沈某的指示收发货。截至2008年4月，多元资讯公司以上述虚构出口货物品名、虚报出口货物价格的手段，循环虚假出口，共计虚假出口127单，骗取国家出口退税款合计11,103,878.43元。其中，被告人沈某骗取国家出口退税款合计11,103,878.43元；被告人张某参与骗取2007年11月以后的退税款合计3,386,123.71元。

---

〔1〕参见江苏省扬州市中级人民法院刑事判决书，(2009)扬刑二初字第0003号。

（二）争议焦点

该案中，各方对犯罪单位的法定代表人张某是不是单位犯罪的直接负责的主管人员或直接责任人员产生了争议。

辩护方认为，张某只是多元资讯公司名义上的法定代表人，公司实际由沈某负责，张某受雇于沈某，按照沈某的要求工作，除了工资报酬外，没有分到非法所得，不应承担刑事责任。

法院认为，张某只是多元资讯公司名义上的法定代表人，公司实际由沈某负责经营，张某和其他两名行为人都听命于沈某，按照沈某的要求从事出口退税的各环节的行为，因此张某不承担多元资讯公司犯罪的直接负责的主管人员的刑事责任。但是，张某明知公司虚假循环出口，并骗取出口退税，仍然按照沈某的要求，负责出口货物的包装、运输，接收原来出口的货物，其行为是出口骗税行为中的一个环节，张某参与了骗取出口退税犯罪行为，应当承担单位犯罪直接责任人员的刑事责任。考虑到张某及其他两名行为人均是单位普通职工，虽然都参与了犯罪行为，但只是听命于老板，也没有分到犯罪的违法所得，故法院在 3 人认罪的前提下，对 3 名直接责任人员从轻处罚，并给予缓刑考验。

（三）案件评析

单位犯罪的直接负责主管人员，是在单位实施的犯罪中起决定、批准、授意、纵容、指挥等作用的人员，其行为应当与单位犯罪之间具有直接的因果关系。[1] 直接负责的主管人员的确定并非直接取决于行为人在单位中的具体职位，更应考虑行为人在单位犯罪中具体扮演的角色。虽然大多数案件中，直接负责的主管人员均是单位的法定代表人，但在该案中，张某虽为犯罪单位的法定代表人，但是整个骗取出口退税的犯罪行为却由沈某主导、指挥，因此法院最终认定沈某为直接负责主管人员。

其他直接责任人员，是指除直接负责主管人员以外其他积极实施单位犯罪的单位人员，如企业的财会人员、业务部门负责人等，其将单位犯罪作为自己的行为目的，并积极地促使单位犯罪的实现。最高人民法院关于印

〔1〕 参见强甜甜、黄俊涛:《出口退税实务解析与合规管理》,法律出版社 2023 年版,第 288 页。

发《全国法院审理金融犯罪案件工作座谈会纪要》(以下简称《金融犯罪工作会谈纪要》)的通知中提到,"……应当注意的是,在单位犯罪中,对于受单位领导指派或奉命而参与实施了一定犯罪行为的人员,一般不宜作为直接责任人员追究刑事责任……"故其他直接责任人员的确定,应当将其与"受单位领导指派或奉命而参与实施一定犯罪行为的人员"区分开来,其他直接责任人员应当明知自己的行为将帮助实现单位犯罪,仍然将实施单位犯罪作为自己的行为目的,并对单位犯罪的实现起着决定性作用。在该案中,张某在2007年10月之后对公司虚假循环出口骗取出口退税的行为已完全知晓,但仍然主动参与实施骗取出口退税的犯罪环节,因此法院对其2007年10月之后参与的部分认定其构成其他直接责任人员。

三、骗取出口退税能否被认定为逃税罪:《刑法》第204条第2款的适用

《刑法》第204条第2款规定:"纳税人缴纳税款后,采取前款规定的欺骗方法,骗取所缴纳的税款的,依照本法第二百零一条的规定定罪处罚;骗取税款超过所缴纳的税款部分,依照前款的规定处罚。"从法律文本字面上看,该条款认为纳税人在缴纳税款后骗取出口退税,且骗取税款未超过所缴纳的税款的,可以被认定为逃税罪定罪处罚。然而,该条款自实施起便在理论界与实务界引起较大的争议,司法审判实践中目前尚未出现法院依据该条款将骗取出口退税的行为认定为逃税罪的先例。在富尔顿公司、余某等骗取出口退税案[1]中,辩护人提出了"骗取"实际缴纳的税款应按逃税处理的辩护意见,但未被一审、二审法院采纳。具体说明如下。

(一)案情简介

2010年2月~2014年3月,被告人余某在经营被告单位富尔顿公司期间,从其另一经营的吉信公司以完税价采购相关货物,后明知这些出口货物的海关商品编码(税号)与海关认定的编码不符,为了企业利益,指使被告人周某在出口贸易中,将82单食品包装纸、烤箱纸、硅油纸、蜡纸、大规格防油

[1] 参见浙江省杭州市西湖区人民法院刑事判决书,(2015)杭西刑初字第355号;浙江省杭州市中级人民法院刑事裁定书,(2015)浙杭刑终字第1130号。

纸等纸张故意以食品包装纸、厨房用纸等品名,以4823××××海关商品编码(退税率为13%)向海关报关,利用海关不是每单必查的查验制度,蒙混过关,骗取海关的查验,并在海关查验后出口结汇,其明知上述出口货物不能退税,仍将相关单据及原采购出口货物时取得的完税增值税发票(进项抵扣凭证)提交区税务局申请出口退税,区税务局根据其提供的上述报关单、进项增值税发票、合同等资料共计向被告单位富尔顿公司退税1,844,122.88元。

(二)争议焦点

双方对于富尔顿公司的行为构成逃税罪还是骗取出口退税罪产生争议。

一审中,富尔顿公司及余某的辩护人认为,即便富尔顿公司存在骗取出口退税的事实,但其"骗取"的税款是其实际缴纳的税款,依据《刑法》第204条第2款的规定,应按逃税罪的规定处罚,但富尔顿公司的行为也不符合逃税罪构成。一审法院认为,虽辩护人提交的该公司增值税纳税申报表反映出有缴纳增值税,但其向区税务局缴纳的增值税并非针对涉案外贸出口的免税货物,故认定富尔顿公司构成骗取出口退税罪。

二审中,富尔顿公司的诉讼代表人及辩护人仍坚持提出富尔顿公司所获退税均系其实际缴纳之税款,故其行为不应构罪。二审法院认为,我国行政法规已明确规定商品购买者不是该商品的(进项)增值税纳税人,且《税收征收管理法》及《刑法》均仅规定税款扣缴义务人及纳税人的概念,并未规定税款支付人或负担人的概念,故上诉人以税款支付人或负担人的概念来扩张解释刑法及行政法规均已明确的纳税人概念,缺乏法律依据,不予支持,维持认定富尔顿公司构成骗取出口退税罪。

(三)案件评析

多数骗取出口退税实务案件中,涉案单位不存在实体经营而专门用于从事出口骗税的活动,企业日常基本处于不申报或者零申报的状态,因而大多数案件中基本不存在骗税行为人先缴纳税款的情形,其骗取的税款往往都远远超过其所缴纳的税额。[1] 该案中,涉案单位富尔顿公司存在实际经

---

〔1〕 参见强甜甜、黄俊涛:《出口退税实务解析与合规管理》,法律出版社2023年版,第295页。

营,且自成立起一直依法向所属辖区税务局申报纳税,但该案一审、二审法院均排除了《刑法》第 204 条第 2 款的适用。可见《刑法》第 204 条第 2 款在实务界基本处于搁置的状态。

刑法理论界主流观点对于《刑法》第 204 条第 2 款亦持否定的态度。理由主要包括该条款违背了犯罪构成理论,混淆了逃税罪和骗取出口退税罪的界限〔1〕、将完整的骗取出口退税行为以数额为标准分开评价违背了禁止分割评价原则〔2〕等。本书认为,根据货币"占有即所有"的原则,税款一经国家缴纳入库即属于国家所有的财产,逃税罪的行为人是要逃避自己的纳税义务使自己须向国家承担的税款不上缴给国家,犯罪的结果是使国家税款无法足额入库,侵犯的是国家未来的"增量"财产权。然而,骗取出口退税罪则是通过欺骗的手段从国库中骗取出口退税款,侵犯的是国家既有的"存量"财产权。因此,仅因先缴纳了税款就轻易地将骗取出口退税的行为定义为逃税罪,从犯罪构成要件上就没有依据。

总而言之,仅从《刑法》第 204 条第 2 款的字面意思来看,纳税人以假报出口等方式骗取自己已缴纳的税款可以认定为构成逃税罪;但是理论界主流观点认为该条款违背犯罪构成理论、违背禁止分割评价原则等,且实务界中尚无任何先例适用该条款的规定认定纳税人构成逃税罪。

四、骗取出口退税罪与其他犯罪的关联

骗取出口退税案中,骗税行为人申请出口退税需要一系列凭证,为获取这些凭证行为人通常会实施其他的犯罪活动,如虚开用于骗取出口退税的发票、虚开增值税专用发票、伪造国家证件等。因此,骗取出口退税案中可能会涉及骗取出口退税罪与其他犯罪的牵连关系、竞合关系的问题。

(一)骗取出口退税罪与诈骗罪

骗取出口退税罪在本质上属于发生于出口退税领域的特殊诈骗犯罪。诈骗罪的行为模式是行为人以非法占有为目的,实施欺诈行为使对方产生

〔1〕 参见吕晓伟:《缴纳税款后又骗取出口退税行为的性质之辨》,载《税务与经济》2007 年第 4 期。

〔2〕 参见周铭川、黄丽勤:《税收犯罪研究》,法律出版社 2020 年版,第 269 页。

错误认识，对方基于错误认识作出财产处分，导致公私财产损失；骗取出口退税罪的行为模式类似，是行为人以非法占有国家出口退税款为目的，实施欺诈行为使得税务机关工作人员产生错误认识，税务机关工作人员基于错误认识作出财产处分，最终导致国家税款损失。因此可以认为，诈骗罪与骗取出口退税罪的犯罪条文具有包容关系，《刑法》已将通过欺骗方式骗取出口退税款的行为单独评价，对于行为人骗取出口退税的行为仅以骗取出口退税罪论处。[1]

（二）骗取出口退税罪与虚开增值税专用发票罪

关于骗取出口退税罪与虚开增值税专用发票罪之间的关系，理论界的通说认为构成牵连关系，即行为人为了骗取出口退税款而虚开增值税专用发票，并且使用虚开的增值税专用发票去骗取出口退税的，主流观点认为二者构成牵连犯，应当按其中一个重罪定罪并从重处罚，不适用数罪并罚。对此观点，《危害税收征管刑事案件解释》也作出了回应，其中第 16 条第 3 款规定："……非法购买增值税专用发票用于骗取抵扣税款或者骗取出口退税款，同时构成非法购买增值税专用发票罪与虚开增值税专用发票罪、骗取出口退税罪的，依照处罚较重的规定定罪处罚。"

在实务中，法院对于骗税行为人同时构成骗取出口退税罪和虚开增值税专用发票罪的，同样遵循了构成牵连关系的观点。例如，在高某、侯某骗取出口退税案[2]中，被告人高某、侯某单独或者相互结伙，利用二人分别或共同控制的空壳公司，在无真实业务往来的情况下，让他人为自己虚开用于骗取出口退税、抵扣税款发票，向桐乡市国家税务局申报抵扣税款，造成国家税收损失。同时，二被告人在无真实出口业务的情况下，通过购买他人通关信息并虚假报关，向桐乡市国家税务局申报出口退税，以骗取出口退税款。法院认为，二被告人的行为均已构成虚开用于骗取出口退税、抵扣税款发票罪，同时均构成骗取出口退税罪，最终根据二被告人的犯罪情节并比较二罪的刑罚，以骗取出口退税罪对被告人高某定罪处罚，以虚开用于骗取出口退税、抵扣税款发票罪对被告人侯某定罪处罚。

---

〔1〕 参见强甜甜、黄俊涛：《出口退税实务解析与合规管理》，法律出版社 2023 年版，第 294 页。

〔2〕 参见浙江省桐乡市人民法院刑事判决书，(2018)浙 0483 刑初 775 号。

五、骗取出口退税罪的主要量刑情节

结合司法实践，在骗取出口退税犯罪案件中，出现较多的对刑事被告人有利的量刑情节主要包括自首、坦白、立功、初犯偶犯、补缴税款滞纳金罚款等。自首、坦白等为一般类型犯罪都可适用的法定量刑情节，本节不做详细讨论，主要介绍“有货出口交易”和“挽回国家税款损失”两种发生在出口退税领域的特殊酌定量刑情节。

（一）有货出口交易

实务案件中，多数骗取出口退税涉案单位基本不存在实体经营而专门用于从事出口骗税的活动，因而大多数骗取出口退税的案件并不存在真实货物的出口。相较于无货出口而言，有货出口交易的危害性更小，因而通常可作为酌定量刑情节而对骗税人从轻处罚。

例如，在某纺织品公司骗取出口退税案[1]中，被告单位某纺织品公司、某1公司均具有进出口经营权，其生产的床上用品用于出口。2015年6～9月，被告人曹某1作为某纺织品公司、某1公司的实际经营人，为增加进项税额，在上述两公司与其他公司没有真实交易的情况下，以支付开票费的方式，让牛某某、杨某（均另案处理）从上述其他公司虚开95份增值税专用发票，价税合计11,013,038元，税款合计1,600,184.9元。法院认为，被告单位某纺织品公司、某1公司以虚构已税货物出口事实为目的，通过非法购买增值税专用发票骗取国家出口退税款，数额巨大，被告人曹某1作为该两公司直接负责的主管人员，其行为均已构成骗取出口退税罪。辩护人提出被告人所经营的两家公司有真实的货物出口，其仅为贪图利益而购买增值税专用发票，请求法院区别无货物出口骗取出口退税的行为，对被告人酌情从轻处罚，经查属实，法院予以采纳。

（二）挽回国家税款损失

《危害税收征管刑事案件解释》将是否实际取得出口退税款作为骗取出口退税罪的既遂要件，并将被骗取大额国家税款且无法追回的情况作为加

〔1〕 参见江苏省徐州市铜山区人民法院刑事判决书，(2017)苏0312刑初42号。

重情节。具体而言,其中第 8 条将骗取出口退税案件中行为人“致使国家税款被骗取三十万元以上并且在提起公诉前无法追回的”认定为“其他严重情节”,将“致使国家税款被骗取三百万元以上并且在提起公诉前无法追回的”认定为“其他特别严重情节”;第 9 条第 1 款规定“实施骗取国家出口退税行为,没有实际取得出口退税款的,可以比照既遂犯从轻或者减轻处罚。”

由此可知,导致国家税款损失的程度是判定骗取出口退税罪是否既遂、量刑轻重以及减刑假释的重要考量因素。我国《刑法》打击骗取出口退税、虚开等涉税犯罪的主要目的在于保护国家税收收入、减少国家税款损失,从鼓励被告人退缴国家被骗取税款的原则出发,尽管国家税款损失数额不是法定的量刑情节,但可以作为法官审理案件的酌定量刑情节。[1] 例如,在安徽集瑞公司等骗取出口退税案[2]中,被告人在安徽集瑞公司没有申报出口退税主体资格的情况下,且明知三明健德公司商品出口申报退税有问题,在累计收到对方提供的 39 份增值税专用发票,价税合计 3,391,884 元后,依然向税务机关申报出口退税 492,837.94 元。法院认为,被告单位安徽集瑞公司及其直接负责的主管人员构成骗取出口退税罪,鉴于被告单位所骗税款已被全部追回,尚未造成国家损失,可酌定从轻处罚。

〔1〕 参见强甜甜、黄俊涛:《出口退税实务解析与合规管理》,法律出版社 2023 年版,第 322 页。

〔2〕 参见安徽省芜湖市繁昌县人民法院刑事判决书,(2016)皖 0222 刑初 175 号。

第三部分 常见发票类犯罪案件实务与探索

随着我国市场经济的迅猛发展，税收作为国家财政的重要支柱，其征管制度的完善与税收法律的健全显得尤为重要。增值税作为我国税收体系中的核心税种之一，其征收与管理的有效性直接关系国家财政的稳定和经济发展的可持续性。然而，在税制改革与市场经济体制不断深化的过程中，发票类犯罪频发，严重破坏国家税收征管秩序，损害国家经济利益。

自 1994 年我国实施以增值税为主体的新税制起，为应对增值税发票管理不善、虚开等违法行为泛滥的问题，国家税务总局和司法部门相继出台了一系列法律法规和司法解释，对发票类犯罪的认定和处罚标准不断进行完善，为打击涉税犯罪提供了有力的法律武器。

在此背景下，律师作为法律服务的提供者，在办理此类犯罪案件中扮演着举足轻重的角色。如何准确理解和适用法律，如何有效维护当事人合法权益，如何促进税收法律制度的完善与发展，成为律师办理涉税犯罪案件时必须面对的重要课题。本部分围绕常见发票类犯罪案件的办理实务展开，涉及的发票类犯罪包括虚开增值税专用发票罪、虚开发票罪、非法出售发票罪和持有伪造的发票罪。

第八章

虚开增值税专用发票罪

我国经济正处于稳定恢复和产业升级的关键期，为持续激发市场经济活力，2023 年 12 月召开的中央经济工作会议首次提出“谋划新一轮财税体制改革”。最高人民法院、最高人民检察院顺应我国财税体制改革的潮流，于 2024 年 3 月 15 日联合发布《危害税收征管刑事案件解释》，对包括虚开增值税专用发票罪在内的危害税收征管罪的法律适用作出了解释。按照该解释，虚开增值税专用发票骗抵税款本质上是以非法占有为目的、骗取国家财产的行为，这为司法实践提供了裁判方向。

目前我国对挂靠经营模式中的虚开增值税专用发票、“对开”“环开”增值税专用发票、善意取得虚开的增值税专用发票并抵扣、有货交易下以他人名义开具增值税专用发票等行为是否构成犯罪还未进行明确规定。本章从该罪历史沿革与现状出发，基于法律释义与构成要件，通过该罪司法实践的裁判现状分析，以大量的司法案例为基础归纳出该罪的常见问题并进行探讨，为虚开增值税专用发票罪的认定提供合理的建议。

第一节　历史沿革与现状

一、虚开增值税专用发票罪的历史沿革

1978 年以经济建设为中心的政治路线确立之后，经济的迅猛发展对我

国的税收能力提出了更高要求。在市场经济体制改革的稳步推进中，彼时工商税制与同时代经济发展状况之间的不匹配现象越发显现，我国税制改革应运而生，其中增值税等流转税制改革成为我国税制改革的关键。为推动税收制度与经济发展相适应，国家税务总局于 1993 年出台《增值税专用发票使用规定》，在 1986 年财政部《全国发票管理暂行办法》（已失效）的基础上进一步完善了增值税专用发票的使用管理制度，我国以增值税为主体的新税制随之于 1994 年 1 月 1 日起正式实行。[1] 制度实行之初，由于税务机关对增值税专用发票认识不足，短期内无法形成强有力的监管机制，以至于虚开增值税专用发票等违法行为有增无减，一时间，占全国税收总量 50% 的增值税成为犯罪率最高的税种。[2] 新税制的实施非但没有增强国家税收能力、有效增加国家税收并对经济发展起到积极作用，反而造成国家税款大量流失，严重损害了国家税收征管制度，阻碍了市场经济的发展。为惩治虚开增值税专用发票的违法行为，1994 年 6 月 3 日最高人民法院、最高人民检察院联合发布了《关于办理伪造、倒卖、盗窃发票刑事案件适用法律的规定》（已失效），其中第 2 条明确指出："以营利为目的，非法为他人代开、虚开发票金额累计在五万元以上的，或者非法为他人代开、虚开增值税专用发票抵扣税额累计在一万元以上的，以投机倒把罪追究刑事责任。"这是我国首次以司法解释的方式将虚开增值税专用发票行为入罪。[3]

然而，作为计划经济的产物，带有深刻时代烙印的投机倒把罪已经随着市场经济的形成与发展而逐渐失去了存在的基础。投机倒把罪与当下时代的脱节，兼之虚开增值税专用发票行为被纳入投机倒把罪的合理性问题引起了较大争议，为遏制并打击猖獗的虚开增值税专用发票等违法行为、保护国家税制改革的成果、鼓励市场经济的发展并最终维护国家经济的稳定，全国人大常委会于 1995 年 10 月 30 日颁布了《惩治增值税专用发票犯罪的决定》（部分失效），通过单行刑法正式将虚开增值税专用发票的行为设立为独立的罪名，将该罪行为定义为他人虚开、为自己虚开、让他人为自己虚开、介绍他人虚开增值税专用发票，并设置了四个幅度的刑罚：对普通的虚开行为

---

〔1〕 参见莫开勤：《危害税收征管犯罪的定罪与量刑》，人民法院出版社 2000 年版，第 23 页。

〔2〕 参见王祺元：《增值税专用发票十年回眸》，载《中国税务》2004 年第 7 期。

〔3〕 参见陈兴良：《虚开增值税专用发票罪：罪名沿革与规范构造》，载《清华法学》2021 年第 1 期。

处3年以下有期徒刑或者拘役,并处2万元以上20万元以下罚金;对虚开的税款数额较大或者有其他严重情节的,处3年以上10年以下有期徒刑,并处5万元以上50万元以下罚金;对虚开的税款数额巨大或者有其他特别严重情节的,处10年以上有期徒刑或者无期徒刑,并处没收财产;对有虚开增值税专用发票、用于骗取出口退税、抵扣税款的其他发票行为骗取国家税款,数额特别巨大、情节特别严重、给国家利益造成特别重大损失的,处无期徒刑或者死刑,并处没收财产。同时,对于虚开用于骗取出口退税、抵扣税款的其他发票的行为,该单行刑法虽未将该行为设立为独立罪名,但明确规定依照虚开增值税专用发票行为处罚。

为弥补立法上的不足,1996年10月17日,最高人民法院发布《惩治增值税专用发票犯罪决定的解释》(已失效),将虚开用于骗取出口退税、抵扣税款的其他发票的行为正式确立为独立的"虚开专用发票罪",并明确了用于骗取出口退税、抵扣税款的其他发票的范围,即可以用于申请出口退税、抵扣税款的非增值税专用发票,如运输发票、废旧物品收购发票、农业产品收购发票等。

此外,原《惩治增值税专用发票犯罪决定的解释》第1条明确以下行为属于"虚开增值税专用发票":(1)没有货物购销或者没有提供或接受应税劳务而为他人、为自己、让他人为自己、介绍他人开具增值税专用发票;(2)有货物购销或者提供或接受了应税劳务但为他人、为自己、让他人为自己、介绍他人开具数量或者金额不实的增值税专用发票;(3)进行了实际经营活动,但让他人为自己代开增值税专用发票。该条规定将虚开增值税专用发票的情形归结为三类——无货虚开、数量或金额不实的有货虚开与有货代开。之所以仅列举前述三种类型,一方面,是因为20世纪90年代的业务形式较为单纯;另一方面,1999年生效的《合同法》承认行纪行为、委托行为等民事代理行为,允许合同主体的变更行为,在动产交付方式上,承认指示交付、占有改定等交付形式。[1]

随着经济体制改革的发展,我国社会面貌发生了巨大的变化。在这种情况下,1979年《刑法》刚实施不久就已不能完全适应惩治犯罪的需要,因而我国立法机关采用制定多个"决定"和"补充规定"的方式对1979年《刑法》

---

〔1〕 参见郭滨辉:《对虚开增值税专用发票行为认定标准的思考》,载《财会月刊》2019年第21期。

作了修改和补充,这里的“决定”和“补充规定”表现为单行刑法。这些单行刑法的颁布虽然满足了一时之需,但其处在刑法之外,因而在一定程度上架空了刑法,并且也给司法适用带来了不便。故1997年修订《刑法》的时候,立法机关坚持制定统一的刑法,将散在于刑法之外的“决定”和“补充规定”的内容一并纳入了刑法。[1] 1997年《刑法》对虚开增值税专用发票罪与虚开专用发票罪进行了合并处理,将罪名统一为“虚开增值税专用发票罪”。对此,有学者在评论时指出:“从立法技术上看,刑法的规定与《关于惩治虚开、伪造和非法出售增值税专用发票犯罪的决定》相比可以说是进了一步。但是就《刑法》第205条本身来说,由于增值税专用发票与其他可以骗取出口退税、抵扣税款的发票都属于专用发票。因此,如果能将罪名规定为虚开专用发票罪,将进一步增加罪名的涵盖性而且更体现罪名的科学和简洁性,使我国刑法分则的罪名立法更加完善。”[2]

1999年,九届全国人大二次会议将“依法治国,建设社会主义法治国家”这一治国方略正式写入宪法,2004年,党的十六届四中全会首次提出构建社会主义和谐社会的历史任务,在经济、法治与和谐社会构建的三重影响下,同年11月最高人民法院召开的全国法院经济犯罪案件审判工作座谈会备受关注。座谈会对虚开增值税专用发票犯罪两大核心问题即虚开增值税专用发票犯罪的认定问题与损失数额的认定问题进行了探讨。座谈会提到,虚开增值税专用发票犯罪的定罪标准问题是虚开增值税专用发票犯罪认定中最为核心的关键问题。倾向性观点认为,该罪侵犯的是复杂客体,一是增值税专用发票管理秩序,二是国家税收征管制度,二者缺一不可,其中,国家税收征管制度应当属于主要客体。座谈会综述还提到虚开增值税专用发票犯罪的损失数额的性质为量刑数额,影响量刑的轻重,直接影响到对行为人能否判处无期徒刑、死刑的问题。2010年2月,最高人民法院发布《关于贯彻宽严相济刑事政策的若干意见》,明确规定“要依法严格控制死刑的适用,统一死刑案件的裁判标准,确保死刑案件只适用于极少数罪行极其严重的犯罪分子”。虚开增值税专用发票罪作为经济性质犯罪适用死刑的正当性与合理性被广泛关注。刑事法治直接影响到社会的发展与稳定,故我国的死

---

〔1〕 参见陈兴良:《从实质刑法典到形式刑法典:刑法的进阶之路》,载《现代法学》2024年第2期。
〔2〕 张明楷:《刑法学》(第5版),法律出版社2016年版,第668页。

刑制度必须从构建和谐社会的宏伟目标出发，发挥积极作用，有效地促进社会的稳定与发展。[1] 基于前述背景，为落实中央深化司法机制和工作机制改革的要求，完善死刑法律规定，适当减少死刑罪名，顺应死刑国际发展潮流，全国人大常委会于 2011 年 2 月 25 日颁布《刑法修正案（八）》，删除《刑法》第 205 条第 2 款“有前款行为骗取国家税款，数额特别巨大，情节特别严重，给国家利益造成特别重大损失的，处无期徒刑或者死刑，并处没收财产”的规定，正式废除了虚开增值税专用发票罪的死刑。

二、虚开增值税专用发票罪的现状

为深入落实中央经济工作会议精神，依法惩处危害税收征管犯罪，保障国家税收利益、维护税收秩序，支撑和服务经济社会高质量发展，顺应打击犯罪需要、回应执法司法需求，加快营造市场化、法治化、国际化的营商环境，2024 年 3 月 15 日，最高人民法院、最高人民检察院联合发布的《危害税收征管刑事案件解释》对虚开增值税专用发票罪作出了限缩解释。其中，第 10 条明确规定“具有下列情形之一的，应当认定为刑法第二百零五条第一款规定的‘虚开增值税专用发票或者虚开用于骗取出口退税、抵扣税款的其他发票’：（一）没有实际业务，开具增值税专用发票、用于骗取出口退税、抵扣税款的其他发票的；（二）有实际应抵扣业务，但开具超过实际应抵扣业务对应税款的增值税专用发票、用于骗取出口退税、抵扣税款的其他发票的；（三）对依法不能抵扣税款的业务，通过虚构交易主体开具增值税专用发票、用于骗取出口退税、抵扣税款的其他发票的；（四）非法篡改增值税专用发票或者用于骗取出口退税、抵扣税款的其他发票相关电子信息的；（五）违反规定以其他手段虚开的。为虚增业绩、融资、贷款等不以骗抵税款为目的，没有因抵扣造成税款被骗损失的，不以本罪论处，构成其他犯罪的，依法以其他犯罪追究刑事责任。”可见，该条第 2 款以例外规定的方式，对虚开增值税专用发票罪作出了界定。如何基于该规定，对虚开增值税专用发票罪的构成要件进行界定，需要根据增值税专用发票的功能等进行理论分析。随着经济的发展，增值税专用发票的用途日益广泛，虚开增值税专用发票的目的逐渐多元化，不再局限于最初入罪时的骗抵税款这一唯一目的。广义上，一

---

〔1〕 参见赵秉志：《死刑改革之路》，中国人民大学出版社 2014 年版，第 50 页。

切不真实的开具增值税专用发票行为都可以称为“虚开”。对虚开增值税专用发票罪进行限缩解释，必须立足增值税专用发票的核心功能，根据罪责刑相适应原则进行。增值税专用发票的核心功能是抵扣税款，只有利用该核心功能进行虚开抵扣，即骗抵税款的，才能认定为虚开增值税专用发票罪，这种行为，本质上是以非法占有为目的、骗取国家财产行为，对其处以重刑，符合罪责刑相适应原则。[1]

第二节　法律释义与构成要件

一、虚开增值税专用发票罪的法律释义

（一）《刑法》条文

《刑法》第205条规定：“虚开增值税专用发票或者虚开用于骗取出口退税、抵扣税款的其他发票的，处三年以下有期徒刑或者拘役，并处二万元以上二十万元以下罚金；虚开的税款数额较大或者有其他严重情节的，处三年以上十年以下有期徒刑，并处五万元以上五十万元以下罚金；虚开的税款数额巨大或者有其他特别严重情节的，处十年以上有期徒刑或者无期徒刑，并处五万元以上五十万元以下罚金或者没收财产。单位犯本条规定之罪的，对单位判处罚金，并对其直接负责的主管人员和其他直接责任人员，处三年以下有期徒刑或者拘役；虚开的税款数额较大或者有其他严重情节的，处三年以上十年以下有期徒刑；虚开的税款数额巨大或者有其他特别严重情节的，处十年以上有期徒刑或者无期徒刑。虚开增值税专用发票或者虚开用于骗取出口退税、抵扣税款的其他发票，是指有为他人虚开、为自己虚开、让他人为自己虚开、介绍他人虚开行为之一的。”

---

〔1〕参见滕伟、董保军、姚龙兵、张淑芬：《“两高”〈关于办理危害税收征管刑事案件适用法律若干问题的解释〉的理解与适用》，载《法律适用》2024年第4期。

（二）相关释义

该条是关于虚开增值税专用发票罪及其刑罚的规定，对相关释义具体说明如下。

第一，该条所称“虚开增值税专用发票或者虚开用于骗取出口退税、抵扣税款的其他发票”，根据《危害税收征管刑事案件解释》第 10 条第 1 款的规定，是指具有下列情形之一的行为：(1)没有实际业务，开具增值税专用发票、用于骗取出口退税、抵扣税款的其他发票的；(2)有实际应抵扣业务，但开具超过实际应抵扣业务对应税款的增值税专用发票、用于骗取出口退税、抵扣税款的其他发票的；(3)对依法不能抵扣税款的业务，通过虚构交易主体开具增值税专用发票、用于骗取出口退税、抵扣税款的其他发票的；(4)非法篡改增值税专用发票或者用于骗取出口退税、抵扣税款的其他发票相关电子信息的；(5)违反规定以其他手段虚开的。

“增值税专用发票”是增值税发票的一种，是兼具购销双方收付款、购买方申报抵扣增值税功能的法定凭证。随着科技的发展和税收征管现代化的推进，增值税专用发票的形式也发生了变化，除了纸质增值税专用发票外，还有了增值税电子专用发票，其法律效力、基本用途、基本使用规定等与纸质专用发票相同。

根据 2005 年 12 月 29 日第十届全国人大常委会第十九次会议通过的《关于〈中华人民共和国刑法〉有关出口退税、抵扣税款的其他发票规定的解释》的规定，“出口退税、抵扣税款的其他发票”是指除增值税专用发票以外的，具有出口退税、抵扣税款功能的收付款凭证或者完税凭证。为服务于社会经济生活发展和增值税管理的需要，这类凭证不是固定不变的。目前，主要包括机动车销售统一发票、海关进口增值税专用缴款书、农产品销售发票、农产品收购发票、通行费发票、旅客运输电子发票、注明旅客身份信息的航空运输电子客票行程单、注明旅客身份信息的铁路车票等。

第二，根据虚开税款数额和犯罪情节的不同，该罪定罪量刑及罚金分为三档：(1)犯罪情节一般，处 3 年以下有期徒刑或拘役，并处 2 万元以上 20 万元以下罚金；(2)虚开税款数额较大或有其他严重情节，处 3 年以上 10 年以下有期徒刑，并处 5 万元以上 50 万元以下罚金；(3)虚开税款数额巨大或有其他特别严重情节，处 10 年以上有期徒刑或无期徒刑，并处 5 万元以上

50 万元以下罚金或没收财产。

上述“税款数额”，专指可申报抵扣或退税的增值税税额，是增值税专用发票注明的税额或者是其他凭证注明、计算可抵扣或退税的增值税税额。在以往实践中，同一购销业务，既虚开进项税额，又虚开销项税额，如何计算虚开税额颇具争议，《危害税收征管刑事案件解释》对此予以了明确，即以同一购销业务名义，既虚开进项增值税专用发票、用于骗取出口退税、抵扣税款的其他发票，又虚开销项的，以其中较大的数额计算。

司法实践中，判断虚开税款数额较大、巨大以及其他严重情节、其他特别严重情节的标准，是根据当期有效的司法解释所定标准来判断的，不同的阶段，有不同的标准，如表 8 –1 所示。

表 8 –1　不同司法解释对量刑情节的解释

认定项目	《惩治增值税专用发票犯罪决定的解释》（已失效）	最高人民法院《关于虚开增值税专用发票定罪量刑标准有关问题的通知》（参照《审理骗取出口退税刑事案件司法解释》第 3 条）	《危害税收征管刑事案件解释》
定罪处罚起点	虚开税款数额 1 万元以上的或者虚开增值税专用发票致使国家税款被骗取 5000 元以上的	虚开税款数额在 5 万元以上的	虚开税款数额在 10 万元以上的
虚开税款数额较大	虚开税款数额 10 万元以上	虚开税款数额 50 万元以上	虚开税款数额 50 万元以上
虚开税款数额巨大	虚开税款数额 50 万元以上	虚开税款数额 250 万元以上	虚开税款数额 500 万元以上

续表

<table>
<tr><th>认定项目</th><th>《惩治增值税专用发票犯罪决定的解释》（已失效）</th><th>最高人民法院《关于虚开增值税专用发票定罪量刑标准有关问题的通知》（参照《审理骗取出口退税刑事案件司法解释》第3条）</th><th>《危害税收征管刑事案件解释》</th></tr>
<tr><td>其他严重情节</td><td>具有下列情形之一的，属于“有其他严重情节”：（1）因虚开增值税专用发票致使国家税款被骗取5万元以上的；（2）具有其他严重情节的</td><td rowspan="2">此通知只要求参照执行参照《审理骗取出口退税刑事案件司法解释》第3条规定的定罪量刑“数额”标准，没有要求参照执行“其他严重情节”“其他特别严重情节”的认定标准</td><td>具有下列情形之一的，应当认定为“其他严重情节”：（1）在提起公诉前，无法追回的税款数额达到30万元以上的；（2）五年内因虚开发票受过刑事处罚或者二次以上行政处罚，又虚开增值税专用发票或者虚开用于骗取出口退税、抵扣税款的其他发票，虚开税款数额在30万元以上的；（3）其他情节严重的情形</td></tr>
<tr><td>其他特别严重情节</td><td>具有下列情形之一的，属于“有其他特别严重情节”：（1）因虚开增值税专用发票致使国家税款被骗取30万元以上的；（2）虚开的税款数额接近巨大并有其他严重情节的；（3）具有其他特别严重情节的</td><td>具有下列情形之一的，应当认定为“其他特别严重情节”：（1）在提起公诉前，无法追回的税款数额达到300万元以上的；（2）五年内因虚开发票受过刑事处罚或者二次以上行政处罚，又虚开增值税专用发票或者虚开用于骗取出口退税、抵扣税款的其他发票，虚开税款数额在300万元以上的；（3）其他情节特别严重的情形</td></tr>
<tr><td>骗取国家税款数额特别巨大</td><td>利用虚开的增值税专用发票实际抵扣税款或者骗取出口退税100万元以上的</td><td></td><td></td></tr>
</table>

《危害税收征管刑事案件解释》第 11 条第 2 款规定了两种应当认定为“其他严重情节”的情形:其一,在提起公诉前,无法追回的税款数额达到 30 万元以上,意味着虽未达到加重犯的数额标准,但犯罪行为造成的税款损失极大可能已无法挽回,对其加重处罚符合罪责刑相适应原则。其二,行为人在 5 年内因虚开发票受过刑事处罚或者二次以上行政处罚再次虚开发票,表明其拒不悔改,人身危险性大。为体现出对职业“票贩子”的从严打击,这里的“因虚开发票”不宜限定为“因虚开增值税专用发票”,而应该解读为一切虚开发票行为,既包括虚开专用发票,也包括虚开普通发票的行为。需要说明的是,《危害税收征管刑事案件解释》未将“两年内三次以上虚开”作为其他严重情节明确列举,主要考虑:与骗取出口退税罪的既遂不同,实践中行为人基于骗抵税款目的虚开增值税专用发票的,一般都是多次虚开,很少只虚开一两次。因此,如将“两年内三次以上虚开”亦作为“其他严重情节”之一,可能导致查处的虚开行为都属于情节严重的情况;同时,对连续虚开未经处理的,按照累计数额计算,也可以实现从严打击。[1]

另外,需要注意的是,《刑事案件立案追诉标准(二)》第 56 条规定,虚开增值税专用发票或者虚开用于骗取出口退税、抵扣税款的其他发票,虚开的税款数额在 10 万元以上或者造成国家税款损失数额在 5 万元以上的,应予立案追诉。

第三,该条第 2 款是关于单位犯该条规定之罪及其刑罚的规定。司法实践中,单位触犯该条罪名的情形更为普遍。该款对单位犯该条规定之罪的刑罚采取了双罚制,即对单位判处罚金,同时对单位直接负责的主管人员和其他直接责任人员,处 3 年以下有期徒刑或者拘役;虚开的税款数额较大或者有其他严重情节的,处 3 年以上 10 年以下有期徒刑;虚开的税款数额巨大或者有其他特别严重情节的,处 10 年以上有期徒刑或者无期徒刑。根据《金融犯罪工作会谈纪要》,“直接负责的主管人员”是指在单位犯罪中起到决定性、批准性、指示性、纵容性或指挥性作用的人员,通常是单位的高级管理人员,包括法定代表人、实际控制人、财务负责人等。“其他直接责任人员”是指在单位犯罪中具体实施犯罪并起到显著作用的人员。也就是

[1] 参见滕伟、董保军、姚龙兵、张淑芬:《“两高”〈关于办理危害税收征管刑事案件适用法律若干问题的解释〉的理解与适用》,载《法律适用》2024 年第 4 期。

说，如果行为没有起到显著作用，那么该人员不应被认定为“其他直接责任人员”。此外，《金融犯罪工作会谈纪要》特别指出，那些仅因单位领导的指派或命令而参与犯罪的人员，通常不应被视为直接责任人员并追究刑事责任。

第四，该条第3款是关于“虚开”表现形式的规定，也可以理解为虚开所涵括的范围。该款规定，虚开增值税专用发票或者虚开用于骗取出口退税、抵扣税款的其他发票，是指有为他人虚开、为自己虚开、让他人为自己虚开、介绍他人虚开行为之一的行为。“为他人虚开”，指行为人使用自己领购的增值税专用发票（包括其他可以抵扣税款的其他发票，下同）为他人虚开的行为；“为自己虚开”，是指行为人利用自己所持有的增值税专用发票，虚开以后供自己抵扣税款或骗取退税，如现实中常见的虚开农产品收购发票；“让他人为自己虚开”，是指行为人要求或者收买他人为自己虚开增值税专用发票的行为。“介绍他人虚开”，是指行为人作为中间人，为开受票双方牵线、斡旋，促成虚开增值税专用发票的行为。

二、虚开增值税专用发票罪的犯罪构成要件

（一）犯罪客体

虚开增值税专用发票罪的犯罪客体是指该犯罪行为所侵犯的社会关系或法律保护的利益。刑法条文并未具体指明该罪所侵犯的客体，因此，学术界与实务界对此一直存在分歧。主要分为三种观点：一种主张单一客体说，即认为侵犯的仅是国家税收收入；另一种认为侵犯的是双重客体，即国家税收征管制度和国家税收收入；还有一种认为侵犯了多种客体，包括国家税收征管制度、国家税收收入、增值税专用发票管理秩序、市场经济秩序等。

（二）犯罪客观方面

1. 犯罪行为

犯罪客观方面是犯罪构成的外在表现，是判断犯罪是否成立的直接依据。该罪的客观方面，核心是虚开行为，所谓“虚”，既指无实际交易的虚，也指有实际交易而多开的虚。虚开行为，包括为他人虚开、为自己虚开、让他人为自己虚开、介绍他人虚开。该罪的犯罪对象，是特定的增值税专用发票

和可用于抵扣增值税的其他发票。

《惩治增值税专用发票犯罪决定的解释》(已失效)和《危害税收征管刑事案件解释》对该罪的犯罪行为均有具体的认定,对比如表8－2所示。

表8－2 不同司法解释对虚开增值税专用发票罪犯罪行为的认定

《惩治增值税专用发票犯罪决定的解释》(已失效)	《危害税收征管刑事案件解释》
第1条第2款规定:"具有下列行为之一的,属于'虚开增值税专用发票':(1)没有货物购销或者没有提供或接受应税劳务而为他人、为自己、让他人为自己、介绍他人开具增值税专用发票;(2)有货物购销或者提供或接受了应税劳务但为他人、为自己、让他人为自己、介绍他人开具数量或者金额不实的增值税专用发票;(3)进行了实际经营活动,但让他人为自己代开增值税专用发票。"	第10条规定:"具有下列情形之一的,应当认定为'虚开增值税专用发票或者虚开用于骗取出口退税、抵扣税款的其他发票':(1)没有实际业务,开具增值税专用发票、用于骗取出口退税、抵扣税款的其他发票的;(2)有实际应抵扣业务,但开具超过实际应抵扣业务对应税款的增值税专用发票、用于骗取出口退税、抵扣税款的其他发票的;(3)对依法不能抵扣税款的业务,通过虚构交易主体开具增值税专用发票、用于骗取出口退税、抵扣税款的其他发票的;(4)非法篡改增值税专用发票或者用于骗取出口退税、抵扣税款的其他发票相关电子信息的;(5)违反规定以其他手段虚开的。"

通过表8－2可以看出,由于两个司法解释的出台时间相距20多年,其间有法律规定的修订,也有"营改增"的全面推行,还有电子发票的全面推广使用,所以两者对于虚开行为的认定有很大的变化。"《危害税收征管刑事案件解释》第10条第1款第一项规定了没有实际业务的'无货虚开',这是典型的虚开行为。第二项规定了有实际业务但超出实际应抵扣业务对应税款的'有货虚开',超出部分实质也是虚开。第三项参考公安部、国家税务总局的建议,针对实践中实际交易的受票方不符合抵扣条件,但通过虚构一个与交易无关的第三方取得发票后进行抵扣,也属于虚开行为。第四项是针对发票电子化管理作出的规定。当前,增值税专用发票已实现电子化管理,对增值税专用发票不需要通过纸质化进行抵扣,税务机关只需要对开票电子信息进行比对、确认,符合抵扣条件的即进行抵扣。因此,非法篡改电子发票信息与虚开纸质增值税专用发票行为的性质、危害性相当,属于新型虚

开行为。第五项是兜底条款。"[1]

特别提请注意的是,《危害税收征管刑事案件解释》对虚开增值税专用发票罪作了限缩解释,其第10条第2款规定,"为虚增业绩、融资、贷款等不以骗抵税款为目的,没有因抵扣造成税款被骗损失的,不以本罪论处,构成其他犯罪的,依法以其他犯罪追究刑事责任"。其中,"不以骗抵税款为目的"是本质,所列举的"虚增业绩、融资、贷款"是表现形式,"等"表明不限于所列举的三种形式。

2. 危害结果

虚开增值税专用发票的行为可能会造成国家税款的流失,是否造成国家税款损失是判断犯罪客观方面的重要考量因素。实际上,从立案起诉标准和量刑幅度方面来考察,也包含有危害结果的因素。

(三)犯罪主体

该罪的主体为一般主体,自然人和单位都可以成为该罪的犯罪主体,具体来说:(1)自然人主体,是指达到刑事责任年龄、具备刑事责任能力的自然人,包括中国公民、外国公民。(2)单位主体,是指公司、企业、事业单位、机关、团体。

基于增值税专用发票领用及使用都有其限定的对象和范围,一般情况下,单位主体应该是增值税一般纳税人,虽然现阶段小规模纳税人也可以自行开具增值税专用发票,但因为开具增值税专用发票必须按征收率征税,所以没有犯罪的获利空间。单位犯罪,必须是单位意志的体现,按单位的决策程序作出,单位犯罪的非法利益归属单位所有。

(四)犯罪主观方面

犯罪行为的主观要素涉及故意性,对于是否需要犯罪动机或目的作为犯罪主观要素的一部分,刑法条文并未提供明确的指导,这导致了学术界和实务界长期以来存在根本性的分歧。基于主客观相统一的原则,结合典型司法案例及最新出台的司法解释精神,该罪的犯罪构成,应考量其主观故意

---

[1] 高景峰等人:《"两高"〈关于办理危害税收征管刑事案件适用法律若干问题的解释〉的理解与适用》,载《人民检察》2024年第7期。

和主观目的。

增值税专用发票的核心功能是抵扣税款，只有利用该核心功能进行虚开抵扣，即骗抵税款的，才能认定为虚开增值税专用发票罪。这种行为，本质上是以非法占有为目的、骗取国家财产行为，对其处以重刑，符合罪责刑相适应原则。反之，即便虚假开票，但没有利用增值税专用发票核心功能的，则不应以该罪论处。

第三节　司法实践的裁判现状

通过分析检索近年来的数十个虚开增值税专用发票罪的判决书，本书发现在司法实践中，法院在审理涉及该罪名的案件时，呈现的裁判现状如下。

一、关于主犯与从犯的认定标准及考量因素

对于主犯和从犯的认定，法院会重点考虑行为人实施的行为在犯罪中发挥的作用，并结合行为人的分工、所获利益情况等多个因素综合进行判断。在倪某、东科公司等虚开增值税专用发票、用于骗取出口退税案〔1〕以及李某某、刘某某等虚开增值税专用发票、用于骗取出口退税案〔2〕中，法院查明相关被告人在涉案公司中均为负责运营的主要负责人，积极开展虚开增值税专用发票犯罪活动并最终以此牟利，进而最终认定为主犯。

而在李某虚开增值税专用发票、用于骗取出口退税、抵扣税款发票案〔3〕中，许昌市中级人民法院认为被告人李某主要从事传达、指示、接待、收发快递、递交材料等辅助性和次要性活动，其未参与前期的资料准备、后期的利润分成及公司的实际管理，仅领取固定工资，并最终在二审程序中改判认定李某为从犯。

当公司涉嫌虚开增值税专用发票犯罪时，其法定代表人首当其冲面临

---

〔1〕 参见广东省东莞市中级人民法院刑事判决书，(2022)粤19刑终1701号。
〔2〕 参见陕西省汉中市中级人民法院刑事裁定书，(2023)陕07刑终122号。
〔3〕 参见河南省许昌市中级人民法院刑事判决书，(2018)豫10刑终412号。

刑事责任风险，并且在实务中其法定代表人也往往会被认定为主犯。[1] 在前述案例中，检察院认为李某构成主犯的理由是其在共同犯罪中负责了公司开设、公司事务的办理，并直接参与了虚开增值税的行为，起到了主要责任。但最终二审法院查明了李某仅是挂名法定代表人，对公司的实际经营管理不具有决策权，在犯罪活动中起次要作用，这也是二审法院未认定李某为主犯的重要原因。

此外，被告人获取利益的情况也是法院在认定主犯或从犯时重点考量的一个因素。在虚开增值税专用发票犯罪中，有一部分被告人在涉案公司中仅是打工者的角色，如担任会计、出纳等岗位，并且领取固定薪资，最终也未从犯罪活动中获取利润分成。因此，其在共同犯罪中所起的是次要作用，应当认定为从犯。例如，在蔡某、李某、李某立等虚开发票罪案[2]中，梅州市梅江区人民法院认为被告人梁某某作为被告单位金骏公司的财务人员，其虚开增值税专用发票行为系向公司法定代表人即被告人汪某某汇报并授意后进行，非法所得均用于公司经营，其个人并未从中获利，在共同犯罪中作用较小，是从犯。

二、关于"介绍他人虚开"的介绍人在司法实务中的角色认定

《刑法》第205条第3款规定："虚开增值税专用发票或者虚开用于骗取出口退税、抵扣税款的其他发票，是指有为他人虚开、为自己虚开、让他人为自己虚开、介绍他人虚开行为之一的。"司法实践中，针对介绍人是否具有从犯地位主要有以下两种观点：(1)《刑法》第205条第3款将"介绍他人虚开"规定为独立的实行行为，即介绍人不需要依附于开票方或受票方，其可独立完成虚开增值税专用发票罪的实行行为，介绍人与开票方、受票方不是共同犯罪，也就无须再论介绍人是否属于从犯；(2)介绍人与开票方、受票方之间系共同犯罪，应根据介绍人在共同犯罪中所处地位、作用大小来判断其是否为从犯。若介绍人参与程度较低、发挥的是次要作用，则可认定为从犯；反之，则不宜认定为从犯。

---

〔1〕 参见李静：《虚开增值税专用发票罪案件主/从犯的划分规则》，载微信公众号"律镜文化"2019年8月17日，https://mp.weixin.qq.com/s/-SvgU7SFAkCvMTEFPd6xeA。

〔2〕 参见广东省梅州市梅江区人民法院刑事判决书，(2020)粤1402刑初212号。

上述第一种观点固然具有一定的合理性，但“一刀切”地将介绍行为认定为虚开增值税专用发票的实行行为，而忽略了介绍行为在犯罪中实际所起的作用，会导致量刑畸重，这一弊病从目前的司法实践做法的分化中可见一斑。

目前，上述第二种观点为主流观点。如在唐某等虚开增值税专用发票、用于骗取出口退税、抵扣税款发票案[1]中，法院认为，“康某、何某分别应创某公司、浩某公司的要求为其寻找上家，在让他人为自己虚开、为他人虚开的对合行为之间充当居间介绍、沟通撮合的角色，从而使对合行为得以发生、完成，其在共同犯罪中所起的作用相对较小。因二人在犯罪的主观故意和客观行为方面都明显表现出从属性、被动性，从尊重客观事实与刑事处罚的效果上考虑，可认定康某、何某与受票单位共同实施虚开增值税专用发票犯罪行为，成立自然人与单位之间的共同犯罪。其中，创某公司、浩某公司是主犯，康某、何某是从犯。”同样，在朱某虚开增值税专用发票罪案[2]中，法院认为，“被告人朱某介绍他人虚开增值税专用发票，致使国家税款被骗人民币100余万元，其行为已构成虚开增值税专用发票罪。被告人朱某在共同犯罪中起次要作用，系从犯，依法应当减轻处罚”。

另外，在王某1、余某等虚开增值税专用发票、用于骗取出口退税、抵扣税款发票案[3]中，法院认为，“上诉人王某1在虚开增值税专用发票犯罪活动过程中主动介绍，传递信息，介绍他人虚开，还提供相关银行账户、U盾用于资金流转，积极介入虚开增值税专用发票的具体操办，其的行为是其所涉虚开增值税专用发票犯罪得以完成的关键环节，在本案共同犯罪中所处地位，并非次要，辅助作用，不宜认定为从犯”。

本书认为，介绍人与开票方、受票方之间成立共同犯罪，介绍人无法单独实施犯罪行为。虚开的介绍行为表现为在开票方和受票方之间居中介绍，介绍人与开票方、受票方构成共同犯罪在理论上符合共同犯罪的基本原理。虽然“介绍他人虚开”被《刑法》分则规定为实行行为，但该行为不具有独立的法益侵害性，该行为需要依附于开票方与受票方之间是否具有真实

---

〔1〕参见广东省佛山市中级人民法院刑事判决书，(2021)粤06刑终592号。

〔2〕参见上海市松江区人民法院刑事判决书，(2022)沪0117刑初1094号。

〔3〕参见宁夏回族自治区固原市中级人民法院刑事裁定书，(2023)宁04刑终97号。

交易、受票方的抵扣行为是否导致国家增值税税款损失来判断是否构成犯罪。并且,实行犯之间亦有主犯与从犯之区分。因此,介绍他人虚开的行为在《刑法》分则中被规定为实行行为并不排斥介绍人成立共同犯罪,亦不排斥介绍人能够被认定为从犯。

在认定介绍人与开票方、受票方之间成立共同犯罪的基础上,再根据介绍人在共同犯罪中的所处地位与作用进行分析。具体可从以下几个方面进行判断:(1)介绍人是不是虚开犯意提起者。(2)介绍人是否以介绍虚开为业。(3)介绍人除居间撮合外,是否参与虚开模式的设计,是否提供走账、垫资等行为。(4)介绍人是否获利,及获利占比情况。

总之,在虚开增值税专用发票罪案件中,对介绍人的行为应根据实际情况进行客观判断,坚持主客观相一致、罪责刑相适应原则。

三、关于犯罪数额的认定问题

犯罪数额的认定直接影响虚开增值税专用发票罪的量刑问题,根据法律规定及相关司法解释,一般对于虚开增值税专用发票罪的犯罪数额认定,将涉及两个数据的计算问题,即虚开税款数额和国家税款损失数额。

虚开税款数额,是指行为人虚开的增值税专用发票上所载明的税款金额,即应税货物的计税金额和其相应适用增值税税率的乘积。在行为人只虚开进项增值税专用发票或虚开销项增值税专用发票的情况("单向虚开")下,其犯罪数额一般来说不难认定,实务中大部分的情形是行为人在为他人虚开了增值税专用发票后,为了维持进项税额与销项税额平衡的问题从而掩盖犯罪事实,又让他人为自己虚开增值税专用发票。在行为人同时有虚开进项增值税专用发票和虚开销项增值税专用发票行为("双向虚开")的情况下,此时虚开税款数额如何认定在司法实践中一直存在争议。

对该问题,司法实践中常见的几种观点如下:(1)以虚开的进项增值税数额作为虚开税款数额;(2)以虚开的销项增值税数额作为虚开税款数额;(3)以虚开的进项增值税数额和销项增值税数额相加之和作为虚开税款数额;(4)以虚开的进项增值税数额和销项增值税数额中数额较大的作为虚开税款数额。目前,上述第 4 种观点为主流观点,并被《危害税收征管刑事案件解释》所采纳。例如,在楚某、申某虚开增值税专用发票、用于骗取出口退税、抵扣税款发票案〔1〕中，法院认为，关于原判决认定的犯罪数额，因佳盛景公司在不具有真实交易情况下的虚开增值税专用发票行为，此时其不存在向国家交税的义务，因此，虚开的数额只以销项或进项中较大的数额计算即可，不应将虚开的销项和进项累计计算。同样，在徐州联众公司、陈某等虚开增值税专用发票、用于骗取出口退税、抵扣税款发票案〔2〕中，法院认为，根据相关法律规定，行为人没有实际经营活动，为掩盖犯罪事实，既虚开销项增值税专用发票，又虚开进项增值税专用发票，其虚开的税款数额应以其中较大的一项计算。

国家税款损失数额，是指行为人实施虚开增值税专用发票的犯罪行为，最终导致国家流失的税款数额。经检索相关的案例，无论是“单向虚开”还是“双向虚开”情形，大部分的案例中法院直接将受票方最终使用虚开的增值税专用发票抵扣的税额认定为国家税款损失数额。在王某等虚开增值税专用发票、用于骗取出口退税、抵扣税款发票案〔3〕和黎某虚开增值税专用发票案〔4〕中，法院均是以被告人最终抵扣的税款数额，认定为国家税款损失数额并据此进行定罪量刑。

对于国家税款损失数额的认定，除了如上所述法院以受票方最终使用增值税专用发票抵扣税款的数额作为依据，部分案例中还会结合开票方的已缴纳税款数额进行综合考量。对此，泰安市中级人民法院在陈某甲、郭某、庞某等虚开增值税专用发票案〔5〕中进行了详细的说理：“本院认为，虚开的税款数额系指所虚开的增值税专用发票、用于抵扣税款发票上所载明的税额；骗取税款数额系指以受票人已抵扣的税款减去虚开行为人已向国家缴纳的税款，差额即是骗取国家税款的数额。故虚开的税款和骗取的税款数额并非同一概念。就本案原审判决在没有查清并扣减开具增值税专用发票的上游企业屯留金海公司、辉南宏丰公司是否缴纳税款及缴纳税款数额的情况下，把虚开税款数额等同于骗取税款数额，认定国家税款被骗取40万元以上，并以此判处上诉人十年有期徒刑属事实不清，适用法律错误。”

---

〔1〕 参见辽宁省葫芦岛市中级人民法院刑事判决书，(2021)辽14刑终168号。

〔2〕 参见江苏省徐州市中级人民法院刑事判决书，(2020)苏03刑终117号。

〔3〕 参见浙江省高级人民法院刑事裁定书，(2019)浙刑终439号。

〔4〕 参见广东省高级人民法院刑事裁定书，(2020)粤刑终450号。

〔5〕 参见山东省泰安市中级人民法院刑事判决书，(2014)泰刑三终字第38号。

同样在杨某、陈某虚开增值税专用发票、用于骗取出口退税、抵扣税款发票案[1]中，法院在认定被告人给国家造成损失的数额时，认为应当以销项受票人已经实际向税务机关抵扣的数额计算，并扣除已向国家缴纳的税款和退赔的款项。

在司法实践中，一些行为人为了“卖票”而专门设立若干公司，但在没有实际开展生产或销售活动的情况下，行为人为了掩饰自己的犯罪行为会进一步让其他人为自己虚开相应的进项增值税专用发票，以维持进项、销项的平衡。对此，本书在检索案例的过程中，发现部分法院在认定国家税款损失数额时，会将该部分让他人为自己虚开的进项增值税专用发票数额进行剔除，如李某、袁某虚开增值税专用发票、用于骗取出口退税、抵扣税款发票案。[2] 在该案例中，法院认为二被告人让他人为自己增值税专用发票并向税务机关抵扣，但因二被告人没有实际从事购销活动，并不需要向税务机关缴纳增值税，国家在此环节上没有实际损失，该部分发票金额不应计算为国家税款被骗数额。

此外，在虚开增值税专用发票的案例中，行为人在“买票”时经常会向开票方支付一笔“开票费”，在案发后对于该“开票费”的处理问题亦容易产生争议。人民法院案例库于2023年5月1日公布的赵某某等虚开增值税专用发票案[3]中，对此作出明确答复。在该案例中，泰安市中级人民法院认为，应当将“开票费”计入犯罪数额，理由是被告人购买发票的“开票费”等支出，卖票方不会作为税款上缴国家，对国家而言损失的是被告人抵扣的全部税款，因此犯罪数额中不能扣除“开票费”。

此外，关于行为人事后补缴税款对案件定罪量刑的影响，经检索相关案例，本书发现在大部分的案例中事后补缴税款最终能取得从轻减轻处罚的结果，配合合规整改，甚至能争取适用缓刑。同样，在人民法院案例库公布的广西某供应链管理有限公司虚开增值税专用发票案[4]中，由于被告人有自首、退缴涉案税款以及积极配合开展企业合规整改的行为，最终法院对涉案被告主体适用缓刑。

---

[1] 参见山东省日照市中级人民法院刑事判决书，(2019)鲁11刑终118号。

[2] 参见内蒙古自治区乌海市中级人民法院刑事判决书，(2021)内03刑终13号。

[3] 参见山东省泰安市中级人民法院刑事判决书，(2022)鲁09刑终125号。

[4] 参见江西省黎川县人民法院刑事判决书，(2023)赣1022刑初6号。

四、关于单位犯罪的认定问题

根据法律和司法解释的规定，在虚开增值税专用发票犯罪中，区分单位犯罪与自然人犯罪对于定罪量刑有重要影响，主要体现在以下两个方面：一方面，虚开增值税专用发票罪的单位犯罪实行"双罚制"，即对于构成单位犯罪的单位应判处罚金，且对于其直接负责的主管人员和其他直接责任人员仍判处刑罚，而除此之外的一般参与人员则不认定为犯罪，而对于自然人犯罪则无此区分；另一方面，相较于自然人犯罪中罚金刑会适用于参与共同犯罪的每一个被告人，在单位犯罪中罚金刑只适用于单位主体本身。[1]

根据《刑法》以及最高人民法院《关于审理单位犯罪案件具体应用法律有关问题的解释》（以下简称《单位犯罪司法解释》）的有关规定，以单位名义实施犯罪，违法所得归单位所有的，是单位犯罪。具体到实务中，对于虚开增值税专用发票罪中单位犯罪的认定必须满足两个条件：一是以单位名义实施犯罪，二是最终违法所得归单位所有。

首先，关于"以单位名义实施犯罪"如何理解？在虚开增值税专用发票罪的案例中，一些辩护人为了给自己的当事人争取从轻或减轻处罚，常常会以涉案主体构成单位犯罪进行辩护。但经检索，往往法院在审理此类案件的过程中会重点关注涉案主体实施犯罪行为是否体现了单位意志，是否属于单位集体研究决定，如经企业内部董事会、股东会形成决议。在荆某甲虚开增值税专用发票、用于骗取出口退税、抵扣税款发票案[2]中，阜阳市中级人民法院最终没有采纳荆某甲辩护人关于构成单位犯罪的辩护意见，法院认为，欣悦公司为有限公司责任公司，股东系荆某甲、荆某乙。荆某甲供称荆某乙不知道其为他人虚开增值税专用发票的事，与荆某乙的证言相印证。荆某甲及辩护人均称该案系单位犯罪，但均未提供该行为系经公司股东会讨论决定的会议记录，无法证明其行为系由单位意志决定，亦无法证明其行为系为单位谋取利益。荆某甲利用公司获得的增值税专用发票、公司账户、印章，借用公司之名为他人虚开增值税专用发票的行为，系个人行为。故对

---

〔1〕 参见杨琳琳：《虚开增值税专用发票案，单位犯罪如何界定?》，载微信公众号"杨琳琳律师"2023年8月9日，https://mp.weixin.qq.com/s/19Tr9x82lTY0ejpl1Gl8Fg。

〔2〕 参见安徽省阜阳市中级人民法院刑事判决书，(2020)皖12刑终177号。

该意见不予采纳。

由此可见,法院对于是否"以单位名义实施犯罪"的认定,行为人实施的犯罪行为是否代表单位意志是重要的考虑因素。

此外,如实施犯罪的行为人属于单位负责人,结合其他情节法院也很可能认定该犯罪行为代表单位意志,进而构成单位犯罪。例如,在乡某虚开增值税专用发票、用于骗取出口退税、抵扣税款发票案[1]中,关于该案是单位犯罪还是个人犯罪的问题,法院对此作了专门阐述,审理法院查明乡某虽然不是宝永公司的法定代表人,但却是该公司的实际出资人和实际控制人,并最终认定乡某实施虚开增值税专用发票的犯罪行为在本质上是为了公司的利益而实施,其行为应当是单位实施的犯罪行为,进而认定该案为单位犯罪而非个人犯罪。

其次,关于"违法所得归单位所有"的认定问题,实务中法院会结合在案证据,审查违法所得是否最终流向单位,甚至用于单位日常经营。在谭某等虚开增值税专用发票、用于骗取出口退税、抵扣税款发票案[2]中,法院认为,认定是否构成单位犯罪,须同时具备以下条件:其一,必须是在单位意志支配下由单位内部人员实施的犯罪行为;其二,必须是以单位名义实施的犯罪行为;其三,必须是为了单位的整体利益,即利益应当归属单位所有。其中,利益归属是实质要件。该案中,原判决认定上诉人周某等人虽然以单位名义实施虚开增值税专用发票行为,但"单位"只是上述人员实施虚开行为的工具,上述人员仅是借助"单位"的名义,完成其虚开行为。整个虚开过程中,上诉人周某利用其私人账户接收手续费、发放业务员提成,其行为本质上并不是为单位谋取利益,而是为个人谋取非法利益,不属于单位犯罪。在周某、谢某虚开增值税专用发票、用于骗取出口退税、抵扣税款发票案[3]中,对于单位犯罪的认定,也是类似的情况。

最后,最高人民法院《单位犯罪司法解释》第 2 条和第 3 条规定的两种不构成单位犯罪的情形,在虚开增值税专用发票犯罪中亦同样适用。例如,在"暴力虚开"的犯罪中,行为人为了实施虚开增值税专用发票的犯罪行为

---

〔1〕 参见广东省广州市南沙区人民法院刑事判决书,(2020)粤 0115 刑初 542 号。
〔2〕 参见广东省珠海市中级人民法院刑事裁定书,(2020)粤 04 刑终 371 号。
〔3〕 参见浙江省金华市中级人民法院刑事判决书,(2019)浙 07 刑终 928 号。

而专门设立“空壳公司”，后续以单位名义实施犯罪行为但最终非法利益均流向个人所有，此种情形并不构成单位犯罪。

实务中，在虚开增值税专用发票罪中认定单位犯罪后，还有一些其他的常见争议，如单位犯罪中已注销公司造成的税款损失能否向公司实际控制人、股东追缴的问题，在徐某虚开增值税专用发票、用于骗取出口退税、抵扣税款发票案〔1〕中，北京市第三中级人民法院对此作出了解答，认为在被告单位不具备承担刑事责任的相关能力，且在案证据不足以证实存在公司财产与个人财产混同或赃款流向实际控制人的情况下，不宜在刑事判决中直接向公司实际控制人、股东追缴某科技公司所涉税款。

第四节 常见问题与实务探讨——以案说法

一、挂靠经营模式下的虚开发票问题解析

（一）何为挂靠经营模式

挂靠经营，字面上的理解即一个机构、组织从属或依附于另一个机构、组织。以建筑行业为例，挂靠经营具体是指一个施工企业允许他人在一定期间内使用自己企业名义对外承接工程的行为，在该合作模式下，挂靠方常因资质缺乏而以被挂靠方的名义对外签订合同、收款和开具相关发票，而挂靠方往往需向被挂靠方支付一定的挂靠费或者管理费。

（二）挂靠关系涉税法律规则解读与适用

探讨挂靠关系下的虚开发票问题前，先介绍一下虚开行为的法律含义。虚开增值税专用发票，是指行为人没有真实交易而开具增值税专用发票，或者开具与真实交易内容不符的增值税专用发票的违法行为。

虚开增值税专用发票的行为方式可以分为为他人虚开、为自己虚开、让他人为自己虚开、介绍他人虚开四种形式。

关于虚开增值税专用发票罪的后果，“虚开税款数额”和“造成国家税款

---

〔1〕 参见北京市第三中级人民法院刑事判决书，(2021)京03刑初23号。

损失数额”的数额认定在该罪名的定罪量刑中发挥着非常重要的作用。其中,“虚开税款数额”是指行为人虚开增值税专用发票上所载明的税额,即应税货物的计税金额和其适用增值税税率的乘积;“造成国家税款损失数额”则是指在提起公诉前税务部门无法追回的税款数额。

2024 年 3 月 15 日,最高人民法院联合最高人民检察院共同发布了《危害税收征管刑事案件解释》,该解释对虚开增值税专用发票罪的立案追诉标准进行了调整:“虚开税款数额”从 5 万元上调为 10 万元,同时将“致使国家税款被骗数额 5 千元”直接删去。因此,根据现有法律规定,虚开增值税专用发票税款数额在 10 万元,即已经达到了公检机关立案追诉的起刑标准。

关于挂靠关系下纳税义务人的确定问题。《营改增试点实施办法》第 2 条规定:“单位以承包、承租、挂靠方式经营的,承包人、承租人、挂靠人(以下统称承包人)以发包人、出租人、被挂靠人(以下统称发包人)名义对外经营并由发包人承担相关法律责任的,以该发包人为纳税人。否则,以承包人为纳税人。”

由此可知,如果挂靠方以被挂靠方的名义,向受票方销售货物、提供增值税应税劳务或者应税服务,应以被挂靠方为纳税人。

在挂靠关系下,纳税人应如何开票的问题,根据国家税务总局《关于纳税人对外开具增值税专用发票有关问题的公告》的规定,挂靠方以挂靠形式向受票方实际销售货物、提供增值税应税劳务或者应税服务,被挂靠方向受票方开具增值税专用发票的,不属于虚开。此外,最高人民法院研究室曾在 2015 年作出的《〈关于如何认定以“挂靠”有关公司名义实施经营活动并让有关公司为自己虚开增值税专用发票行为的性质〉征求意见的复函》第 1 条也明确指出:挂靠方以挂靠形式向受票方实际销售货物,被挂靠方向受票方开具增值税专用发票的,不属于《刑法》第 205 条规定的“虚开增值税专用发票”。

因此,在挂靠关系下,如果挂靠方以被挂靠方的名义,对外销售或采购货物,可以由被挂靠方按照规定开具或接受增值税专用发票。

在挂靠关系下,容易出现开具的发票与实际经营业务情况不符的情形,因为发票显示的交易人是被挂靠方,但实际的交易参与人却是挂靠方。如何判断实际交易的参与人,即成为判定是否属于虚开行为的关键,所谓实际的交易参与人,其必须在交易中承担相应权利,并履行相应义务。

对于该问题,国家税务总局的解读是:挂靠方以被挂靠方的名义开展业务,但是挂靠方与被挂靠方约定由挂靠方负责催收货款并承担销售货物发生瑕疵的风险,被挂靠方只是在收到货款后转交给挂靠方,不承担所销售货物的风险,则实际的交易参与人仍然是挂靠方而不是被挂靠方。这种情形下如果由被挂靠方对外开具发票,仍然属于虚开。如挂靠方以被挂靠方的名义销售或采购货物,交易产生的权利和义务均由被挂靠方承担,这种情形下被挂靠方作为实际的交易参与人对外开具和接受发票,则不属于虚开。[1]

(三)挂靠关系如何认定

通过上述分析可以得知,在存在真实挂靠关系的情况下,行为人作为被挂靠方或许会开具、接受与实际经营业务情况不符的发票,如不存在其他违法行为,此种情形很可能不构成虚开。因此,在虚开增值税专用发票罪案件的辩护工作中,被告人常以相关主体之间存在挂靠关系作为一个重要的辩护要点,挂靠关系的认定将直接影响该罪的构成与否。那么,司法实务中法院是如何认定当事人之间存在挂靠关系的问题,下文通过三则真实案例进行分析。

在捷禄公司、张某鑫等虚开增值税专用发票、用于骗取出口退税、抵扣税款发票罪案[2]中,江苏省高邮市人民法院最终查明黄某与捷禄公司之间并不存在挂靠关系,进而认定捷禄公司构成虚开增值税专用发票罪,其理由如下:(1)捷禄公司与黄某之间未签订挂靠协议,且捷禄公司对于货物交易情况并不知情;(2)在黄某与受票方的交易中,无论是达成合意,还是组织供货、支付运费、结算最终货款,均由黄某实施,捷禄公司与受票方之间并没有实际业务往来;(3)捷禄公司收取票面金额6.3%~6.7%的开票费,却未将上述开票费缴至税务部门,亦无证据证明其另行缴纳相应增值税款,已经造成国家税款损失。

在该案例中,对于当事人之间是否存在挂靠关系,高邮市人民法院考量的标准具体包括当事人之间是否存在挂靠协议、是否清楚货物交易情况(判

---

〔1〕 参见国家税务总局办公厅《关于〈国家税务总局关于纳税人对外开具增值税专用发票有关问题的公告〉的解读》。

〔2〕 参见江苏省高邮市人民法院刑事判决书,(2018)苏1084刑初6号。

断实际的交易参与人)、“被挂靠方”与受票方是否存在真实交易以及是否造成国家税款损失等方面。

在清河县高峰金属有限公司、段某学等虚开增值税专用发票罪案〔1〕中,江苏省徐州市中级人民法院认为:辩护人提出董某挂靠开票单位销售货物,但是该“挂靠”关系既没有得到开票方认可,也没有挂靠协议。况且董某所缴纳的费用也不是固定的挂靠费,而是按照开票金额的点数(8.5%~10.0%)来缴纳相应的费用即开票费。尽管辩护人在二审期间提交了受票单位与开票公司之间的所谓的部分购销合同和付款凭证,但从交易本质来看,董某与受票单位发生业务,无论是组织供货、支付运费,还是货款最终结算,董某都是实际供货人,开票公司与受票单位之间实质上并没有业务往来,而是应董某的要求代开增值税专用发票。

该案例中,对于挂靠关系的认定,江苏省徐州市中级人民法院除了关注挂靠关系是否经过挂靠双方的认可,还综合考量了开票单位收取费用的性质是否为挂靠费用,以及开票单位在交易过程中有无参与组织供货、支付运费和最终费用结算。最终,法院并未采纳董某辩护人关于存在挂靠关系的辩护意见,认定董某构成虚开增值税专用发票罪。

陈某虚开增值税专用发票、用于骗取出口退税、抵扣税款发票罪案〔2〕是一起成功的无罪辩护案例。对于挂靠关系的认定,黑龙江省木兰县人民法院则是从挂靠经营模式的特点出发并结合在案证据进行判断,最终认定被告人陈某与韩某、美峰公司存在挂靠关系,即陈某的行为不构成虚开增值税专用发票罪。

法院认为,挂靠经营是指企业、合伙组织等与另一个经营主体达成依附协议,挂靠方通常以被挂靠方的名义对外从事经营活动,被挂靠方提供资质、技术、管理等方面的服务并定期向挂靠方收取一定的管理费的经营方式。挂靠经营的主要特征有三:一是借用行为;二是独立核算行为;三是临时性行为。结合在案证据,陈某、韩某与美峰公司之间的关系符合挂靠经营的特征,应认定为挂靠关系。

综合以上案例可知,各地法院虽然对于挂靠关系真实性的认定标准不

---

〔1〕 参见江苏省徐州市中级人民法院刑事裁定书,(2016)苏03刑终143号。

〔2〕 参见黑龙江省木兰县人民法院刑事判决书,(2018)黑0127刑初99号。

一，但对于挂靠关系的认定仍采用比较严格的标准，而其中挂靠方与被挂靠方之间是否存在真实的挂靠经营关系尤为重要，对此不少办案机关在办理虚开类案件时习惯性地依据书面挂靠协议进行判断。但本书认为，实务中也存在一些挂靠方与被挂靠方因法律意识淡薄而未签订书面的挂靠协议的情形，因此对于挂靠关系的判断应从交易实质出发，不能机械地依靠书面挂靠协议进行认定。

二、"对开""环开"情形是否构成增值税专用发票罪的问题解析

"对开""环开"增值税专用发票是否构成虚开增值税专用发票罪，一直是司法实务或具体个案中产生诸多争议的问题之一。所谓"对开"，即在没有真实业务交易的情况下，两家企业之间互相开具增值税专用发票；而"环开"，则是在前述"对开"的基础上，多家企业之间循环开具增值税专用发票，形成闭环。而企业之间实施上述"对开""环开"行为，往往是为了虚增营业额、扩大销售收入，制造"虚假繁荣"。

对于"对开""环开"情形是否构成虚开增值税专用发票罪，实务中存在不同的观点：一种观点认为，"对开""环开"行为既扰乱了我国税收征管秩序，也违反了关于发票开具的法律规定，因此应当构成犯罪；另一种观点则认为，"对开""环开"行为主观上并非以骗取国家税款为主观目的，客观上一般也不会造成国家税款损失，因此不应构成虚开增值税专用发票罪。

下文将通过解读一个未构成虚开增值税专用发票罪的"环开"案例，即王某团虚开增值税专用发票、用于骗取出口退税等案[1]，根据其裁判理由，分析实务中司法认定的最新变化。

（一）案情简介

该案主要涉案公司分别是某煤炭贸易公司、济南某能源公司、山东某冶金科技公司，均系有限责任公司，被告人王某某负责某煤炭贸易公司的全面工作。2012 年 12 月 21 日 ~12 月 25 日，为应付上级单位对某煤炭贸易公司的年度审计，在没有真实贸易的情况下，王某某安排三家公司签订煤炭购销合同、虚增交易流水量，在三家公司之间形成 1.0888 亿元的银行流水账，并

---

〔1〕 参见河北省高级人民法院刑事判决书，(2021)冀刑再07 号。

要求济南某能源公司为某煤炭贸易公司、某煤炭贸易公司为山东某冶金科技公司、山东某冶金科技公司为济南某能源公司虚开增值税专用发票，其中，山东某冶金科技公司为济南某能源公司虚开增值税专用发票11份，税款1582.063586万元，并在税务机关全部予以抵扣。

经办案单位调查，在无货物来源、无具体使用单位、无真实贸易的情况下，王某某为应付上级单位年度审计，安排三家公司进行了银行资金流转、循环开具增值税专用发票的行为，被认为侵犯了国家对增值税专用发票的管理制度，因此，济南市中级人民法院一审认定虚开增值税专用发票罪成立，王某某被判处有期徒刑15年。王某某不服，提起上诉。

二审山东省高级人民法院认为，王某某为掩盖其控制的某能源公司期间产生巨额亏损的事实，安排三家公司签订虚假的煤炭买卖合同，循环开具增值税专用发票，其行为已构成虚开增值税专用发票罪，应依法惩处。因此山东省高级人民法院裁定驳回上诉，维持原判。

王某某继续申诉，提供最高人民法院近年相关案例、批复和座谈会精神等证据材料，认为其不构成虚开增值税发票罪。最高人民法院经审查，认为该案不宜按虚开增值税专用发票罪定罪处罚，原判决、裁定适用法律错误，于2021年6月22日指令河北省高级人民法院再审。

2023年9月20日，再审法院认定王某某的行为不具有骗取国家税款目的，也未给国家税收造成损失，作出终审判决，撤销山东省高级人民法院刑事裁定和济南市中级人民法院初审判决，判决王某某无罪。

（二）争议焦点

该案的争议焦点在于：主观目的并非骗取国家税款、客观结果也未造成国家税款损失的虚开行为是否构成虚开增值税专用发票罪。

（三）案件评析

本书认为，该案在不同审判阶段出现的截然不同的审判结果，说明虚开增值税专用发票罪在司法实践中的认定正在发生变化：

第一，从再审法院与一审、二审法院的不同裁判观点来看，该案的核心争议焦点在于，主观目的并非骗取国家税款、客观结果也未造成国家税款损失的虚开行为，是否仍构成虚开增值税专用发票罪。一审、二审法院均认为虚开增值税专用发票罪所保护的法益系增值税专用发票的管理制度，因此王某某的虚开行为因为侵害该法益而构成犯罪。但再审法院认为，虚开增值税专用发票罪的危害实质在于通过虚开行为骗取抵扣税款。

第二，司法实践中对于虚开增值税专用发票罪的认定开始从“行为犯”向“结果犯”演变。在无真实货物购销交易的情况下，循环开具增值税专用发票并均已进行进项税额抵扣，按规定向主管税务机关进行了纳税申报，整个流程环开环抵、闭环抵扣，未造成国家税款的流失。行为人不以骗取国家税款为目的，没有套取国家税款的行为和主观故意，不符合虚开增值税专用发票罪的构成要件，不宜以虚开增值税专用发票罪定罪量刑。

第三，随着经济交易的复杂化、经济行为目的的多样化，有相当部分虚开行为的目的已不是骗取国家税款，且有些虚开行为并未给国家税款造成损失，这与为骗取抵扣增值税税款的虚开行为在社会危害性上有显著不同，超出了虚开增值税专用发票罪的立法目的，如开票公司之间的销项税与进项税持平，不存在导致国家税款损失的后果，也不会因此侵犯刑法所保护的相应社会关系，该行为不具有社会危害性，则不应以刑事手段进行规制。

第四，随着社会经济的发展及国家税收征管水平的提升，立法与司法实践亦与时俱进。《危害税收征管刑事案件解释》第 10 条第 2 款列举了不构成刑事犯罪的虚开行为类型。此举进一步体现，最高人民法院逐渐趋于将“造成税款被骗损失”这一后果也作为虚开增值税专用发票罪的定罪要件，这也契合该案中再审法院的裁判观点。

上述司法解释明确了不以骗抵税款为目的，没有因抵扣造成税款被骗损失的，不以虚开增值税专用发票罪论处，但虚开发票仍属违法行为，即便不被追究刑事责任，也需要承担相应的行政责任。任何开具与实际经营业务情况不符的发票均属于虚开发票行为，都构成行政违法，任何单位和个人如有违法，将可能面临被处以没收违法所得、罚款的行政处罚风险。

三、善意取得虚开增值税专用发票并抵扣的行为是否构成犯罪

众所周知，虚开增值税专用发票是常见的涉税违法行为之一，实务中，许多公司在交易中，如果其上游企业开具的增值税专用发票被认定为“虚开”，则其作为下游受票企业大概率会被税务机关要求进行进项税额转出，从而补缴税款，加收滞金，甚至被处以处罚。

案件发生后，善意取得被许多企业经常用来进行辩解，但是根据国家税务总局《关于纳税人善意取得虚开的增值税专用发票处理问题的通知》的规定，善意取得虚开增值税专用发票应符合以下条件：(1)购货方与销售方存在真实的交易；(2)销售方使用的是其所在省(自治区、直辖市和计划单列市)的专用发票；(3)专用发票注明的销售方名称、印章、货物数量、金额及税额等全部内容与实际相符；(4)没有证据表明购货方知道销售方提供的专用发票是以非法手段获得的。

除以上条件，在实践中税务机关还将结合交易双方是否存在资金回流、是否存在支付"手续费"的情况综合进行判断。那么，如果下游企业直接将善意取得的增值税专用发票进行抵扣，是否构成虚开增值税专用发票罪？在王某宽、王某祥虚开增值税专用发票、用于骗取出口退税、抵扣税款发票二审[1]案中，审理案件的法院认为不构成犯罪。

2014年4月~2015年7月，被告人王某宽、王某祥、崔某为非法牟利，利用购买的卓某公司和晟源公司并以该两公司的名义，为他人虚开或者让他人为自己虚开增值税专用发票，并均已抵扣税款。

2014年11月和2015年2月间，被告人王某某(顺昌公司法定代表人)通过被告人张某1(在逃)让被告人崔某以卓某公司的名义向顺昌公司虚开增值税专用发票9份，金额787,251.29元，税额133,832.71元，价税合计921,084元。案发后，该公司已补缴了抵扣的税款。后王某某主动到公安机关投案并均如实供述了公诉机关指控的犯罪事实。

一审法院认为，王某某违反国家税收征管和发票管理规定，虚开增值税专用发票，骗取抵扣税款，其行为已构成虚开增值税专用发票罪。王某某主动到公安机关投案，如实供述自己的犯罪事实或者主要犯罪事实，系自首。在共同犯罪过程中，王某某起次要辅助作用，均系从犯，且均有悔罪表现，依法应从轻处罚。判处王某某犯虚开增值税专用发票罪，判处有期徒刑6个月，缓刑1年，并处罚金5万元。

一审判决宣判后，同案被告人上诉，公诉机关抗诉。

经查明，二审法院认为，原审被告人王某某虽未提出上诉，但根据《刑事诉讼法》第233条的规定，经全面审理该案，根据国家税务总局《关于纳税人

---

[1] 参见河北省衡水市中级人民法院刑事判决书，(2018)冀11刑终229号。

善意取得虚开的增值税专用发票处理问题的通知》规定，购货方王某某与销售方张某1存在真实货物交易，销售方开具发票的货物数量、金额及税额等全部内容与实际相符，且没有证据表明购货方知道销售方提供的专用发票是以非法手段所获得，对购货方不以偷税或者骗取出口退税罪论处。所以，卷宗证据显示，原审被告人王某某不具备该罪的主观特征，其行为不构成虚开增值税专用发票罪。

最终，二审法院撤销该案一审关于王某某的有罪判决，宣告原审被告人王某某无罪。

在该案中，二审法院之所以改判王某某不构成虚开增值税专用发票罪，首先是查明了王某某并不知晓其所获得的增值税专用发票系非法取得，主观上为善意且无过错，即属于前文所述的善意取得增值税专用发票，因此其抵扣行为不构成虚开增值税专用发票罪。

由此可见，企业取得虚开增值税专用发票存在诸多隐患。那么，公司如何防范上述案件中的违法风险？本书认为，应从以下四个方面着手：

第一，日常经营活动中，公司应当提高税法认知水平，正确认识虚开增值税专用发票行为的违法严重性，守法经营，杜绝虚开增值税专用发票的行为。

第二，对于交易中的下游企业尤其是采购企业，应当加强对上游供应商以及日常中接受、使用增值税发票的管理，在交易前应加强对供应商资信状况和业务流程的了解，妥善保存货物/服务交易真实性的完整资料（包括但不限于购销/服务合同、货物运输单、付款凭证、货物自用或出售的资料、购销双方业务人员交易过程的沟通记录等）。

第三，公司如发现获取的增值税专用发票不合规，或不符合实际业务情况，应当第一时间联系交易对手换开、补开增值税专用发票，重新获取符合法律规定的发票。

第四，如无法重新获取合法的增值税专用发票，则应首先对已抵扣的虚开发票作进项税额转出处理，并及时保存好双方存在真实交易的完整资料，在应对税务机关的稽查中，争取“善意取得”的认定，避免承担滞纳金、罚款甚至涉及刑事责任的后果。

四、有货交易下以他人名义开具增值税专用发票是否构成犯罪

有货交易下以他人名义开具增值税专用发票,又称“有货代开”,是指在存在真实交易的情况下据实代开发票,即受票方与供货方虽然存在真实交易,但因供货方无法开具增值税专用发票而委托代开方代开与真实交易一致的发票。“有货代开”的行为违反了《增值税暂行条例》等行政法规的规定,具有行政违法性,但该种情形是否构成犯罪在实务中一直存在争议。

一种观点认为,“有货代开”的开票人与受票人之间不存在真实交易,代开发票的行为不仅扰乱了我国税收征收管理秩序,也违反了《发票管理办法》第 21 条关于开具发票应当如实开具,且不得开具与实际经营业务情况不符发票的规定,因此,代开发票的行为应认定为犯罪行为进行处罚;另一种观点认为,“有货代开”的受票人其本身有货,因而其受票行为不会给国家税款造成损失,所以其行为不能认定为虚开。在受票人并没有造成国家税款损失的情况下,这种虚开行为亦不能以虚开增值税专用发票罪论处。

对上述争议,最高人民法院研究室曾在 2015 年《〈关于如何认定以“挂靠”有关公司名义实施经营活动并让有关公司为自己虚开增值税专用发票行为的性质〉征求意见的复函》中作出过回应:行为人利用他人的名义从事经营活动,并以他人名义开具增值税专用发票的,即便行为人与该他人之间不存在挂靠关系,但如行为人进行了实际的经营活动,主观上并无骗取抵扣税款的故意,客观上也未造成国家增值税款损失的,不宜认定为《刑法》第 205 条规定的“虚开增值税专用发票”;符合逃税罪等其他犯罪构成条件的,可以其他犯罪论处。此外,在最高人民法院典型案例之张某强虚开增值税专用发票案[1]的刑事裁定书中,对于被告人张某强以其他单位名义开具增值税专用发票的行为,最终法院认为其不构成犯罪。

2004 年,被告人张某强与他人合伙成立个体企业某龙骨厂,张某强负责生产经营活动。因某龙骨厂系小规模纳税人,无法为购货单位开具增值税专用发票,张某强遂以他人开办的 A 公司名义对外签订销售合同。2006 ~ 2007 年,张某强先后与 6 家公司签订轻钢龙骨销售合同,购货单位均将货款汇入 A 公司账户,A 公司并为上述 6 家公司开具增值税专用发票共计 53

---

〔1〕 参见最高人民法院刑事裁定书,(2016)最高法刑核 51732773 号。

张,价税合计4,457,701.36元,税额647,700.18元。基于以上事实,某州市人民检察院指控被告人张某强犯虚开增值税专用发票罪。

某州市人民法院一审认定被告人张某强构成虚开增值税专用发票罪,在法定刑以下判处张某强有期徒刑3年,缓刑5年,并处罚金5万元。张某强在法定期限内没有上诉,检察院未抗诉。某州市人民法院依法逐级报请最高人民法院核准。

最高人民法院经复核认为,被告人张某强以其他单位名义对外签订销售合同,由该单位收取货款、开具增值税专用发票,不具有骗取国家税款的目的,未造成国家税款损失,其行为不构成虚开增值税专用发票罪,某州市人民法院认定张某强构成虚开增值税专用发票罪属适用法律错误。据此,最高人民法院裁定:不核准并撤销某州市人民法院一审刑事判决,将该案发回重审。该案经某州市人民法院重审后,依法宣告张某强无罪。

由此可见,司法实践中法院渐趋于认为"有货代开"行为不构成犯罪。《危害税收征管刑事案件解释》第10条第1款对于虚开行为的定义进行了调整,删除了"有货代开"情形,但这是否意味着所有"有货代开"情形以后均不再被认定为犯罪行为,社会各界对此有不同观点,此问题仍有待后续实务论证,毕竟该解释第10条还新增了"违反规定以其他手段虚开"的兜底条款。

此外,本书注意到,人民法院案例库于2024年3月公布了一则"无货虚开"案例,即夏某虚开增值税专用发票案——有真实交易代开行为与无真实交易虚开行为的区分案[1],应注意"有货代开"与"无货虚开"行为的区分。

2012年2月~2013年4月,被告人夏某作为某建材公司实际经营人,为抵扣税款,在与某石油化工公司无真实货物交易的情况下,与实际欲从某石油化工公司购油的王某、宋某商定,由王某、宋某以某建材公司名义向某石油化工公司采购燃料油。为体现公对公转账,王某、宋某将购油款转至某建材公司公户,某建材公司再将购油款转至某石油化工公司。后某石油化工公司向某建材公司开具增值税专用发票,王某、宋某将增值税专用发票交给夏某,夏某用于公司抵扣税款,并向王某、宋某支付价税合计3%的开票费,王某、宋某从某石油化工公司运走燃料油后销售。夏某通过上述手段让他

〔1〕 参见山东省滨州市中级人民法院刑事裁定书,(2023)鲁16刑终5号。

人为自己虚开增值税专用发票13份,虚开发票税额共计31.628178万元,并已认证抵扣。

法院认为,某建材公司未实际采购柴油,借他人采购柴油之机,由王某、宋某将购油款经某建材公司转至某石油化工公司,某石油化工公司向某建材公司开具增值税专用发票,某建材公司支付王某、宋某开票费。上述过程中,某石油化工公司实际销售柴油,有真实货物交易,但某建材公司与王某、宋某或某石油化工公司均无实际货物交易,仅以支付开票费、虚假走账的方式非法获取某石油化工公司开具的增值税专用发票,用于抵扣某建材公司其他经营活动应缴纳的销项税款,造成国家税款损失;被告人夏某作为某建材公司法定代表人,直接联系王某等人实施虚开发票行为并抵扣公司税款,其行为构成虚开增值税专用发票罪。

由此可见,在“无货虚开”的情况下,行为人在让他人开票环节并没有对应的真实交易,也没有缴纳进项增值税,此时让他人为自己虚开增值税专用发票用于抵扣销项税具有骗取国家税款的目的,客观上也造成了国家税款损失,因此与上述“有货代开”情形有明显区别。

第九章 虚开发票罪

在当今社会,税收是国家财政收入的重要来源,而发票作为交易的重要凭证,对于确保税收的合法性和公平性具有不可替代的作用。然而,近年来,虚开发票的行为屡见不鲜,它不仅严重破坏了税收征管秩序,损害了国家的税收利益,还对社会经济秩序造成了较大的危害。因此,对虚开发票罪进行研究探讨具有重要的现实意义和理论价值。本章将围绕虚开发票罪的相关内容展开,对虚开发票罪的立法沿革、犯罪构成要件以及司法裁判现状进行梳理,并结合实务案例对虚开发票罪的常见实务争议问题进行研究探讨。

第一节 历史沿革与现状

一、虚开发票罪的历史沿革

虚开发票罪作为现代经济犯罪的一种重要形式,其起源与增值税制度的建立紧密相连。1993 年,我国正式建立了增值税制度,这一制度的实施标志着我国税收体系的现代化进程迈出了重要一步。增值税,作为一种流转税,其计税基础是商品和劳务在流转过程中产生的增值额,这一制度的初衷是实现税收公平,促进经济发展。

在增值税制度的实际运行过程中,一些问题逐渐浮现。发票作为计算增值额的关键凭证,其真实性、合法性对于税收征管至关重要。然而,一些企业或个人为了牟取不正当利益,开始利用虚开发票等手段来规避税收监管。这些行为不仅破坏了税收秩序,也严重损害了国家和社会的经济利益。

面对虚开发票行为的日益猖獗,我国开始加强立法和司法工作,对这一违法行为进行严厉打击。在20世纪90年代以前,我国主要对虚报行为采用行政处分的方式进行处理。然而,这种方式并未有效遏制虚开发票行为的蔓延。

1994年,我国实行税制改革,进一步推行增值税制度。在这一背景下,增值税专用发票成为计征增值税的重要依据和抵扣税款的凭证。为了规范增值税专用发票的管理和使用,同年6月3日,最高人民法院、最高人民检察院联合发布了《关于办理伪造、倒卖、盗窃发票刑事案件适用法律的规定》(法发〔1994〕12号、高检会〔1994〕25号,已失效)。这一规定首次以司法解释性质文件的方式明确了虚开增值税专用发票行为的法律责任,将其纳入刑事犯罪的范畴。

随后,1995年全国人大常委会通过了《惩治增值税专用发票犯罪的决定》(部分失效)。该决定明确规定了虚开增值税专用发票行为的处罚措施,包括有期徒刑、拘役、罚金等。这一决定的出台标志着我国对虚开发票罪的初步立法工作基本完成,为后续的司法实践提供了有力的法律依据。

在司法实践方面,各级法院和检察院积极履行职责,依法审理和查处了一批虚开发票犯罪案件。这些案件的审理不仅彰显了法律的威严,也起到了震慑犯罪分子的作用。同时,司法机关还注重总结经验,不断完善办案机制,提高办案效率和质量。

随着税收制度的不断完善和经济发展,虚开发票罪的形式和手段也在不断翻新。为了应对这些新情况、新问题,我国政府又陆续出台了一系列相关法律法规。例如,《税收征收管理法》及其实施细则、《发票管理办法》等,都对虚开发票行为进行了明确的规定和处罚。

2011年2月25日,全国人大常委会颁布了《刑法修正案(八)》,增加第205条之一:"虚开本法第二百零五条规定以外的其他发票,情节严重的,处二年以下有期徒刑、拘役或者管制,并处罚金;情节特别严重的,处二年以上七年以下有期徒刑,并处罚金。单位犯前款罪的,对单位判处罚金,并对其直接负责的主管人员和其他直接责任人员,依照前款的规定处罚。"

从司法实践的视角来看,2011 年《刑法修正案(八)》的出台对虚开发票罪的定罪量刑产生了深远影响。该修正案细化了虚开发票罪的法律条款,明确了更多犯罪情形,并相应增加了处罚种类和力度。这样的修改不仅增强了法律的针对性和可操作性,使虚开发票罪的法律规定更加完善、科学,而且为司法实践提供了更加明确、具体的指导。

2024 年 3 月 15 日,最高人民法院、最高人民检察院联合发布了《危害税收征管刑事案件解释》,第 13 条规定了虚开发票"情节严重"和"情节特别严重"的情形。

此前,对于虚开发票罪中"情节特别严重"的具体情形缺乏明确的法律条文,导致在司法实践中,法院在量刑时缺乏可操作性的标准,难以准确界定何种行为应被判处 2 年以上 7 年以下有期徒刑。《危害税收征管刑事案件解释》对虚开发票的票面金额进行了具体的规定,从而为法院提供了明确的量刑依据,使法官在裁判时能够更加有章可循。

此外,为了加强与国际社会的合作,共同打击涉税违法犯罪活动,我国政府还积极参与国际税收征管合作,与其他国家签订双边或多边合作协议,开展联合执法行动等。这些举措不仅有助于维护我国税收主权,也有助于推动全球税收治理体系的完善和发展。

二、虚开发票罪的现状

虚开发票罪的犯罪形态多种多样,按照《危害税收征管刑事案件解释》第 12 条的规定,主要包括以下几种情形:(1)没有实际业务而为他人、为自己、让他人为自己、介绍他人开具发票的;(2)有实际业务,但为他人、为自己、让他人为自己、介绍他人开具与实际业务的货物品名、服务名称、货物数量、金额等不符的发票的;(3)非法篡改发票相关电子信息的;(4)违反规定以其他手段虚开的。

为确保税收征管秩序和经济运行的稳健,我国对虚开发票罪的打击采取了多管齐下的策略。在税务领域,税务机关通过实施更为严格的税收监管措施和提升信息化水平,有效地识别和降低了虚开发票行为的发生概率。在司法层面,司法机关强化了执法行动,提升了办案效率,对涉嫌虚开发票的犯罪行为给予了坚决且迅速的打击。

虚开发票罪，作为破坏税收监管和经济健康的一大经济犯罪类型，对税收征管秩序及整体经济运行构成了严重威胁。在司法一线，本书切实见证了我国政府在惩处和遏制此类犯罪活动中所展现出的坚定决心及其显著成果。尽管如此，面对快速变化的经济环境和日趋复杂的税收制度，在处理虚开发票案件时仍遭遇诸多挑战与难题。

为了有效应对这些挑战，保障税收征管秩序和经济秩序的持续稳定，有必要持续强化相关刑事法规的构建与完善工作。这包括但不限于提升司法实践中对虚开发票行为的认定标准，加大对此类犯罪行为的打击力度，以及优化案件审理流程，确保法律的威慑力和执行力得到充分发挥。

第二节　法律释义与构成要件

一、虚开发票罪的法律释义

（一）刑法条文

《刑法》第 205 条之一规定："虚开本法第二百零五条规定以外的其他发票，情节严重的，处二年以下有期徒刑、拘役或者管制，并处罚金；情节特别严重的，处二年以上七年以下有期徒刑，并处罚金。单位犯前款罪的，对单位判处罚金，并对其直接负责的主管人员和其他直接责任人员，依照前款的规定处罚。"

最高人民法院、最高人民检察院于 2024 年发布的《危害税收征管刑事案件解释》第 13 条规定："具有下列情形之一的，应当认定为刑法第二百零五条之一第一款规定的'情节严重'：（一）虚开发票票面金额五十万元以上的；（二）虚开发票一百份以上且票面金额三十万元以上的；（三）五年内因虚开发票受过刑事处罚或者二次以上行政处罚，又虚开发票，票面金额达到第一、二项规定的标准 60% 以上的。具有下列情形之一的，应当认定为刑法第二百零五条之一第一款规定的'情节特别严重'：（一）虚开发票票面金额二百五十万元以上的；（二）虚开发票五百份以上且票面金额一百五十万元以上的；（三）五年内因虚开发票受过刑事处罚或者二次以上行政处罚，又虚开发票，票面金额达到第一、二项规定的标准 60% 以上的。以伪造的发票进行虚开,达到本条第一款规定的标准的,应当以虚开发票罪追究刑事责任。”

（二）相关释义

从罪名表述和体系位置来看,虚开发票罪中的“虚开”行为应与虚开增值税专用发票罪中的“虚开”行为作同一解释,虚开增值税专用发票罪中的“虚开”行为也包括为他人虚开、为自己虚开、让他人为自己虚开、介绍他人虚开四个类型。虚开发票罪与虚开增值税专用发票罪紧密相关,只是在规制对象和刑罚力度上存在差异,行为模式大体上是一致的。《发票管理办法》第21条也将虚开发票规定为“为他人、为自己、让他人为自己、介绍他人开具”四种方式,该办法是虚开发票罪的前置性行政法规,其规定的行为模式对虚开发票罪的认定有参照意义。从体系解释来看,无论是虚开发票罪还是虚开增值税专用发票罪,虚开行为的解释都应保持一致性。

虚开发票罪中的犯罪对象一般为普通发票,即除增值税专用发票和用于骗取出口退税、抵扣税款的发票之外的其他发票。虚开发票罪被设置在《刑法》第205条之一,与第205条规定的虚开增值税专用发票罪相呼应,两个罪名的条文表述都是犯罪对象和行为后果。犯罪对象的不同是区分虚开发票罪和虚开增值税专用发票罪最显著的特征,增值税专用发票的本质特征在于能够抵扣税款,其他普通发票不具备这项功能。行为人虚开增值税专用发票造成国家税收款项的损失,对虚开增值税专用发票罪的量刑处罚更重。

但是,应当注意的是,虚开增值税专用发票的行为也可能会构成虚开发票罪。《危害税收征管刑事案件解释》第10条第2款明确了即使虚开了增值税专用发票,但出于虚增业绩、融资、贷款等不以骗抵税款为目的,没有因抵扣造成税款被骗损失的,不以虚开增值税专用发票罪论处。虚开增值税专用发票罪虚开行为的界定,要结合行为人的主观目的进行认定。若行为人不以骗抵税款为目的,则可能构成虚开发票罪。虚开发票罪中的“刑法第二百零五条规定以外”属于界限要素,而不是真正的构成要件要素。凡是虚开发票的行为,均符合虚开发票罪的构成要件,因而可能构成虚开发票罪。虚开发票罪与虚开增值税专用发票罪是普通法条与特别法条的关系,特别法条规定的行为当然符合普通法条规定的构成要件。例如,行为人以为是普通发票而虚开,但客观上虚开的是增值税专用发票的,应认定为虚开发票罪;行为人以为是增值税专用发票而虚开,但客观上虚开的是普通发票的,也应认定为虚开发票罪。再如,行为人虚开增值税专用发票或者虚开用于骗取出口退税、抵扣税款的发票,但并不骗取、抵扣税款的,也应认定为虚开发票罪。

二、虚开发票罪的犯罪构成要件

虚开发票罪规定了“情节严重”的要素,是构成犯罪的入罪门槛,也是成立犯罪的必备要件,在“量”上评价虚开发票罪的社会危害性。《刑事案件立案追诉标准(二)》第 57 条对虚开发票罪的入罪门槛作出规定,具备三种情形之一的,属于情节严重,应当立案追诉:(1)虚开发票金额累计在 50 万元以上的;(2)虚开发票 100 份以上且票面金额在 30 万元以上的;(3)5 年内因虚开发票受过刑事处罚或者 2 次以上行政处罚,又虚开发票,数额达到第 1 项、第 2 项标准 60% 以上的。《危害税收征管刑事案件解释》再次明确前述的入罪标准,并对虚开行为、情节特别严重的标准作出规定。

虚开发票罪侵犯的法益是国家的发票管理秩序和税收管理秩序。虚开发票罪属于行政犯,以违反前置性行政法规为必要成立条件,同时具备行政违法性和刑事不法性。虚开行为既侵害发票管理秩序,也可能侵害其背后的实体法益。虚开发票的行为一经实施,必然侵害国家对发票的管理秩序,只有虚开行为构成“情节严重”时,虚开发票的行为侵害了国家税收管理秩序,具备刑事不法性。否则,虚开行为达不到“情节严重”的标准,应由行政法评价虚开发票的行为,构成出罪。

虚开发票罪的客观方面表现为虚开除增值税专用发票、用于骗取出口退税、抵扣税款发票之外的其他发票,情节严重的行为。通常情况下,虚开发票或者非法获得虚开发票的行为人,一方为了牟取手续费、开票费等非法利益,另一方则通过虚开的发票获得非法的经济利益或其他利益。实践中常见的情形有:公司虚开发票将其作为采购凭据在利润中扣除,以偷逃企业所得税;企业员工虚开发票谎报差旅费、劳务费等侵占公款等。介绍他人虚开发票的自然人和单位也很常见,介绍者将虚开者与使用者连接,促成虚开行为,介绍者作为共犯处罚。

虚开发票罪的主体为一般主体,自然人和单位均可能构成该罪。我国刑法以双罚制为原则,单位构成虚开发票罪的,作为单位直接责任人员的个人依法承担单位的犯罪责任。个人同时又实施虚开发票罪的,应当分别认定个人和单位的犯罪,分别量刑,不能将个人和单位犯罪金额直接累积去认定虚开发票罪的犯罪数额,应以数罪并罚的原则加以处罚。

虚开发票罪在主观方面表现为故意,即行为人明知虚开发票会破坏国家对发票的管理秩序,仍然开具或者要求他人开具发票。需要注意的是,以牟利为目的并不是虚开发票罪主观上的必要条件,不管行为人是出于牟利的目的还是其他目的,只要存在虚开发票的故意行为,且达到了刑事案件立案追诉标准的,就可以构成虚开发票罪。

第三节　司法实践的裁判现状

一、虚开发票罪的基本概况

近年来,年虚开发票罪案件的司法裁判主要依据《刑法》第 205 条之一,以及最高人民检察院、公安部《关于公安机关管辖的刑事案件立案追诉标准的规定(二)的补充规定》(以下简称《刑事案件立案追诉标准(二)的补充规定》,已失效)等法律法规的规定。虚开发票罪是 2011 年 5 月 1 日施行的《刑法修正案(八)》增设的罪名,通过在 Alpha 网站的“案例”→“裁判结果”处搜索关键词“虚开发票罪”,共检索到 2012 年 1 月 1 日 ~2024 年 12 月 31 日的相关裁判文书 4724 篇。

(一)“虚开发票罪”裁判文书数量的变化趋势

2012 ~2024 年“虚开发票罪”裁判文书数量的发展趋势如图 9 -1 所示,从 2014 年开始,与该罪相关的裁判文书数量开始上升,直至 2020 年数量达到最高值,自 2021 年开始断崖式下跌,相关裁判文书数量在 2021 年开始骤减可能有受新冠疫情影响的原因,也有可能受到裁判文书公开率降低的影响。

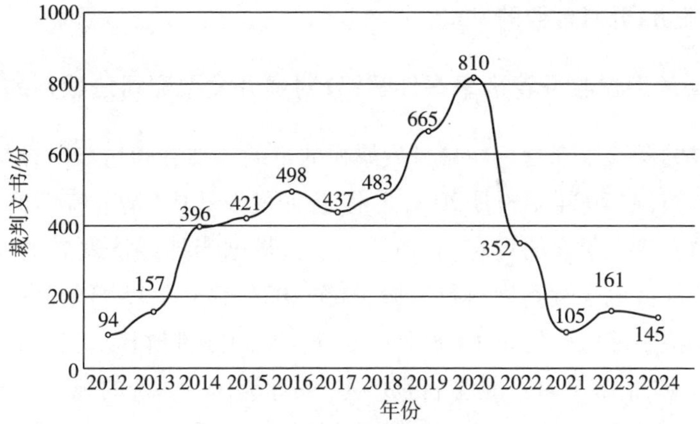

图 9－1　2012～2024 年"虚开发票罪"裁判文书数量变化趋势

（二）"虚开发票罪"所涉行业分布状况

"虚开发票罪"所涉行业分布情况如图 9－2 所示，主要集中在建筑业、制造业、房地产业、租赁和商务服务业、批发和零售业等行业，其中建筑业和房地产业主要是由于项目规模大、周期长、参与方众多，容易成为虚开发票的重灾区，在材料采购环节，少数建筑企业或房地产公司可能会与材料供应商勾结，虚开材料发票，如采取夸大材料的数量和价格、虚构采购交易等方式来增加成本。

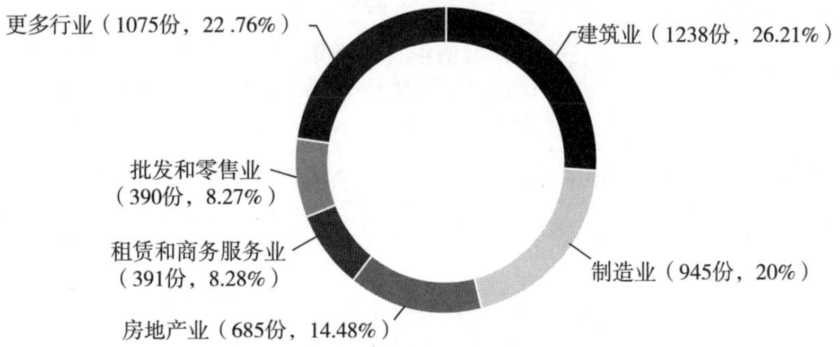

图 9－2　2012～2024 年"虚开发票罪"裁判文书所涉行业分布状况

而批发和零售业主要集中在大宗商品贸易中，因交易金额大、交易频率高，发票的开具和管理较为复杂。在贸易过程中，货物的运输、仓储、检验等环节都可能存在信息不透明的情况，如通过伪造交易合同、物流凭证等手段，虚构业务，开具虚假的发票。

二、《危害税收征管刑事案件解释》对虚开发票罪司法裁判的影响

《刑法》第205条之一将虚开发票罪的量刑标准分为情节严重与情节特别严重两档，在2024年3月20日之前，虚开发票罪中"情节特别严重"的具体标准没有统一明确的规定，各地法院往往根据当地经济发展情况以及虚开发票的社会危害性程度自行掌握，直至2024年3月15日最高人民法院、最高人民检察院联合发布了《危害税收征管刑事案件解释》，其中第13条对虚开发票罪"情节严重""情节特别严重"的标准作了明确的规定。该解释的施行对虚开发票罪在未来司法裁判中的量刑和追诉时效有重大影响。

（一）对量刑的影响

《危害税收征管刑事案件解释》出台前，我国没有司法解释明确规定虚开发票罪中"情节特别严重"的情形，导致各地法院在判决中对"情节特别严重"的描述各异。本书搜索了近年来各地法院对"虚开发票罪"这一刑事案由的案件中关于"情节特别/情节严重"的裁判结果，如表9-1所示。

表9-1 部分"虚开发票罪"判决书中关于"情节特别/情节严重"及刑期统计

审理法院	案号	情节特别/情节严重情形描述	刑期
上海市宝山区人民法院	(2021)沪0113刑初736号	虚开增值税普通发票18,651份，票面金额合计25亿余元	犯虚开发票罪，判处有期徒刑2年3个月至6年不等，并处罚金1万元至30万元不等
深圳市龙岗区人民法院	(2020)粤0307刑初2885号	虚开发票177份，金额10,474,756.02元	犯虚开发票罪，判处有期徒刑1年2个月，并处罚金5000元
深圳市龙华区人民法院	(2020)粤0309刑初1202号	虚开普通发票5667份，金额累计37,246,378.50元	黎某：主犯，犯虚开发票罪，判处有期徒刑1年，并处罚金10万元； 卓某：从犯，犯虚开发票罪，判处有期徒刑10个月，并处罚金3万元
惠州市惠城区人民法院	(2020)粤1302刑初41号	虚开增值税普通发票共577份，票面金额共34,424,483.05元	犯虚开发票罪，判处有期徒刑2年，并处罚金10万元

续表

审理法院	案号	情节特别/情节严重情形描述	刑期
湘潭市岳塘区人民法院	(2020)湘0304刑初246号	虚开增值税普通发票共320份,发票金额共30,739,915.61元	犯虚开发票罪,有期徒刑3年,缓刑4年,并处罚金5万元
舟山市普陀区人民法院	(2019)浙0903刑初292号	虚开发票52份,票面金额共计6,501,373.60元	被告单位:犯虚开发票罪,判处罚金10万元; 被告人:犯虚开发票罪,判处有期徒刑2年,缓刑2年6个月,并处罚金5万元
遵义市播州区人民法院	(2020)黔0321刑初414号	虚开的发票共22份,价税合计1200万元	文某:犯虚开发票罪,判处有期徒刑1年2个月,并处罚金5万元; 邱某:犯虚开发票罪,判处有期徒刑10个月,并处罚金2万元
重庆市荣昌区人民法院	(2019)渝0153刑初376号	卢某、张某虚开发票金额达3000万元以上系情节特别严重;罗某虚开发票金额为334万余元系情节严重	卢某、张某:从犯,犯虚开发票罪,判处有期徒刑1年10个月及1年6个月,并处罚金5万元及4万元; 罗某:从犯,犯虚开发票罪,判处有期徒刑11个月,并处罚金2万元
北京市房山区人民法院	(2020)京0111刑初162号	虚开发票2100余份,金额达8500余万元	王某阳:主犯,犯虚开发票罪,判处有期徒刑2年3个月,并处罚金2.5万元; 王某东:从犯,犯虚开发票罪,判处有期徒刑1年6个月,并处罚金1.5万元
濮阳市华龙区人民法院	(2020)豫0902刑初619号	虚开发票379份,金额累计近1.8亿元	被告单位:犯虚开发票罪,判处罚金20万元; 被告人:犯虚开发票罪,判处有期徒刑3年,缓刑4年,并处罚金10万元
天津市北辰区人民法院	(2019)津0113刑初805号	虚开增值税普通发票金额为3666.802908万元	犯虚开发票罪,判处有期徒刑2年6个月,并处罚金30万元

续表

审理法院	案号	情节特别/情节严重情形描述	刑期
深圳市福田区人民法院	(2019)粤0304刑初83号	对外开具增值税普通发票7295张,金额210,610,312.40元,税额6,340,097.56元	犯虚开发票罪,判处有期徒刑2年至1年6个月不等,并处罚金10万元至5万元不等
湛江市麻章区人民法院	(2016)粤0811刑初141号	虚开发票金额合计151,997,560元	犯虚开发票罪,判处有期徒刑4年6个月,并处罚金20万元
河池市宜州区人民法院	(2018)桂1281刑初327号	虚开增值税普通发票2350份,价税金额合计165,326,089.87元	詹某:主犯,犯虚开发票罪,判处有期徒刑4年,并处罚金23万元; 张某:从犯,犯虚开发票罪,判处有期徒刑3年6个月,并处罚金18.5万元
巴东县人民法院	(2017)鄂2823刑初66号	虚开发票金额共计16,319.9378万元	犯虚开发票罪,判处有期徒刑2年4个月,并处罚金10万元
佛山市顺德区人民法院	(2014)佛顺法刑初字第431号	票面金额共计5,099,895元	现阶段我国没有法律明确规定虚开发票罪情节特别严重的情形,依照罪刑法定的原则,不宜认定被告人虚开发票的行为构成情节特别严重。犯虚开发票罪,判处有期徒刑2年,缓刑3,并处罚金2万元

因最高人民检察院、公安部《刑事案件立案追诉标准(二)的补充规定》(已失效)对虚开发票罪“情节严重”进行了解释,其标准之一是“虚开发票一百份以上或者虚开金额累计在四十万元以上”,而“情节特别严重”在没有明确的司法解释之前,各地法院大多都以超过“情节严重”标准的一定倍数来认定“情节特别严重”,但关于适用倍数的标准,各地法院在认定上存在较大差异,有的是5倍,有的是10倍,甚至以20倍或上千万元来确定。“情节特别严重”的认定因缺乏法律依据,大多法院以有利于被告人原则,轻易都不判定为虚开发票罪“情节特别严重”的情形,从表9-1中的判决可见,虚开发票金额在1000万元以内的刑罚在有期徒刑2年以上的情况不多。

《危害税收征管刑事案件解释》的出台明确了虚开发票罪"情节特别严重"的标准,统一适用标准后能避免各地法院因适用标准不同而作出同案不同判的情形。同时,也因"情节特别严重"的门槛设定较之前判决的标准偏低,对于现有一审未完结的案件,会适用《危害税收征管刑事案件解释》中"情节特别严重"的标准进行量刑,可见未来虚开发票罪中"情节特别严重"的司法判决会有一个增长期。

（二）对追诉时效的影响

《刑法》第 87 条规定:"犯罪经过下列期限不再追诉:(一)法定最高刑为不满五年有期徒刑的,经过五年;(二)法定最高刑为五年以上不满十年有期徒刑的,经过十年;(三)法定最高刑为十年以上有期徒刑的,经过十五年;(四)法定最高刑为无期徒刑、死刑的,经过二十年。如果二十年以后认为必须追诉的,须报请最高人民检察院核准。"

上述规定再结合《刑法》第 205 条之一对虚开发票罪的规定,可推算出虚开发票罪的追诉时效有两个期间:情节严重的,追诉期为 5 年;情节特别严重的,追诉期为 10 年。《危害税收征管刑事案件解释》对虚开发票罪定罪量刑标准的明确,会导致某些原来已过或者将过追诉期限的案件,因该解释的生效而又处于追诉期限内。

例如,国家税务总局莆田市税务局于 2020 年 12 月 7 日在官网上公布的莆田市某林医药科技有限公司虚开普通发票案[1]中,该公司在 2017 年 10 月 23 日至 2019 年 7 月 8 日,使用虚假的生产经营地址注册空壳公司、走逃(失联)不配合税务部门检查,在无实际生产经营、与受票单位间不存在真实业务交易的情况下,虚构业务为广东某羽医药发展有限公司、福建某天生物药业有限公司、江西某美药业有限公司、某民药业集团股份有限公司、广东某羽医药发展有限公司、深圳市某某素医疗技术开发有限公司、成都某特药业有限公司、华某某某(某安)药业有限公司等单位开具增值税普通发票,开具增值税普通发票 80 份,开具金额 5,483,818.63 元,税额 164,514.53 元,

---

〔1〕 参见《国家税务总局莆田市税务局稽查局关于莆田市某林医药科技有限公司税务文书送达公告》,载国家税务总局莆田市税务局官网,http://fujian.chinatax.gov.cn/ptsswj/xxgk/sjxxgk/qtgg/202012/t20201207_390640.htm。

价税合计5,648,333.16元。税务机关对其作出以下处理决定:根据《发票管理办法》第22条第2款第1项的规定,认定你单位在无实际生产经营、与受票单位间不存在真实业务交易的情况下,在检查所属期间为广东某羽医药发展有限公司、福建某天生物药业有限公司、江西某美药业有限公司、某民药业集团股份有限公司、广东某羽医药发展有限公司、深圳市某某素医疗技术开发有限公司、成都某特药业有限公司、华某某某(某安)药业有限公司等单位虚开增值税普通发票80份,开具金额5,483,818.63元,税额164,514.53元,价税合计5,648,333.16元。若本案中该金额仅被认定为"情节严重",根据《刑法》第205条之一的规定,适用2年以下有期徒刑、拘役或者管制,其追诉期为5年,即2024年7月8日之后就过了追诉期,其间若没有刑事立案,就不应再追究刑事责任。但因《危害税收征管刑事案件解释》对"情节特别严重"标准的明确,使得该金额适用2年以上7年以下有期徒刑的刑罚,其追诉期从5年变成了10年,导致本案追诉期要到2029年7月才截止。

第四节　常见问题与实务探讨——以案说法

一、有虚开普通发票的行为但没有造成税款损失是否构成虚开发票罪

我国《刑法》第205条之一对虚开发票罪的表述为:"虚开本法第二百零五条规定以外的其他发票,情节严重的,处二年以下有期徒刑、拘役或者管制,并处罚金;情节特别严重的,处二年以上七年以下有期徒刑,并处罚金……"

可见我国《刑法》第205条之一的罪名没有明确行为人在主观上是否必须具有骗取国家税款的目的,客观上是否必须造成国家税款流失为构成要件,因此在2024年3月15日之前,在实务中对该罪名是否需要和虚开增值税专用发票罪一样得造成税款损失为要件存在一定争议。

但随着最高人民法院、最高人民检察院在2024年3月15日发布了《危害税收征管刑事案件解释》,该解释第10条规定虚开增值税专用发票罪时

明确:“……为虚增业绩、融资、贷款等不以骗抵税款为目的,没有因抵扣造成税款被骗损失的,不以本罪论处……”但第12条规定虚开发票罪时明确:“具有下列情形之一的,应当认定为刑法第二百零五条之一第一款规定的‘虚开刑法第二百零五条规定以外的其他发票’:(一)没有实际业务而为他人、为自己、让他人为自己、介绍他人开具发票的;(二)有实际业务,但为他人、为自己、让他人为自己、介绍他人开具与实际业务的货物品名、服务名称、货物数量、金额等不符的发票的;(三)非法篡改发票相关电子信息的;(四)违反规定以其他手段虚开的。”可见,第12条规定与第10条规定不一样,第12条规定已明确没有规定必须造成税款损失为构成要件,也未提到未造成税款损失不构成该罪,因此,虚开普通发票的行为不以是否造成税款损失为要件。下文以潘某霞隐匿、故意销毁会计凭证、会计账簿、财务会计报告案[1]为例进行分析。

(一)案情简介

海曙正章于2003年5月8日设立,注册资本10万元,股东为潘某霞(占股51%)和宋某俊(占股49%)。宁波正章于2009年3月20日设立,注册资本160万元,股东为海曙正章(占股51%)、潘某霞(占股25%)和宋某俊(占股24%)。

被告人潘某霞系正章公司的法定代表人和实际控制人,正章公司原在宁波市××路××号办公,于2015年搬迁至宁波市兴宁××花园××别墅××室办公,会计凭证、会计账簿等财务资料存放于办公室对面的储藏室。正章公司于2017年3月左右搬出杨某荣别墅,同时财务资料也被搬走。

2015年以来,被告人潘某霞为达到增加成本减少账面利润的目的,在没有发生实际业务的情况下,找人虚开了宁波市顺某旅游公司旅游发票、宁波市甬某石油公司化工原料发票、星某网络科技有限公司网络设备及维护发票等8份普通发票,价税金额合计5,686,890元,并于2015~2016年将其中7份入账正章公司,价税金额合计5,586,890元。

---

〔1〕 参见浙江省宁波市中级人民法院刑事裁定书,(2020)浙02刑终278号。

(二)争议焦点

该案的争议焦点为若犯罪嫌疑人有虚开普通发票的行为但没有造成税款损失,其是否构成虚开发票罪?

被告人潘某霞认为:(1)虚开发票犯罪侵害的客体是国家的税收征管制度和普通发票的管理制度,构成该罪,必须同时侵犯税收征管和发票管理两个客体,缺一不可。(2)没有危害税收征管,不属于虚开发票犯罪。潘某霞虚开发票的行为仅停留在虚开上,并未造成国家税收的流失,没有危害国家的税收征管秩序,不应被认定为犯罪。(3)虚开发票罪是虚开增值税专用发票罪的补充。如果仅是虚开增值税专用发票、用于骗取出口退税、抵扣税款发票而没有侵害国家税收管理秩序的,不被认定为犯罪。如果仅是虚开普通发票而没有侵害国家税收征管秩序的,同样不构成犯罪。(4)《刑法》第205条规定的罪比第205条之一规定的罪重,在罪重的法条中不涉及税收征管的不构成犯罪,在罪轻的法条中就更不应构成犯罪了。(5)潘某霞虚开发票的目的是财务平账,与逃税无关。对于不涉及税收的虚开增值税专用发票的行为不构成犯罪,不涉及税收的虚开普通发票的行为更不构成犯罪。最高人民检察院《关于充分发挥检察职能服务保障"六稳""六保"的意见》规定,对于有实际生产经营活动的企业为虚增业绩、融资、贷款等非骗税目的且没有造成税款损失的虚开增值税专用发票行为,不以虚开增值税专用发票罪定性处理。

法院认为,根据《刑法》第205条之一规定,虚开发票罪是指为了牟取非法经济利益,违反国家发票管理规定,虚开增值税专用发票、用于骗取出口退税、抵扣税款发票以外的发票(普通发票)的行为。从刑法的规定来看,虚开发票罪的构成要件中并没有虚开目的的要求,也不存在非法定的目的犯的情形。因此,虚开发票罪的成立对虚开的目的在所不问。从立法背景来看,虚开普通发票的泛滥为逃税、骗税、财务造假、诈骗、侵占公私财产、贪污贿赂、挪用款物、洗钱等违法犯罪的发生提供了便利,严重扰乱市场经济秩序,败坏社会风气,具有严重的社会危害性。虚开发票行为不必然会造成国家税款的流失,但必然会破坏发票管理秩序,虚开发票罪立法本意是维护正常的发票管理秩序。虚开发票罪侵犯的客体是国家发票管理制度,而侵犯发票管理制度的行为有时也会导致国家税款的流失,但国家的税收利益属于随机客体。即使虚开普通发票行为没有造成国家税收损失,虚开发票的行为也侵害了国家发票管理制度,情节严重的,构成虚开发票罪。虚开发票罪被安排在《刑法》分则的第三章第六节是为了行文的系统性,并不能表明虚开发票罪与虚开增值税专用发票罪侵犯的客体、犯罪构成要件是相同的或者互补的。增值税专用发票与普通发票的差异在于是否有抵扣税款的功能,普通发票与税收之间并没有必然的联系,不应将造成国家税款损失作为虚开发票罪的构成要件。

因此,被告人认为构成虚开发票罪需以造成国家税款损失的理解片面,亦不符合该罪的构成要件,法院没有采纳。一审判决:被告人潘某霞犯虚开发票罪,判处有期徒刑 3 年,并处罚金 6 万元。二审判决:驳回上诉,维持原判。

(三)案件评析

从上述争议焦点可见,虚开发票罪侵犯的客体是国家对普通发票的管理制度,虚开发票的犯罪行为不仅危害国家税收管理制度,还危害财务会计管理制度、经营活动记录的真实性,进而危害社会经济秩序。在实践中,虚开普通发票的目的是逃税,但也有多开交易金额的虚开行为,该案中被告人的行为并不造成国家税款损失,甚至会增加国家税收,但该行为违反了国家发票管理法规,根据潘某霞的供述和其他证人的证言,被告人虚开发票的目的是提高往年成本减少利润,从而减少另一股东的分红款,潘某霞虚开发票非法牟利的目的十分明显,其虚开发票的行为应被作为触犯虚开发票罪处理。

该案中虽然虚开普通发票的行为没有造成税款损失,但只要符合《刑法》虚开发票罪的构成要件,依然构成虚开发票罪,该罪不以造成国家税款损失为构成要件。总之,虚开发票罪作为国家税收征管及发票管理领域的一个独立罪名,既需要弥补虚开增值税专用发票罪的不足,又需要具有单独评价国家税收损失之外其他损害的价值。

同时,该案例也引申出另外一个问题,若该案中潘某霞虚开的普通发票还是 8 份,但价税金额合计为 20 万元,此种情况下潘某霞是否还构成虚开发票罪?

该种情况涉及虚开发票罪的认定问题,根据《发票管理办法》第 21 条第

2 款规定,“任何单位和个人不得有下列虚开发票行为:(一)为他人、为自己开具与实际经营业务情况不符的发票;(二)让他人为自己开具与实际经营业务情况不符的发票;(三)介绍他人开具与实际经营业务情况不符的发票”。

上述三种情形均属于虚开发票,如违反该规定则会被税务机关处以行政罚款,若情节严重的,则由税务机关依法移送公安机关,启动刑事追责程序。

关于虚开发票的行政处罚,《发票管理办法》第 35 条第 1 款规定:“违反本办法的规定虚开发票的,由税务机关没收违法所得;虚开金额在 1 万元以下的,可以并处 5 万元以下的罚款;虚开金额超过 1 万元的,并处 5 万元以上 50 万元以下的罚款;构成犯罪的,依法追究刑事责任。”

关于虚开发票的刑事处罚,《刑事案件立案追诉标准(二)》第 57 条规定:“〔虚开发票案(刑法第二百零五条之一)〕虚开刑法第二百零五条规定以外的其他发票,涉嫌下列情形之一的,应予立案追诉:(一)虚开发票金额累计在五十万元以上的;(二)虚开发票一百份以上且票面金额在三十万元以上的;(三)五年内因虚开发票受过刑事处罚或者二次以上行政处罚,又虚开发票,数额达到第一、二项标准百分之六十以上的。”

《刑法》第 205 条之一规定,量刑标准分为两档:(1)情节严重的,处 2 年以下有期徒刑、拘役或者管制,并处罚金;(2)情节特别严重的,处 2 年以上 7 年以下有期徒刑,并处罚金。单位犯前款罪的,对单位判处罚金,并对其直接负责的主管人员和其他直接责任人员,依照前款的规定处罚。

由上可见,企业或个人有虚开的行为,若不符合虚开发票罪的构成要件,就不构成虚开发票罪,但必然违反行政法规,会受到行政处罚。回到上面提出的引申问题,若该案中潘某霞虚开的普通发票还是 8 份,但价税金额合计为 20 万元,且潘某霞除上述虚开发票外没有刑法规定的其他情形,此种情况下潘某霞不构成虚开发票罪,但违反《发票管理办法》等法律法规,会受到行政处罚。

二、犯罪嫌疑人专门设立公司对外虚开发票,公司是否构成虚开发票罪

我国《刑法》第 205 条之一对虚开发票罪的表述为:“……单位犯前款罪的,对单位判处罚金,并对其直接负责的主管人员和其他直接责任人员,依

照前款的规定处罚。”

可见《刑法》第 205 条之一本身并没有明确规定行为人私设公司对外虚开发票是否构成单位犯罪，但最高人民法院《单位犯罪司法解释》第 2 条规定：“个人为进行违法犯罪活动而设立的公司、企业、事业单位实施犯罪的，或者公司、企业、事业单位设立后，以实施犯罪为主要活动的，不以单位犯罪论处。”同时，《单位犯罪司法解释》第 3 条规定：“盗用单位名义实施犯罪，违法所得由实施犯罪的个人私分的，依照刑法有关自然人犯罪的规定定罪处罚。”下文以奚某等涉虚开发票案〔1〕为例进行分析。

（一）案情简介

2017 年 6 月，被告人秦某、赵某等人成立优企宝公司及分公司、分部、优企宝公司、舒柔公司等，先后雇用被告人冯某为助理总裁，被告人奚某为杭州分部负责人，被告人堵某为销售部经理，被告人许某、王某 1 分别为运营部经理、员工，被告人蒋某为技术部经理，被告人葛某、张某 1、张某 2、梁某、汪某、姜某、王某 2、朱某、郑某等人为业务员，以为客户企业“代发员工福利”“合理避税”为名，利用公司系统的“卡券回收”功能进行资金回流，向客户企业虚开增值税普通发票。至案发，共计向富康城控股集团股份有限公司、上海 A 有限公司等 1984 家单位虚开增值税普通发票 18,651 份，票面金额合计 25 亿余元。

其间，被告人陈某、李某、周某 1、周某 2、董某等人为帮助秦某等完成“卡券回收”的虚开模式，以周某 1、周某 2 经营的易士多公司制发单用途预付费卡向优企宝公司出售并与运营部许某对接，由陈某、李某联系他人制作销卡的假象后，指示周某 1、周某 2、董某等人将优企宝公司的购卡款汇入指定账户。经鉴定，优企宝公司向易士多公司累计支付 10 亿余元，易士多公司向优企宝公司开具 2048 份增值税普通发票，票面金额合计 11 亿余元，其中 9 亿余元回流至舒柔公司账户，优企宝公司通过该账户将资金回流给客户企业指定账户完成所谓的“卡券回收”环节。

各被告人虚开发票数额如下：秦某、赵某、冯某、蒋某为 25 亿余元，奚某为 8300 余万元，堵某为 10 亿余元，许某为 22 亿余元，王某 1 为 14 亿余元，

〔1〕 参见上海市宝山区人民法院刑事判决书，（2021）沪 0113 刑初 736 号。

葛某为1.2亿余元,张某1为4700余万元,张某2为3100余万元,梁某为2500余万元,汪某为1500余万元,姜某为1300余万元,王某2为1000余万元,朱某为706余万元,郑某为1.28亿余元,该1.28亿余元中有1.27亿余元系帮助堵某、朱某进行积分分配的数额。

(二)争议焦点

该案的争议焦点为犯罪嫌疑人设立的公司对外虚开发票,公司是否构成虚开发票罪?

被告人冯某认为,该案是单位犯罪,其系从犯,其任助理总裁的时间为2019年8月,不应对全案犯罪金额负责。

被告人奚某认为,该案是单位犯罪,其仅负责杭州公司不应认定为主犯,应认定为从犯,对部分犯罪金额提出异议。

被告人堵某认为,该案系单位犯罪,其系从犯,请求量刑时考虑各同案犯的量刑平衡予以从轻处罚。

被告人许某、王某1、葛某、张某1、张某2、梁某、姜某、王某2、汪某、朱某、郑某认为,该案是单位犯罪,各被告人主观恶性小,有坦白情节,自愿认罪认罚,希望从轻或减轻处罚,部分辩护人提出适用缓刑的意见。

法院认为,首先,从被告人秦某等人成立涉案公司的主要业务及日常经营业务流程来看,被告人赵某、冯某等人的供述证实,秦某等人在涉案公司的主要业务,就是从事“代发福利”业务。主要业务流程为:优企宝等涉案公司雇佣业务员招揽需要发票的相关公司,由相关公司将资金打入涉案公司,涉案公司再使用上述资金向第三方公司购买相应的卡券,并根据相关公司要求将卡券套现,在扣除一定比例的手续费后将资金打回相关公司指定的个人账户内,并为相关公司开具“现代服务/人力资源服务-服务费”等名义的增值税普通发票。从上述业务流程来看,被告人秦某等人成立优企宝公司及分公司和各关联公司所从事的“代发福利”业务,实为虚开发票业务,涉案公司与受票单位之间并无真实业务往来。

其次,从部分受票单位工作人员的证言来看,证人葛某、周某1、邓某等人的证言可以证实上述相关受票单位与涉案优企宝等相关公司并无真实交易,受票单位因缺少发票,而委托涉案公司代为开具相关“服务费”发票,涉案公司则收取一定比例的手续费或服务费后,代为开具相关增值税普通发票并将相关资金回流至受票单位指定的个人账户中。

最后,从虚开发票中间环节涉案人员的供述来看,被告人夏某供述,其系介绍相关公司向涉案优企宝公司的业务员被告人葛某购买发票,操作资金回流,并赚取开票手续费的差价。

可见,该案虽仅对部分受票单位虚开发票的行为予以查证,但结合各被告人的供述、证人证言、银行转账明细等书证及涉案公司的经营流程等因素,可以推定涉案公司并无实际经营,所查获的发票均系虚开。涉案的优企宝公司及关联的北京××分公司系被告人秦某等人为虚开发票而成立的公司,该案涉案的劼沅公司、旻佳公司系被告人堵某、唐某、刘某等人为虚开发票成立的公司,上述公司对外均以实施虚开发票为主要业务活动,依法不能认定为单位犯罪。被告人周某1、周某3、董某系易士多公司虚开发票行为的直接主管人员或直接责任人员,依法应当承担相应的刑事责任。

因此,法院判决案涉被告人犯虚开发票罪,优企宝公司及关联公司不认定为虚开发票罪的单位犯罪。

(三)案件评析

虚开发票罪的犯罪主体可以是自然人,也可以是单位。实践中,虚开发票罪的案件通常都存在单位犯罪,因此厘清该罪的单位犯罪核心要件甚为重要。

虚开发票罪的单位犯罪须同时满足以下几点要求:(1)必须是经单位领导层集体决策或者是由其负责人根据其职权决定实施的,而不是出于某个人意志作为;(2)该虚开发票的行为是以单位名义实施的,而不是以某个人名义或盗用单位名义实施;(3)必须是为了单位整体的利益而实施的虚开发票行为,该虚开行为谋取的利益归单位所有。

2001年1月21日最高人民法院印发的《金融犯罪工作会谈纪要》规定:"以单位名义实施犯罪,违法所得归单位所有的,是单位犯罪。"可见,若以单位名义实施犯罪,但违法所得归个人所有的,则不构成单位犯罪。

最高人民法院《单位犯罪司法解释》第2条规定:"个人为进行违法犯罪活动而设立的公司、企业、事业单位实施犯罪的,或者公司、企业、事业单位设立后,以实施犯罪为主要活动的,不以单位犯罪论处。"第3条规定:"盗用单位名义实施犯罪,违法所得由实施犯罪的个人私分的,依照刑法有关自然人犯罪的规定定罪处罚。”可见，若犯罪嫌疑人专门设立公司对外虚开发票，该公司不构成虚开发票罪单位犯罪，但会追究该公司虚开发票行为的直接负责的主管人员和其他直接责任人员。

但若不是公司对外虚开发票，而是要求其他公司对自己虚开发票用于抵扣成本等非法用途，该公司也会触犯虚开发票罪的单位犯罪，可参考神州通公司、华昌房地产公司等虚开发票罪案[1]，该案中，2011～2015年，被告单位神州通公司、华昌房地产公司、盛荣房产公司（判决书中未提及该三家公司没有实际经营业务）及该三家公司经营负责人即被告人陈某，在无真实业务发生的情况下，以支付开票费的方式让其他单位为自己虚开增值税普通发票，虚开金额合计超3亿元。

法院认为，被告单位神州通公司虚开发票3743.2万元，被告单位华昌房地产公司虚开发票1.18亿元，被告单位盛荣房产公司虚开发票1.45亿余元，被告人陈某作为被告单位神州通公司的经营负责人虚开发票3743.2万元、作为被告单位华昌房地产公司的法定代表人虚开发票1.18亿元、作为被告单位盛荣房产公司的法定代表人虚开发票1.45亿余元，情节特别严重，被告单位神州通公司、华昌房地产公司、盛荣房产公司、被告人陈某的行为均已构成虚开发票罪。最后判决上述三家公司及陈某都犯虚开发票罪并处罚金。

---

[1] 参见江苏省昆山市人民法院刑事判决书，（2018）苏0583刑初2348号。

第十章 非法出售发票罪

在现代经济活动中,发票不仅是商品交易的重要凭证,也是国家税务管理的关键环节。非法出售发票罪是指违反国家发票管理法规,非法出售各种不能用于出口退税、抵扣税款的发票的行为。非法出售发票罪作为一种较为常见的经济犯罪,犯罪情节简单,案件办理难度相对较低,但该违法犯罪行为严重破坏了社会主义市场经济秩序,干扰了国家正常税收征管,给国家和社会公共利益造成难以挽回的损失。因此,对非法出售发票罪进行深入分析尤为重要,本章通过对非法出售发票罪进行要件分析,结合经典案例,分析实际疑难问题,从不同维度解读非法出售发票罪的法律内涵。

第一节　历史沿革与现状

一、非法出售发票罪的历史沿革

(一)初始立法阶段

1979 年《刑法》没有关于该罪的规定。但在计划经济背景下,《刑法》规定了伪造或者倒卖计划供应票证,并通过投机倒把罪的设置兜底。1995 年 10 月 30 日,面对当时严重的偷税漏税问题,全国人大常委会发布了《惩治增值税专用发票犯罪的决定》(部分失效),这一立法标志着我国对发票犯罪的打击正式起步。非法出售发票罪的具体规定最初见于该决定的第6条，并随后被吸收进1997年《刑法》中，以加强法律效力并明确相关法律责任。该决定第6条规定："伪造、擅自制造或者出售伪造、擅自制造的可以用于骗取出口退税、抵扣税款的其他发票的，处三年以下有期徒刑或者拘役，并处二万元以上二十万元以下罚金；数量巨大的，处三年以上七年以下有期徒刑，并处五万元以上五十万元以下罚金；数量特别巨大的，处七年以上有期徒刑，并处没收财产。伪造、擅自制造或者出售伪造、擅自制造的前款规定以外的其他发票的，比照刑法第一百二十四条的规定处罚。非法出售可以用于骗取出口退税、抵扣税款的其他发票的，依照第一款的规定处罚。非法出售前款规定以外的其他发票的，比照刑法第一百二十四条的规定处罚。"

1994年我国推行了新税制，增值税成为我国税制的主体之一，增值税发票随之出现并发挥重要作用，以票控税逐渐发展成为我国的税收征管思路。增值税发票的功能特性，引发许多违法分子利用增值税发票进行违法犯罪的活动，究其原因，本书认为主要有如下几点：(1)市场经济转型期的特点。1995年正值中国经济体制由计划经济向市场经济转型的关键时期，市场活力得到释放，但同时也伴随监管机制的不健全，为发票犯罪提供了可乘之机。(2)税收征管能力与经济发展不匹配。随着经济的快速增长，税务机关的征管能力未能及时跟上经济发展的步伐，导致税收征管存在漏洞，特别是对于发票的监管和真伪鉴别能力不足。(3)发票管理法规的不完善。当时的发票管理法规可能存在缺陷，对于发票的印制、发放、使用和查验等方面的规定不够详尽，导致不法分子有机可乘。(4)发票使用的广泛性。发票作为企业经营和个人消费的重要财务凭证，在税收抵扣、财务报销等方面具有重要作用，其使用广泛，需求量大，非法出售发票因此具有一定的市场。(5)经济利益驱动。非法出售发票能够为不法分子带来直接的经济利益，这种利益驱动是发票犯罪高发的重要原因。(6)司法打击力度不足。司法资源有限，加上对经济犯罪的认识不足，可能导致对非法出售发票罪的打击力度不够，犯罪成本相对较低。(7)公众法律意识和税收意识不足。公众对于发票管理法规和税收法律的认识不足，可能在无意中使用非法发票，加剧了非法发票的流通。由此导致1995年全国人大常委会出台了《惩治增值税专用发票犯罪的决定》(部分失效)。

（二）刑法的确立与修正

随着经济的发展和法律体系的完善，1997 年 12 月 9 日，最高人民法院审判委员会通过了最高人民法院《关于执行〈中华人民共和国刑法〉确定罪名的规定》（已被修改），该规定旨在正确理解、执行八届全国人大五次会议通过的修订的《刑法》，统一认定罪名，明确“非法出售发票罪”列示在第 209 条第 4 款。1997 年 12 月 25 日，最高人民检察院检察委员会通过了最高人民检察院《关于适用刑法分则规定的犯罪的罪名的意见》（已被修改），该意见为保证正确、统一执法，根据修订的《刑法》，对检察工作中适用《刑法》分则规定的犯罪的罪名提出意见，明确“非法出售发票罪”列示在第 209 条第 4 款。1997 年《刑法》第 209 条则规定了非法出售发票罪的罪责刑：“伪造、擅自制造或者出售伪造、擅自制造的可以用于骗取出口退税、抵扣税款的其他发票的，处三年以下有期徒刑、拘役或者管制，并处二万元以上二十万元以下罚金；数量巨大的，处三年以上七年以下有期徒刑，并处五万元以上五十万元以下罚金；数量特别巨大的，处七年以上有期徒刑，并处五万元以上五十万元以下罚金或者没收财产。伪造、擅自制造或者出售伪造、擅自制造的前款规定以外的其他发票的，处二年以下有期徒刑、拘役或者管制，并处或者单处一万元以上五万元以下罚金；情节严重的，处二年以上七年以下有期徒刑，并处五万元以上五十万元以下罚金。非法出售可以用于骗取出口退税、抵扣税款的其他发票的，依照第一款的规定处罚。非法出售第三款规定以外的其他发票的，依照第二款的规定处罚。”

二、非法出售发票罪的现状

为了适应新时期打击经济犯罪案件的工作需求，并服务保障经济社会的高质量发展，非法出售发票罪的入罪标准得到修改。根据最高人民检察院、公安部《关于经济犯罪案件追诉标准的规定》（已失效）的规定，非法出售普通发票 50 份以上的，应予追诉。但在 2022 年 4 月 6 日，最高人民检察院、公安部研究修订了《刑事案件立案追诉标准（二）》，对公安机关管辖的部分经济犯罪案件立案追诉标准进行修改完善，适当地限缩犯罪，该标准第 64 条规定：“非法出售增值税专用发票、用于骗取出口退税、抵扣税款的其他发票以外的发票，涉嫌下列情形之一的，应予立案追诉：（一）非法出售增值税专用发票、用于骗取出口退税、抵扣税款的其他发票以外的发票一百份以上且票面金额累计在三十万元以上的;(二)票面金额累计在五十万元以上的;(三)非法获利数额在一万元以上的。"

2024 年 3 月 20 日施行的《危害税收征管刑事案件解释》第 17 条第 3 款、第 4 款、第 6 款规定:"伪造、擅自制造或者出售伪造、擅自制造刑法第二百零九条第二款规定的发票,具有下列情形之一的,应当依照该款的规定定罪处罚:(一)票面金额五十万元以上的;(二)伪造、擅自制造或者出售伪造、擅自制造发票一百份以上且票面金额三十万元以上的;(三)违法所得一万元以上的。伪造、擅自制造或者出售伪造、擅自制造刑法第二百零九条第二款规定的发票,具有下列情形之一的,应当认定为'情节严重':(一)票面金额二百五十万元以上的;(二)伪造、擅自制造或者出售伪造、擅自制造发票五百份以上且票面金额一百五十万元以上的;(三)违法所得五万元以上的……非法出售增值税专用发票、用于骗取出口退税、抵扣税款的其他发票以外的发票的,定罪量刑标准依照本条第三、四款的规定执行。"2024 年的司法解释在立案条件上沿用了 2022 年的追溯标准。同时进一步对定罪情节进行了明确,规定了情节严重的具体情形。

第二节　法律释义与构成要件

一、非法出售发票罪的法律释义

(一)刑法条文

《刑法》第 209 条第 2 款、第 3 款、第 4 款规定:"伪造、擅自制造或者出售伪造、擅自制造的前款规定以外的其他发票的,处二年以下有期徒刑、拘役或者管制,并处或者单处一万元以上五万元以下罚金;情节严重的,处二年以上七年以下有期徒刑,并处五万元以上五十万元以下罚金。非法出售可以用于骗取出口退税、抵扣税款的其他发票的,依照第一款的规定处罚。非法出售第三款规定以外的其他发票的,依照第二款的规定处罚。"

（二）相关释义

非法出售发票罪，是指违反国家发票管理法规，非法出售各种不能用于出口退税、抵扣税款的发票的行为。对该定义分析如下。

非法意味着除税务机关可以依法发售各种发票外，其他一切出售发票的行为都是非法的。而出售应作狭义的理解，不包括行为人没有从中牟利的转借发票的行为；但是对于名为转借，实为非法出售的，应当按照其实际性质，认定为非法出售。

对于非法购买不能用于出口退税、抵扣税款的发票的，应当根据行为人购买发票的目的和用途来确定其性质：行为人购买发票的目的是转手倒卖的，其购买行为是倒卖发票犯罪的一个环节，应当认定为非法出售（未遂）；行为人购买发票的目的是其他非法目的，供自己使用，不构成该罪，但可以构成其他行政违法或者犯罪，如利用购买的发票虚报冒领，贪污公款等。

定义中的发票是指在购销商品、提供或者接受服务以及从事其他经营活动中，开具、收取的收付款凭证。非法出售发票罪不同于其他发票犯罪的关键之处，是该罪非法出售的是真实的普通发票。如果非法出售的是真假增值税专用发票或者可以用于骗取出口退税、抵扣税款的发票，以及出售假的普通发票，都不能构成该罪，而只能按照其他犯罪处理。

所谓增值税专用发票以外可以用于出口退税、抵扣税款的发票，是指废旧物品收购发票、运输发票、农业产品收购发票等既不是增值税专用发票，但又具有与增值税专用发票相同的功能，可以用于出口退税、抵扣税款的发票。《刑法》专门规定了非法出售增值税专用发票罪和非法制造、出售非法制造的用于骗取出口退税、抵扣税款的发票罪，故非法出售增值税专用发票和专用发票以外可以用于出口退税、抵扣税款的发票，分别构成上述各罪，而不构成该罪。

真实发票是指依法办理了税务登记的单位或者个人，在领取税务登记证件后，向税务机关领用的发票。凡不是从税务机关领用的发票，均属伪造、擅自制造的发票。如果出售伪造、擅自制造的发票，构成出售非法制造的用于骗取出口退税、抵扣税款发票罪，而不构成该罪。

二、非法出售发票罪的犯罪构成要件

1. 犯罪客体

该罪侵犯的是国家发票管理制度和税收征收管理秩序。犯罪对象只能是不能用于出口退税、抵扣税款的发票。

2. 犯罪客观要件

该罪在具体行为方式上表现为非法出售各种不能用于出口退税、抵扣税款的发票。

3. 犯罪主体

该罪的主体是一般主体。凡达到刑事责任年龄且具有刑事责任能力的自然人均能构成该罪,依《刑法》第 211 条之规定,单位可以构成非法出售发票罪的主体。单位犯非法出售发票罪的,实行两罚制。

4. 犯罪主观要件

主观表现上是直接故意,即行为人明知出售发票的行为是违法的,但仍然为牟利而出售,间接故意和过失不能构成此罪。

第三节　司法实践的裁判现状

一、非法出售发票罪的基本概况

本书通过聚法网对 2010 ~ 2024 年全国各级法院全部审结的刑事案件情况进行研究。案件识别口径如表 10 - 1 所示。

表 10 - 1　非法出售发票罪案件识别口径

识别口径	具体内容
案件类型	刑事
审级	全部
案由	非法出售发票罪
地区	全国
时间	2010 ~ 2024 年
其他口径	决定、裁定书、判决书

检索结果显示,2010～2024 年涉及非法出售发票罪的案件数量为 691 件,各个审级案件占比依次为一审 623 件、二审 45 件、刑罚变更 18 件、再审 3 件、其他 1 件、执行 1 件(见图10－1)。

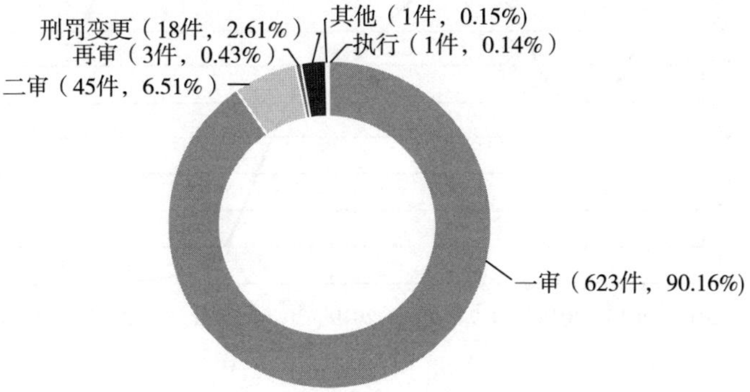

图 10－1　2010～2024 年涉及非法出售发票罪各审级案件数量

2010～2024 年,涉及非法出售发票罪的案件中,案件量排名前 10 的地区依次为北京(332 件)、上海(98 件)、浙江(57 件)、广东(26 件)、河南(23 件)、江苏(18 件)、安徽(16 件)、山东(16 件)、福建(16 件)、重庆(11 件)。由此可见,非法出售发票罪的发生概率与地区经济发达程度呈正相关。在北京、上海、浙江、广东、江苏等地区,发生非法出售发票罪的概率远远超过其他地区(见图 10－2)。

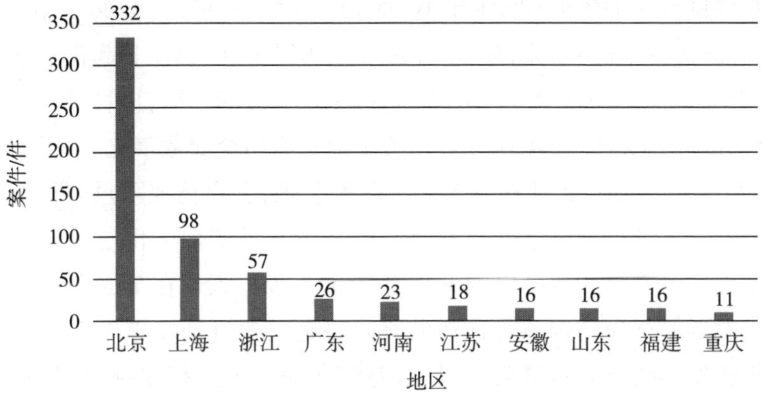

图 10－2　2010～2024 年涉及非法出售发票罪各地区案件数量

笔者通过聚法案例检索平台，统计了本案由在2014～2024年各年份的案件数量以供参考，如图10－3所示。

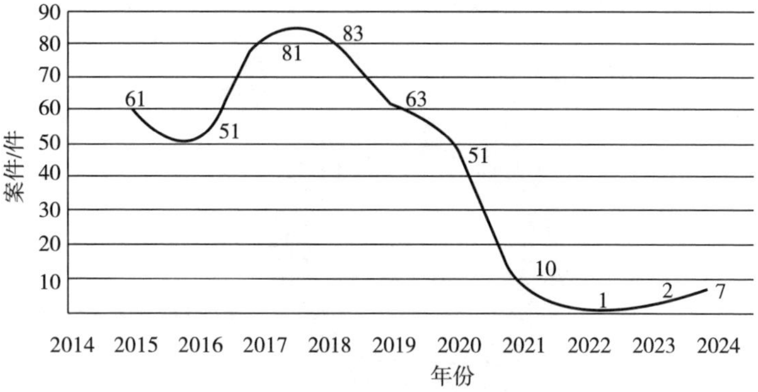

图10－3　2014～2024年非法出售发票罪案件数量

针对司法现状，引申探讨的问题是，随着数电票的普及和全面推广使用，非法出售发票罪是否还有存在的必要。因为传统纸质发票的开具大致要经历如下流程：纳税人先从税务机关处领用空白的发票，之后再对外开具；当纳税人发票用完之后，再从税务机关领用。但是，根据国家税务总局《关于在新办纳税人中实行增值税专用发票电子化有关事项的公告》的规定，自2020年12月21日起，在全国新设立登记的纳税人铺开电子发票试点。并且，经历了一年多的电子发票试点后从2022年8月28日开始，全电发票受票试点全面铺开；2023年10月27日，北京、贵州、山东、湖南、宁夏、安徽、青海7省市税务局同时发文，宣布自2023年11月1日起正式推行"数电票"开票试点。2024年11月12日，国家税务总局西藏自治区税务局转发国家税务总局《关于〈国家税务总局关于推广应用全面数字化电子发票的公告〉的解读》。至此，全国31个省份（除香港、澳门、台湾地区）均可开具数字化电子发票。纳税人通过电子发票服务平台开具的数字化电子发票，各地的受票方均可接收。数电票的开票范围进一步扩大。在全面数电票后，非法出售发票的行为是否还有存在的空间将是需要进一步思考的问题，如果非法出售发票的行为不复存在，那么对该非法行为进行规制的相关法律规则，包括刑罚规则，也将失去存在的基础，这一问题将有待司法实践的检验。

二、非法出售发票罪的相关分析

本书通过在把手案例网进行数据检索,筛选出 2014 ~ 2024 年的 506 份全国各地非法出售发票罪的判决。对这 506 份判决书进行研究分析后的结果如下。

(一)从被告人角度分析

1. 被告人文化程度

在对 506 份涉及非法出售发票罪的判决书进行审查时,本书发现其中 207 份判决书对被告人的教育水平作出了明确披露。从这些资料可分析得出,大部分被告人未受过高等教育,其中初中教育背景的被告人占较大比例。具体数据显示,文盲被告人有 2 名,占比约 1%;未完成高中教育的被告人有 162 名,占比约 69%;完成高中或大专教育的被告人有 47 名,占比约 20%;拥有本科或更高学历的被告人有 24 名,占比约 10%。如图 10 - 4 所示。

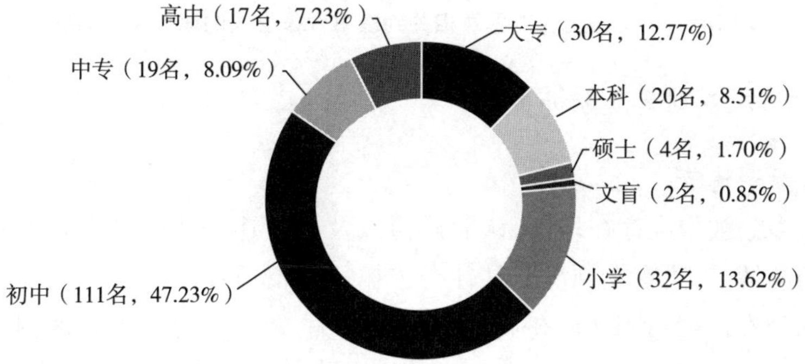

图 10 - 4　非法出售发票罪相关裁判文书中被告人的文化程度情况

从这一数据分布可见,涉嫌非法出售发票的被告人群体中,低教育水平者占据了多数。这一现象可归因于多个因素:首先,教育水平较低的个体可能面临合法收入机会的限制,从而更易于被驱使参与非法经济活动;其次,这部分人群可能是法律知识的欠缺,对其行为可能触犯的法律条文及相应的法律责任缺乏充分认识,未能充分预见到非法出售发票可能导致的法律后果。

2. 被告人职业

在对涉及非法出售发票罪的被告人进行职业背景分析的判决书样本(共计127份)审查后,数据显示,被告人中大多数无固定职业,而有一小部分人担任公司法定代表人或公司职员。进一步的案例分析揭示,担任公司职员的被告人由于其职务便利,往往更易于开具发票;而那些担任公司法人的被告人,则成立名存实亡的空壳公司,以此作为开展发票犯罪活动的掩护,实际上并未从事合法商业活动。如图10-5所示。

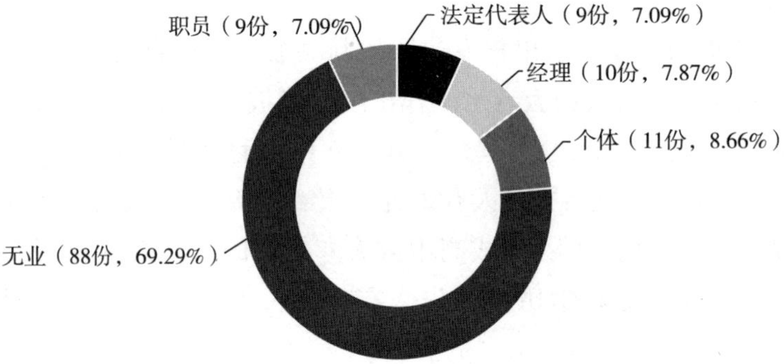

图10-5 非法出售发票罪相关判决书中被告人的职业背景情况

(二)从量刑角度分析

1. 量刑情节

大多数被告人存在坦白、认罪认罚以及退还违法所得等有利于从轻减轻处罚的情节,法官在判决时往往会依据这些情节在法定刑罚范围内给予较轻的处罚。通过对506份判决书进行筛选,发现其中约82%的判决书的判决结果都对犯罪人作出了从轻、减轻或免除处罚的决定,只有约3%的判决书中法官对犯罪人作出了从重处罚的决定。如图10-6所示。

对17份从重处罚的判决书进行具体分析,有19名犯罪人系累犯,法官依法从重处罚。细审前案发现,多数累犯的前罪属于财产性犯罪,涉及发票类犯罪的更甚。有7名被告人是因为有犯罪前科或有劣迹,法官酌情对其从重处罚。上述情况揭示,被告人在犯罪后,可能面临经济困境,难以获得合法职业,缺乏其他合法的生计手段。由此可见,在打击犯罪的同时,也应当加大对犯罪人的教育和改造力度,以促进其顺利回归社会。

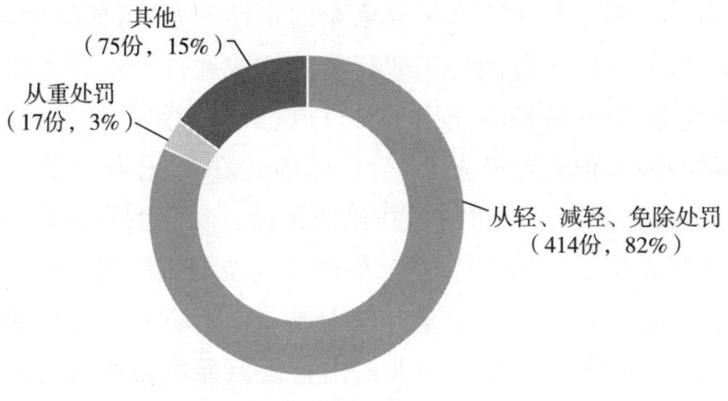

图 10 - 6　非法出售发票罪相关判决书中量刑情况

同时，对犯罪人减轻、从轻或免除处罚的判决书进行仔细分析后发现，被告人若展现出自首或坦白行为、认罪并接受惩罚、积极退还非法所得或赃款以及缴纳罚款等积极改正行为，可提出从轻处罚的申请。法院在全面评估被告人的悔罪表现和补救行为后，可能会依法作出相应的从轻处罚裁定。

2. 刑罚的执行方式

通过在把手案例网进行检索，针对 2020～2024 年的非法出售发票罪相关案件共检得判决书 21 份，涉及被告人数达到 54 名。在这些案例中，通过对判决书裁判结果"缓刑"一词进行筛查，显示有 35 名被告人被判处了缓刑。仔细审视剩余 19 名未被判处缓刑的被告人资料，可以观察到：这些被告人普遍存在不利因素，如有犯罪前科、累犯等不良记录。这一趋势反映出在法律规定的框架下，法院在量刑时考虑了被告人的犯罪情节与个人背景，以实现刑罚的个性化和精准施策。

第四节　常见问题与实务探讨——以案说法

一、虚开发票罪与非法出售发票罪的区分

2011 年 5 月 1 日《刑法修正案（八）》正式施行，增补了虚开发票罪，使修正案公布前一些会被认为是非法出售发票罪的案件被定性为虚开发票罪。

司法实践中，行为人通过为他人虚开具发票并提供发票以获取佣金的

行为，涉及虚开发票罪与非法出售发票罪的定性问题，可能导致罪名竞合。这种情形下，需要准确区分两种犯罪行为的构成要件。虚开发票罪是指违反发票管理规定，虚开各种不能用于出口退税、抵扣税款的发票的行为，表现形式包括四种：为他人虚开发票、为自己虚开发票、让他人为自己虚开发票及介绍他人虚开发票。这里的虚开包括在没有实际贸易内容的前提下虚开发票，以及虽发生了实际贸易内容，但所开发票与实际发生的贸易数量或金额不相符等情况，且该罪的犯罪对象为虚开增值税专用发票罪的犯罪对象以外的发票，俗称普通发票。而非法出售发票罪则是指行为人非法出售国家统一制作的发票，获取非法收入。当行为人的行为同时符合上述两种罪名的构成要件时，应当综合考虑行为人的主观意图、行为方式、犯罪结果及社会危害程度等因素，依法作出准确区分，并适用相应的法律规定。

二、案例分析

下文以崔某某虚开发票案[1]为例，具体说明。

（一）案情简介

被告人崔某某在没有真实业务发生的情况下，以自己担任法定代表人的北京广某策划有限公司为收款单位，为他人虚开北京市服务业、娱乐业、文化体育业专用发票 3 张。2012 年 3 月 14 日，在北京市朝阳区三元桥内环辅路月山日本料理餐馆门前路边，被告人崔某某向与北京广某策划有限公司无任何交易事项的魏某开具虚假交易内容的北京市服务业、娱乐业、文化体育业专业发票 3 张（经鉴定均为真发票），票面金额分别为 100,500 元、405,000 元、300,000 元，并约定交易费用为 16,000 元。

法院认为，被告人崔某某实施犯罪行为时明知自己单位与他单位没有实际贸易仍然为他人虚开发票，具有实施犯罪的直接故意。崔某某任法人的北京广某策划有限公司具有从税务机关领取发票的主体资格，但其在与涉案发票显示的两单位没有货物购销或服务交易的前提下，仍为他人虚假开具发票并从中牟取利益，客观上侵犯了国家的发票管理秩序和税收秩序，应当认定为虚开发票罪。据此，北京市朝阳区人民法院以被告人崔某某犯

[1] 参见杨圣坤、王珏：《虚开发票罪与非法出售发票罪的甄别》，载《人民司法》2013 年第 12 期。

虚开发票罪，判处其拘役 4 个月，罚金 2 万元。

（二）案件分析

结合以上案例，本书认为，非法出售发票罪和虚开发票罪主要从以下方面进行区分。

1. 犯罪主体

非法出售发票罪的犯罪主体往往不具有合法的发票申领资格，而虚开发票罪的犯罪主体往往具有这一资格。在非法出售发票的案件中，绝大部分的违法行为是由专业的票贩子所实施，这些人在发票非法交易的链条中扮演着中介的角色。他们获取发票的途径主要有两种：一种是通过网络平台的交易，另一种是向各种只有名义上存在的公司，即所谓的"皮包公司"购买。根据法律规定，除税务部门外，任何实体或个人销售发票，一旦达到法定的犯罪量刑标准，即构成非法出售发票的犯罪行为。至于虚开发票犯罪的实施主体，其在申请领取发票时通常是遵守国家税法的相关规定，而且这些主体往往是拥有合法发票领取资格的企业。这些企业可能是正在运营具体业务项目的企业，也可能是曾经有过业务运营但由于管理不善而停止了业务活动，尽管如此，它们仍保留着领取发票的资格。这类企业按照税法规定申领发票是合法的。在上述案例中，崔某某担任法定代表人的北京广某策划有限公司，就持有从税务部门领取发票的合法资格。

2. 犯罪主观方面

非法出售发票罪主观上必须具有牟利目的，而虚开发票罪不要求。虚开发票罪的主观要件是直接故意，即行为人明知没有实际交易或者交易内容不真实，却故意进行虚开发票的行为，这种牟利的故意要求低于非法出售发票罪。虚开发票的动机可能多种多样，包括但不限于个人获利，如自行虚开以进行资金平衡或出于人情为他人虚开发票。然而，追求利润并非构成虚开发票罪的必要条件。无论行为人是出于自身获利目的，还是基于帮助朋友或其他非获利性目的，只要其实施了虚开发票行为，并且该行为达到了刑事案件立案的标准，即可被认定为构成虚开发票罪。关键在于行为人的主观意图是明知故犯，知道没有交易或者交易不实却仍旧进行虚开。在非法出售发票罪与虚开发票罪之间，行为人对虚开发票内容的控制程度也是一个区分点。在非法出售发票罪中，行为人对虚开发票的内容通常没有主导作用,他们根据购买发票者的要求进行打印,其中收款和付款的单位可能千差万别。相比之下,在上述案例中崔某某通过其公司作为虚假交易的一方参与虚开发票,且相关发票在税务局有正式登记,显示出其对虚开行为具有较强的主导性和积极的追求性,这超出了仅是应买票人要求打印发票的行为范畴。

3. 犯罪客观方面

虚开发票罪的行为方式有别于非法出售发票罪中的虚开环节。首先,虚开发票罪所涵盖的行为方式更为广泛,它包含了非法出售发票罪中所涉及的虚开行为,以及自行虚开发票、委托他人为自己虚开发票、推荐他人虚开发票以及代表他人虚开发票等其他行为。在这些行为中,为他人虚开可能构成非法出售发票罪的一部分,其中出售行为是以获利为目的。虚开发票罪在客观行为上侧重于虚开本身,而不是虚开后的获利行为,这是它与非法出售发票罪的一个主要区别。其次,虚开发票罪的实施并不总是与金钱交易相关联。例如,行为人为自己虚开发票通常不涉及金钱交易的情况。相对而言,在非法出售发票的情况下,金钱交易是一个必不可少的环节。因此,在理解非法出售发票的行为时,应当将其限定在狭义上,即不包括那些行为人未从中获得利益的借用或转让发票等行为。

4. 犯罪客体

非法出售发票罪和虚开发票罪侵犯的法益存在细微差别。非法出售发票罪与虚开发票罪虽然都是妨害国家发票管理制度,但后者同时侵害了国家税收管理制度,会导致除增值税、关税等以外的其他税款的流失。实务中有观点认为,发票包括记账联和发票联,交付记账联就意味着卖票人失去记账的凭证及向税务局报税的依据。所以崔某某的犯罪行为的目的是通过虚开发票赚取税金而非赚取出售发票的佣金。因此,崔某某的行为从主客观方面分析应认定为虚开发票罪,而不是非法出售发票罪。[1]

---

〔1〕 参见李晓娟:《非法出售发票罪与虚开发票罪的界限》,载《中国检察官》2012 年第 18 期。

第十一章 持有伪造的发票罪

“持有伪造的发票罪”作为经济犯罪的一种，在我国刑法体系中占据了重要位置。随着经济的快速发展和市场交易的日益复杂，发票作为经济活动中的重要凭证，其真实性和合法性对维护市场秩序至关重要。持有伪造的发票不仅扰乱了正常的经济秩序，还存在侵蚀国家税收利益的潜在风险，严重损害了社会的公平与正义。

《刑法》和有关司法解释对“持有伪造的发票罪”作了详细的规定，司法实践对持有伪造的发票行为已有较为成熟的处理方式，对“持有伪造的发票罪”的裁判趋势也趋于统一，但在具体案件中仍存在诸多争议和难点。本章探讨“持有伪造的发票罪”的法律释义、构成要件、裁判趋势以及辩护思路，以期为律师及相关涉税工作者提供参考。

第一节 历史沿革与现状

一、持有伪造的发票罪的历史沿革

“持有伪造的发票罪”是全国人大常委会于 2011 年 2 月 25 日通过的《刑法修正案（八）》所确立的新罪名。该罪自 2011 年 5 月 1 日起随着《刑法修正案（八）》的实施而生效，并由最高人民法院、最高人民检察院联合发布的《关于执行〈中华人民共和国刑法〉确定罪名的补充规定（五）》、最高人民检察院、公安部《刑事案件立案追诉标准(二)的补充规定》(已失效)、《刑事案件立案追诉标准(二)》等司法解释将该罪的立案标准等予以进一步明确和细化。2024 年 3 月 20 日实施的《危害税收征管刑事案件解释》第 18 条第 2 款进一步明确了该罪中“数量巨大”的标准,即“持有的伪造发票数量、票面税额或者票面金额达到前款规定的标准五倍以上的,应当认定为刑法第二百一十条之一第一款规定的‘数量巨大’。”

在 2011 年之前,我国《刑法》对发票有关的犯罪作出了不少规定,包括伪造、出售伪造的增值税专用发票罪、非法出售增值税专用发票罪、非法购买增值税专用发票、购买伪造的增值税专用发票罪、非法制造、出售非法制造的发票罪等,但并未规定“持有伪造的发票罪”。然而,现实中当行为人持有假发票时,司法机关查处行为人如何取得或持有假发票以及取得或持有假发票之目的等存在较大困难,导致司法机关缺乏足够证据追究行为人刑事责任。这种境况使司法机关陷入两难境地:若不予刑事处罚,可能纵容犯罪;若要追究持有伪造发票的刑事责任,又缺乏法律依据。

为了有效地惩治伪造发票的行为,防止其他类似的犯罪活动,解决前述的遗留问题,2011 年《刑法修正案(八)》新增了持有伪造发票罪。持有伪造发票罪的法条从起草到最终通过,经历了一些变化。在 2010 年 8 月 28 日全国人大常委会公布的草案中,未将“明知”作为持有伪造发票罪的犯罪构成要件。但为避免将没有犯罪故意的持有行为也认定为犯罪,最终通过的草案中加入了“明知”一词,强调持有者存在主观故意。这也表明,在非明知情况下持有伪造发票并不构成该罪。

“持有伪造发票罪”的确立具有明显的立法意义和司法价值。一方面,该罪的确立完善了中国发票类犯罪的罪名体系,拓宽了刑法适用范围,有力地打击了持有伪造发票的犯罪行为。另一方面,该罪的确立使司法机关得以在持有者持有伪造发票阶段介入,而非等到实施具体出售、虚开发票、逃税或骗取出口退税等行为后再采取行动。这一举措有效地前移了刑法对发票管理和税收管理制度的保护阵地,一定程度上预防了其他发票犯罪的发生。

二、持有伪造的发票罪的现状

持有伪造的发票罪规定在《刑法》第 210 条之一。该条规定:“明知是伪造的发票而持有,数量较大的,处二年以下有期徒刑、拘役或者管制,并处罚金;数量巨大的,处二年以上七年以下有期徒刑,并处罚金。单位犯前款罪的,对单位判处罚金,并对其直接负责的主管人员和其他直接责任人员,依照前款的规定处罚。"

在具体的追诉标准上,《刑事案件立案追诉标准(二)》第65条规定:"明知是伪造的发票而持有,涉嫌下列情形之一的,应予立案追诉:(一)持有伪造的增值税专用发票或者可以用于骗取出口退税、抵扣税款的其他发票五十份以上且票面税额累计在二十五万元以上的;(二)持有伪造的增值税专用发票或者可以用于骗取出口退税、抵扣税款的其他发票票面税额累计在五十万元以上的;(三)持有伪造的第一项规定以外的其他发票一百份以上且票面金额在五十万元以上的;(四)持有伪造的第一项规定以外的其他发票票面金额累计在一百万元以上的。"

《危害税收征管刑事案件解释》第18条则在上述基础上,增加了发票"票面税额"或者"票面金额"的立案标准。该条规定:"具有下列情形之一的,应当认定为刑法第二百一十条之一第一款规定的'数量较大':(一)持有伪造的增值税专用发票或者可以用于骗取出口退税、抵扣税款的其他发票票面税额五十万元以上的;或者五十份以上且票面税额二十五万元以上的;(二)持有伪造的前项规定以外的其他发票票面金额一百万元以上的,或者一百份以上且票面金额五十万元以上的。持有的伪造发票数量、票面税额或者票面金额达到前款规定的标准五倍以上的,应当认定为刑法第二百一十条之一第一款规定的'数量巨大'。"

第二节　法律释义与构成要件

一、持有伪造的发票罪的法律释义

(一)刑法条文

《刑法》第210条之一规定:"明知是伪造的发票而持有,数量较大的,处二年以下有期徒刑、拘役或者管制,并处罚金;数量巨大的,处二年以上七年以下有期徒刑,并处罚金。单位犯前款罪的,对单位判处罚金,并对其直接负责的主管人员和其他直接责任人员,依照前款的规定处罚。”

(二)相关释义

该条规定的是持有伪造的发票罪。持有伪造的发票罪是指明知是伪造的发票而持有,数量较大的行为。这里所称伪造的发票,不仅包括普通发票,也包括增值税专用发票和用于骗取出口退税、抵扣税款的发票。持有伪造的发票必须达到“数量较大”的标准,而发票类型的不同,“数量较大”的标准也不同。根据最高人民检察院、公安部《刑事案件立案追诉标准(二)的补充规定》(已失效)第3条的规定,持有伪造的发票“数量较大”的标准如下:(1)持有伪造的增值税专用发票50份以上或者票面额累计在20万元以上的;(2)持有伪造的可以用于骗取出口退税、抵扣税款的其他发票100份以上或者票面额累计在40万元以上的;(3)持有伪造的普通发票200份以上或者票面额累计在80万元以上的。所谓持有,是指行为人对伪造的发票处于占有、支配或者控制的一种状态,而且其主观上是出于故意,即明知其持有的发票是伪造的,仍然持有的行为,过失则不构成该罪。

实务中“持有伪造的发票”大致可分为以下四类情形:(1)利用伪造的发票逃避缴纳应缴税款。部分企业通过非法市场购买伪造的发票用于虚列企业开支,以逃避缴纳企业所得税等相关税款。如果购买伪造的发票的数额较大,又没有构成逃税罪,就构成了持有伪造的发票罪。(2)利用伪造的发票列支非法支出。一些单位对日常活动中存在的商业贿赂等无法取得发票的非法支出,通过购买伪造的发票在会计核算中列支。(3)利用伪造的发票挪用、侵占单位资金。部分人员通过购买伪造的发票,向单位虚报支出,骗取、侵占单位资金。其中,如果利用伪造发票是诈骗或贪污的手段,可能构成诈骗罪、贪污罪或职务侵占罪。(4)利用伪造发票套取财政资金。一些单位通过购买伪造的发票入账等套取财政资金,私设“小金库”,用于单位职工福利等违法违纪活动。其中如果是国家机关、国有公司、企业、事业单位、人民团体,将套取的财政资金以单位名义集体私分给个人的行为,可能构成私分国有资产罪。对于个人利用伪造的发票套取财政资金行为,可参照“利用伪造的发票挪用、侵占单位资金”处理。

二、持有伪造的发票罪的犯罪构成要件

(一)客体

犯罪客体,是指犯罪行为侵害的、为我国刑法所保护的社会主义社会关系。犯罪对象,是指犯罪分子实施犯罪行为所作用的对象。任何犯罪都会侵害犯罪客体,但却不一定侵害犯罪对象。犯罪分子一般是通过侵害犯罪对象来侵害犯罪客体。

关于持有伪造的发票罪的犯罪对象,刑法只是规定明知是伪造的"发票"而持有的,至于具体包括哪些种类的发票,刑法并没有明确规定,但根据文义解释的方法,这里的发票既包括增值税专用发票和用于骗取出口退税抵扣税款的其他发票,也包括普通发票。我国司法实践中,法院也是把这里的发票解释成前述三种类型的发票都包括在内,有些学者也持这种观点。[1]

持有伪造的发票罪的客体是复杂客体,既包括我国的发票管理制度,也包括我国的税收管理制度。首先,根据我国《发票管理办法》第 18 条的规定,销售商品、提供服务以及从事其他经营活动的单位和个人,对外发生经营业务收取款项,收款方应当向付款方开具发票;特殊情况下,由付款方向收款方开具发票。因此,发票既是商事主体商事交往中收付款的凭证,也是商事主体进行账务处理的依据,如果任由伪造的发票流通,将严重扰乱我国的发票管理制度。其次,我国实行"以票控税"税收制度,一般情况下税务机关以发票作为征税的基础,如果伪造的发票大量流通,将会不当扩大商事主体税前扣除额,造成我国税收的损失,损害我国的税收管理制度。但该罪和其他持有型犯罪一样,持有行为本身可能还没有造成上述客体的实际损害,更多地体现为对上述客体的一种潜在威胁。

(二)客观方面

客观方面是刑法规定的具有社会危害应受刑罚处罚的行为,以及由此行为造成或可能造成的危害社会的结果。

首先,该罪的客观方面体现为持有,包括直接持有和间接持有。就直接

---

〔1〕 参见王新:《新解我国发票类的罪名体系》,载《政法论丛》2016 年第 2 期。

持有而言,并不意味着只有行为人把伪造的发票时刻拿在手上才是持有,行为人把伪造的发票藏匿在自己的家中、办公室以及其他地方,只要行为人能够实际控制这些地方,就可以认定为直接持有。就间接持有而言,主要是指行为人明知是伪造的发票,自己不直接持有而是通过其他人持有,但行为人能够控制该直接持有人的行为,此时,无论直接持有人是否构成持有伪造的发票罪,行为人都是间接持有伪造的发票,如果符合犯罪构成的其他方面,行为人的行为都构成持有伪造的发票罪。

其次,该罪更多地体现为对我国发票管理制度和税收管理制度的一种潜在威胁,如当事人持有伪造的发票只是为了自己恶作剧之用,那么该行为对该罪的客体还未造成实际的损害。但一些其他犯罪,如虚开发票罪、出售伪造的发票罪等,都离不开持有行为,为了防止更严重犯罪的发生,也为了避免出现前文所述的放纵犯罪的可能,因此打击持有行为也有必要。

(三)主体

该罪的主体为一般主体,自然人和单位都可以成为该罪的犯罪主体。对于自然人,只要年满16周岁,并且精神和生理功能健全而智力和知识发展健全的人,持有伪造的发票的,都可能构成持有伪造的发票罪。对于单位,应该符合单位犯罪的一般条件,即只有犯罪行为的发生是为了单位的整体的利益或者单位全体员工的利益,相关犯罪才构成单位犯罪,否则只能按照个人犯罪定罪处罚。同时,如果个人设立公司、企业、事业单位的目的是实施持有伪造的发票,或者公司、企业、事业设立后,实施的主要活动是持有伪造的发票,同样也不构成持有伪造的发票罪,应该按照刑法有关自然人的有关规定定罪处罚。

(四)主观方面

主观方面,即行为人对自己实施的犯罪行为以及犯罪结果的心理态度,也即主观罪过。在立法的过程中,该罪的成立是否要求当事人有主观罪过,是存在争议的。有些学者主张该罪应该实行严格责任制度,只要当事人有持有伪造的发票行为,无论其罪过如何,都应该定罪处罚。其主要理由是"罪过作为犯罪构成的主观方面要件,是近代刑法的一条通则,然而通则之外尚有例外现象,严格责任就是其中之一。在持有型犯罪领域,严格责任的频率相对较高，对于不少持有型犯罪我们不能用故意或过失的理论去评价其犯罪构成”[1]。

最终通过的《刑法修正案（八）》并没有采取上述观点，而是规定该罪的主观方面只能是故意，既包括直接故意也包括间接故意。具体来讲，在认识因素方面当事人必须明知自己持有的是伪造的发票，并且认识到国家是禁止伪造的发票流通、使用的；在意志因素方面，当事人知道这种行为会或者可能会造成我国发票管理制度和税收管理制度的损害，但积极追求这种结果的发生，或者当事人知道这种行为可能会造成我国发票管理制度和税收管理制度的损害，但却放任这种结果的发生。

过失不可能构成该罪，无论是一般过失还是重大过失。这也就意味着，如果查明当事人是由于被欺骗等才持有伪造的发票的，但当事人并不知道自己持有的是伪造的发票，那么即使当事人在开始时没有查验发票的真假就持有伪造的发票，有关机关也不能以该罪追究当事人的刑事责任。

第三节　司法实践的裁判现状

一、持有伪造的发票罪的基本概况

从现实情况来看，“持有伪造的发票罪”的设立在一定程度上遏制了我国持有伪造的发票案件的发生。2011 年该罪名设立以来，随着税收大数据、发票管控手段的发展进步、电子发票/数电发票的推广使用以及有关执法和司法机关对伪造发票行为的严厉打击，“持有伪造的发票罪”的犯罪数量大幅下降。根据威科先行法律信息库的数据统计，该类犯罪的数量近年来整体上呈现明显下降趋势，犯罪数量逐年减少，甚至有“退隐江湖”之势。如图 11－1 所示。

[1] 苗有水：《持有型犯罪与严格责任》，载北京大学《刑事法学要论》编辑组编：《刑事法学要论——跨世纪的回顾与前瞻》，法律出版社 1998 年版，第 390 页。

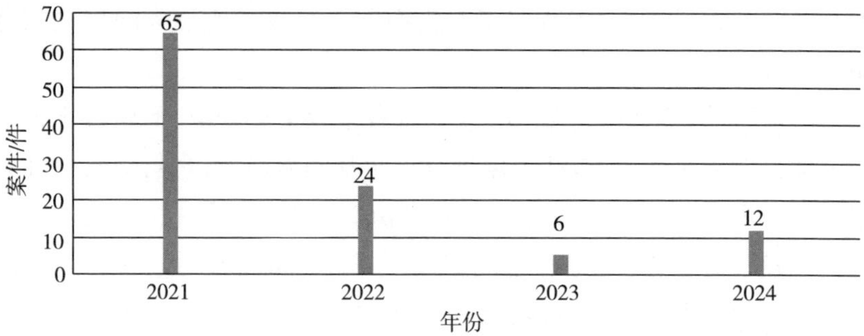

图 11－1　2021～2024 年持有伪造的发票罪各年犯罪数量情况

然而,这并不意味着税务机关会放松对持有伪造的发票案件的监管,根据国家税务总局的工作安排,2024 年及以后的很长一段时间,在税务机关依然会把“打假打虚”行为作为主要工作的情况下,持有伪造的发票行为依然属于税务机关打击的重点之一。

二、持有伪造的发票罪的裁判观点

司法实践中,持有伪造的发票罪的裁判主要涉及一罪还是数罪的问题。本书通过检索法院的公开裁判案例发现,对于单纯购买伪造的发票的行为,以持有伪造的发票罪定罪处罚没有争议,然而当持有伪造的发票行为与其他犯罪行为并存时,如何定罪量刑存在较大争议,如按照牵连犯择一重罪处罚,还是数罪并罚,这一点尚存在较大疑虑。

在本书检索的相关案例中,对于单纯持有伪造的发票的行为,法院一般以持有伪造的发票罪进行定罪处罚。例如,在拉萨市中级人民法院审理的周某贝持有伪造的发票罪案〔1〕中,法院认定,自 2015 年 4 月起,被告人周某贝多次购买伪造的空白发票和私刻印章,并根据客户的要求填写发票信息后进行销售。同年 7 月 1 日,侦查人员从被告人周某贝租住的房屋内,依法收缴各类空白普通发票共计 816 张。经拉萨市税务局检验,上述发票均系假发票。最终,法院认定被告人周某贝明知是伪造的发票而持有,且数量较大,其行为已构成持有伪造的发票罪,应当承担相应的刑事责任。

---

〔1〕 参见西藏自治区拉萨市中级人民法院刑事裁定书,(2015)拉刑二终字第 12 号。

在连云港市中级人民法院审理的张某持有伪造的发票案[1]中，法院认定，2013 年 5 月，被告人张某通过“QQ”联络，以 500 元的价格，从雄达票务购买了 1000 份伪造的空白航空运输电子客票行程单。2013 年 6 月 27 日，连云港市公安局经济犯罪侦查支队查扣了张某持有的伪造的空白航空运输电子客票行程单 945 份。次日，张某主动到连云港市公安局经侦支队投案。法院认为，被告人张某持有伪造的发票，其行为构成持有伪造的发票罪，依法应追究其刑事责任。

此外，还有很多类似案例，如庄某持有伪造的发票案[2]、孙某某持有伪造的发票案[3]等，法院在行为人有购买伪造的发票行为，但没有实施其他犯罪的情况下，都是以持有伪造的发票罪追究行为人的责任。

对于既有持有伪造的其他发票行为又有其他犯罪行为的案件，法院通常会根据具体情况进行不同的处理。如果涉及刑法理论上的牵连犯，法院会按照牵连犯择一重罪处罚，如果不涉及牵连犯，则会数罪并罚。在吉某持有伪造的发票案[4]中，法院认定，行为人为了逃税而持有伪造的发票，构成牵连犯。在逃税行为未构成犯罪时，按照持有伪造的发票罪定罪处罚。而在周某持有伪造的发票、非法制造、出售非法制造的发票案[5]中，法院认为，犯罪嫌疑人周某，在明知航空客票行程单是伪造的而持有，并且对外出售了其中的一部分以牟利，对于持有还未对外出售的部分应以持有伪造的发票罪论处，而对于已经出售的部分以出售非法制造的发票罪论处，并应按照《刑法》第 69 条的规定数罪并罚。

第四节　常见问题与实务探讨——以案说法

一、持有伪造的发票罪的常见问题

在持有伪造的发票罪中，控辩双方的争议焦点往往集中在以下几个方

---

[1] 参见江苏省连云港中级人民法院刑事裁定书，(2014)连刑二终字第 00095 号。
[2] 参见山东省临沂市中级人民法院刑事裁定书，(2017)鲁 13 刑终 243 号。
[3] 参见江苏省徐州铁路运输法院刑事判决书，(2012)徐铁刑初字第 47 号。
[4] 参见江苏省泰州市中级人民法院刑事裁定书，(2014)泰中刑二终字第 0013 号。
[5] 参见浙江省金华市中级人民法院刑事判决书，(2013)浙金刑二终字第 184 号。

面:首先,犯罪嫌疑人对于持有的发票是伪造的是否明知,其次,量刑是否恰当。

犯罪嫌疑人及其辩护人往往以行为人不明知持有的发票是伪造的为抗辩依据,试图推翻检察机关的指控,而检察机关往往会从其他方面证明犯罪嫌疑人明知。此外,因《刑法》第210条之一中规定的数量较大和数量巨大的标准对行为人的定罪量刑极为重要,犯罪嫌疑人及其辩护人也会从犯罪数额上提出抗辩,以期减轻刑罚。

在廖某某持有伪造的发票案[1]中,便同时涉及以上两个争议点。上诉人廖某某提出,自己并不知道是伪造的发票,一审认定构成犯罪证据不足。但二审法院经查,认为廖某某在侦查机关的供述、证人黄某某的证言等证据材料证实其明知是伪造的发票;并且其从非税务机关获得发票,将开支的手续费计入单位管理费的客观事实,也能印证其应当明知该发票系伪造。上诉人还提出,认定其持有伪造发票数量巨大无法律依据。但法院经查,在当时司法解释尚未进一步明确的前提下,认为上诉人廖某某持有的伪造发票票面金额已达公安机关立案追诉标准的15倍,一审法院结合案件实际认定属数额巨大并无不当。最终,没有支持上诉人的上诉请求。

在范某某持有伪造的发票案[2]中,上诉人范某某提出其不知道携带的发票是伪造的,但二审法院认为范某某在侦查阶段、一审庭审上均多次对其明知是伪造的发票而帮忙送至海珠广场地铁站的事实供认不讳,其二审期间翻供没有合理理由,最终没有支持上诉人的请求,维持了原判。

此外,持有伪造的发票罪往往会和其他犯罪构成牵连犯,如为逃税而持有伪造的发票,为了出售而购买、持有伪造的发票等,这都可能构成刑法上的牵连犯。根据我国刑法学界的主流观点,牵连犯应该择一重罪处罚,而并不仅局限于目的行为或原因,因此,在行为人为了逃税而持有伪造的发票、因为出售而持有伪造的发票、因为购买而持有伪造的发票时,即使逃税的行为、出售伪造发票的行为、购买伪造发票的行为不构成相关犯罪,但只要行为人的行为构成持有伪造的发票罪,法院依然可以依据这一罪名定罪处罚。

---

〔1〕 参见四川省宜宾市中级人民法院刑事裁定书,(2014)宜中刑二终字第108号。

〔2〕 参见广东省广州市中级人民法院刑事裁定书,(2014)穗中法刑二终字第651号。

例如,在吉某某持有伪造的发票案[1]的二审中,辩护人称吉某某持有伪造发票的目的是逃税,一审法院判决吉某某持有伪造的发票罪定性错误。但二审法院并未采纳辩护人的观点,而是认为上诉人吉某某明知是伪造的发票而持有并使用,其目的是逃税,其行为构成刑法意义上的牵连犯,应择一重罪处罚,在其逃税行为无法构罪的情况下,一审认定上诉人吉某某构成持有伪造的发票罪,定性准确。

二、持有伪造的发票罪的辩护思路

在持有伪造的发票案中,由于犯罪嫌疑人持有伪造的发票的事实是客观存在的,一般来讲从客观方面来进行辩护的空间和余地较小,只能从犯罪嫌疑人的主观方面进行辩护,寻求突破,即从犯罪嫌疑人不知所持有的发票为伪造的发票方面进行辩护。但从主观方面进行辩护时,依然有很大难度,检察机关会从其他方面去证明被告人是明知的,法院往往也认同检察机关从其他方面举证的效力。例如,在有的案件中,检察机关会证明被告人之前有其他发票犯罪行为,对发票真假有基本的判断能力,所以对于持有的伪造票为明知;又如,检察机关会举证证明被告人从非税务机关获得发票,将开支的手续费计入单位管理费等的事实,也可印证被告人应当明知该发票系伪造。总之,辩护时要想从主观方面即被告人不知持有的发票为伪造的发票进行辩护往往难度较大,法院往往也不会支持辩护人或被告人的主张。但是作为持有伪造的发票罪案件被告人的辩护人,在辩护时需要注重证据的收集,从各方面来证明被告人不明知所持有的发票为伪造的,如辩护人可以举证证明被告人被蒙骗的、被告人是无意中持有伪造的发票的等。例如,根据阳泉市平定县人民检察院平检公诉刑不诉〔2016〕19 号不起诉决定书,魏某甲违反发票管理法规,经李某某介绍从杨某某处购买发票,但魏某甲从杨某某处拿到发票后即到平定县地方税务局核实发票的真伪。因此,魏某甲在持有该发票时,其在主观上并不明知杨某某为其开具的发票是伪造的,不符合持有伪造的发票罪的构成要件。

根据《刑事诉讼法》第 177 条第 2 款的规定,对于犯罪情节轻微,依照刑法规定不需要判处刑罚或者免除刑罚的,检察院可以作出不起诉决定。在

---

〔1〕 参见江苏省泰州市中级人民法院刑事裁定书,(2014)泰中刑二终字第 0013 号。

部分案件中,虽然案件当事人持有伪造的发票的金额和数量达到了定罪量刑的标准,但是如果存在犯罪情节轻微并且具有认罪态度好、取得了被害人谅解,具有自首、自愿认罪情节,及时补缴相应税款等情形的,在检察院审查起诉阶段,还是有相当部分的案件取得了不起诉的结果。因此,对于单独成立的该罪,而没有持有伪造的发票导致其他犯罪行为的,辩护人也可以往不起诉的结果去努力。

第四部分 其他涉税犯罪案件实务与探索

本部分要讨论的是我国《刑法》分则第三章第六节规定的"危害税收征管罪"以外的其他涉税犯罪。在当今我国市场经济蓬勃发展的大环境下,税收征管体系的稳固与税收法律的完备性对于维护国家财政安全和推动经济健康增长具有无可替代的关键作用,然而走私普通货物、物品罪,徇私舞弊不征、少征税款罪,徇私舞弊发售发票、抵扣税款、出口退税罪以及违法提供出口退税凭证罪等涉税犯罪对国家税收征管秩序和经济安全产生重大影响,其立法与司法实践的重要性越发凸显。本部分将从这些罪名的沿革与现状、法律释义、构成要件、司法实践等多个方面入手,全面剖析此类犯罪的内涵和外延,为司法实践提供有力的理论支持。对这类犯罪进行深入研究,不仅有助于深入理解这些罪名的内涵和外延,而且有助于完善税收征管体系、健全税收法律、维护国家经济安全和社会稳定。

第十二章 走私普通货物、物品罪

走私普通货物、物品罪是常见的经济犯罪之一，该罪所侵犯的客体是国家对外贸易管制，其犯罪行为认定以偷逃税税额或偷逃税行为为基础，这一点也是该罪区别于其他走私犯罪的地方，因此，走私普通货物、物品罪也是常见的涉税犯罪之一。

本章将回顾走私普通货物、物品罪的历史沿革，立法变化过程，对近年来可公开查询走私普通货物、物品罪的判决进行分析，总结相关趋势，并对走私普通货物、物品罪涉及的相关司法实务问题进行探讨，为律师办理相关案件提供参考与借鉴。

第一节 历史沿革与现状

一、走私普通货物、物品罪的历史沿革

走私犯罪古已有之，该类罪名的出现与关税制度的发展密切相关。我国最早的关税制度可以追溯至原始社会后期。西周时期，出现了专门管理进出境的机构“关”，并制定了惩罚走私物品的规定。此后各个朝代不断完善立法，及至唐代，关于走私犯罪的立法达到新高度，《唐律疏议》规定了私度和越度行为的处罚。此后各朝代基本沿袭唐律规定。

鸦片战争后，清政府签订丧权辱国条约，关税主权被外国控制，走私行

为猖獗。外关被列强把持,外国人走私犯罪严重,清政府无处罚权。虽有法律规制走私犯罪,但处罚过严且因战争无法有效执行,直至中华人民共和国成立才得以改变。

二、走私普通货物、物品罪的现状

目前,我国《刑法》关于走私犯罪主要规定在《刑法》第 151 条、第 152 条、第 347 条和第 153 条,其罪名体系如表 13 - 1 所示。

表 13 - 1 走私犯罪的罪名体系

罪名	条文	法条内容
走私武器、弹药罪、走私核材料罪、走私假币罪	第 151 条第 1 款	走私武器、弹药、核材料或者伪造的货币的,处 7 年以上有期徒刑,并处罚金或者没收财产;情节特别严重的,处无期徒刑,并处没收财产;情节较轻的,处 3 年以上 7 年以下有期徒刑,并处罚金
走私文物罪、走私贵重金属罪、走私珍贵动物罪、走私珍贵动物制品罪	第 151 条第 2 款	走私国家禁止出口的文物、黄金、白银和其他贵重金属或者国家禁止进出口的珍贵动物及其制品的,处 5 年以上 10 年以下有期徒刑,并处罚金;情节特别严重的,处 10 年以上有期徒刑或者无期徒刑,并处没收财产;情节较轻的,处 5 年以下有期徒刑,并处罚金
走私国家禁止进出口的货物、物品罪	第 151 条第 3 款	走私珍稀植物及其制品等国家禁止进出口的其他货物、物品的,处 5 年以下有期徒刑或者拘役,并处或者单处罚金;情节严重的,处 5 年以上有期徒刑,并处罚金
走私淫秽物品罪	第 152 条第 1 款	以牟利或者传播为目的,走私淫秽的影片、录像带、录音带、图片、书刊或者其他淫秽物品的,处 3 年以上 10 年以下有期徒刑,并处罚金;情节严重的,处 10 年以上有期徒刑或者无期徒刑,并处罚金或者没收财产;情节较轻的,处 3 年以下有期徒刑、拘役或者管制,并处罚金
走私废物罪	第 152 条第 2 款	逃避海关监管将境外固体废物、液态废物和气态废物运输进境,情节严重的,处 5 年以下有期徒刑,并处或者单处罚金;情节特别严重的,处 5 年以上有期徒刑,并处罚金

续表

罪名	条文	法条内容
走私、贩卖、运输、制造毒品罪	第347条	走私、贩卖、运输、制造毒品,无论数量多少,都应当追究刑事责任,予以刑事处罚。 走私、贩卖、运输、制造毒品,有下列情形之一的,处15年有期徒刑、无期徒刑或者死刑,并处没收财产: (1)走私、贩卖、运输、制造鸦片1千克以上、海洛因或者甲基苯丙胺50克以上或者其他毒品数量大的; (2)走私、贩卖、运输、制造毒品集团的首要分子; (3)武装掩护走私、贩卖、运输、制造毒品的; (4)以暴力抗拒检查、拘留、逮捕,情节严重的; (5)参与有组织的国际贩毒活动的。 走私、贩卖、运输、制造鸦片200克以上不满1千克、海洛因或者甲基苯丙胺10克以上不满50克或者其他毒品数量较大的,处7年以上有期徒刑,并处罚金。 走私、贩卖、运输、制造鸦片不满200克、海洛因或者甲基苯丙胺不满10克或者其他少量毒品的,处3年以下有期徒刑、拘役或者管制,并处罚金;情节严重的,处3年以上7年以下有期徒刑,并处罚金。 ……
走私普通货物、物品罪	第153条	走私本法第151条、第152条、第347条规定以外的货物、物品的,根据情节轻重,分别依照下列规定处罚: (1)走私货物、物品偷逃应缴税额较大或者一年内曾因走私被给予二次行政处罚后又走私的,处3年以下有期徒刑或者拘役,并处偷逃应缴税额1倍以上5倍以下罚金。 (2)走私货物、物品偷逃应缴税额巨大或者有其他严重情节的,处3年以上10年以下有期徒刑,并处偷逃应缴税额1倍以上5倍以下罚金。 (3)走私货物、物品偷逃应缴税额特别巨大或者有其他特别严重情节的,处10年以上有期徒刑或者无期徒刑,并处偷逃应缴税额1倍以上5倍以下罚金或者没收财产。 单位犯前款罪的,对单位判处罚金,并对其直接负责的主管人员和其他直接责任人员,处3年以下有期徒刑或者拘役;情节严重的,处3年以上10年以下有期徒刑;情节特别严重的,处10年以上有

续表

罪名	条文	法条内容
		期徒刑。 对多次走私未经处理的，按照累计走私货物、物品的偷逃应缴税额处罚

从表 13-1 可知，在刑法体系下，走私普通货物、物品罪是指走私除武器、弹药、核材料、伪造的货币，国家禁止出口的文物、黄金、白银和其他贵重金属或者国家禁止进出口的珍贵动物及其制品，珍稀植物及其制品等国家禁止进出口的其他货物、物品，淫秽的影片、录像带、录音带、图片、书刊或者其他淫秽物品，境外废物，毒品之外的货物、物品的行为。对走私普通货物、物品罪，根据情节的轻重不同，会被处以拘役、有期徒刑或无期徒刑，同时还会被处偷逃应缴税额 1 倍以上 5 倍以下罚金甚至没收财产。

第二节　法律释义与构成要件

一、走私普通货物、物品罪的法律释义

（一）刑法条文

《刑法》第 153 条规定："走私本法第一百五十一条、第一百五十二条、第三百四十七条规定以外的货物、物品的，根据情节轻重，分别依照下列规定处罚：（一）走私货物、物品偷逃应缴税额较大或者一年内曾因走私被给予二次行政处罚后又走私的，处三年以下有期徒刑或者拘役，并处偷逃应缴税额一倍以上五倍以下罚金。（二）走私货物、物品偷逃应缴税额巨大或者有其他严重情节的，处三年以上十年以下有期徒刑，并处偷逃应缴税额一倍以上五倍以下罚金。（三）走私货物、物品偷逃应缴税额特别巨大或者有其他特别严重情节的，处十年以上有期徒刑或者无期徒刑，并处偷逃应缴税额一倍以上五倍以下罚金或者没收财产。单位犯前款罪的，对单位判处罚金，并对其直接负责的主管人员和其他直接责任人员，处三年以下有期徒刑或者拘役；情节严重的，处三年以上十年以下有期徒刑；情节特别严重的，处十年以

上有期徒刑。对多次走私未经处理的,按照累计走私货物、物品的偷逃应缴税额处罚。”

《刑法》第154条规定:“下列走私行为,根据本节规定构成犯罪的,依照本法第一百五十三条的规定定罪处罚:(一)未经海关许可并且未补缴应缴税额,擅自将批准进口的来料加工、来件装配、补偿贸易的原材料、零件、制成品、设备等保税货物,在境内销售牟利的;(二)未经海关许可并且未补缴应缴税额,擅自将特定减税、免税进口的货物、物品,在境内销售牟利的。”

(二)相关释义

关于走私普通货物、物品罪的概念,理论界有不同的表述[1],在此不再一一复述。不过,本书认为,走私普通货物、物品罪是指当事人违反海关法规、逃避海关监管,运输、携带、邮寄除下列货物、物品之外的货物、物品进出境的行为,具体包括以下货物、物品:(1)武器、弹药、核材料、伪造的货币;(2)国家禁止出口的文物、黄金、白银和其他贵重金属或者国家禁止进出口的珍贵动物及其制品;(3)珍稀植物及其制品等国家禁止进出口的其他货物、物品;(4)淫秽的影片、录像带、录音带、图片、书刊或者其他淫秽物品;(5)毒品。

此外,根据我国《刑法》第152条第2款的规定,逃避海关监管将境外固体废物、液态废物和气态废物运输进境,情节严重的,构成走私废物罪。因此,从境外走私废物进入我国境内的构成单独的走私废物罪,不构成走私普通货物、物品罪。从该款还可得出,将我国境内的固体废物、液态废物和气态废物运输出境的,不构成走私废物罪,也不构成走私普通货物、物品罪。

上述货物、物品以外的其他货物、物品,即为该罪犯罪对象,且均为涉税货物、物品。

二、走私普通货物、物品罪的犯罪构成要件

(一)犯罪客体

对于该罪的犯罪客体,学术界存在不同观点,但大致分为两类:第一类

---

[1] 参见李希慧:《走私普通货物、物品罪若干问题之探讨》,载《法商研究(中南政法学院学报)》2001年第4期。

观点认为,走私普通货物、物品罪侵犯的是国家的对外贸易管制,不同学者对于对外贸易管制的具体含义又有不同的理解,多数认为是指关于普通货物、物品进出口的监管制度和征收关税制度。此类观点是目前的主流观点。第二类观点则从法益侵害说的角度出发,认为刑法的目的是保护法益,因此不应当仅从社会关系层面分析走私普通货物、物品罪的犯罪客体,而应当考虑到其对国家法益和社会法益的侵害。[1] 此类观点比较有代表性的是张明楷在《刑法学》中提到的,走私罪所保护的法益是"关税收益和货物、物品的进出口管理秩序"[2]。

本书采取主流观点,认为该罪的客体是国家对外贸易管制中关于普通货物、物品进出口的监管制度和征收关税制度。我国《海关法》第 8 条规定,进出境运输工具、货物、物品,必须通过设立海关的地点进境或者出境。第 9 条规定,进出口货物,除另有规定的外,可以由进出口货物收发货人自行办理报关纳税手续,也可以由进出口货物收发货人委托报关企业办理报关纳税手续。进出境物品的所有人可以自行办理报关纳税手续,也可以委托他人办理报关纳税手续。第 14 条第 1 款规定,进出境运输工具到达或者驶离设立海关的地点时,运输工具负责人应当向海关如实申报,交验单证,并接受海关监管和检查。第 23 条和第 46 条分别规定,进出境货物和物品应该接受海关监管。因此,该罪侵害的客体是国家关于进出境的监管制度和征收关税制度。

该罪的对象是普通货物、物品,是指除《刑法》第 151 条规定的武器、弹药、核材料、假币,文物、贵重金属、珍贵动物、珍贵动物制品,国家禁止进出口的货物、物品,《刑法》第 152 条规定的淫秽物品、废物,以及《刑法》第 347 条规定的毒品之外的货物、物品,即只要走私的货物、物品没有被刑法规定为独立的犯罪,就有可能构成走私普通货物、物品罪。

(二)犯罪客观方面

1. 犯罪行为

该罪的犯罪行为体现为违反《海关法》等法律和海关监管规定,私自运

---

〔1〕 参见路红青:《论走私普通货物、物品罪》,武汉大学 2010 年博士学位论文,第 25 ~26 页。

〔2〕 张明楷:《刑法学》(下)(第 6 版),法律出版社 2021 年版,第 956 页。

输、携带、邮寄货物、物品进出关境的行为。走私犯罪行为主要包括四种类型,即通关走私、绕关走私、后续走私和间接走私,其中前两种是最常见的走私方式。

通关走私,是指行为人在通关时,隐藏携带的货物、物品,逃避海关的监管,或向海关虚假申报,以减少应缴纳的税款。比如,有些行为人为了走私手机,把手机绑在身上,以逃避海关的检查;又如,有些人在通关申报时故意改变货物的品名和价格,把价格较高的货物的品名申报为价格较低的货物的品名,或者在通关时故意申报比实际进口价格低得多的价格,以逃避缴纳相应的关税以及其他税收。

绕关走私,是指行为人在走私货物、物品时,不通过国家设立海关的关口,而是通过国家未设立海关的地方私自运输、携带货物、物品进入境内。绕关走私中,行为人走私的一般为大宗货物、物品,以石油、农产品、矿物质等居多。比如,在已经审判的案例中,就有行为人经过国家未设立海关的地方用船舶从境外购买柴油、成品油,然后将这些柴油、成品油偷运入我国境内进行销售。

后续走私,是指行为人合法进口货物、物品之后,在没有取得海关许可并缴纳相应关税、增值税的情况下,在境内销售只能在特殊区域内使用的货物。后续走私包括两种类型:一是私自销售只能在特殊区域内使用或生产的货物、产品,如私自销售按照规定不能内销只能出口的,在加工区、保税区内用于来料加工、来件装配、补偿贸易的进口元器件或加工的产品。二是私自销售特殊区域内减税或免税的货物、物品,如行为人为了谋利,在未经海关许可并且未补缴应缴税额的情况下,在经济特区之外的地方销售经济特区内减征或免征关税的货物、物品。[1]

间接走私,是指行为人直接向走私人非法收购国家禁止进口物品的,或者直接向走私人非法收购走私进口的其他货物、物品,数额较大的;行为人在内海、领海、界河、界湖运输、收购、贩卖国家禁止进出口物品的,或者运输、收购、贩卖国家限制进出口货物、物品,数额较大,没有合法证明的。[2]

---

〔1〕 关于后续走私的规定,参见《刑法》第 154 条。

〔2〕 关于间接走私的规定,参见《刑法》第 155 条。

2. 危害结果

走私普通货物、物品罪与《刑法》第 151 条、第 152 条和第 347 条单独规定的走私犯罪不同，后者的走私对象是国家禁止进出口的货物、物品，这些货物、物品国家本身就禁止进出口，不涉及偷逃应缴税款的问题。根据《办理走私案件司法解释》的规定，走私这些货物、物品的，是以走私这些货物、物品的数量定罪处罚。而走私普通货物、物品的对象不仅包括国家禁止或限制进出口的货物、物品，还包括允许进出口的货物、物品，根据《办理走私案件司法解释》的相关规定，走私普通货物、物品的，一般是以偷逃税款的金额为依据定罪处罚。

根据《刑法》第 153 条以及《办理走私案件司法解释》第 16 条第 1 款的规定，走私普通货物、物品，偷逃应缴税款的金额达到 10 万元以上的，或者一年内曾因走私被给予二次行政处罚后又走私的，构成该罪。对于偷逃税款不满 10 万元的，只是构成普通的违法行为，不能以犯罪论处，而对于"一年内曾因走私被给予二次行政处罚后又走私的"，根据《办理走私案件司法解释》第 17 条的规定，"一年内"，以因走私第一次受到行政处罚的生效之日与"又走私"行为实施之日的时间间隔计算确定；"被给予二次行政处罚"的走私行为，包括走私普通货物、物品以及其他货物、物品；"又走私"行为仅指走私普通货物、物品。

（三）犯罪主体

该罪的主体为一般主体，自然人和单位都可以成为该罪的犯罪主体。

对于自然人，只要年满 16 周岁，并且精神和生理功能健全而智力和知识发展健全的人，有走私普通货物、物品行为的，在满足犯罪构成要件的情况下，构成走私普通货物、物品罪。

对于单位，应该符合单位犯罪的一般条件，即只有犯罪行为的发生是为了单位的整体的利益或者单位全体员工的利益，走私普通货物、物品的，才可能构成走私普通货物、物品罪的单位犯罪，否则只能按照自然人犯罪定罪处罚。同时，如果个人设立公司、企业、事业单位的目的是实施走私普通货物、物品的，或者公司、企业、事业单位设立后，实施的主要活动是走私普通货物、物品的，同样也不构成单位犯罪，应该按照刑法有关自然人的有关规定定罪处罚。

（四）犯罪主观方面

该罪的主观方面只能是故意，过失不能构成该罪。无论是直接故意还是间接故意，都可以构成该罪。具体来讲就是，如果行为人明知自己的行为是走私行为，并且会造成国家税款的损失，但行为人却希望这种结果的发生，或者行为人明知自己的行为是走私行为，并且会造成国家税款的损失，虽然没有积极追求这种结果的发生，但放任这种结果的发生。

无论是一般过失还是重大过失，都不能构成该罪，如果查明行为人不知自己的行为是走私行为，如被蒙骗携带走私货物通关，行为人最多算是过失，就不能以走私普通货物、物品罪论处。

第三节　司法实践的裁判现状

一、走私普通货物、物品罪的基本概况

走私普通货物、物品罪案件涉及的金额一般较大，虽然近年来相关部门也把走私普通货物、物品罪作为重点打击对象予以打击，但有利益的地方就会有犯罪，走私普通货物、物品罪也一样，虽然海关部门检查打击力度很大，但各种各样的走私行为依然时有发生。

根据中国裁判文书网的统计信息，从 2017 年到 2024 年每年在裁判文书网上发布的走私普通货物、物品罪一审案件分别为 273 件、146 件、272 件、427 件、222 件、133 件、70 件和 75 件，而以上年度在裁判文书网上公布的一审刑事案件总数分别为 942,714 件、903,811 件、969,753 件、843,821 件、422,056 件、110,006 件、161,782 件和 180,014 件，同一年度上网公布的走私普通货物、物品罪的案件数量占当年已上网公布的刑事案件总数的比例分别为 0. 02885%、0. 0161%、0. 028%、0. 0506%、0. 0525%、0. 121%、0.0432%和 0.0416%。可以看出，走私普通货物、物品罪无论是在绝对数量上，还是相对数量上，发生的数量都非常少，属于小众犯罪。

从发生地域来看，内陆地区发生的走私普通货物、物品罪的数量相对较少，一些内陆地区法院在裁判文书网上公布的所有年度的走私普通货物、物

品罪的数量不超过两位数。沿海地区发生的走私普通货物、物品罪的数量相对较多,但沿海地区各省份发生的数量差异也非常大,如广东省各级法院公布的所有年度的走私普通货物、物品罪的合计数量是沿海地区各省份中最多的,达到了533件;浙江省和福建省分别有265件和191件,是除广东省外各沿海省份中公布的数量超过两位数的另外两个省份,而其他沿海省份公布的数量都在100件以内。

从走私普通货物、物品罪走私的对象来看,走私的对象品样不一,但主要是电子产品、机器设备、农产品、柴油、成品油、小汽车等进口关税税率较高的产品,如电子产品的普通税率为15%,大米进口关税配额外最惠国税率为65%,普通税率为180%,成品油、柴油的进口关税普通税率为35%,小轿车进口关税普通税率为100%至270%等。可以看出,进口关税税率越高的商品越容易成为走私普通货物、物品罪犯罪分子的犯罪对象。

从当前走私普通货物、物品罪的走私形式上看,对于大宗商品,如石油、柴油、农产品等,犯罪分子一般会采取绕关走私,就是绕过海关从没有设立海关的边境把相关货物、物品运输进国内;对于金额大但体积小的商品,如手机、金银制品、玉石等,犯罪分子一般会通过通关走私,就是在通关时把这些体积小的货物、物品隐藏起来,不向海关申报,把这些货物、物品运入国内。大宗商品绕关走私,小件商品通关走私也并非绝对,对于体积大的物品,有时犯罪分子也会采取通关走私的方式,如犯罪分子会采取签订假合同的方式,把进口的货物、物品的价格人为变低,从而达到可以少交关税而通关的目的,这同样造成了国家关税、消费税、增值税及相关附加税等税款的损失,也是走私行为。

二、走私普通货物、物品罪的裁判趋势

通过分析检索到2017~2024年的1617份走私普通货物、物品罪的一审判决书可以发现,在司法实践中,法院在审理走私普通货物、物品罪时,呈现如下裁判趋势:

第一,对于符合刑法规定的行为,即使偷逃税额很小,也严格按照刑法的规定,进行定罪处罚。如《刑法》第153条第1款规定:“……一年内曾因走私被给予二次行政处罚后又走私的,处三年以下有期徒刑或者拘役,并处偷逃应缴税额一倍以上五倍以下罚金。”因此,在司法实践中就出现了因为

一年内曾因走私被两次行政处罚,后又走私普通货物、物品的,虽然走私数额只有几十元或几百元,法院依然按照刑法规定定罪处罚。例如,在陈某走私普通货物、物品案[1]、王某走私普通货物、物品案[2]中,虽然行为人被两次行政处罚后又走私,走私偷逃税款只有60.0元和233.7元,但由于达到了刑法规定的标准,法院都按照走私普通货物、物品罪对行为人进行了定罪量刑。

第二,法院的裁判充分体现了罪责刑相适应的原则。走私犯罪,特别是大宗货物的走私,很多都不是一个人能够完成的,往往需要多人相互配合,构成共同犯罪。根据《刑法》中罪责刑相一致的原则,法院判决时,对于罪责相当的被告人所处以的刑罚也应该相当,否则有违公平原则。本书检索的一些案例中,有的一审时法院的判决没能充分体现罪责刑相适应的原则,但经过被告上诉,二审法院都纠正了这种做法。例如,在牛某、梁某走私普通货物、物品案[3]中,被告人之一认为,其只是负责递送报关材料、去银行缴税款、告知报关公司送货地址等辅助性工作,没有向海关询价、安排他人制作虚假报关资料,也不负责招揽业务及收取代理费,在走私环节作用不明显,一审法院对其量刑过重。二审法院经过审理,支持了上诉人的主张,考虑被告人只是受雇于不在案的幕后老板,负责公司的一般事务性工作,在海某通等公司单位犯罪中罪责相对较轻,原判对其判处7年有期徒刑从全案考虑明显失衡,最终改判为5年6个月。此外,郭某、黄某走私普通货物、物品案[4]也是类似的情况。

第三,对于走私方式相同案件中主犯和从犯的划分,法院是依据行为人在案件中的作用进行确定,而不单单依据其所处位置。例如,对于委托他人包税进口的委托方,如果委托方只是单纯委托他人进口,即使委托方明知他人是走私进口,但委托方在他人包税进口时,并没有起到其他的作用,那么行为人应认定为从犯。但是,如果行为人,不单单是委托他人包税进口,还在他人包税进口的过程中,起到了其他主要作用,如委托方指使境外经销商出具虚假发票、合同等,与受托方共同低报价格、偷逃税款,那么其在共同走

---

〔1〕 参见广东省珠海市中级人民法院刑事判决书,(2018)粤04刑初55号。

〔2〕 参见山东省威海市中级人民法院刑事判决书,(2018)鲁10刑初25号。

〔3〕 参见广东省高级人民法院刑事判决书,(2017)粤刑终241号。

〔4〕 参见福建省高级人民法院刑事判决书,(2017)闽刑终116号。

私活动中起主要、重要作用，是主犯，并非从犯。张某甲走私普通货物、物品案[1]即属于前一种情况，曾某走私普通货物、物品案[2]即属于后一种情况。

第四，对于走私普通货物、物品罪的罪犯，如果对社会的危害较小，法院往往会适用缓刑。走私普通货物、物品罪是经济犯罪，有些行为人偷逃税款的金额相对较小，有些是初犯，有些是从犯，这些行为人的行为虽然达到了刑法规定的处罚标准，但适用缓刑对社会的危害并不大，因此，法院对于这些行为人往往会适用缓刑。例如，在王某某走私普通货物、物品案中，法院认为，被告人王某某归案后如实供述自己的罪行，并当庭认罪，依法予以从轻处罚。根据被告人王某某的犯罪事实、犯罪性质、犯罪情节、案发后的认罪态度和悔罪表现，结合司法行政机关出具的社区调查报告，可以对被告人王某某适用缓刑。同样，在金某某走私普通货物、物品案[3]中，法院认为，鉴于金某某犯罪情节较轻，有悔罪表现，宣告缓刑对其所居住的社区没有重大不良影响，可依法对其从轻处罚并适用缓刑。

第四节　常见问题与实务探讨——以案说法

一、走私普通货物、物品罪的常见问题

（一）走私普通货物、物品罪的界限区分

1. 罪与非罪

对于如何区分该罪罪与非罪的界限，主要应从以下两个方面辨析：其一，是否满足《刑法》总则中规定的犯罪构成要件以及排除犯罪事由；其二，是否满足《刑法》分则第 153 条规定的走私普通货物、物品罪的犯罪构成要件。主要考虑的因素包括：行为是否违反刑法或其他法律法规的强制性规定、情节是否严重、是否造成危害结果、危害结果是否严重、是否故意、是否

---

〔1〕 参见广东省广州市中级人民法院刑事判决书，(2018)粤 01 刑初 36 号。

〔2〕 参见广东省广州市中级人民法院刑事判决书，(2017)粤 01 刑初 18 号。

〔3〕 参见辽宁省锦州市中级人民法院刑事判决书，(2018)辽 07 刑初 18 号。

具有法律规定的特殊目的、是否采用了法律规定的特殊手段、是否属于共犯的首要分子等。

把握罪与非罪的问题，首先应当区分一般违法行为和犯罪行为。具体到该罪，走私行为因其危害程度不同分为走私违规行为、走私违法行为和走私犯罪行为。[1] 走私违规行为是指违反海关监管规定的行为；走私违法行为是指违反《海关法》等法规和海关监管，走私货物、物品，偷逃税款，但并未造成严重后果，未构成犯罪的行为；走私犯罪行为是指违反了刑法关于走私罪的规定，应当依照刑法处以刑罚的行为。从三者关系来看，构成走私犯罪，就必然也构成了走私违规和走私违法。区分三者的关键在于走私的情节严重程度。根据《刑法》第 153 条第 1 款第 1 项的规定，构成走私普通货物、物品罪，至少偷逃应缴税额应当达到“较大”的标准，或者一年内曾因走私被给予二次行政处罚后又走私。

2. 此罪与彼罪

(1) 区分走私普通货物、物品罪与其他走私犯罪

我国《刑法》根据走私的对象不同，将走私类犯罪规定为走私武器、弹药罪，走私核材料罪，走私假币罪等不同的罪名。《刑法》第 153 条第 1 款采用除外规定的方式对走私普通货物、物品罪的对象作出规定：“本法第一百五十一条、第一百五十二条、第三百四十七条规定以外的货物、物品。”由此可见，走私普通货物、物品罪是走私类犯罪的兜底条款，如果走私的物品不属于《刑法》第 151 条、第 152 条和第 347 条规定的物品，都可以构成走私普通货物、物品罪，一律依照第 153 条的规定处罚。

(2) 区分走私普通货物、物品罪与其他涉税犯罪

走私普通货物、物品罪的客观方面包括偷逃税款，因此，有必要将其与逃税罪区分开来。触犯走私普通货物、物品罪必然也触犯了逃税罪，两者之间发生竞合，定一罪还是数罪，应当根据具体案情加以甄别。走私普通货物、物品罪与逃税罪都侵犯了国家税收秩序，这也是二者竞合的基础，但走私普通货物、物品罪主要涉及关税及进出口环节的税收，从这一角度来看，二者存在法条竞合的关系，根据特别法优于一般法原则，应当适用走私普通

---

[1] 参见孙福建：《走私普通货物、物品罪问题研究》，西南科技大学 2019 年硕士学位论文，第 26 页。

货物、物品罪的相关规定。但是,如果犯罪行为涉及偷逃关税与进出口环节的税收之外的税款,不应当定一罪,应当数罪并罚。

(二)犯罪形态的认定

1. 犯罪未完成形态的认定

犯罪未遂,是指犯罪分子已着手实施犯罪,但由于犯罪分子意志之外的原因而未能得逞的犯罪终止形态。走私犯罪是否存在未完成形态,在理论与实务中争论已久。

部分观点认为,走私普通货物、物品罪不存在犯罪未遂状态,因其属于行为犯,本质上仅是一种将货物、物品运送进出境的行为,行为人仅需实行相应的活动,无须等待危害结果发生,即可认定为既遂。[1] 对于此类观点,本书持否定态度。首先,从罪与非罪的层面来看,走私行为可划分为走私违规行为、走私违法行为和走私犯罪行为,若一旦实施走私行为即认定犯罪既遂,会造成打击面过大的后果;其次,行为犯是否存在犯罪未遂状态也不能一概而论。具体到该罪,通关需要一个完整的过程,通常包括保管、底单、检查、放行、出关等环节,走私普通货物、物品从着手到完成需要一定的时间跨度,在这段时间中,任何节点出现实行人意志之外的因素导致犯罪未完成,就构成犯罪未遂。[2]

2. 犯罪既遂的认定

根据《办理走私案件司法解释》第 23 条的规定,具有下列情形之一的,应当认定为犯罪既遂:(1)在海关监管现场被查获的;(2)以虚假申报方式走私,申报行为实施完毕的;(3)以保税货物或者特定减税、免税进口的货物、物品为对象走私,在境内销售的,或者申请核销行为实施完毕的。

根据以上司法解释第 1 项的规定,在海关监管现场被查获的,是走私犯罪既遂,这容易使我们想到海关关口,但有些绕关走私犯罪中,犯罪行为往往不是在海关关口被查获,而是在其他地方被查获,那么在非关口被查获的

---

〔1〕 参见孙福建:《走私普通货物、物品罪问题研究》,西南科技大学 2019 年硕士学位论文,第 28 ~ 29 页。

〔2〕 参见尹涌:《通关走私犯罪未遂认定标准研究》,南京师范大学 2017 年硕士学位论文,第 23 ~ 24 页。

走私行为是否是既遂？在陈某、林某走私普通货物、物品案[1]中，被告人陈某等人驾驶“金舟油28”油船行驶到珠江口淇澳水域时被抓获，因此，被告人的辩护人认为是走私犯罪的犯罪未遂，但法院认为，该宗走私在运输途中海关实施监管时发现，相当于在监管现场查获，应认定为犯罪既遂。

（三）应缴税额的认定

在走私普通货物、物品罪的处理实务中，除一年内曾因走私被给予二次行政处罚后又走私的情形追诉、定罪时不考虑“应缴税额”外，其他走私普通货物、物品罪的追诉、定罪须以“应缴税额”为基础，且根据《刑法》关于走私普通货物、物品罪的规定，走私普通货物、物品罪的量刑均根据“应缴税额”来确定。那么，“应缴税额”当如何确定？

根据《办理走私案件司法解释》第18条的规定，“应缴税额”包括进出口货物、物品应当缴纳的进出口关税和进口环节海关代征税的税额。进口环节海关代征税主要有增值税、消费税两种。另根据最高人民法院、最高人民检察院、海关总署《关于办理走私刑事案件适用法律若干问题的意见》第3条的规定，办理走私普通货物、物品刑事案件时，对走私行为人涉嫌偷逃应缴税额的核定由走私犯罪案件管辖地的海关出具《涉嫌走私的货物、物品偷逃税款海关核定证明书》（以下简称《核定证明书》）。对于《核定证明书》中应纳税额的认定，行为人或辩护人有异议的，可以向走私犯罪侦查机关、检察院或者法院提出重新核定申请，经走私犯罪侦查机关、检察院或者法院同意，可以重新核定。可见，海关出具的有关偷逃税款的《核定证明书》，是走私案件中的重要证据，直接关系到行为人的偷逃税款的金额，直接影响到行为人的量刑幅度。因此，《核定证明书》和“应缴税额”是律师办理走私普通货物、物品罪案件中应当重点关注的证据和问题。

在一些案件中，辩护人在辩护时会针对“应缴税额”提出不同的意见，如在北京锐极泷峰国际贸易有限公司、云某走私普通货物、物品案[2]中，辩护人认为该案所涉进口货物中有部分原产地为东盟免税成员国越南及印度尼西亚，原产于该两国的货物关税应当为0，故案涉走私数额中135.1255万元

---

〔1〕 参见广东省广州市中级人民法院刑事判决书，(2017)粤01刑初284号。
〔2〕 参见天津市第二中级人民法院刑事判决书，(2017)津02刑初113号。

应予扣除;美国 MARMOT 公司提供给北京锐极泷峰国际贸易有限公司用于抵扣货款的市场支持费用应从计税价格中予以扣减,案涉走私数额中 28.77 万元应予扣除;北京锐极泷峰国际贸易有限公司向美国 MARMOT 公司就原残、少货赔偿的款项应从计税价格中予以扣除,案涉走私数额中 25.09 万元应予扣除。但法院最终并没有支持该辩护意见,法院认为,根据《中华人民共和国海关〈中华人民共和国与东南亚国家联盟全面经济合作框架协议〉项下进出口货物原产地管理办法》,从东盟成员国直接运输进口是适用中国—东盟协定税率的前提,该案所涉原产地东盟成员国的货物均经我国香港特别行政区集货,并自香港运输入境,不符合"直接运输进口"的规定,故不能适用中国—东盟协定税率。辩护人所提,该案部分原产地为东盟成员国的关税为零的辩护意见,不符合法律规定。同时,根据《进出口关税条例》第 44 条规定,因残损、短少、品质不良等原因免费补偿或者更换的相同货物,进出口时不征收关税,被免费更换的原进口货物不退运出境的,海关应当对原进出口货物按照规定征收关税。该案北京锐极泷峰国际贸易有限公司并未将残损货物退运出境,故依法应当征收关税。辩护人所提计税价格中应扣除北京锐极泷峰国际贸易有限公司向美国 MARMOT 公司就原残、少货赔偿的款项,不符合法律规定。

(四)走私普通货物、物品罪共犯问题探讨

走私普通货物、物品罪中的共同犯罪是指两个以上犯罪主体共同故意违反刑法规定,实施走私普通货物、物品的行为。走私犯罪中的自然人之间的共同犯罪,与其他类型犯罪的共同犯罪之间无太大差别,需要注意的是其中主犯与从犯的区分。[1] 区分主犯与从犯的标准是行为人在共同犯罪中起到的作用。根据刑法规定,结合该罪的具体特点,可以总结出走私普通货物、物品罪的主犯应至少具备以下特征之一:(1)组织、领导、策划走私活动或者走私犯罪集团的首要分子;(2)在走私活动中起到关键作用的人员,如实施了关键的走私行为或者为走私行为提供了主要条件;(3)共同走私犯罪中的其他主犯。在走私普通货物、物品犯罪中起到次要作用或辅助作用的

---

〔1〕 参见胡春健:《共同走私犯罪中的认定问题》,载顾肖荣主编:《经济刑法》第 6 辑,上海人民出版社 2008 年版。

是从犯。

此外,被胁迫参加走私普通货物、物品罪的犯罪人员应当被认定为胁从犯;教唆他人实施走私普通货物、物品罪,应当被认定为教唆犯。

行为人在共同犯罪中是主犯还是从犯,在定罪量刑中是比较关键的因素。公诉机关一般会根据行为人在共同犯罪中的作用主张行为人是主犯,而行为人或其辩护人一般认为行为人是从犯。前述张某甲走私普通货物、物品案[1]、曾某走私普通货物、物品案[2]都涉及这方面情况。而在钱某、沐麟公司、余江县瑞丰工贸有限公司走私普通货物、物品案[3]中,被告人及其辩护人认为,被告人低报价格系由国内买家提出,被告人仅负责转达相关要求,故钱某属帮助犯,系从犯,且认罪态度较好。但法院认为,在案证据证实,在某公司伙同其他公司走私进口橡胶木的过程中,被告人直接负责虚假合同、发票等单证的制作,不宜认定为从犯。在傅某走私普通货物、物品案[4]中,被告人认为,在走私过程中,其只是接受他人的指使,是从犯。但法院认为行为人在走私的过程中,与运输方贝某、钟某南一拍即合进行走私,其联系货源、指使同伙带货上船、纠集客轮工作人员参与共同走私、安排同伙将走私物品转运至深圳,并具体发放带工费用,被告人在共同走私犯罪中起主要作用,是主犯。

(五)“以单位名义”实施犯罪的司法判断

以单位名义实施走私普通货物、物品犯罪,是单位成立该罪的首要特征。一般来说,境外采购和国内销售是走私普通货物、物品犯罪的两个必经环节,行为人为便于对外开展业务,大多以公司的名义实施犯罪,且修改后的《公司法》降低了公司成立的门槛,使得这种趋势更为明显。本书认为,应当对以单位名义实施走私普通货物、物品罪进行实质考察与判断。

首先,实施走私普通货物、物品罪的“单位”,是为开展合法经营成立并且成立后以合法经营活动为主的单位。为实施走私普通货物、物品犯罪而设立和设立后以实施走私普通货物、物品犯罪为主要活动的“单位”,只是实

[1] 参见广东省广州市中级人民法院刑事判决书,(2018)粤01刑初36号。
[2] 参见广东省广州市中级人民法院刑事判决书,(2017)粤01刑初18号。
[3] 参见浙江省宁波市中级人民法院刑事判决书,(2017)浙02刑初118号。
[4] 参见广东省珠海市中级人民法院刑事判决书,(2018)粤04刑初36号。

施犯罪的手段和工具,不构成单位犯罪。司法实践中可从三个方面进行考察:(1)审查单位成立的时间和开始实施走私普通货物、物品犯罪的时间,是否一经成立即开始实施犯罪或者实施犯罪前是否有过合法经营;(2)审查单位的纳税缴税情况,是否依法纳税,纳税数额与犯罪所得是否明显不成比例;(3)在单位存在合法业务的情况下,应当对整体经营情况进行审计,审查合法业务在全部经营数额中所占比重是否失衡。

其次,以单位名义实施走私普通货物、物品罪的本质要求是单位主观上应当具有走私普通货物、物品的犯罪故意,即实施犯罪的决定系由单位中有决策权的人员作出。司法实践需注意:一是在公司存在多个实际控制人或者负责人的场合,要考察实施走私普通货物、物品罪的决定是否经过集体同意,如果是某个个人决定则需要考察其是否具有决策权限;二是在具体负责经营、管理、操作的人员实施走私普通货物、物品罪的场合,要考察是否向单位负责人报告或者得到授权、默许,其实施的走私普通货物、物品犯罪行为是否违反单位的规章制度,是否超出其工作职责和职权范围;三是当单位客观上从走私普通货物、物品犯罪中获得了违法利益,但是对犯罪并不明知时,应考察行为人是否属于盗用单位名义为个人谋取非法利益的情况。

最后,单位必须作为独立的犯罪主体在走私普通货物、物品犯罪中起到了实际作用。具体可从两个方面进行审查判断:其一,考察单位内部人员向境外采购货物或者在国内销售货物,如邮件往来、签订合同等时,是以自然人的身份还是代表公司开展业务;其二,在支付或者收取货款、运费、报关费、工资等经营费用时,使用的是个人账户还是单位账户,单位账户中是否发生与走私普通货物、物品罪相关的资金往来。

二、走私普通货物、物品罪的辩护思路

根据走私普通货物、物品罪的常见问题,本书认为,除了根据案件相关事实,提出犯罪嫌疑人无罪或者是偶犯,构成自首、立功,有坦白、退赃、补税,犯罪情节轻微、有悔罪表现,认罪认罚等刑事案件常见辩护思路外,在该罪中可以重点从以下几个方面进行辩护:

第一,根据案件事实,主张犯罪行为属于单位犯罪。走私普通货物、物品罪的量刑方面,《刑法》及《办理走私案件司法解释》规定了三档,自然人犯罪量刑具体分别是数额较大(10 万 ~50 万元)、数额巨大(50 万 ~250 万元)

及数额特别巨大(250万元以上),分别对应刑期为3年以下或拘役、3～10年有期徒刑及10年以上有期徒刑、无期徒刑,三档都是并处偷逃应缴税额1倍以上5倍以下罚金。单位犯前款罪的,对单位判处罚金,并对其直接负责的主管人员和其他直接责任人员,处3年以下有期徒刑或者拘役;情节严重的,处3年以上10年以下有期徒刑;情节特别严重的,处10年以上有期徒刑。

因此,如果走私普通货物、物品罪被认定为属于单位犯罪,则对直接负责的主管人员和其他责任人员仅处有期徒刑,没有罚金刑。在认定的"应缴税额"相同的情况下,单位犯罪对直接负责主管人员和其他责任人员相对于自然人犯罪的处罚较轻。关于如何判断是否属于单位犯罪,可参考前文部分,此处不再赘述。

第二,根据案件事实,主张被告人的犯罪行为未遂。根据《办理走私案件司法解释》第23条的规定,走私犯罪的既遂并不是以行为人把走私进口的货物再销售或已使用,或把走私出口的货物交付国外购买者或其他方为既遂的标准,而是只要达到以下标准就是既遂:(1)在海关监管现场被查获的;(2)以虚假申报方式走私,申报行为实施完毕的;(3)以保税货物或者特定减税、免税进口的货物、物品为对象走私,在境内销售的,或者申请核销行为实施完毕的。

从以上规定可以看出,《办理走私案件司法解释》把走私犯罪的既遂时间规定得比较靠前,辩护人从这一点进行辩护难度往往较大,但辩护人依然应该详细寻找走私还未完全完成的证据,如走私被当场查获的,可以证明走私还未造成国家税款的损失等,来证明行为人的责任较小。

第三,根据案件事实,主张核定的偷逃应缴税额不正确,以减少被认定的偷逃应缴税额。走私普通货物、物品罪的量刑是以走私造成的偷逃应缴税款的数额为标准的,而具体偷逃税款的金额是由海关机关核定的,因此,辩护人可以从这一方面进行辩护,如可以证明海关核算的税额有误,以证明行为人偷逃税款的数额小于指控的数额。海关核定是需要对进口货物进行估价的,根据海关相关法律法规的规定,海关在估价时根据不同情况可以采用实际成交价格、相同产品的成交价格、类似商品成交价格、倒扣法、估算价格和其他方法,海关部门在估价时这些方法不是随便使用的,而是需要根据不同的情况使用不同的方法。因此,辩护人可以从这方面入手,审查海关的估价方法是否适当，作为辩护的依据。

第四，根据案件事实，主张被告在共同犯罪中没有起主要作用，居于次要地位，是从犯。在一些案件中，辩护人从这一点进行辩护，起到了很好的效果，达到了使法院减轻对当事人量刑的目的。

在陈某某、林某走私普通货物、物品案[1]中，公诉机关认为，被告陈某某在走私行为中起主要作用，是主犯，但辩护人认为该案包括谋划、联系货源、实际运输、储存货物、销售等一系列过程，陈某某等8名船员仅参与了运输环节，并且接货地点、卸货地点、具体航线均由老板黄某1安排。该案涉案金额上千万元，与老板承诺给陈某某等船员的工资相比，差别巨大，也可以看出陈某某等人所起作用为次要的辅助作用。最终，法院支持了辩护人的辩护意见，在判决书中说陈某某受同案人雇用参与该案，在同案人指挥下实施接油和运输行为，在该案中获利较少，在犯罪过程中起次要作用，属从犯。

辩护人在从这方面辩护时，应该从被告人是否参与走私的谋划来证明，如果被告人只是受雇而走私货物，没有参与走私的谋划，是在别人的指使下从事走私活动，那么往往可以证明被告人在共同犯罪中，没有起主要作用。然而，这也并不绝对，如果被告人在受雇走私的过程中，积极联系货源、指使同伙带货上船、纠集客轮工作人员参与共同走私、安排同伙将走私物品转运至境内，并具体发放带工费用，被告人在共同走私犯罪中起的作用就是主要作用，就很有可能被认定为主犯。

以上是在辩护过程中辩护人可以提出辩护意见的几个方面，辩护人还可以根据案件事实从其他方面寻找对行为人有利的证据和辩护思路，提出合适的辩护意见。

---

〔1〕 参见广东省广州市中级人民法院刑事判决书，(2017)粤01刑初284号。

第十三章

徇私舞弊不征、少征税款罪

徇私舞弊不征、少征税款罪是指税务人员利用职务便利,违反税收法律法规,故意不征或少征应征税款,给国家造成重大税收损失的行为。在当前复杂的经济环境中,这种犯罪行为不仅损害国家财政收入,还破坏市场的公平竞争秩序。尽管法律明确规定了对这种行为的严惩,但在实际操作中,如何有效预防此类犯罪仍面临诸多挑战。本章将通过分析相关法律条文和典型案例,探讨徇私舞弊不征、少征税款罪办理过程中需要关注的问题,以期对律师办理此类案件起到参考作用。

第一节　历史沿革与现状

一、徇私舞弊不征、少征税款罪的历史沿革

徇私舞弊不征、少征税款罪属于渎职罪的一种,该罪是我国 1997 年《刑法》新增加的罪名,但与该罪性质相同的罪名却非常悠久,赋税产生以来该罪就随之产生。在我国古代,虽然该罪的罪名各不相同,但各个朝代的法律中也都规定了该罪,以对不征、少征税款的行为进行处罚。[1]

中华人民共和国成立后至 1979 年《刑法》颁布前,我国的法律中也都没

〔1〕 参见周春荣:《论徇私舞弊不征、少征税款罪》,苏州大学 2004 年硕士学位论文,第 4 页。

有规定徇私舞弊不征、少征税款罪。1979年《刑法》规定了偷税罪、抗税罪、伪造税票罪、税务工作人员贪污罪、受贿罪,对税务人员不征、少征税款如何处理未作规定。但1979年《刑法》第187条规定,“国家工作人员由于玩忽职守,致使公共财产、国家和人民利益遭受重大损失的,处五年以下有期徒刑或者拘役”。在1987年8月最高人民检察院《关于正确认定和处理玩忽职守罪的若干意见(试行)》(已失效)第47条规定,“税收、审计工作人员,不依法履行职责,情节、后果严重的”,以玩忽职守罪追究刑事责任。可见那时,如果税务机关的工作人员徇私舞弊,不征或者少征应征税款,致使国家税收遭受重大损失的,是按照玩忽职守罪定罪量刑。此后的其他法律法规中,也都如此规定。

1997年《刑法》出台时,实践中出现了税务机关人员故意不征、少征应征税款的现象,而玩忽职守是过失犯罪,已经不能够满足实践中的这种新情况,因此在1997年《刑法》中,立法机关新增了第404条“徇私舞弊不征、少征税款罪”。此后,2001年修订的《税收征收管理法》第82条第1款规定,税务人员徇私舞弊或者玩忽职守,不征或者少征应征税款,致使国家税收遭受重大损失,构成犯罪的,依法追究刑事责任。《税收征收管理法》第82条就是对《刑法》第404条的回应。

二、徇私舞弊不征、少征税款罪的现状

徇私舞弊不征、少征税款罪规定在《刑法》第404条。该条规定:“税务机关的工作人员徇私舞弊,不征或者少征应征税款,致使国家税收遭受重大损失的,处五年以下有期徒刑或者拘役;造成特别重大损失的,处五年以上有期徒刑。”

《渎职侵权犯罪案件立案标准》第1条第14项规定:“……涉嫌下列情形之一的,应予立案:1、徇私舞弊不征、少征应征税款,致使国家税收损失累计达10万元以上的;2、上级主管部门工作人员指使税务机关工作人员徇私舞弊不征、少征应征税款,致使国家税收损失累计达10万元以上的;3、徇私舞弊不征、少征应征税款不满10万元,但具有索取或者收受贿赂或者其他恶劣情节的;4、其他致使国家税收遭受重大损失的情形。”

可见,徇私舞弊不征、少征税款罪作为涉税渎职类犯罪,与滥用职权罪、玩忽职守罪等一般渎职类犯罪相比,其法定刑高于滥用职权罪、玩忽职守

罪,而且徇私舞弊不征、少征税款罪没有最高刑期的限制,其处罚明显重于滥用职权罪和玩忽职守罪,属于特殊的渎职犯罪。

第二节 法律释义与构成要件

一、徇私舞弊不征、少征税款罪的法律释义

(一)刑法条文

《刑法》第 404 条规定:"税务机关的工作人员徇私舞弊,不征或者少征应征税款,致使国家税收遭受重大损失的,处五年以下有期徒刑或者拘役;造成特别重大损失的,处五年以上有期徒刑。"这是《刑法》对徇私舞弊不征、少征税款罪罪责刑的规定。

(二)相关释义

徇私舞弊不征、少征税款罪是指税务机关工作人员徇私舞弊,不征、少征应征税款,致使国家税收遭受重大损失的行为。

该罪的犯罪主体只能是税务机关的工作人员,侵犯的客体是税务机关的正常管理活动,主观方面为故意,客观方面表现为徇私舞弊,不征或少征应征税款,致使国家税收遭受重大损失的行为。

在理解该罪时,要注意该罪与其他涉税犯罪、渎职犯罪以及贪污贿赂犯罪的区分:

(1)该罪与其他涉税犯罪的区分。如果税务机关工作人员与逃税、逃避追缴欠税的犯罪分子相勾结而不征或少征应征税款,应当按照刑法共同犯罪的规定处罚。

(2)该罪与一般渎职类犯罪的区分。税务机关工作人员在税收征管过程中玩忽职守,严重不负责任,不征、少征应征税款,造成国家税收遭受重大损失的,应按《刑法》第 397 条规定的玩忽职守罪追究刑事责任。

(3)该罪与贪污受贿犯罪的区分。税务机关工作人员徇私舞弊,不征、少征税款的,往往是为了牟取私利,甚至在征税过程中利用职务便利,主动索要贿赂。徇私舞弊不征、少征税款罪与受贿罪侵犯的是不同的法益,属于

两种独立的犯罪行为。因此,如果税务机关工作人员利用职务上的便利,索取、收受纳税人财物,构成受贿罪,不征或少征应征税款,致使国家税收造成重大损失的,实行数罪并罚。

二、徇私舞弊不征、少征税款罪的犯罪构成要件

徇私舞弊不征、少征税款罪是《刑法》中特定的职务犯罪,其构成要件包括主体、客体、主观、客观四个方面。

(一)犯罪客体

该罪侵犯的客体应当有二:一是侵犯了税务工作人员职务的廉洁性,二是破坏了税收征收管理秩序和国家财产权益。具体而言,该罪侵犯了税务工作人员职务的廉洁性、忠诚性和国家税务机关的威信,破坏了税收征收管理秩序并危及国家财产权益。

(二)犯罪客观方面

徇私舞弊不征、少征税款罪在客观方面表现为以下两点:一是存在徇私舞弊不征、少征税款的行为,二是造成国家税款的重大损失,且徇私舞弊行为与造成国家重大税款损失具有直接的因果关系。

在行为方面,该罪要求行为人实施了具体的、不征或少征应征税款的行为,这些行为包括故意减少应税收入,如低估企业的营业收入、个人的所得等,导致应征税款减少;违规减免税款,即不依法批准或执行减免税政策,擅自减免应征税款;延迟或逃避征收,即通过各种手段故意延迟税款征收时间,甚至放弃征收;篡改或伪造税务数据,即通过修改、伪造税务申报数据或账目,使应征税款减少或消失;不按规定执行税收政策,如未按规定征收某些特别税种,或对特定企业、个人给予非法的税收优惠。核心要求是这些行为必须直接导致国家税款的不征或少征。

在结果方面,该罪要求行为人徇私舞弊行为给国家税款造成重大损失。根据《渎职侵权犯罪案件立案标准》的规定,致使国家税收损失累计达 10 万元以上,或者税款损失金额虽未达到该数额标准,但行为人存在索取、收受贿赂或者其他恶劣情节的,应予追诉。在具体的司法实践中,税款损失数额的标准可能根据不同地区、经济环境和案件性质有所不同,但一般会参照该

规定执行。

（三）犯罪主体

该罪的主体是特殊主体，仅限于税务机关的工作人员，包括以下几类人员：税务机关内部工作人员，如税务局、税务所的征收员、稽查员等；有权对税款进行征收、管理的人员，包括从事税款审核、稽查和管理工作的人员，或临时受委托行使税务管理职能的人员。需要注意的是，其他机关或企业人员即使从事与税务相关的工作，但如果不具备税款征收、管理的职能，也不能成为该罪的主体。

（四）犯罪主观方面

该罪主观方面要求行为人必须具有"徇私舞弊"的故意，具体包括：在动机上，行为人为了追求个人利益、为他人谋取非法利益或为了特定的目的而实施徇私舞弊行为。常见动机包括收受贿赂、个人亲友的利益考虑、单位利益的非法追求等。故意方面，行为人明知其行为会导致国家税款的不征或少征，仍然有意为之。这里的故意分为直接故意和间接故意，通常表现为行为人主动采取或接受不合法的措施来减少国家税款。关键点是徇私舞弊的动机和故意是该罪成立的核心，需要通过具体的行为、言辞和交易过程等证据来证明。

第三节　司法实践的裁判现状

徇私舞弊不征、少征税款罪作为《刑法》第 404 条规定的职务犯罪之一，在司法实践中较为罕见，且案件的裁判存在一定的特殊性和复杂性。以下是对该罪名在司法实践中的裁判现状的详细分析。

一、徇私舞弊不征、少征税款罪的基本概况

笔者通过检索中国裁判文书网案例发现，在司法实务中，被以徇私舞弊不征、少征税款罪定罪处罚的案例并不多，主要原因可能表现为以下三个方面：一是该罪名的犯罪主体仅限于税务机关的工作人员，这一限定大大缩小

了犯罪主体的范围。相比其他职务犯罪，涉及的人员范围更为有限。一般工作人员不具备影响税款征收的职权，因此无法构成该罪。二是在许多情况下，税务人员的违法行为可能会被认定为“滥用职权罪”或“玩忽职守罪”而不是“徇私舞弊不征、少征税款罪”。这两个罪名的适用范围较广，证据要求相对较低，处罚也相对较轻，因此在实际操作中更容易被适用。三是在实际的税务管理过程中，徇私舞弊的行为可能与其他违法行为交织在一起，尤其是在涉及多个部门和复杂利益关系的情况下，犯罪行为的界定往往模糊不清，导致难以准确适用“徇私舞弊不征、少征税款罪”。

二、徇私舞弊不征、少征税款罪的典型案例分析

（一）曹某某受贿、徇私舞弊不征、少征税款案[1]

1. 案情简介

1997 年 10 月 7 日，曹某某与吴某根据单位安排，对和力公司的偷逃税行为进行了突击稽查。他们查获了未入账的内销进口建材的自制收据，涉及金额为 35.6 万元。曹某某随后制作了处理报告，要求和力公司补缴税款、滞纳金及罚款，共计 23.7 万元，这些款项于 1997 年 11 月 21 日全部入库。1997 年 11 月 26 日，税务稽查大队收到新的举报材料，指控和力公司存在更严重的偷税行为。曹某某利用职务之便，隐瞒了对和力公司进一步的查处，将新的举报材料隐匿起来，并称案件处理已完成。1997 年 11 月 27 日，曹某某联系和力公司的会计金某某，要求收受贿赂 20 万元，以换取不再查处公司的承诺。当晚，双方在黄金海岸大酒店会面，和力公司同意支付贿赂，并通过虚开的销售发票方式进行了交易。后续行动中，曹某某在笔录中回避了新的举报内容，仅重复了之前的内容，并将举报材料藏匿。1997 年 12 月，曹某某将公司支付的 16.34 万元转入个人公司账户，导致和力公司逃避了应缴的 37 万元税款。

2. 法院判决

一审法院浦东新区人民法院认为，检察机关的指控成立，以受贿罪判处曹某某有期徒刑 11 年，并处没收财产 1.4 万元；以徇私舞弊不征、少征税款

〔1〕 参见《最高人民检察院公报》1999 年第 6 号（总第 53 号）。

罪判处有期徒刑 3 年 6 个月,合并执行有期徒刑 14 年,并处没收财产 1.4 万元;赃款予以没收。

曹某某对一审判决不服,提起上诉。

二审上海市中级人民法院认为,一审判决事实清楚,证据确凿,审判程序合法。裁定驳回上诉,维持原判。

3. 案件分析

该案件不仅反映了在税务系统中存在的贪腐问题,也凸显了税务稽查人员在执行公务过程中可能面临的职业道德风险。法院的判决体现了对公职人员贪污腐败行为的严厉打击和零容忍态度。

(二)税务人员违规减免税款[1]

1. 案情简介

公诉机关指控,被告人高某身为国家税务工作人员,为徇私情,单独及伙同被告人丁某,利用高某的职务之便,违反国家税收法规,伪造材料、弄虚作假,不征、少征应征税款,致使国家税收遭受特别重大损失,两人的行为均已构成徇私舞弊不征、少征税款罪。高某还利用上述职务之便,非法收受他人钱款计 45,500 元,为他人谋取利益,其行为又已构成受贿罪。依法对其应予两罪并罚。

2. 法院判决

被告人高某犯徇私舞弊少征、不征税款罪,判处有期徒刑 5 年 6 个月,犯受贿罪,判处有期徒刑 1 年,决定执行有期徒刑 6 年。

3. 案件分析

在此案中,高某在渎职的共同犯罪中,授意丁某篡改房屋交接日期,利用其主要从事涉税申报岗的职权,直接实施不征、少征税款的行为,在共同犯罪中起主要作用,系主犯。

三、徇私舞弊不征、少征税款罪案件的难点

一是证据收集难度大,由于该罪名要求证明行为人具有明确的徇私舞弊故意和具体的不征或少征行为,在实际操作中,取证过程非常复杂,需要

---

〔1〕 参见上海市第一中级人民法院刑事判决书,(2007)沪一中刑终字第 196 号。

详尽的财务审计、行为分析和动机调查,特别是徇私动机的证明往往需要间接证据支持,如证词、交易记录等。

二是行为与结果的因果关系复杂,在判定国家税款损失与行为人行为之间的因果关系时,法院通常需要深入分析税款征收过程中的每一个环节,尤其是如何明确行为人的具体行为对最终税款损失的影响。这在实际案件中是一个复杂的法律和事实问题。

第四节　常见问题与实务探讨——以案说法

一、徇私舞弊不征、少征税款罪的常见问题

(一)如何认定"徇私舞弊"中的"徇私"动机

在徇私舞弊不征、少征税款罪中,徇私动机的认定是关键,尤其是如何区分行为人的故意动机与一般的工作失误。徇私动机不仅限于金钱利益,还包括其他形式的利益,如晋升、名誉、为他人牟取利益等。因此,认定徇私动机需要综合考虑行为人的行为背景、个人目的和实际利益关联。需要通过行为人收受贿赂的记录、与相关人员的通信、交易记录、证人证言等证据来证明其徇私动机。在没有直接证据的情况下,间接证据(如行为异常、工作程序违规等)也可以作为佐证。

例如,在某案例中,税务官员因接受了企业高管的赠与品(如名贵手表、豪华旅游等)而被认定具有徇私动机,即使这些赠与品的价值未达到贿赂的法律标准,但其显然违反了公务员廉洁自律的规定,并与该官员在税务减免中的行为直接相关。

(二)如何区分"故意不征税款"与"工作失误"

如何界定行为人是故意不征、少征税款还是在工作中出现了失误?对于工作失误的认定,如果行为人确实是专业能力不足、信息错误或其他客观原因导致的税款不征、少征,通常不构成该罪。这需要有充足的工作记录、同事证词等来证明行为人的行为是基于合理的工作失误。对于故意行为的认定,如果行为人清楚应征税款的实际情况,但仍然选择不征或少征,且没

有合理的业务解释，通常会被视为故意行为。这种情况下，通常需要通过详细的审计报告、行为人决策过程和相应的证据链来证明其主观故意。

例如，某税务局官员在审核企业税款时，多次忽略明显的收入增长迹象和财务报表中的显著异常，未能合理解释这些疏漏，最终被认定为故意不征税款，而不是简单的工作失误。

二、徇私舞弊不征、少征税款罪的实务探讨

（一）徇私舞弊罪与滥用职权罪的区分

区分徇私舞弊不征、少征税款罪与滥用职权罪要注意以下两点：(1)动机的不同，徇私舞弊罪强调行为人的徇私动机，即行为人为了个人或他人的非法利益而实施的行为；而滥用职权罪则主要指行为人滥用其职权，但不一定有徇私动机，更多的是因为不当履职或其他不法原因。(2)行为后果的不同，徇私舞弊罪的直接结果是造成国家税款的损失；而滥用职权罪的结果可以是对国家利益、社会秩序或公民利益的广泛损害。

例如，某税务官员因未按照规定程序审核企业的税务报告，被认定为滥用职权罪，但在调查过程中没有发现其行为具有明显的徇私动机，因此没有被认定为徇私舞弊罪。

（二）税务机关内控机制的完善

如何通过内部控制机制预防和控制徇私舞弊不征、少征税款罪的发生？可以采取以下三种方式：(1)加强内控审核，建立严格的税款审核和复核机制，确保每个税务处理步骤都有不同的人员或部门负责，以减少单个人员徇私舞弊的机会。(2)透明化流程，通过信息化手段提升税收征管的透明度和可追溯性，确保所有税务决策和处理过程都有详细的记录和监督。(3)定期培训与教育，对税务机关工作人员进行定期的法治教育和职业道德培训，增强他们的法律意识和廉洁自律意识。

例如，某地税务局通过实施电子化税务管理系统，实现了从申报到征收的全流程透明化，有效地减少了人工操作的舞弊机会。

（三）税务执法中的“宽严相济”原则

在税务执法中，如何合理适用“宽严相济”原则？对于损失较小或因工

作失误造成的轻微违法行为,可以采取教育、整改等非刑罚措施,避免过度刑事打击。对于情节严重、社会影响大或具有明显徇私舞弊故意的案件,则应依法从严处理,起到警示和震慑作用。

例如,在某地区,税务机关在处理某个企业的少征税款案件时,由于企业主动承认错误并全额补缴税款,最终对涉事税务官员仅采取了行政罚款而不是刑事追究的方式处理该案件。

三、徇私舞弊不征、少征税款罪的未来展望与对策

司法实践中,对于徇私舞弊不征、少征税款罪的处理面临诸多挑战。该罪名的法律适用复杂,各地裁判尺度不一,同时税务管理监督机制尚需完善。此处旨在探讨相关问题,强调加强法律适用统一性、健全监督机制的重要性,以期为司法实践提供有益参考。

一是加强法律适用的统一性。徇私舞弊不征、少征税款罪涉及复杂的法律解释和具体应用,未来需要进一步加强法律适用的统一性。司法机关应通过发布指导性案例和司法解释,明确各项认定标准和适用规则,减少各地裁判尺度不一的问题。

二是健全税务管理的监督机制。应进一步健全税务机关内部和外部的监督机制,强化纪检监察部门对税务管理的监督力度。通过第三方审计、定期检查和社会公众的监督,提升税务执法的透明度和公正性,防止徇私舞弊行为的发生。

三是律师在办理徇私舞弊不征、少征税款罪案件时,应围绕犯罪构成、罪与非罪、此罪与彼罪、犯罪事实、性质、情节和对社会危害程度等,依据证据、根据刑法、结合案例,制定适当的辩护策略和辩护方案进行案件办理。

第十四章 徇私舞弊发售发票、抵扣税款、出口退税罪

徇私舞弊发售发票、抵扣税款、出口退税罪为涉税类渎职犯罪,主体为特定的税务工作人员。本章主要介绍徇私舞弊发售发票、抵扣税款、出口退税罪的历史沿革与现状、法律条文与释义、犯罪构成要件、司法实践的裁判现状、徇私舞弊罪与滥用职权罪的关系、玩忽职守罪与徇私舞弊发售发票、抵扣税款、出口退税罪的关系、徇私舞弊发售发票、抵扣税款、出口退税罪侦查取证要求,律师辩护思路等,以期通过税务律师的"税法+刑法"视角,对上述问题进行分析探讨,为律师从事涉税刑事法律业务提供一些启发。

第一节 历史沿革与现状

一、徇私舞弊发售发票、抵扣税款、出口退税罪的历史沿革

徇私舞弊发售发票、抵扣税款、出口退税罪属于涉税类渎职犯罪的一种,该罪是我国 1997 年《刑法》新增加的罪名,但与之关联的对税务工作人员徇私舞弊的规制却并非新鲜事,其发展脉络如下:

中华人民共和国成立后,最早关于"徇私舞弊"相关规定是 1950 年发布实施的《新解放区农业税暂行条例》(已失效)。在第 5 章奖惩第 28 条中规定"行政人员在征粮工作中,有营私舞弊,或违法失职,致使国家、人民遭受

损失者,予以行政处分;情节重大者,送人民法院处理”。

1979 年《刑法》颁布前,我国的法律中也都没有规定徇私舞弊发售发票、抵扣税款、出口退税罪。《惩治反革命条例》(已失效)、《惩治贪污条例》(已失效)规定了偷税罪、抗税罪、伪造税票罪、税务工作人员贪污罪、受贿罪,但对税务人员徇私舞弊发售发票、抵扣税款、出口退税造成税款流失如何处理未作规定。1979 年《刑法》第 187 条规定,“国家工作人员由于玩忽职守,致使公共财产、国家和人民利益遭受重大损失的,处五年以下有期徒刑或者拘役”。1987 年 8 月发布的最高人民检察院《关于正确认定和处理玩忽职守罪的若干意见(试行)》(已失效)第 47 条规定,“税收、审计工作人员,不依法履行职责,情节、后果严重的”,以玩忽职守罪追究刑事责任。可见在当时,如果税务机关的工作人员徇私舞弊,发售发票、抵扣税款、出口退税,致使国家税收遭受重大损失的,是按照玩忽职守罪定罪量刑。此后的其他法律法规中,也都如此规定。

随着改革开放的推进和经济发展要求,1979 年《刑法》分则在第 8 章“渎职罪”第 188 条规定:“司法工作人员徇私舞弊,对明知是无罪的人而使他受追诉、对明知是有罪的人而故意包庇不使他受追诉,或者故意颠倒黑白做枉法裁判的,处五年以下有期徒刑、拘役或者剥夺政治权利;情节特别严重的,处五年以上有期徒刑”。1997 年《刑法》分则在第 9 章“渎职罪”第 405 条增设了税务人员徇私舞弊发售发票、抵扣税款、出口退税罪,具体为:“税务机关的工作人员违反法律、行政法规的规定,在办理发售发票、抵扣税款、出口退税工作中,徇私舞弊,致使国家利益遭受重大损失的,处五年以下有期徒刑或者拘役;致使国家利益遭受特别重大损失的,处五年以上有期徒刑。其他国家机关工作人员违反国家规定,在提供出口货物报关单、出口收汇核销单等出口退税凭证的工作中,徇私舞弊,致使国家利益遭受重大损失的,依照前款的规定处罚。”之后《刑法》数次修正,一直沿用了上述规定。

二、徇私舞弊发售发票、抵扣税款、出口退税罪的现状

徇私舞弊发售发票、抵扣税款、出口退税罪规定在《刑法》第 405 条第 1 款:“税务机关的工作人员违反法律、行政法规的规定,在办理发售发票、抵扣税款、出口退税工作中,徇私舞弊,致使国家利益遭受重大损失的,处五年以下有期徒刑或者拘役;致使国家利益遭受特别重大损失的,处五年以上有

期徒刑。”

《渎职侵权犯罪案件立案标准》第 1 条第 15 项规定:“……涉嫌下列情形之一的,应予立案:1、徇私舞弊,致使国家税收损失累计达 10 万元以上的;2、徇私舞弊,致使国家税收损失累计不满 10 万元,但发售增值税专用发票 25 份以上或者其他发票 50 份以上或者增值税专用发票与其他发票合计 50 份以上,或者具有索取、收受贿赂或者其他恶劣情节的;3、其他致使国家利益遭受重大损失的情形。”

第二节　法律释义与构成要件

一、徇私舞弊发售发票、抵扣税款、出口退税罪的法律释义

(一)刑法条文

《刑法》第 405 条第 1 款规定:“税务机关的工作人员违反法律、行政法规的规定,在办理发售发票、抵扣税款、出口退税工作中,徇私舞弊,致使国家利益遭受重大损失的,处五年以下有期徒刑或者拘役;致使国家利益遭受特别重大损失的,处五年以上有期徒刑。”这是《刑法》对徇私舞弊发售发票、抵扣税款、出口退税罪罪责刑的规定。

(二)相关释义

徇私舞弊发售发票、抵扣税款、出口退税罪是指税务机关工作人员违反法律、行政法规的规定,在办理发售发票、抵扣税款、出口退税工作中徇私舞弊,致使国家利益遭受重大损失的行为。

该条所称发票,是指在购销商品、提供或者接受服务以及从事其他经营活动中,开具、收取的收付款凭证。发售发票,是指主管税务机关根据已依法办理税务登记的单位或个人提出的领用发票申请向其出售发票的活动。抵扣税款,是指凭发票抵扣税款制度,发票上所注明的税款是唯一可以抵扣的税款。增值税专用发票就是以商品和劳动增值额为征税对象,并具有抵扣税款功能的专门用于增值税的收付款凭证。此外,具有同增值税专用发票相同功能,可以抵扣税款的普通发票有农业产品收购发票、废旧物品收购

发票、运输发票等。出口退税，是指税务机关依法向出口商品的生产或经营单位退还该商品在生产、流通环节已征收的增值税和消费税。国家制定这一税收政策的目的，是鼓励出口贸易，增强我国出口产品在国际市场上的竞争力。

该条的犯罪主体，即税务机关的工作人员，按全国人大常委会《关于〈中华人民共和国刑法〉第9章渎职罪主体适用问题的解释》（以下简称《渎职罪主体适用问题的解释》）的规定，包括"在依照法律、法规规定行使国家行政管理职权的组织中从事公务的人员，或者在受国家机关委托代表国家机关行使职权的组织中从事公务的人员，或者虽未列入国家机关人员编制但在国家机关中从事公务的人员，在代表国家机关行使职权时，有渎职行为，构成犯罪的，依照刑法关于渎职罪的规定追究刑事责任"，系指在税务机关的上述相关工作人员。

税务工作人员的工作职责主要体现于涉税行政规定方面，如国家税务总局《关于印发〈税收管理员制度（试行）〉的通知》第2章工作职责、国家税务总局《关于印发〈增值税一般纳税人纳税辅导期管理办法〉的通知》（已被修改）、《发票管理办法》（2023年修订版）、《税收征收管理法实施细则》、《增值税暂行条例》、《消费税暂行条例》以及国家其他有关出口货物退（免）税规定等有关文件，对税务机关工作人员在发售发票、抵扣税款、出口退税中的工作职责、工作规程等进行了规范。

在罪数方面，最高人民法院、最高人民检察院《关于办理渎职刑事案件适用法律若干问题的解释（一）》（以下简称《渎职刑事案件司法解释》）第3条规定："国家机关工作人员实施渎职犯罪并收受贿赂，同时构成受贿罪的，除刑法另有规定外，以渎职犯罪和受贿罪数罪并罚。"

（三）徇私舞弊发售发票、抵扣税款、出口退税罪与玩忽职守罪的关系

本书从威科先行数据库检索，以2024年12月31日为立案日期截止日，共查询到徇私舞弊发售发票、抵扣税款、出口退税罪的公开判决文书33份，结合这33份裁判文书总结如下：根据税收征管、发票管理、进出口退税管理相关法律法规的规定，发售发票、抵扣税款和出口退税应该按规定程序进行。税务机关工作人员在处理上述业务时必须严格按照规定操作。然而，有些税务机关工作人员出于私利而违法的行为，向纳税人出售不应出售的发票，抵扣不应抵扣的税款，或非法退还不应退还的税款，导致国家税收损

失。这种行为应当被定罪为徇私舞弊发售发票、抵扣税款、出口退税罪，显然这是故意犯罪而非过失犯罪。而玩忽职守罪则是过失犯罪，是税务机关工作人员严重不负责任，在处理发售发票、抵扣税款、出口退税工作时疏忽大意，导致国家税收利益遭受重大损失。

上述两种罪行的主观恶性程度不同，徇私舞弊发售发票、抵扣税款、出口退税罪的主观恶性程度更为严重。根据罪刑相适应原则，对于这两种罪行的处罚应当更为严厉，私舞弊发售发票、抵扣税款、出口退税罪的处罚应当比玩忽职守罪更重。[1]

二、徇私舞弊发售发票、抵扣税款、出口退税罪的犯罪构成要件

徇私舞弊发售发票、抵扣税款、出口退税罪是一种严重的涉税类渎职犯罪，主体为特定的税务工作人员，其犯罪构成要件包括以下几个方面。

（一）犯罪客体

该罪所侵犯的客体是损害了国家税务机关及其工作人员的廉洁性和税收征管秩序，具体指侵犯了税务机关的正常工作秩序、税务工作人员职务的廉洁性、国家税务机关的威信，以及破坏了税收征收管理秩序，危及了国家财产权益。

（二）犯罪客观方面

该罪在客观方面表现为违反法律、行政法规的规定，在发售发票、抵扣税款、出口退税工作中徇私舞弊，致使国家利益遭受重大损失的行为。

我国对发票实行严格的管理制度，在一系列的法律、行政法规中都有规定，税务机关都有一整套的工作纪律和规章制度，以及工作人员的职责和权利、义务，只有违反了法律、行政法规、工作纪律和规章制度的行为，才能成为徇私舞弊行为。“违反法律、行政法规规定”是指违反《税收征收管理法》《发票管理办法》《增值税暂行条例》等法律、行政法规中关于发票发售、税款抵扣和出口退税制度的规定。

税务工作人员在发售发票、抵扣税款、出口退税工作中，违反法律、行政

---

〔1〕 参见熊伟主编：《税法解释与判例评注》（第8卷），法律出版社2017年版，第195~196页。

法规的规定，向不该领取发票的人发售了发票，或向可以领取的人多发售了发票，或使犯罪分子非法抵扣、骗取出口退税的行为得逞，致使国家税款流失。具体表现为以下几种行为。

1. 在发售发票过程中的徇私舞弊

主要是指给不具备领用发票条件的单位和个人发售发票，或者领用发票的单位和个人虽具备规定的条件，但未按规定的数量、限额向其发售发票（如对不具备条件的公司办理了一般纳税人资格认定、发票领用资格认定、防伪税控系统最高开票限额税务行政许可，并对增值税专用发票违法增量、给不符合法律规定的单位办理出口退税）等。

根据有关规定，申请领用发票人应当办理了税务登记，领用的种类应当与所经营的业务范围相一致，如从事个体饭店、饮食店、餐馆等经营的，就应领用个体饮食行业统一发票；从事建筑安装经营的，就应领用建筑安装专用发票；进行出租住宅经营的，就应领用住宅租赁专用发票等。

如果没有办理税务登记或不符合条件，如所领用的发票种类与其经营活动不一致，税务机关就不应给申请领用发票人发售发票，否则即属违法行为，如属徇私舞弊、滥用职权，就可构成该罪而应依该罪定罪。经主管税务机关批准领用的，应当发给申购人发票领用簿。申购人再凭此簿向主管税务机关进行购买，有关工作人员应当依领用簿核准的种类、数量及开票限额等予以发售，不得擅自违法增量。临时到本省、自治区、直辖市以外从事经营活动的，应凭所在地税务机关的证明，向经营地的税务机关领用经营地的发票。经营地的税务机关可以要求申购人提供保证人或者根据所领用发票的票面限额以及数量缴纳不超过1万元的保证金，临时在本省、自治区、直辖市以内跨市、县从事经营活动需要领用发票的，其具体办法则由省、自治区、直辖市税务机关自行确定。

2. 在抵扣税款工作中的徇私舞弊

主要是指税务机关的工作人员不认真负责，致使不应抵扣的国家税款被非法抵扣等。

为了加强税收管理，尽量防止税收流失，保障国家财政收入，国家对某些税种或纳税人实行在购进货物或接受服务时就予以纳税的纳税办法。代扣代缴人代扣税款后，应当向扣税对象即购进货物时就已纳税的纳税人开具专用发票。专用发票设有扣税专栏，列明销售总额、适用税率和代扣税额等内容。其中一联交给扣税的对象作为完税凭证;一联作为单位记账凭证和汇算缴纳税款的依据;一联则转给税务机关作为掌握分户扣税情况和查账的根据,此种扣税发票,包括增值税专用发票,都应被视为税收票证。扣税的对象即在购货时就已纳税已扣缴的税款可以凭此种抵扣税款的发票,从每月应纳税收款总额中抵扣。

根据我国有关法律、法规的规定,增值税专用发票作为抵扣税款凭证必须符合下列条件,(1)购货方必须是享有税款抵扣权的增值税一般纳税人;(2)开具的增值税专用发票必须真实、正确、完整、有效,如有下列情形之一,不得作为进项税额的抵扣凭证:字迹不清、涂改以及项目填写不齐全的;票物不符、票面金额与实际收取的金额不符或者票面各项内容有误的;单联开具或上下联金额、增值税额等内容不一致的;发票联或抵扣联未加盖财务专用章的;只取得发票联或抵扣联的;未按规定时限开具专用发票的;伪造的专用发票。

下列项目的进项税额不得从销项税额中抵扣:用于非应税项目的购进货物或者应税劳务;用于免税项目的购进货物或者应税劳务;用于集体福利或个人消费的购进货物或者应税劳务;非正常损失的购进货物等。

税务机关中主管抵扣税款的工作人员,应当认真履行自己的职责,就纳税人提供的证明真伪,抵扣税款的数额,是否属于应当抵扣的税种、货物内容进行仔细详尽的审查。不应当抵扣的税款而抵扣,以及应少抵扣的而多抵扣,从而致使税收遭受重大损失的,就应依该罪定罪科刑。

3. 在出口退税工作中的徇私舞弊

主要是指税务机关的工作人员的疏忽,致使骗取出口退税行为得逞的行为。

退还出口货物的增值税、消费税应当符合下列条件:(1)退税的主体仅限于具有出口经营权的企业以及其他特准退税企业。后者包括对外承包工程公司,对外承接修理修配业务的企业,外轮供应公司、远洋运输供应公司,利用国际金融组织或外国政府贷款采取国际招标方式销售机电产品、建筑材料而中标的企业,在国内采购货物而运往境外作为国外投资的企业等。非上述单位,就不能申请退税,否则即属违法,骗取出口退税的,则可构成骗取出口退税罪。(2)必须是依法可以作为退税对象的出口产品才能予以退税,否则,即使是上述企业也不能申请退税,税务机关也不得批准退税。(3)所退还的税款应是退税主体已经缴纳的增值税、消费税等税收,非上述税种不能成为出口退税的退税项目。

主管出口退税的税务机关在接到上述有关必备的出口退税的证明文件及资料后,应当认真审查核实,看申请退税人是否属于退税主体,即是否属于法律规定的可以退税的企业;产品是否已经报关并且在财务上做了销售处理;所提供的证明材料是否完整、真实、可靠;企业应退税款数额的计算是否正确等。如果徇私舞弊,滥用职权,不正确履行职责,造成国家税收重大流失的,就应当依该罪定罪。

徇私舞弊发售发票、抵扣税款、出口退税行为,只有使国家利益遭受重大损失才有可能构成该罪。如果仅有徇私舞弊的行为,但没有造成国家利益的实际损失,或者虽然造成了损失,但没有达到重大损失的程度,也只是一般的违法行为,而不能以该罪论处。何谓国家利益损失重大,其标准应是多方面的,如严重影响税收秩序,致使税务机关的正常活动处于极为混乱的状态中,造成恶劣的影响等。

根据《渎职侵权犯罪案件立案标准》第 1 条第 15 项的规定,涉嫌下列情形之一的,应予立案:(1)徇私舞弊,致使国家税收损失累计达 10 万元以上的;(2)徇私舞弊,致使国家税收损失累计不满 10 万元,但发售增值税专用发票 25 份以上或者其他发票 50 份以上或者增值税专用发票与其他发票合计 50 份以上,或者具有索取、收受贿赂或者其他恶劣情节的;(3)其他致使国家利益遭受重大损失的情形。

(三)犯罪主体

该罪是纯正的身份犯,犯罪主体是特殊主体,只有税务机关的工作人员才能成为该罪的主体,其他自然人均不能成为该罪的主体,单位也不能构成该罪的主体。该罪的犯罪主体是税务人员,且是与从事发售发票、抵扣税款、出口退税工作有关的税务人员。我国税务系统的机构设置为四级,即国家税务总局,省(自治区、直辖市)国家税务局,地(设区的市、州、盟)国家税务局,县(市、旗)国家税务局。国家税务局系统试行国家税务总局垂直管理的领导体制,在机构、编制、经费、领导干部职务的审批等方面按照下管一级的原则,施行垂直管理。上述税务系统中与从事发售发票、抵扣税款、出口退税有关的工作人员,都有可能因为徇私舞弊实施与从事发售发票、抵扣税款、出口退税有关的工作而成为该罪的犯罪主体。

(四)犯罪主观方面

该罪的主观方面表现为故意,即行为人明知徇私舞弊发售发票、抵扣税款、出口退税的行为会损害国家税收利益和税收征管制度,但是基于徇私的动机而希望或放任此种结果发生。

该罪主观上还要求行为人有徇私的动机。行为人徇私情、私利,接受同学、同事、亲友等的财物、现金或非财产性利益。明知自己的行为可能致使国家税收利益遭受损失,而对这种后果的发生持希望或者放任的态度。至于行为人的其他犯罪动机可能是多种多样的,动机如何对该罪构成影响,可以在量刑时作为因素之一予以考虑。

如果是税务机关的工作人员在发售发票、抵扣税款、出口退税工作中疏忽大意,严重不负责,致使国家利益遭受损失的,应按照《刑法》第 397 条规定的玩忽职守罪追究刑事责任。如税务工作人员事先与偷税、非法购买增值税专用发票、骗取出口退税分子通谋,应按照共同犯罪定罪处罚。

如果其他国家机关工作人员违反国家规定,在提供出口货物报关单、出口收汇核销单等出口退税凭证的工作中,徇私舞弊,致使国家利益遭受重大损失的,也是依照该条的规定处罚,罪名为违法提供出口退税证罪。

第三节　司法实践的裁判现状

本书从威科先行数据库检索立案日期截至 2024 年 12 月 31 日的裁判文书,关键词为“徇私舞弊发售发票、抵扣税款、出口退税罪”“徇私舞弊发售发票罪”“徇私舞弊抵扣税款罪”“徇私舞弊出口退税罪”的案件,经过人工筛选后检索到符合徇私舞弊发售发票、抵扣税款、出口退税罪条件的判决文书共 33 份。通过对这些案件进行分析发现,徇私舞弊发售发票、抵扣税款、出口退税罪在司法实践中的裁判现状如下。

一、税务机关工作人员徇私舞弊发售发票、抵扣税款、出口退税犯罪时有发生

经统计分析,从最初的 2004 年,税务机关工作人员被控告徇私舞弊发售

发票、抵扣税款、出口退税罪案件1件起,之后呈现缓慢上升趋势,2014年突然增加到11起,2015年回落到2起。

二、税源管理岗位犯罪居高不下

对检索到的相关案例进行分析,涉案税务机关工作人员职位情况呈现以下特点:(1)税源管理岗位是徇私舞弊发售发票、抵扣税款、出口退税罪的"重灾区"。涉案的税源管理岗干部共计11人,占总人数的33.33%;以上数据不含未披露职位情况和其他科室的3人。在实务中,只有部分税务机关单设进出口管理科,影响到上述统计数据使其难以做更细致的拆分。(2)作为派出机构的税务所和发票管理科,分别占比15.15%与9.09%,比大家通常想象的比例要高不少。在实践中,计算机维护岗、发票发行岗、税收管理员利用职务之便、利用办税系统漏洞违规认定一般纳税人资格、对增值税专用发票违法增量。(3)与其他犯罪主体单位领导所占的比例比较大相反,徇私舞弊发售发票、抵扣税款、出口退税罪涉案税务机关工作人员更多集中在基层岗位。在本书统计的数据中,科员占比72.72%,这与工作职责有很大关系。以进出口税收管理科复审员为例,其主要职责是"负责外贸企业出口退税申报复审、出口退税预警评估、日常监督检查等工作,并负责在复审后将外贸企业出口退税汇总申报表交分管领导签批,领导签批后由其加盖进出口税收管理科公章后送交国家税务局税收收入核算科。"这就为其徇私舞弊发售发票、抵扣税款、出口退税罪提供了犯罪的土壤(见表14-1)。

表14-1 徇私舞弊发售发票、抵扣税款、出口退税罪涉案税务机关工作人员职位分布情况

职务层级	类别	人数	占比/%
局领导	局长	1	3.03
	副局长	2	6.06
	分局局长	2	6.06
	分局副局长		
税务所	所长	1	3.03
	副所长	3	9.09
	科室成员	1	3.03

续表

职务层级	类别	人数	占比/%
发票管理科(股)级干部	科长		
	副科长		
	科室成员	3	9.09
纳税服务科(股)级干部	科长		
	副科长		
	科室成员	1	3.03
税源管理科(股)级干部	科长		
	副科长		
	科室成员	11	33.33
征收管理科(股)级干部	科长		
	副科长		
	科室成员	2	6.06
进出口税收管理科(股)级干部	科长	1	3.03
	副科长	1	3.03
	科室成员	1	3.03
其他税收管理科(股)级干部	科长		
	副科长		
	科室成员	3	9.09

三、违规发售发票占据半壁江山

在各式各样的检方指控犯罪事实中,本书做了粗浅的归纳,税务机关工作人员徇私舞弊发售发票、抵扣税款、出口退税罪的“高发地带”当属违规发售发票(包括对不符合一般纳税人资格的进行了认定并违法增量增值税专用发票、违规发售普通定额发票、违规确认农产品收购发票、违规确认增值税发票使用资格及开票限额、违规发售机动车销售统一发票、违规发售资源产品销售专用发票)合计 84.38%(见表 14-2),而对不符合法律规定的单位办理出口退税,主要集中于进出口税收管理科。国税负责管理的出口退税也是个“雷区”之一,共有 4 位干部因出口退税上出现的问题而被指控。

表 14－2　税务机关工作人员徇私舞弊发售发票、抵扣税款、出口退税罪违法事实情况

违法事实类别	案件/件	占比/%
对不符合法律规定的单位办理出口退税	4	12.12
对不符合一般纳税人资格的进行了认定并违法增量增值税专用发票	4	12.12
对增值税专用发票违法增量	8	24.24
违规发售普通定额发票	15	45.45
违规确认增值税发票使用资格及开票限额	1	3.03
未尽职检查导致抵扣税款	1	3.03

四、定罪率占比逾 84%

从统计数据上看，在税务机关工作人员徇私舞弊发售发票、抵扣税款、出口退税犯罪案件中，法院一般都会认可检方/监察委的指控。对于有受贿、贪污情节的，一般都判有期徒刑，刑期在 10 年以上的居多。对于能主动到检方/监察委，如实供述自己的罪行，认定为自首或者案发前所有税款及滞纳金已补缴，犯罪情节轻微，不需要判处刑罚的，法院最终免予了刑事处罚（见表 14－3）。

表 14－3　税务机关工作人员玩忽职守犯罪判决内容情况

判决内容	案件/件	占比/%
拘役，缓刑	2	6.25
有期徒刑	25	78.13
免予刑事处罚	5	15.63

五、同时被指控受贿罪等罪的并不少见

统计表明，在徇私舞弊发售发票、抵扣税款、出口退税犯罪同时被指控具有受贿罪等主观故意犯罪适用数罪并罚的税务机关工作人员共有 17 位，由此触发相关罪行竞合条款。其中，最常见的指控罪名为受贿罪，共 17 位，

占总案件的77.27%；其余2位玩忽职守罪、2位贪污罪、1位合同诈骗罪(见表14－4)。

表14－4　税务机关工作人员同时被指控其他罪名分布情况

徇私舞弊发售发票、抵扣税款、出口退税罪外的其他罪名	案件/件	占比/%
玩忽职守罪	2	9.09
受贿罪	17	77.27
贪污罪	2	9.09
合同诈骗罪	1	4.55

值得注意的是，相较于整体，具有受贿罪犯罪情节的工作人员刑罚明显较重，最终数罪并罚量刑后被判处5年以上有期徒刑的有17人之多，占有受贿情节的人数的53.13%(见表14－5)。在实务中，受贿罪作为恶性更高的故意犯罪，合并量刑后显然较单纯的徇私舞弊发售发票、抵扣税款、出口退税罪更重。这也是对广大税务机关工作人员的一个严重警醒，必须要筑好廉洁防线，否则一旦被指控，牢狱之灾基本难免。

表14－5　税务机关工作人员最终判处刑罚分布情况

最终量刑	案件/件	占比/%
10年以上	13	40.63
5年以上	4	12.50
1~5年	8	25.00
小于1年	2	6.25
免于刑事处罚	5	15.63

六、徇私舞弊发售发票、抵扣税款、出口退税罪案的证据要求

从现有查询到的徇私舞弊发售发票、抵扣税款、出口退税罪的33份公开判决文书中可以总结出，办理徇私舞弊发售发票、抵扣税款、出口退税罪案件涉及的证据材料至少包括如下证据。

（一）主体证据

（1）证明犯罪嫌疑人的个人信息，包括性别、出生日期、身份证号、民族、籍贯、出生地、职业、住址等。证据来源包括户口簿、身份证、出生证、护照等。

（2）证明犯罪嫌疑人职务和身份的材料，如工作证、干部履历表、职工登记表、专业或技术证书等。

（3）证明犯罪嫌疑人其他特殊情况的文件，如行政处罚决定书、不起诉决定书等。

（4）证明犯罪嫌疑人职责和职权的文件，包括国家法律法规、行政法规、地方性法规、税务系统规章制度、单位实施法规的细则等。

（5）犯罪嫌疑人对个人身份和职责的陈述和辩解。

（6）证人对犯罪嫌疑人个人信息的陈述。

（二）主观故意证据

（1）犯罪嫌疑人的供述和辩解，包括对徇私舞弊行为的态度陈述。

（2）证人对犯罪嫌疑人主观故意的陈述，包括同事对其业务能力的评价和受益者对其行为动机的陈述。

（3）书证，主要用于鉴定发票真伪、笔迹真伪等。

（三）客观方面证据

（1）案发证明，包括投案记录、举报记录等。

（2）犯罪嫌疑人的供述和辩解，详细说明徇私舞弊行为的细节。

（3）证人证言，包括见证人、鉴定人、知情人等的陈述。

（4）书证，包括发票、税票、申报表等。

（5）物证，如收受他人物品、非法获利购买的物品等。

（6）鉴定意见，包括法医鉴定、物品真伪鉴定等。

（7）视听资料，如录音带、录像带等。

（8）搜查笔录，记录搜查到的证据情况。

（9）取赃笔录，记录赃款赃物的取得情况。

（10）收缴笔录，记录自首退赃情况。

(11)辨认笔录,对物品的辨认情况记录。

(12)证明犯罪结果的证据,主要是损失税款的证明。

(13)证明因果关系的证据,包括行为与结果的关系。

(14)量刑证据,包括法定情节、认罪态度、退赃情况等。

(四)客体证据

税务机关工作人员徇私舞弊的行为不仅破坏了税收管理制度,还侵犯了职务廉洁性。证据应包括犯罪嫌疑人身份和案件发生的相关证据。

第四节 常见问题与实务探讨——以案说法

一、"证据规则"的运用

最高人民法院《关于印发〈全国法院审理经济犯罪案件工作座谈会纪要〉的通知》规定:"徇私舞弊型渎职犯罪的'徇私'应理解为徇个人私情、私利。"实务中,一般指出于与亲友等人的情感关系而接受请托,私利指收受请托人给予的财产性利益或其他。例如,是否接收亲友、同学、同事财物、吃请等非财产性利益,是否与请托人有私情关系,而这些"徇私"应当由相关证据予以证实。下文以汪某某徇私舞弊发售发票案[1]为例,具体说明。

(一)案情简介

2016年8月21日,被告人汪某某利用其征收管理科计算机维护岗科员的高级权限,将离职人员肖某的金三系统口令进行重置。次日,某税务局出现盗用肖某口令登录金三系统,为乌鲁木齐市某某号贸易有限公司审批发行万元版发票200份。

被告人汪某某让汪某1要刘某某的金三口令和密码,在乌鲁木齐市税务局邵某某的电脑上利用刘某某的口令密码为乌鲁木齐丙贸易有限公司审批发票400份,并将该企业的税控盘交给了汪某1,让其找人进行发票发行。

---

〔1〕 参见新疆维吾尔自治区乌鲁木齐市天山区人民法院刑事判决书,(2017)新0102刑初523号。

2016年9月2日，被告人汪某某在主楼201办公室借纳税服务科发行窗口在岗人员刘某某专用授权优盾，然后在配楼102办公室，先用肖某口令进行登录后发现密码错误，遂利用孙某的口令和密码在金三系统进行登录，将400张已经停票处理的发票恢复审批，利用刘某某的优盾在防伪税控系统进行发行。当日14时左右，金某某使用乌鲁木齐甲和乙公司的企业税控盘在自动取票机取票未果，汪某某带金某某到配楼101办公室，让工作人员汪某3(汪某某的侄子)和曹某某对公司税控盘进行解锁，造成380张发票被金某某领走，造成增值税税收损失。

(二)争议焦点

该案案件涉及的争议焦点之一是公诉机关提交的证据能否形成完整的证据锁链，是否可以排除其他可能，具体如下。

在第三起指控事实中，公诉方提交证据控告汪某某徇私舞弊发售发票罪，具体为2016年10月17日，被告人汪某某让汪某1要刘某某的金三口令和密码，在乌鲁木齐市税务局邵某某的电脑上利用刘某某的口令密码为乌鲁木齐丙贸易有限公司审批发票400份，并将该企业的税控盘交给了汪某1，让其找人进行发票发行。针对该起事实，对于刘某某金三系统的口令和密码，提供了汪某1的证言，对于企业税控盘，提供了汪某1的证言。

被告人汪某某针对公诉机关指控的犯罪事实均有异议，辩解称在公诉机关指控的第三起事实中，其没有拿过企业税控盘，如果其知道刘某某的口令和密码就可以自行操作，不需要通过他人。综上所述，公诉机关指控的三起事实均不成立。

辩护人针对公诉方提供的证据的辩护意见如下：第一，没有证据证实被告人与涉案的四家企业之间存在联系，间接证据未得到印证，不能证实被告人实施了徇私舞弊发售发票的行为；第二，没有直接证据证实被告人进入了配楼102办公室，且因IP地址可以更改，故不能确定案发地点；第三，不能因为被告人享有高级权限就认定是其重置了肖某的口令和密码，并登录了孙某的口令和密码；第四，三起事实均未提供被告使用的读卡器、税控盘、优盾等证据，也无证据证实被告人接触过税控盘。综上所述，公诉机关的指控事实不清，证据不足。

法院认定在案证据不足以证实该起事实系被告人汪某某所为。第一，对于刘某某金三系统的口令和密码，仅有汪某1的证言称，其从刘某某处获得后将写有口令和密码的纸条交给了汪某某，汪某某对此不予认可，并没有其他证据予以印证。第二，对于企业税控盘，也仅有汪某1的证言称，汪某某将其约至二楼卫生间，将企业税控盘交给汪某某，汪某某对此不予认可，亦无其他证据予以印证。综上所述，公诉机关提交的证据未能形成完整的证据锁链，无法排除其他可能，故该起事实不能成立。

（三）案件评析

案涉指控中公诉方所称的刘某某金三系统的口令和密码只有汪某1的证人证言；汪某1从刘某某处获得写有口令和密码的纸条交给汪某某，并没有其他证据相互印证；对于企业税控盘，也只有汪某1证人证言。综上所述，公诉机关提交的证据未能形成完整的证据锁链，无法排除其他可能，故被法院认定事实不能成立。

以事实为依据，以法律为准绳，是刑事诉讼的基本要求，对于指控的犯罪必需做到重证据，重调查研究，不轻信口供，需要做到事实清楚，证据充分，并排除其他可能性，这也是律师办理刑事案件过程中需要注意的问题，注重证据是否完整、事实是否清楚也是律师辩护策略的其中之一。

对于证人证言，辩护时需要注意判断其作证能力。《刑事诉讼法》第62条第2款规定，生理上、精神上有缺陷或者年幼，不能辨别是非、不能正确表达的人，不能作证人。《刑事诉讼法司法解释》第88条第1款规定，处于明显醉意、中毒或者麻醉等状态，不能正常感知或者正确表达的证人所提供的证言，不得作为证据使用。证人证言受到主观因素影响较大，因此，审查证人证言证明力时需要考虑证人的身体状况、心理状态、案发时所处情景、道德水平、证人证言与案件的相关性、作证时的表现等因素。证人与案件当事人、案件处理结果有利害关系的虽然可以作证，但证明力较弱。《刑事诉讼法司法解释》第91条第2款对相互印证规则规定："证人当庭作出的证言与其庭前证言矛盾，证人能够作出合理解释，并有其他证据印证的，应当采信其庭审证言；不能作出合理解释，而其庭前证言有其他证据印证的，可以采信其庭前证言。"

根据以上规定结合该案实际，公诉机关提供的汪某2的证言，因为缺乏其他证据支持，没有得到法院采信。总之，辩护律师在审查物证，书证，证人证言,被害人陈述,犯罪嫌疑人、被告人供述和辩解,鉴定意见,勘验、检查、辨认、侦查实验等笔录,视听资料、电子数据时,着重审查证据的收集程序与方式,证据能力与证明力,证据的适用规则等,就事实是否清楚、证据是否充分等作出判断,并以此作为辩护策略来办理案件。

二、“领域法思维”的运用

领域法学(science of field law),是以问题为导向,以特定经济社会领域全部与法律有关的现象为研究对象,融经济学、政治学和社会学等多种研究范式于一体的整合性、交叉性、开放性、应用性和协同性的新型法学理论体系、学科体系和话语体系,具有研究目标的综合性、研究对象的特定性以及研究领域的复杂性等特征。[1] 当前,财税法学、金融法学、卫生法学、互联网法学、海洋法学等具有明显的领域法学特征。涉税刑事犯罪不仅涉及税法、行政法、刑法等多法学学科,还涉及税收学、会计学、管理学、经济学和社会学等多领域。涉税犯罪辩护律师需要研究、精通领域法学,才能更好地进行辩护。下文以祝某玩忽职守、徇私舞弊出口退税、受贿案[2]为例,具体说明。

(一)案情简介

祝某自2000年6月起任宣城市国家税务局副局长,2011年1月开始分管该局进出口税收管理科。2011年9月底,祝某在明知甘肃嘉峪关睿华裘皮工艺制品有限公司涉嫌向渝嘉公司虚开增值税发票,渝嘉公司涉嫌骗取出口退税的情况下,在稽查尚未结束就擅自决定恢复对渝嘉公司的出口退税,使渝嘉公司骗税得以继续直至案发。自恢复退税起,渝嘉公司又骗取出口退税6,546,427.84元。

渝嘉公司吴某甲为了公司在办理出口退税业务中得到被告人祝某的方便和关照,以及该公司在稽查和暂停退税期间,能尽快恢复退税,先后共向祝某行贿56,000元。此外,安徽东维铝业集团等单位为得到祝某在企业退

---

〔1〕 参见刘剑文:《超越边缘和交叉:领域法学的功能定位》,载《中国社会科学报》2017年1月4日,第5版。

〔2〕 参见安徽省宣城市中级人民法院刑事判决书,(2014)宣中刑终字第00065号。

税方面的关照,先后送给祝某购物卡、购物券合计15,000元。

(二)争议焦点

该案涉及的焦点之一是同一个行为能否认定两个罪名,且原判适用的文件是否依据不当。

公诉方控告祝某犯玩忽职守罪、徇私舞弊出口退税罪、受贿罪,并提供了以下证据:渝嘉公司骗取出口退税、税务相关人员任职期间造成损失统计表证实:祝某分管审批出口退税期间造成的损失为19,218,846.47元。其中,自分管进出口税收管理科至暂停渝嘉公司的出口退税造成损失12,672,418.63元。2011年9月28日恢复渝嘉公司的出口退税后,又造成损失6,546,427.84元。

渝嘉公司退税明细表及税收收入退还书证实,渝嘉公司自2008年10月~2012年6月共计获得退税款52,763,625.8元。其中,自被告人祝某分管进出口税收管理科后,渝嘉公司共计获得退税款19,218,846.47元。

渝嘉公司申报材料及申报材料存在问题统计表证实,渝嘉公司为骗取出口退税向宣城市国家税务局进行了出口退税申报。通过审查发现,这些申报出口退税的资料中存在大量问题。同时证实了渝嘉公司出口产品主要是以农副产品为原材料加工的皮手袋、羊绒、毛条等,出口退税率高,关注商品多,出口口岸、出口国家众多,上游供货企业远在新疆、内蒙古、山西、河南、河北等北方地区,这些企业可以自行开具农产品收购发票抵扣增值税,容易发生虚开增值税发票的行为,且这些企业都是短期数百万元至上千万元的供货,其供货数量异常,产品的供货地、出口口岸、出口国别等多项情形有违常理,申报资料中存在数据逻辑错误、增值税发票开具异常等问题。

关于协查出口货物税收有关情况的函及复函证实,宣城市国家税务局在2011年6~9月向渝嘉公司的上游供货企业所在地国税局发了7份协查函,发函联系人为孙某或李某某,签发人为祝某。但这些发函均内容简单,流于形式。

协查报告及协查回复函证实,2012年2~12月,宣城市国家税务局向渝嘉公司供货企业所在地的国家税务局发了40余份税务协查函,收到的回函显示渝嘉公司与上游供货企业之间是异常业务,有的企业涉嫌向渝嘉公司虚开增值税发票,案件已移送公安机关查处。

预警分析报告证实,宣城市国家税务局进出口税收管理科制作了 2010 年第四季度、2011 年第一季度至第四季度、2012 年第一季度的宣城市出口退(免)税预警及评估分析报告 6 份。该 6 份报告均为综合性报告,2010 年第四季度预警报告指出渝嘉公司的商品出口额变动率为 100%、2011 年第二季度商品出口额变动率为 254.7%,出口变动异常。

辩护人的辩护意见为:上诉人的行为不构成徇私舞弊出口退税罪。同一个行为不能定两个罪名。为渝嘉公司恢复退税是多方面的原因造成的且对企业恢复退税本身并无不当。因为稽查期间根据规定只能对发现有问题批次货物停止办理退税,而不应对整个企业全面停止出口退税。而对企业停止出口退税是一种行政处罚,要按规定程序办理,否则是违法行政的行为。原判适用的文件依据不当,国家税务总局《出口货物退(免)税管理办法》(国税发〔1994〕31 号)已废止,不能适用。故原判认定上诉人徇私舞弊的依据金额不正确,依据不成立。

二审法院撤销了广德县人民法院(2014)广刑初字第 00031 号刑事判决的第一项,即被告人祝某犯玩忽职守罪,判处有期徒刑 4 年,犯徇私舞弊出口退税罪,判处有期徒刑 5 年,犯受贿罪,判处有期徒刑 5 年,并处没收财产 10 万元,决定执行有期徒刑 13 年,并处没收财产 10 万元。

(三)案件分析

该案涉及刑法、税法和行政法等,案涉渝嘉公司恢复退税是多方面的原因造成的且对企业恢复退税本身并无不当,因为稽查期间根据规定只能对发现有问题批次货物停止办理退税,而不应对整个企业全面停止出口退税。而对企业停止出口退税是一种行政处罚,要按规定程序办理,否则是违法行政的行为。对于此类涉税犯罪辩护,律师除了需要具备基本法律专业素养外,还需要具备相关领域专门知识,特别是转让定价、出口退税、特别反避税等技术性知识。目前我国只有厦门市思明区人民法院、上海铁路运输法院、上海市第三中级人民法院、长春市中级人民法院、长春铁路运输中级法院、广东省惠州市博罗县法院等少数法院设有税务审判合议庭等涉税专业审判组织,在没有设立涉税专业审判组织的法院,法官大多倾向于直接认可税务机关作出的事实认定并以此为基础对案件作出裁决,对于被告人而言是非常被动和不利的,这就要求辩护人必须具备财税、会计等专业知识,通过向司法机关说明与案件相关的财税、会计等学科的概念、规则、理论和相关专业知识，使办案机关和人员知悉问题所在、焦点所在，促使案件回归专业并得到公正处理。

因此，涉税刑事案件的办理要求律师运用领域法学问题导向的法律思维，融合、提炼、归纳、整理该争议焦点相关的法律规范体系，围绕领域法视角下具体的争议焦点进行辩护。融合诸如部门税法学、会计学、管理学、经济学和社会学等既有的复杂、交叉法律法规体系，在辩护时可能更具个性、更接近实践。当律师对涉税犯罪领域专门知识一知半解、简单移植、打包捆绑其他领域的规范集合，无法揭示事实与规范之间的逻辑关联，则很可能对相关事实认定和规范适用的辩护产生偏差。只有正确认识、运用以及提炼该领域规范，才能在相关事实认定和规范适用上更有效地辩护。

三、“从犯”等从轻、减轻或免除处罚情节的运用

从犯是主犯的对称，共同犯罪的种类之一，指共同犯罪中起次要或辅助作用的分子。起辅助作用，指为犯罪的实施创造有利条件，如提出建议、提供工具、排除障碍等。起次要作用，指在主犯的指挥下进行某种具体犯罪活动，或在一般共同犯罪中实施某种情节轻微的犯罪行为。按照我国刑法规定，对犯罪后的帮助行为，事先有通谋的，以共犯论处；对于从犯，应当从轻、减轻或免除处罚。也有称从犯为帮助犯的，即指在他人实施犯罪前后或行为中，帮助实施犯罪的人。因此，涉税犯罪律师需要研究、梳理相关证据，认清当事人在犯罪中所起的作用，才能更好地进行辩护。下文以周某、吴某、周某某受贿罪、徇私舞弊发售发票案[1]为例，具体说明。

（一）案情简介

2012 年 8 月 ~2015 年 5 月，被告人周某、吴某、周某某利用在国家税务总局益阳市资阳区税务局税源三科工作之便，在林某实际控制的 11 家公司、王某 1 实际控制的 4 家医药公司申报一般纳税人资格和购领增值税发票等过程中，徇私舞弊，导致上述公司虚开增值税专用发票后被认证抵扣，共计造成国家税收损失 111,862,676.89 元。其中，周某对上述全部损失负责，吴

---

〔1〕 参见湖南省益阳市中级人民法院刑事判决书，(2020)湘 09 刑终 27 号。

某对其中104,111,597.85元负责,周某某对其中108,831,133.07元负责。

(二)争议焦点

案件争议的焦点之一是周某、吴某在该案中是否起次要作用,是否系从犯。

湖南省益阳市资阳区人民检察院以益资检公诉刑诉〔2019〕127号起诉书指控被告人周某、吴某、周某某犯受贿罪、徇私舞弊发售发票、抵扣税款、出口退税罪。针对上述犯罪事实的指控,湖南省益阳市资阳区人民检察院向法院提交了户籍信息、到案经过、公务员登记表、干部任免审批表、扣押决定书、湖南省非税收入一般缴款书,资阳区国税局税源三科主要职责及岗位职责、银行流水、刑事判决书、纳税人分户档案资料、纳税清单、领购及开票清单等书证,司法会计鉴定报告书,证人林某、王某1、黎某、郑某、张某1、杨某1、石某、夏某、张某2等人的证言,被告人周某、吴某、周某某的供述与辩解等证据。

辩护人的辩护意见为:涉案公司均由工商部门注册成立,依法办理了税务登记,经过一系列审批手续后才申领到增值税专用发票,造成国家税收损失是多因一果,且周某只是听从原局长吴某1的安排才发售发票,在共同犯罪中应认定为从犯。

林某实际控制的11家公司系原局长吴某1安排划入税源三科管理,吴某只是受领导安排、指示去认定一般纳税人资格,发行增值税专用发票,吴某本人没有任何决定权和管理权,在共同犯罪中应为从犯。

法院认为,根据国家税务总局《增值税一般纳税人资格认定管理办法》(已失效)及湖南省国家税务局规定的主管税务机关实地查验的范围和方法,该案中被告人吴某、周某首先应当对林某、王某1企业增值税一般纳税人资格认定、增值税专用发票的申领、企业注销等过程下户进行实地查验,并制作查验报告,调查核实后如实填写增值税一般纳税人认定实地查验表、一般纳税人资格认定事项调查表、增值税一般纳税人申报认定表、"一站式"办理业务内部传递单等资料,并出具初步意见,交由周某进行审核后再依程序向上呈报审批。综上分析,周某、吴某负有对涉案公司虚开增值税专用发票最原始资料的调查、核实、审核之责,对最终导致林某、王某1大量虚开增值税专用发票造成国家税收损失负有直接责任,均应认定为主犯,该辩护意见不能成立。但是可适当酌情对三被告人从轻处罚。

(三)案件评析

在该案中,法院最终认定周某、吴某为主犯而不是从犯,辩护意见没有得到法院采纳。但鉴于涉案 15 家公司增值税一般纳税人的资格认定、增值税专用发票的申领等系由益阳市资阳区国税局多部门审批,最终以“集体研究”的形式作出,造成国家税收损失系多因一果,责任相对分散,法院认定可适当酌情对三被告人从轻处罚。

此案的启发在于共同犯罪中从犯的认定及辩护要点,从犯一定是同主犯相对应。《刑法》第 27 条规定,“在共同犯罪中起次要或者辅助作用的,是从犯。对于从犯,应当从轻、减轻处罚或者免除处罚。”

从犯对犯罪意思的形成影响小。那么,对犯罪意思的形成以及犯罪意思内容具体化贡献大的,应当认定为主犯。比如,对犯罪工具、路线、手段、方法等犯罪内容的确定产生了决定性的影响,或者拥有较多的话语权,且意志自由,应当认定为主犯,而对犯罪意思的形成附和或听从,更有可能认定为从犯。从犯参与程度和行为强度较低。参与程度、行为强度不仅反映行为社会危害性,而且在某种程度上反映了行为人的主观恶性和人身危险性。通常实施了构成要件的行为人更可能被认定为主犯。但是,如果行为人的路线、方法等较其他同案犯危险程度低,可以认定为从犯。如果行为人积极的态度外化成自己的行为,在简单共同犯罪的背景下,一般认定为主犯。如果对结果的产生抱有放任、消极态度,应当认定为从犯。

其他构成要件之外的行为产生负面效果小。为了保障犯罪实施,提供方便、创造机会或者排除阻碍的行为具有很强的替代性,犯罪活动很可能并不会因为缺少行为人的行为而失败,一般认定为从犯合适。相反,犯罪结束后,控制账款、主导账款分配、藏匿销毁罪证,提议、组织、实施反侦活动逃避刑事责任追究,通常认定为主犯。

涉税刑事辩护中,辩护人应当以高度的责任感,敏锐发现辩护工作的关键点,及时捕捉案件中关于被告人、犯罪嫌疑人构成从犯的相关信息,依法全面、客观、完整、及时收集梳理证据,准确把握立法和司法解释及规定的本质含义,尽最大努力争取从犯情节被依法认定,最大限度维护犯罪嫌疑人、被告人的合法权益。

总之,以上实务案例中的经验借鉴只是涉税刑事辩护的一小部分,实务中除了上述“证据规则”“领域法思维”“从犯”等从轻减轻或免除处罚情节的运用外,还有诸如自首、坦白、立功、追诉时效、犯罪主体适当与否、积极退赃、挽回国家税款损失等从轻、减轻、免除甚至是否有罪的辩护思路与策略,本章只是通过抛砖引玉的方式指出涉税刑辩律师可以依据事实和法律借鉴和制定不同的辩护策略,而具体的辩护思路和策略将有待在实际案例中结合案件事实,具体问题具体分析具体对待,以便结合事实和法律,制定适当的辩护策略,以期在法律框架下维护被告人的合法权益。

第十五章

违法提供出口退税凭证罪

违法提供出口退税凭证罪,作为一项严重侵害国家税收利益的犯罪行为,近年来随着信息技术的飞速发展,其表现形式日益隐蔽化、智能化,给税收监管带来了前所未有的挑战。该罪不仅涉及国家机关工作人员在出口退税过程中的徇私舞弊行为,而且直接破坏国家税收秩序与造成财政利益的重大损失。本章将深入剖析违法提供出口退税凭证罪的历史沿革、法律释义、构成要件及司法实践中的裁判现状,通过典型案例分析,揭示该罪行的具体表现形式、罪名的认定以及主要量刑情节,旨在为法律实务工作者提供有力参考,促进税收法律制度的完善与税收监管机制的强化,共同维护国家税收安全和社会经济秩序的稳定发展。

第一节　历史沿革与现状

一、违法提供出口退税凭证罪的历史沿革

1984 年颁布的《增值税条例(草案)》(已失效)第 11 条规定“……国家鼓励出口的应税产品,由生产单位直接出口的,免税;已经缴纳增值税的,由经营出口者在报关出口后,申请退还已纳的税款……”1985 年国务院发布《关于对进出口产品征、退产品税或增值税的规定》(已失效),标志着我国进出口税收制度的初步形成,自此我国正式开始实施出口退税制度。申报出

口退税必须满足出口货物属于增值税、消费税征税范围、货物报关离境出口、财务上已作出口销售处理、收汇。这意味着想要申报出口退税必须取得增值税专用发票、出口货物报关单以及外汇单据等相关凭证。海关、外汇管理部门针对出口报关、收汇也颁布了一系列的政策予以规制。如1990年颁布的《出口收汇核销管理办法》(已失效)在第4条中规定,“出口单位应到当地外汇管理部门申领经外汇管理部门加盖‘监督收汇’章的核销单。在货物报关时,出口单位必须向海关出示有关核销单,凭有核销单编号的报关单办理报关手续,否则海关不予受理报关。货物报关后,海关在核销单和有核销单编号的报关单上加盖‘放行’章”;1991年颁布的《海关对出口退税报关单管理办法》(已失效)详细规定了对出口退税报关单的申请、管理等细节。

我国施行出口退税制度是基于使企业的出口货物以不含税的价格参与国际市场竞争、避免跨境商品被重复征税、鼓励出口创汇等多重因素的考量,但被一些不法企业和个人利用,大肆实施骗取出口退税活动,导致国家税款流失。一些出口企业为了实现骗取出口退税的不法目的,通过各种违法手段获取退税所必需的出口货物报关单、出口收汇核销单等重要凭证。在利益的驱使下,国家工作人员如海关、外汇管理等部门工作人员铤而走险向这些企业骗取出口退税提供通关、违规收汇等便利,非法提供退税凭证。这种行为不仅严重破坏了国家对出口退税的规范管理制度,更导致国家税收利益遭受重大损失,对社会经济秩序产生了极其恶劣的影响。因此,国家采取了有力措施,坚决打击这种违法行为,以维护国家税收的严肃性和权威性,确保国家经济健康稳定发展。

违法提供出口退税凭证罪与徇私舞弊发售发票、抵扣税款、出口退税罪都是涉税类渎职犯罪的一种,是我国1997年《刑法》新增加的罪名。在此之前,1979年颁布的《刑法》仅在分则第8章“渎职罪”中对一般国家机关工作人员收受贿赂、玩忽职守等行为进行追责,没有列举出具体的国家机关单位。随着我国对外贸易的发展,出口退税体量增加,立法机关逐渐意识到税务机关工作人员在出口退税审核履职的重要性,1995年颁布的《惩治虚开、伪造和非法出售增值税专用发票犯罪的决定》(部分失效)第9条规定:“税务机关的工作人员违反法律、行政法规的规定,在发售发票、抵扣税款、出口退税工作中玩忽职守,致使国家利益遭受重大损失的,处五年以下有期徒刑或者拘役;致使国家利益遭受特别重大损失的,处五年以上有期徒刑。”但直到1997年在进行《刑法》的修订工作时，立法者考虑到对于海关、外汇部门等除税务机关以外的其他国家机关工作人员在提供出口退税凭证中的徇私舞弊行为，与税务人员徇私舞弊发售发票、抵扣税款、出口退税行为一样，均具有社会危害性，同样具有追究行为人刑事责任的必要性。因此，在1997年《刑法》第405条规定："税务机关的工作人员违反法律、行政法规的规定，在办理发售发票、抵扣税款、出口退税工作中，徇私舞弊，致使国家利益遭受重大损失的，处五年以下有期徒刑或者拘役；致使国家利益遭受特别重大损失的，处五年以上有期徒刑。其他国家机关工作人员违反国家规定，在提供出口货物报关单、出口收汇核销单等出口退税凭证的工作中，徇私舞弊，致使国家利益遭受重大损失的，依照前款的规定处罚。"该条规定一方面将1995年颁布的《惩治增值税专用发票犯罪的决定》（部分失效）中的"玩忽职守"修改为"徇私舞弊"，另一方面增加了除税务机关以外的其他国家机关工作人员在提供有关出口退税凭证工作中徇私舞弊的犯罪。1997年修订的《刑法》将违法提供出口退税凭证罪明确为一个独立的罪名，这标志着国家开始通过刑事法律手段来严厉打击这一违法行为。

二、违法提供出口退税凭证罪的现状

自1997年至今，我国刑法历经12次修正。但是对于违法提供出口退税凭证罪的规定未进行变动，仅根据实践的发展，对量刑情节、量刑标准等方面予以细化和改动。

1998年发布的最高人民检察院《关于印发〈关于在全国检察机关实行"检务公开"的决定〉的通知》中对该罪案件立案标准被规定为"致使国家税收损失在5万元以上"。2006年发布的《渎职侵权犯罪案件立案标准》不仅提高了该罪的立案金额标准，还将索贿、受贿等行为纳入其中，第1条第16项的规定，该罪立案标准为："违法提供出口退税凭证罪……涉嫌下列情形之一的，应予立案：1、徇私舞弊，致使国家税收损失累计达10万元以上的；2、徇私舞弊，致使国家税收损失累计不满10万元，但具有索取、收受贿赂或者其他恶劣情节的；3、其他致使国家利益遭受重大损失的情形。"

为更好地适用《渎职侵权犯罪案件立案标准》，部分省份根据本地区司法实践，对该罪的立案追诉标准作进一步完善，如2012年发布的天津市高级人民法院《关于刑法分则部分条款犯罪数额和情节认定标准的意见》在第54

条"徇私舞弊发售发票、抵扣税款、出口退税罪、违法提供出口退税凭证罪"中规定:"税务机关的工作人员违反法律、行政法规的规定,在办理发售发票、抵扣税款、出口退税工作中,徇私舞弊,或者其他国家机关工作人员违反国家规定,在提供出口货物报关单、出口收汇核销单等出口退税凭证的工作中,徇私舞弊,具有下列情形之一的,应当认定为刑法第四百零五条第一款规定的'致使国家利益遭受重大损失':(一)徇私舞弊,致使国家税收损失累计数额在10万元以上不满50万元的;(二)徇私舞弊,致使国家税收损失累计数额虽未达到前项规定的标准,但发售增值税专用发票25份以上不满125份或者其他发票50份以上不满250份或者增值税专用发票与其他发票合计50份以上不满250份,或者具有索取、收受贿赂或者其他恶劣情节的;(三)其他致使国家利益遭受重大损失的情形。具有下列情形之一的,应当认定为刑法第四百零五条规定的'致使国家利益遭受特别重大损失':(一)徇私舞弊,致使国家税收损失累计数额在50万元以上的;(二)徇私舞弊,致使国家税收损失累计数额虽未达到前项规定的标准,但发售增值税专用发票125份以上或者其他发票250份以上或者增值税专用发票与其他发票合计250份以上,或者具有索取、收受贿赂或者其他恶劣情节的;(三)其他致使国家利益遭受特别重大损失的情形。"

值得注意的是,随着我国大力推进贸易便利化,对于出口报关、收汇核销进行了改革。如2012年6月,国家外汇管理局、海关总署、国家税务总局联合发布了《关于货物贸易外汇管理制度改革的公告》,该公告取消出口收汇核销单,企业不再办理出口收汇核销手续。外汇管理部门对企业的贸易外汇管理由现场逐笔核销改变为非现场总量核查,建立了"总量核查、动态监测、分类管理"的管理体系。该规定出台后,出口企业无须申领核销单,也无须做核销单以及与口岸关联备案交单工作,原来的退税条件由"二单一票"(报关单、核销单+发票)改为"一单一票",取消核销单后,外汇核销从原来的以核销单为单位一个个核销,改为以核销系统方式的批量核销。这意味着当时立法时考量的犯罪情形以及适用情况发生了一些变化。

我国关于出口退税凭证管理规定的逐渐完善,以及数据征管和法治监督环境的变化,使犯罪空间进一步缩小,违法提供出口退税凭证罪犯罪案件量较少。

第二节　法律释义与构成要件

一、违法提供出口退税凭证罪的法律释义

（一）刑法条文

《刑法》第405条规定："税务机关的工作人员违反法律、行政法规的规定，在办理发售发票、抵扣税款、出口退税工作中，徇私舞弊，致使国家利益遭受重大损失的，处五年以下有期徒刑或者拘役；致使国家利益遭受特别重大损失的，处五年以上有期徒刑。其他国家机关工作人员违反国家规定，在提供出口货物报关单、出口收汇核销单等出口退税凭证的工作中，徇私舞弊，致使国家利益遭受重大损失的，依照前款的规定处罚。"该条第2款即《刑法》对违法提供出口退税凭证罪罪责刑的规定。

（二）相关释义

违法提供出口退税凭证罪，是指除了税务机关以外的其他国家机关工作人员，如海关、外汇管理等国家机关工作人员，违反国家规定，在提供出口货物报关单、出口收汇核销单等出口退税凭证的工作中徇私舞弊，致使国家利益遭受重大损失的行为。

该罪的犯罪主体只能是税务机关以外的国家机关工作人员，主要是海关和外汇管理等国家机关工作人员。

在犯罪立案标准方面，《渎职侵权犯罪案件立案标准》第1条第16项规定，该罪立案标准为："违法提供出口退税凭证罪……涉嫌下列情形之一的，应予立案：1、徇私舞弊，致使国家税收损失累计达10万元以上的；2、徇私舞弊，致使国家税收损失累计不满10万元，但具有索取、收受贿赂或者其他恶劣情节的；3、其他致使国家利益遭受重大损失的情形。"

在罪数方面，最高人民法院、最高人民检察院《渎职刑事案件司法解释》第3条规定："国家机关工作人员实施渎职犯罪并收受贿赂，同时构成受贿罪的，除刑法另有规定外，以渎职犯罪和受贿罪数罪并罚。"最高人民法院、最高人民检察院《关于办理贪污贿赂刑事案件适用法律若干问题的解释》

(以下简称《贪污贿赂刑事案件司法解释》)第17条也同样规定"国家工作人员利用职务上的便利,收受他人财物,为他人谋取利益,同时构成受贿罪和刑法分则第三章第三节、第九章规定的渎职犯罪的,除刑法另有规定外,以受贿罪和渎职犯罪数罪并罚。"因此,构成该罪,同时收受贿赂的,与受贿罪数罪并罚。

二、违法提供出口退税凭证罪的犯罪构成要件

(一)犯罪客体

该罪侵犯的客体主要是国家的税收管理制度和国家机关的正常管理活动。

1. 侵害国家的税收管理制度

国家的税收管理制度是一个复杂而精细的体系,它确保了国家财政的稳定和公共服务的持续提供。出口退税作为这一制度的重要组成部分,旨在鼓励企业出口创汇,提升国家在国际市场上的竞争力。1985年我国开始实行出口退税制度以来,这一政策在促进企业出口、增强国家经济实力方面发挥了显著作用。

然而,违法提供出口退税凭证的行为严重破坏了这一制度的公平性和有效性。通过非法手段获取退税凭证,不仅使部分企业或个人不当地获得了经济利益,还导致了国家税收的流失和财政压力的增大。因此,保护国家的税收管理制度不受侵害,是维护国家经济安全和社会公平正义的重要一环。

2. 侵害国家机关的正常管理活动

国家机关的正常管理活动是国家运转的基石,它确保了社会秩序的稳定和公共政策的顺利实施。在出口退税领域,国家机关如海关、税务等部门承担着审核、监管和发放退税凭证的重要职责。这些部门的管理活动直接关系到国家税收的征收和使用效率,以及企业出口的积极性和市场竞争力。

违法提供出口退税凭证的行为,不仅扰乱了国家机关的正常管理秩序,还损害了这些机关的公信力和执行力。通过徇私舞弊、滥用职权等手段非法提供退税凭证,严重破坏了国家机关的廉洁性和效率性,甚至可能引发更广泛的腐败问题。

(二)犯罪客观方面

违法提供出口退税凭证罪的客观方面,主要体现在行为人违反国家规定,在提供出口货物报关单、出口收汇核销单等出口退税凭证的工作中,存在徇私舞弊行为,并且这些行为致使国家利益遭受重大损失。具体分析如下。

1. 违反国家规定

行为人在提供出口退税凭证的过程中,未按照国家相关法律法规和政策规定进行操作。

2. 徇私舞弊行为

行为人在提供出口退税凭证时,出于私情、私利,不按照规定的程序和条件进行,而是采取欺骗、伪造等手段,为不符合条件的企业或个人提供退税凭证。这种行为严重破坏了出口退税制度的公平性和公正性,损害了国家和其他守法企业的利益。

3. 致使国家利益遭受重大损失

行为人的徇私舞弊行为,导致国家税收减少、财政压力增大,甚至可能引发更广泛的经济和社会问题。这种损失不仅体现在经济层面上,还损害了国家的法律制度和社会秩序。

(三)犯罪主体

该罪的犯罪主体是特殊主体,即税务机关的工作人员以外的其他国家机关工作人员,主要是指承担着提供出口货物报关单和出口收汇核销单等出口退税凭证职责的海关、外汇管理等国家机关工作人员。凡是办理出口退税凭证工作的国家机关工作人员,都可以成为该罪的主体。

按照《刑法》条文来看,该罪属于《刑法》分则第 9 章“渎职罪”的范围,按全国人大常委会《渎职罪主体适用问题的解释》的规定,对渎职罪的主体适用问题,“在依照法律、法规规定行使国家行政管理职权的组织中从事公务的人员,或者在受国家机关委托代表国家机关行使职权的组织中从事公务的人员,或者虽未列入国家机关人员编制但在国家机关中从事公务的人员,在代表国家机关行使职权时,有渎职行为,构成犯罪的,依照刑法关于渎职罪的规定追究刑事责任”。因此,在海关和外汇系统中受海关或者外汇部门的委托、代表其机关行使职权的人员，以及没有海关或者外汇机关的编制，但是代表海关或者外汇部门行使职权的时候，有渎职行为的构成犯罪，也是该罪的犯罪主体。

(四)犯罪主观方面

该罪的主观方面只能是故意，即行为人明知自己在提供出口货物报关单、出口收汇核销单等出口退税凭证的工作中的徇私舞弊行为是违反国家有关规定的，明知自己的行为可能致使国家利益遭受重大损失，而对此后果持希望或放任的态度。

第三节　司法实践中的裁判现状

一、违法提供出口退税凭证罪的基本概况

在中国裁判文书网中，以“违法提供出口退税凭证罪”为案由，截至2024年12月31日，共计3份判决书、1份裁定书，实际上仅有3个案例，均为宁波市北仑区人民法院作出。违法提供出口退税凭证罪案件量极少，该类案件呈现多人分工、共同犯罪的特点，并且有受贿行为的发生，同时还伴随受贿罪的指控。犯罪行为人构成违法提供出口退税凭证罪，同时收受贿赂的，与受贿罪数罪并罚。针对具体案件裁判的详细分析见本章第四节。

二、违法提供出口退税凭证罪与相关犯罪的界限

(一)与徇私舞弊发售发票、抵扣税款、出口退税罪的界限

违法提供出口退税凭证罪与徇私舞弊发售发票、抵扣税款、出口退税罪均属于涉税渎职类犯罪，且均规定在《刑法》第405条。两者的区别主要体现在以下两个方面。

1. 主体不同

违法提供出口退税凭证罪的主体是税务机关以外的其他国家机关工作人员，主要是海关、外汇管理等国家机关的工作人员。徇私舞弊发售发票、抵扣税款、出口退税罪的主体仅限于税务机关工作人员。

2. 客观方面不同

违法提供出口退税凭证罪的客观方面主要表现为行为人为徇私情私利,违反国家规定,非法提供出口货物报关单、出口收汇核销单等出口退税凭证,致使国家利益遭受重大损失的行为。

徇私舞弊发售发票、抵扣税款、出口退税罪的客观方面包括三种形式,即徇私办理发售发票、徇私办理抵扣税款、徇私办理出口退税。

违法提供出口退税凭证罪与徇私舞弊出口退税罪相比,其区别主要表现为以下三点:一是行为发生的阶段不同。违法提供出口退税凭证的行为一般发生在办理出口退税前;徇私办理出口退税往往发生在办理出口退税过程中,并以伪造或非法提供的出口退税凭证为前提。二是行为发生的部门不同。违法提供出口退税凭证罪发生在税务机关以外的其他国家机关;徇私舞弊出口退税则发生在税务机关在办理出口退税的工作之中。三是行为的方式不同。前者是徇私提供出口退税凭证;后者是徇私办理出口退税。

(二)与骗取出口退税罪的界限

骗取出口退税罪是指以假报出口或者其他欺骗手段,骗取国家出口退税款,数额较大的行为。它与违法提供出口退款凭证罪的区别主要有以下三点。

1. 犯罪主体不同

骗取出口退税罪的主体是一般主体。违法提供出口退税凭证罪的主体则为税务机关以外的其他国家机关工作人员。

2. 客观方面不同

骗取出口退税罪的客观方面表现为假报出口或者以少报多、以劣报优或以其他欺骗手段,骗取国家出口退税款。违法提供出口退税凭证罪的客观方面表现为行为人徇私舞弊,非法提供出口货物报关单、出口收汇核销单等出口退税凭证。

3. 侵犯的客体不同

骗取出口退税罪侵犯的客体是国家的税收管理秩序。违法提供出口退税凭证罪侵犯的客体不仅是国家的税收管理秩序,同时还侵犯了国家机关的正常管理活动。

第四节　常见问题与实务探讨——以案说法

一、违法提供出口退税凭证罪主从犯的认定

在已有司法审判案例中,违法提供出口退税凭证罪往往伴随共同犯罪。《刑法》第25条第1款规定,"共同犯罪是指二人以上共同故意犯罪";第26条第1款规定,"组织、领导犯罪集团进行犯罪活动的或者在共同犯罪中起主要作用的,是主犯";第27条规定,"在共同犯罪中起次要或者辅助作用的,是从犯。对于从犯,应当从轻、减轻处罚或者免除处罚"。主从犯划分的依据是各共犯人在共同犯罪中所起的作用,而不是其实施的行为类型。主从犯的认定对于违法提供出口退税凭证罪量刑认定存在较大差异,在贺某、卢某、竺某[1]受贿罪、违法提供出口退税凭证罪案中,同样是为骗取出口退税违法犯罪分子提供通关方便,三人的量刑却存在较大差异。具体说明如下。

(一)案情简介

2010年8月,胡某为骗取国家出口退税,在一批出口至牙买加货物的出口报关单上虚列了11,000部电话机(价值77,000美元,实际只装箱了2部电话机)。后该单货物在申报出口时被北仑海关布控查验,胡某得知该情况后,通过中间人唐某、朱某甲、阮某联系上时任北仑海关查验一科副科长贺某,由阮某告知贺某该单货物有骗取退税意图,以承诺给好处费的方式请求贺某帮忙放行。随后贺某告知当班查验的被告人竺某相关情况并指使其对该批货物违规放行。被告人竺某明知该批货物涉及骗取退税,仍以重量不符为名移送通关处理,后该批货物被改单放行。胡某因此从北仑海关获得报关单的退税联,后向税务部门骗取出口退税,造成国家税款损失人民币

---

[1] 三人被分别提起诉讼,贺某案参见浙江省宁波市北仑区人民法院刑事判决书,(2013)甬仑刑初字第662号。卢某案参见浙江省宁波市北仑区人民法院刑事判决书,(2013)甬仑刑初字第732号;浙江省宁波市中级人民法院刑事裁定书,(2013)浙甬刑二终字第460号。竺某案参见浙江省宁波市北仑区人民法院刑事判决书,(2013)甬仑刑初字第983号。

79,623.94元。事后,胡某将应诺的好处费辗转交给唐某、朱某甲、阮某。贺某从阮某处分得人民币50,000元,后又将其中30,000元分给了被告人竺某。

2010年10月,胡某为骗取出口退税,再次在一批出口至牙买加货物的出口报关单上虚列了8000部电话机(价值52,000美元,实际只装箱了2部电话机)。胡某再次通过中间人唐某、朱某甲、阮某联系到被告人贺某,贺某以同样方式通过查验关员卢某放行了该单货物,被告人卢某利用职务便利,明知胡某在货物出口报关单上虚列报关货物以骗取国家出口退税,在贺某的指使下,仍予以关照放行,致使胡某从北仑海关获得报送单的退税联后向税务部门骗取出口退税,造成国家税款损失人民币5万余元,并且该事件被多家媒体曝光,造成恶劣的社会影响。

2013年7月9日,宁波市北仑区人民检察院以甬仑检刑诉〔2013〕565号起诉书指控被告人贺某犯受贿罪、违法提供出口退税凭证罪向宁波市北仑区人民法院提起公诉;2013年7月25日,宁波市北仑区人民检察院以甬仑检刑诉〔2013〕586号起诉书指控被告人卢某犯受贿罪、违法提供出口退税凭证罪向宁波市北仑区人民法院提起公诉;2013年9月30日,宁波市北仑区人民检察院以甬仑〔2013〕579号起诉书指控被告人竺某犯受贿罪、违法提供出口退税凭证罪向宁波市北仑区人民法院提起公诉。

经开庭审理,一审法院判决认定贺某构成违法提供出口退税凭证罪,判处有期徒刑1年;卢某犯违法提供出口退税凭证罪,判处有期徒刑6个月;竺某犯违法提供出口退税凭证罪,免予刑事处罚。卢某不服一审法院判决,提起上诉。

(二)争议焦点

本案争议焦点在于与海关系列职务犯罪的众多涉案人相比,对卢某的判刑是否不公?卢某及其辩护人认为,与海关其他涉案人员相比,其量刑明显重于其他人,卢某是按领导指示办事,本身情节较轻,作用较小,可以认定为从犯。

出庭检察员认为,不同案件之间不具有可比性,其余案件被告人可能会有自首或者立功情节而依照法律规定可以减轻处罚,原判认定的事实清楚,证据确实、充分,定性准确,量刑适当,审判程序合法,建议驳回上诉,维持原判。

二审法院认为,违法提供出口退税凭证的法定刑为5年以下有期徒刑或者拘役。至于同类案件的其他被告人的量刑,因犯罪情节和量刑情节的不同,与本案不具有可比性,上诉人卢某及其辩护人就此提出的意见,法院不予采纳。

(三)案件评析

该三案中,法院在竺某刑事判决书中明确提到"被告人竺某又违反国家规定,在提供出口退税报关单等出口退税凭证工作中,结伙徇私舞弊,致使国家利益遭受损失,并造成恶劣的社会影响,其行为又已构成违法提供出口退税凭证罪,且系共同犯罪。"在为胡某2010年8月出口货物提供放行便利的行为中,贺某与竺某构成共同犯罪;在为胡某2010年10月出口货物提供放行便利的行为中,贺某与卢某构成共同犯罪。虽然上述三人的刑事判决书中法院并未就此三人主从犯地位作出评价,但从以上三人的职务身份上、检察院的指控表述以及法院审判量刑中,贺某在共同犯罪中均起主要作用。

职务身份上,贺某为北仑海关查验一科副科长,竺某为查验一科副主任科员,卢某为查验一科科员。对比竺某,卢某为胡某出口货物提供通关便利并未获取好处,但量刑重于竺某的核心在于自首、立功认定的差别,竺某和卢某在与贺某的共同犯罪中,受贺某指示违法违规放行均应属从犯。竺某因有自首情节、有检举他人犯罪的立功表现,家属代其已退缴了全部涉案赃款,法院对其犯违法提供出口退税凭证罪免除处罚。

对于渎职犯罪中的主从犯的界定,最高人民法院、最高人民检察院《渎职刑事案件司法解释》第5条规定"国家机关负责人员违法决定,或者指使、授意、强令其他国家机关工作人员违法履行职务或者不履行职务,构成刑法分则第九章规定的渎职犯罪的,应当依法追究刑事责任。以'集体研究'形式实施的渎职犯罪,应当依照刑法分则第九章的规定追究国家机关负有责任的人员的刑事责任。对于具体执行人员,应当在综合认定其行为性质、是否提出反对意见、危害结果大小等情节的基础上决定是否追究刑事责任和应当判处的刑罚。"在具体的违法提供出口退税凭证罪个案中,具体结合被告人行为性质,有无提出反对意见,有无被指使、授意、强令、危害后果,参与程度等方面来抗辩。

二、有无受贿对违法提供出口退税凭证罪认定的影响

犯违法提供出口退税凭证罪的被告人往往还伴随受贿罪的指控，例如，在前述三起关联案件中，贺某、卢某、竺某均被指控犯两罪。海关、外汇管理等国家机关工作人员违反国家规定，在提供出口货物报关单、出口收汇核销单等出口退税凭证的工作中徇私舞弊，"徇私"收受贿赂是仅构成违法提供出口退税凭证罪，还是应以受贿罪、违法提供出口退税凭证罪数罪并罚来追诉，具体说明如下。

（一）案情简介

2009 年 4 月～2013 年 3 月，贺某在担任宁波市北仑海关查验一科副科长期间，利用职务之便，在阮某、江某（均另案处理）所在公司出口报关货物查验过程中，为其谋取利益，并先后 4 次非法收受阮某所送现金共计 30,000 元，先后 3 次非法收受江某所送现金共计 50,000 元，非法收受江某通过银行卡所送现金 131,000 元，还非法收受江某所送惠普 PresarioV3802TX 型笔记本电脑 1 台（价值 3000 元）、购物卡 5 张（价值 5000 元）、苹果 iPhone4s 手机 1 部（价值 3880 元）。贺某非法收受以上财物价值共折合 222,880 元。在为胡某骗取出口退税犯罪行为提供通关便利中，法院认定受贿 100,000 元。以上受贿数额合计 322,880 元。

2010 年 5 月～2011 年 11 月，竺某在担任北仑海关查验一科副主任科员期间，利用职务之便，在对张某某、江某、沈某某出口报关的货物实施查验过程中，为其谋取利益，并先后 14 次非法收受张某某所送现金共计 275,000 元，先后 4 次非法收受江某所送现金共计 35,000 元，先后 2 次非法收受沈某某所送现金共计 15,000 元。被告人竺某非法收受以上现金共计 325,000 元。在为胡某骗取出口退税犯罪行为提供通关便利中，法院认定受贿 30, 000 元。以后受贿数额合计 355,000 元。

2009 年 7 月～2012 年 1 月，卢某在担任北仑海关查验一科科员期间，利用职务之便，在沈某、黄某、陈某等人所在公司出口报关货物查验中，为其谋取利益，并先后 12 次非法收受沈某所送现金共计 139,500 元，先后 3 次非法收受黄某所送现金共计 40,000 元，先后 2 次非法收受陈某所送现金共计 36,000 元。在为胡某骗取出口退税犯罪行为提供通关便利中，卢某未收到

好处。以上受贿数额合计215,500元。

（二）争议焦点

是否受贿获取好处对于违法提供出口退税凭证罪的定罪量刑有无影响，是此类案件另一核心争议焦点。该三案中，卢某上诉称其在违法提供出口退税凭证中，没有收受贺某现金25,000元，侦查机关因为其不承认该事实就不给其自首情节，对其不公平。公诉机关与法院并未对受贿进行回应，对于卢某自首的辩解认为卢某系被动归案，且其交代受贿事实和违法提供出口退税凭证事实之前，侦查机关已掌握部分受贿事实和违法提供出口退税凭证事实，故卢某依法不构成自首。

（三）案件评析

该三案中，针对违法提供出口退税凭证的犯罪事实，贺某在为胡某骗取出口退税提供通关便利的过程中实际获取好处80,000元，法院认定受贿100,000元、竺某获取好处30,000元、卢某未获取好处。对比竺某和卢某的法院判决，同样被指控犯违法提供出口退税凭证罪，获取好处的竺某，免予刑事处罚，而并未收受贿赂获取好处的卢某被判处有期徒刑6个月。根据《渎职侵权犯罪案件立案标准》第1条第16项的规定，该罪立案标准为："……涉嫌下列情形之一的，应予立案：1、徇私舞弊，致使国家税收损失累计达10万元以上的；2、徇私舞弊，致使国家税收损失累计不满10万元，但具有索取、收受贿赂或者其他恶劣情节的；3、其他致使国家利益遭受重大损失的情形。"本书认为，是否收贿会影响该罪的定罪量刑。构成违法提供出口退税凭证罪立案最重要的情节为是否造成了出口退税的损失。如果造成的国家税款损失不足10万元，但有索取、收受贿赂或者其他恶劣情节的，同样构成该罪。该三案中，2010年8月胡某出口的货物骗税造成国家税款损失79,623.94元、2010年10月胡某出口货物骗税造成国家税收损失50,854.71元。虽然对竺某、卢某来说，为胡某骗取出口退税提供通关便利造成的税款损失并未超过10万元，但竺某存在受贿行为，案发后相关涉案事实被《浙江日报》等媒体曝光，《21世纪经济报道》等媒体以"宁波海关贪腐窝案"为题进行了报道，并被"搜狐""凤凰网财经"等多家网络媒体转载，造成恶劣的社会影响，符合以违法提供出口退税凭证罪进行立案追责的标准，构成违法提供出口退税凭证罪。

针对受贿行为,贺某、竺某在违法提供出口退税凭证犯罪行为中收受的贿赂,公诉机关以及法院将以上金额均列入受贿罪中进行指控,认为贺某、竺某、卢某利用职务上的便利非法收受他人财物,并为他人谋取利益,其行为已构成受贿罪。以上三人均一人犯两罪,应当数罪并罚。

根据《渎职刑事案件司法解释》第3条的规定:"国家机关工作人员实施渎职犯罪并收受贿赂,同时构成受贿罪的,除刑法另有规定外,以渎职犯罪和受贿罪数罪并罚。"《贪污贿赂刑事案件司法解释》第17条也同样规定"国家工作人员利用职务上的便利,收受他人财物,为他人谋取利益,同时构成受贿罪和刑法分则第三章第三节、第九章规定的渎职犯罪的,除刑法另有规定外,以受贿罪和渎职犯罪数罪并罚。"因此,构成该罪,同时收受贿赂的,与受贿罪数罪并罚。也就是说,海关、外汇管理等国家机关工作人员违反国家规定,在提供出口货物报关单、出口收汇核销单等出口退税凭证的工作中徇私舞弊,同时又收受贿赂,满足违法提供出口退税凭证罪和受贿罪犯罪构成要件的,应以违法提供出口退税凭证罪和受贿罪追究刑事责任,数罪并罚。

三、违法提供出口退税凭证罪主要量刑情节

从前述三起关联案件的审判情况可知,在违法提供出口退税凭证罪案件中,各被告人量刑的差异主要体现在是否有自首情节、是否有检举他人犯罪的立功表现、是否退缴了全部涉案赃款。在该三案中,法院判决认为被告人贺某有自首情节,且已退缴了全部涉案赃款,依法予以减轻处罚,判处被告人贺某犯受贿罪,判处有期徒刑7年6个月,并处没收财产6万元;犯违法提供出口退税凭证罪,判处有期徒刑1年。数罪并罚,决定执行有期徒刑8年,并处没收财产6万元。法院判决认为,被告人竺某有自首情节,并且有检举他人犯罪的立功表现,经查证属实,其家属也代其已退缴了全部涉案赃款,根据其犯罪的事实、情节,可依法对其犯受贿罪减轻处罚,对其犯违法提供出口退税凭证罪免除处罚。判处被告人竺某犯受贿罪,判处有期徒刑6年6个月,并处没收财产6万元;犯违法提供出口退税凭证罪,免予刑事处罚。数罪并罚,决定执行有期徒刑6年6个月,并处没收财产6万元。一审法院判决认为被告人卢某能够如实供述自己的罪行,且已退缴了全部涉案赃款,依法予以从轻处罚。判处被告人卢某犯受贿罪,判处有期徒刑10年,并处没

收财产6万元;犯违法提供出口退税凭证罪,判处有期徒刑6个月。数罪并罚,决定执行有期徒刑10年,并处没收财产6万元(二审法院维持原判)。

从受贿金额上对比,贺某受贿数额为322,880元、竺某受贿数额为355,000元、卢某受贿数额为215,500元,卢某受贿金额最少但判得最重、竺某受贿金额最多但判得最轻。从上述判决认定的情形来看,竺某判得最轻的原因在于其既有自首、又有立功、还退赔了赃款。由此可见,在此类案件中积极退缴受贿赃款,配合办案机关调查,同时又存在自首、立功等可以从轻、减轻处罚的量刑情节的,则量刑上可以依法获得从轻、减轻的处理,甚至免除刑事处罚。